国際コミュニケーション論

楠根　重和　著

信山社

プロローグ

　今日，グロバリゼーションの時代には，人，物，金，アイデアは国境を越え，従来の国家という枠組みを超えた様々な問題が発生している。日本の自動車メーカーを例に取ると，現在では国外生産の方が多い。カラーテレビ，かつては日本の輸出品目であったが，それらはもはや日本では生産されていない。企業の多国籍化が進んでいる。企業は賃金水準や技術水準，販売と流通などを勘案し，立地条件の良い国へと生産拠点を移転する。押し寄せるグローバル化に対抗すべく，生き残りをかけて企業は巨大化し，多国籍化する。労働者もより高所得を求めて移動する。経済人，官僚，研究者やツーリストなど，海外に出かける日本人の数は増加し，日本を訪れる外国人の数も増加する。

　教育の現場でも，ここ10年の内に，国際化が進んだ。国際化を強く進めるために旧文部省は，外国人留学生の数を10万人に増やす政策を打ち出した。英語による大学院入試，短期プログラム拡充，アジア重視の政策によって，留学生の数は増大し，達成不可能と思われた「野心的」な10万人の留学生という目標も簡単に達成した。JAICAでも高度技術者養成のために，これまでの大学だけでなく，大学院入学にも力を入れ始めている。少子化の時代に，大学進学率において飽和点に達した大学は，日本人学生の代わりに外国人留学生の増加に活路を見いだしている。かくして大学のキャンパスでも，職場でも，街角でも，一昔では考えられないほど，外国人と接触する機会は増大している。

● 情報のグローバル化

　人的な交流の増加は目を見張るものがあるが，国境を越えて出入りする情報量は，それとは比べものにならないほどの猛スピードで増加している。テレビや，新聞，書籍といったマス・メディア，世界各国の省庁，機関，大学，組織，個人が発信する情報も，かつては多くのコストを費やして，現物を取り寄せたものだ。ところが，今日，インターネットを通じて，それらの情報は世界を駆けめぐっており，至る所，世界同時に，また瞬時にして，しかもその多くは無料か，有料であっても非常に廉価に手に入れることができる。ホーム・ページ

やメールで送受信される情報によって，国境，空間，そして，時間までも超えて，私たちは結びつけられている。

例えば，ある国のある情報を得ようとして，その国のある新聞社のホーム・ページに飛び込んだとしよう。そこではある事柄についての情報が記載されている。またその事柄に関連する過去の情報も読めるし，そこから関連するリンクに飛ぶことによって，その国の研究機関や，省庁に横滑りできる。その省庁には過去の会議のデータが載っている。時系列を横に動く共時的な情報を仕入れることができるだけではなくて，過去にも遡れる。つまり通時的な情報も仕入れることができるというわけである。

このような規模の良質の情報量を，一昔前は一流の学者が途方もない時間とエネルギーを費やして獲得したものである。20年前に世界的な通信社で働いているジャーナリストでも，情報量の点で言えば，今日のインターネットに繋がっているごく普通の市民には太刀打ちできない。居ながらにして，アメリカの議会や，世界の通信社，あるいはイギリスの研究所，日本の厚生労働省，世界各国の新聞などにアクセスでき，またそこから他のところに飛ぶことができる。インターネットによって得られる情報量は，世界最大の図書館であるアメリカ国会図書館の3万倍の量があると言われている[1]。自宅，あるいは大学のコンピュータの前に座って，インターネットを使って情報検索しているとき，私たちは巨大図書館や研究所を所有しているのである。

● **情報の解読**

また，その情報を解読する手段も格段に向上している。英語で書かれたニュースを読んでいると仮定しよう。そこで知らない単語や，知らない固有名詞が出てきても，そのために分厚い辞書や百科事典を探し回る必要はない。かつてはたった1つの固有名詞の意味を探すために，1日がかりで捜すこともあった。またそうすることが誠実な学者の証明みたいなところもあった。それも大抵は徒労に終わることが多いのだが，今日コンピュータから一歩も離れる

---

[1] 'The Internet contains 30,000 times more material than the information found in the world's biggest library, the [US] Library of Congress'. Postman, Neil (1990) Informing ourselves to death (http://www.fh.muenchen.de/home/fb/fb13/projects/Chaos/DK/neil-postman.txt)。引用は MacQuail/ Karen (ed.) (1998)

ことなく，マウスをクリックするだけで，その意味も，また必要とあれば，世界の様々な百科事典や，その単語が使われているホーム・ページを探してくれる。インターネット上に存在し，進化し続けるフリー百科事典，『ウィキペディア（Wikipedia）』などはその1例にすぎない。自宅と全世界とが蜘蛛の巣のように張り巡らされた糸で結びつけられているのである。世界的な蜘蛛の巣（World Wide Web）とはよく言ったものである。現代人は巨大な情報にアクセスが可能になっている。世界は狭くなったというよりも，私たちは世界と直接結びついているのである。

●異文化との接触

このように対人レベルにおける直接的異文化接触と，情報レベルによる間接的な異文化接触が増加している。異文化接触の機会の飛躍的増加が，異文化理解を促進しているとも言えるが，異文化接触の増加は，同時に異文化摩擦の危険性も高めている。いや，異文化接触摩擦は，接触の増加によってむしろ増大するかも知れないのである。見かけ上の匿名性をよいことに，インターネット上で相手国に対する醜い情報発信などはその1例に過ぎない。どのような論文があるか調べようとするときは http://scholar.google.com は便利なツールである。概念を入れるとそれに関する論文や著書までも，要旨やときには完全な形で読むことができる。その際，国境を越えて入ってくるおびただしい情報を受け止め，解読できる教育，異文化接触の準備，学習態度を身につけているかどうかが重要である。おびただしい情報から適切な情報を取捨選択し，解読し，体系化し，知識として集積し，そして適切に反応できるかどうかが重要である。

情報そのものが誤っていたり，意図的な操作，ある種のメッセージを有していたり，私たちの受け取り方が誤っていたり，情報を正しく解釈する能力がなかったり，ステレオ・タイプによりかかって，情報を吸収したりすれば，誤解が生じ，ステレオ・タイプが固定化され，補強されかねない。また，そのような情報を受けることで新たな偏見が生まれかねない。おびただしい情報量の中で，真偽を見極め，情報を正しく分析し，日々の社会参加，政治行動において，正しい判断を下し，具体的な場面で行動できるには，単に語学能力を高めたり，異文化理解教育を受けたりといったレベルでは対応できない。日々私たちのもとに届けられる情報を受け止めるためには，幅広い教養，政治，歴史，地理な

どに関する知識が必要なことは言うまでもない。さらに世界認識形成のメカニズムや異文化心理などにも注意を払わなければならない。世界に対する強い関心を持ち，自己と自国を相対化し，客観的かつ公正に判断する態度を身につけなければならない。

●マス・メディアの威力

　自国と他国に対するイメージ形成という点で，マス・メディアは影響力を持っている。このことを想像したければ，テレビや新聞や雑誌がない世界を想像すれば分かる。私たちはこの世界の何を知っているというのだろうか。自己理解と国際理解に関してマス・メディアは圧倒的な力を持っている。マス・メディアの重要性はいくら強調してもし過ぎることはない[2]。テレビや新聞，書籍を通して，外国のことや自国のことについて，様々な情報が届けられる。私たちは日々そのような情報に曝され，消費し，自己認識と世界認識を拡大し，変更を加えて，世界を理解したつもりでいる。しかし私たちの世界認識と自己認識には，エスノセントリズム（自文化中心主義）という病理が入り込む。私たちは現実を認識する前に，もう既にその現実の認識の仕方を学んでいる。つまり，マス・メディアは言うに及ばず，学校教育や宗教や文化も，世界の見方のフレームを構成するのである。そのために国が違えば，人々の世界観も世界認識も異なるのである。問題意識を持たずに国内消費用の情報を受け取っていると，外国人も自分の持っている世界観を当然共有しているはずだと思い込みがちである。自己の持つ世界観は自分の国にのみ通用する手前勝手な考え方であると知るべきである。戦争，紛争，貿易摩擦，宗教，イデオロギーなどを考えるとよく分かることだが，正義と不正義，善と悪，侵略と自衛，自由貿易と保護貿易などの二項対立で，それぞれの陣営は相手陣営を見てしまう。そのようなイメージ作りにマス・メディアが動員され，自己中心的なフレームにもとづいて読者は紛争や摩擦を判断しがちになる。戦争を行うための世論づくりにマス・メディアが動員された歴史は長い。そしてそれは決して戦争に留まらないことは言うまでもない。自国中心主義的なマス・メディアを消費していると，相手方にこそ非があると考えがちだが，大抵の場合，両方の言い分にもそれな

2　Thomas（2000）

りに聞くべき所が多いことは歴史が教えているとおりである。このことを知らずして自文化中心主義的に，紡ぎ出された世界観から，相手に対して判断を下し，正義を自らに引き寄せて，相手国を弾劾するような態度は不要な摩擦を引き起こすだけである。

　情報社会では政治家は自分たちの行う政策に対して，国民の了解を取り付ける必要がある。どの国も，自文化中心主義的な政策を，それが国内政策であり，外交政策であれ，公正で正しい政策として提示する傾向がある。その政策が国益に適うと主張するのである。マス・メディアは，その政策を直接支持したり，支持しない場合でも，そのような政策を"客観的"に報道したりすることで，政府の立場を擁護し，政府の広報機関になりがちである。政府の立場を報道することで，国民は一定の方向に誘導されるのである。マス・メディアは，仮に客観的で価値中立であったとしても，結果的に国家に奉仕するという役割を果たしている。マス・メディアの政府の広報機関となってしまうメカニズムは，平和時でも戦争時でも基本的には同じである。

● 国際コミュニケーション論の守備範囲

　情報の送り手である権力者とそれを消費する読者という観点を考えると，国際政治とマス・メディア，個人と社会の関係をもう一度根本から問いただす必要がある。その出発点は，日本人が自明のこととしてきた枠組みに懐疑の念を持つことである。それゆえ国際コミュニケーション論の研究対象の1つとして，自国観，日本論・日本人論と対峙する必要性があると考えている。日本人の日本認識と世界認識にメスを入れることで，自己の姿が正しく見え，覚醒した市民として社会を見つめ，自国中心主義的なマス・メディアが発信する情報に対して対抗することができる。国境を飛び交う情報を正しく受け止めるためには内外の歴史，経済，国際関係などについてより深い知識が必要である。このように考えると，国際コミュニケーション論の守備範囲が見えてくるはずである。国境を越えた言説は，マス・メディアを通じて行われ，私たちの世界認識も，マス・メディアによって形成されるので，国際コミュニケーション論という学問は，当然のことながらマス・メディア研究に焦点が当てられる。国際コミュニケーション論は，マス・メディア研究に止まらず，自己理解と他者理解の歴史にも注意が払われる。私たちは全く白紙の状態で，情報を解読しているわけ

ではない。国境を越えてやりとりされる情報は，国家，団体，大衆，個人と様々なレベルで影響を与えている。個人や共同体の記憶は間主観的に相互に影響を与えている。

　異文化間コミュニケーションにおけるパーソナルな問題を取り扱う異文化コミュニケーションや，様々な文化のパターン（例えば社会における女性の役割の比較）を研究する比較文化コミュニケーションという学問とは違って，国際コミュニケーション論では，それらの知見をも下敷きにして，パワー・ポリティクスを補強しているイメージ・ポリティクスの立場から，国際的なレベルでの政治，外交，経済，戦争，環境，国際理解を考える。そのような知見は国内政治を考えるときにも有効な手だてを提供する。現代社会を総合的に理解し，国際的レベルで，コミットメントができ，世界をグローバルに把握できるには，広範囲かつ学際的な知識が必要となる。それらの領域を有機的に関連させて成立するのが国際コミュニケーション論である。国際化した世界で，自己判断，自己決定を下せる能力の獲得は，現代市民の必修アイテムである。

　このような意味での国際コミュニケーション論という授業を行う教材として書き上げたのがこの書物であるが，授業とは無関係に，ジャーナリズムに関心のある人，メディア・リテラシィー能力を獲得しようとする人，狭い世界観の呪縛から逃れたいと思っている人，世界の政治に関心のある人，政治にアクティブに参加しようとする人，覚醒した市民になろうとする人，そして何よりも，国際関係とマス・メディアの関係に注意を払おうとする人に，この書物はいくつかのヒントを与えることができれば，著者にとっては喜びとするところである。

　　　2007年1月

　　　　　　　　　　　　　　　　　　　　　　　　　　　　　　楠根重和

■文献

Thomas, Pradip Ninan (2000): Safegurding Human Rights: Opportunities and Challenges for NGs involved in the Democratization of Communication: In AMIC (Asien Media Information and Commucicatgion Centre) (ed.): Media & Human Rights in Asia, Singapore

目　次

プロローグ

第1章　世界知とマス・コミュニケーション ……………………3
マス・メディアが世界認識を形成する ……………………3
教育機関としてのマス・メディア　3　　過去から学ぶ　5　　自国消費用ニュースの受容の持つ危険性　7　　イメージの醸成　9　　情報の発信差　11
情報のフィルター ……………………12

第2章　異文化コミュニケーション論 ……………………17
文　化 ……………………17
文化の呪縛　18　　帰属する文化　19　　文化の継承　21
コミュニケーション論 ……………………22
言語の二重性　23　　相互理解は可能か　25　　人間は観念の世界に住む　26　　バーチャル・リアリティー　27　　言語による認識　29
異文化コミュニケーション ……………………31
カルチャー・ショック ……………………34
認知・感情・行動の三位一体の必要性 ……………………35
国　際　化 ……………………38
言語能力 ……………………42
非言語行動 ……………………44
社会システム ……………………48

第3章　異文化理解，異文化心理 ……………………53
異文化理解 ……………………53
変革と変容　53　　偏見　54　　価値観　55

ix

ステレオ・タイプ ……………………………………………………… 57
　　　　助長されるステレオ・タイプ 58　　日本異質論 59　　予断の
　　　　ワナ 60
　　　異文化心理 …………………………………………………………… 62

第4章　マス・コミュニケーション論 ……………………………… 65

　　　マス・メディアの影響論 ……………………………………………… 65
　　　グローバル・コミュニケーションと国際政治 ……………………… 69

第5章　世界のマス・メディア ……………………………………… 73

　　　アメリカ ……………………………………………………………… 78
　　　日　本 ………………………………………………………………… 80
　　　　いわゆる客観・中立報道 81　　人権意識 84　　プレスの自由
　　　　と知る権利 85　　報道のタブー 86　　ジャーナリストの教育
　　　　制度の有無 87　　調査報道 88　　海外に特派員を持つような
　　　　情報雑誌が存在しない 90　　海外特派員 90　　記者クラブの
　　　　存在の有無 92　　記事の構成 93　　高級大衆紙 94　　ジャー
　　　　ナリズムの"無謬性" 95　　自己文化中心主義 96　　署名報道
　　　　96　　政治とマス・メディアの癒着 98
　　　ドイツ ………………………………………………………………… 100
　　　韓　国 ………………………………………………………………… 101
　　　マレーシア …………………………………………………………… 102
　　　中　国 ………………………………………………………………… 104

第6章　メディア法 …………………………………………………… 107

　　　マス・メディア法の現状 …………………………………………… 107
　　　表現の自由 …………………………………………………………… 110
　　　国民の知る権利 ……………………………………………………… 111
　　　名誉毀損 ……………………………………………………………… 112
　　　　人権保護 114　　『宴のあと』判決 115　　ロス疑惑 116
　　　　松本サリン事件 117　　法による保護 118

第7章　マス・メディアと公共性 ……………………………… 121
公 共 性 ……………………………………………………………… 121
メディア・メッセージ …………………………………………… 123

第8章　報道評議会 …………………………………………………… 127
プレスの自由と人権保護 ………………………………………… 127
ドイツ報道評議会の歴史 ………………………………………… 131
　　ドイツ報道評議会による苦情処理　133　　ドイツ報道評議会の財政　139　　ドイツ報道評議会「報道綱領」　139　　ドイツ報道評議会報道綱領とガイド・ラインの全訳　140　　ドイツ報道評議会の仕事の範囲　151　　ドイツにおけるドイツ報道評議会以外の組織　151　　スウェーデンとドイツ報道評議会の比較　153
日本のマス・メディアの動き …………………………………… 153
　　日本での人権機関の設置の動き　154　　日本の報道規制の動き　154　　日本での報道評議会導入の動き　156
新聞各社の自主的対応の苦情処理機関 ………………………… 158
　　毎日新聞「開かれた新聞」委員会　159　　朝日新聞「報道と人権委員会」　161
日本の苦情処理機関の問題点 …………………………………… 166

第9章　戦争とマス・メディア ……………………………………… 171
駐ユーゴ中国大使館"誤爆"をケース・スタディとして ……… 176
　　コソボ紛争　177　　中国大使館"誤爆"をめぐる新聞報道　181
アメリカ …………………………………………………………… 182
　　The New York Times　182　　The Washington Post　187　　Los Angeles Times　193
イギリス …………………………………………………………… 197
　　The Guardian　197　　イギリスのマス・メディアの方向　201
中　国 ……………………………………………………………… 202
　　中国の国内事情　202　　北京　203　　香港　212　　中国のマ

xi

ス・メディアの方向 214

ドイツ ··216
　ドイツの国内事情 216　Die Süddeutsche Zeitung 219　die tageszeitung 225　ドイツのマス・メディアの方向 233

日　本 ··234
　朝日新聞 234　読売新聞 237　毎日新聞 240　日本のマス・メディアの方向 242

第10章　政治とマス・メディア，経済とマス・メディア ········245

政治とマス・メディア ···245
　バイアス 245　ナショナリズム 247　日本のメディアの感心 250

経済とマス・メディア ···252
客観報道と受け身の情報消費 ···253
クロス・チェック ··254

第11章　日本論・日本人論，オリエンタリズム ·····················257

日本論・日本人論の病理 ··259
　文明の衝突 259　過去の分析 261　日本ナッシング 262　情念的フレーミング 263

日本論・日本人論発生のメカニズム ···264
　朱子学 266　国学と国体論 268　吉田松陰 269　日本特殊論 272　戦後の日本普遍化論 274

日本論・日本人論はそれぞれの国の産物 ··276
日本論・日本人論のつけ ··277

第12章　国際コミュニケーション論 ···283

国際コミュニケーション論の独自の領域 ··283
国際コミュニケーション論とは ···287

第13章　メディア・リテラシー …………………………………… 293

メディア・リテラシーの定義　293　　メディア・リテラシーを身につける必要性　294

メディアの特徴 …………………………………………………… 295

メディア・リテラシー獲得のために ……………………………… 301

第14章　インターネットの民主主義 ………………………………… 303

市民社会と民主主義 ……………………………………………… 303

熟慮型世論調査（Deliberative Opinion Poll）………………… 306

パブリック・アクセス …………………………………………… 308

インターネットと民主主義 ……………………………………… 309

市民発信型インターネット新聞と民主主義 …………………… 314

OhmyNews　315　　JANJAN　316　　日刊ベリタ　317　　ブログ　317

電子民主主義（e-Democracy）………………………………… 320

情報公開 …………………………………………………………… 325

電子ガバナンス（e-Governance）　327

第15章　抑止的ジャーナリズム（preventive journalism）……… 329

直接的抑止的ジャーナリズム …………………………………… 337

世界市民 …………………………………………………………… 342

あとがき ……………………………………………………………… 345
索　引 ………………………………………………………………… 347

xiii

国際コミュニケーション論

"For the most part we do not first see, and then define, we define first and then see."
— Walter Lippmann

"Were it left to me to decide whether we should have a government without newspapers or newspapers without a government, I should not hesitate a moment to prefer the latter."
— Thomas Jefferson

第1章
世界知と
マス・コミュニケーション

マス・メディアが世界認識を形成する

●教育機関としてのマス・メディア

　学校教育を終えた後に人々が接する最大の教育機関は，マス・メディアであると言っても過言ではない。小松弘幸は，「ドイツ中等学校生における国際理解教育の実態と意識構造」の中で，ドイツ人や外国人籍のドイツの中等学校生が，外国について得る情報の最大のものはマス・メディアであることを指摘している[3]。1947年，「プレスの自由のアメリカ委員会」，いわゆるハッチンス委員会（Hutchins Committee）はマス・メディアを「もっとも強力な教育的道具」であると指摘している。日本のことを考えてみても分かることだが，明治維新以降，国民の意思決定にマス・メディアがいかなる役割を果たしたかは，当時の新聞を読めば分かる。大新聞時代には，現在とは違って新聞は政治的色彩が強く，記者の主義主張が前面に出ており，マス・メディアが国民の政治をリードした。民主主義と飽食の時代に生まれた現在の人々にとって，いくら学校で，社会や歴史を学び，データを頭にインプットしても，その当時の人々がなぜ易々と，軍国主義や侵略戦争に賛同し，消極的であれ，積極的であれ，結果として戦争を肯定し，戦争に荷担したのかが実感できないと思う。一部の狂信的な軍国主義者にのみ戦争責任があったわけではない。敗戦後の「1億総懺悔」，

3　小松（1999）p.117

結果として「戦争は良くなかった」,「日本人民は軍国主義の犠牲者」という構図では,歴史は見えてこない。若者たちは「遅れてきた」時代に生まれ,軍国主義時代に手を染めていないという,「歴史的有利さ」,自己の無謬性への過信,ポスト・モダニズム的,歴史超越的時代精神の中で,自分とは無関係に過去を眺めている。当時の新聞を読み,その時代に自己を置けば,その当時,現在とは違った世界観が,それなりの説得性とパワーを持って支配していたことに気付くであろう。有名な政治家,学者,哲学者,ジャーナリストが今から見ればとんでもない言説を確信犯的に説いていたのである。今の時代が本当に誤謬がない時代とは思えない。過去を顧みることなく,無批判的に暮らして行くと,今の若い人々が歳を取ったとき,次の世代の若い人々は彼らをどう思うであろうか。時代は繰り返すのである。同じ運命が現代の若者たちにも待ちかまえているに違いない。

　敗戦後,それ以前の日本の行為は悪と教えられる。戦前と戦後,価値観ががらりと入れ替わり,新生日本が誕生する。このような価値観の逆転は,学校教育によって,次の世代の担い手である生徒や学生に教え込まれる。成人した大人に対する教育は,マス・メディアが担うことになる。戦前と戦後の全く相反する国民意識の形成にマス・メディアが果たした役割は大きい[4]。国民の意識形成に及ぼすマス・メディアの影響を認識していたGHQは,1952年まで日本のマス・メディアを検閲し,進駐軍に対する批判,日本側の戦争肯定,原爆投下に対する批判などを許さなかった。GHQは占領体制下の日本人に思想教育を続けた。日本のマス・メディアは占領軍からこのような検閲を受けている事実すら,日本国民に知らすことを許されなかった。教育とマス・メディアを通じて,国民は天皇の人間宣言,新憲法制定,国民主権,民主主義を受け入れたのである。つまり「1億総懺悔」,「価値観の逆転」,「過去からの断絶」を受け入れたことになる。断絶を受け入れたということは,意識の中で,過去との接続が断たれたということである。過去を過去として葬り去ったために,過去を理解することが困難となっている。過去の実感が乏しく,過去の責任感が希薄なのもそのような,過去の否定と価値観の逆転を受け入れたことに原因がある。

---

[4] 石田 (1995)

GHQの政策，学校教育，マス・メディアが功を奏したから，国民が，過去との断絶，つまり過去は悪かったという考え方を受け入れたというのは，筆者の考えでは，事実の半分しか言い当てていない。軍拡路線を応援したのも，戦争に荷担したのも，またGHQの政策を受け入れたのも，国民が「市民の勇気」を欠いていたためである。明治以降，主体的に国家形成と政治に関わるための知的訓練と機会を奪われた多数の国民にとって，戦争も上からの押しつけであり，敗戦後，占領軍に協力し，為政者＝権力者の「啓蒙」を受け入れたのも，封建主義時代から培われた長い物に巻かれろ式の現状を受け入れるという，慣性の法則が働いただけなのである。真の民主主義国家になりきれない日本のような国において，国民が政府の取った政策に自己の責任を感じることは困難である。自分が真に国家の政策形成に参加していないのに，その結果に対して責任を取るような気持ちになれるものではない。責任を国家に委ねるというのは，国民は無責任になるということである。

●過去から学ぶ

　過去を否定し，過去と断絶した国民は不幸である。過去を引き受け，背負い込む用意を放棄することに繋がるからである。過去を忌まわしい過去として記憶するだけでは十分でない。どうしてそのような過去が，人の心を呪縛したのかを分析しなければならない。過去から学ぶというのは，真剣に過去と対峙することである。そのために，１度，図書館で当時の新聞の縮刷版を，過去に遡って読むことを勧めたい。当時の新聞に身を曝し，過去の空気を吸ってみると，その時代の精神，呪縛というものを実感できるはずである。日本人の自己イメージの形成と自己理解，また，中国や朝鮮半島，東南アジア，ヨーロッパやアメリカなどに対する，他者イメージの形成と他者理解に，マス・メディアやナショナル・エリートたちがいかに関与したかが分かるはずである。当時のマス・メディアが果たした役割が分かるだけでなく，なぜ当時の人が，日本イデオロギーに絡め取られ，軍国主義に追随し，軍部の言いなりになったばかりか，軍部や政府を，むしろ大衆が逆にリードしたかも読み取れるはずである。ドイツでも，「歴史論争」が起こっているが，ヒットラーが率いる軍部によって強制された大衆，被害者としての大衆という神話が成り立たないことが明ら

かになりつつある。軍隊という組織が機能するためには，大衆の協力が不可避である。軍部の独走と，その裏返しとしての犠牲者としての国民，国民の無謬性神話が否定されだしたのである。悪いのは軍部であり，人民は犠牲者だという左翼的図式は通じない。「悪いのは一握りの軍国主義者で，日本国民には責任はない」とする見解は1972年9月の日中国交正常化交渉で中国側からも出された[5]。これなどは日中国交正常化を急ぐための中国側の方便だと理解すべきであって，真実が語られたわけではない。

　自己イメージの過ちは敗戦国側だけではなくて，戦勝国側にもある。ホロコースト，ナチズムをドイツだけの現象のように追求してきた戦後処理の仕方にも問題がある。ナショナリズムから一歩進んだ形の自己民族の優越性を信じるのはファシズムであるが，そのような思想はドイツやイタリアだけのものではなくて，ヨーロッパやアメリカにも見られる。ドイツでファシズム運動が強くなったのは，このような欧米の思想と相まって，神聖（ドイツ・）ローマ帝国以来，帝政に対する信奉という長い伝統があったからだとオットー・ダン（Otto Dann）は指摘している。ダンは「ドイツ人は諸国民を支配するに値する国民の1つであるという意識が，指導階層の政治行動に決定的な役割を果たしていた」。「この基本的態度はこの帝国が没落するまで揺らぐことなく堅持された。そして，この態度は第二次世界大戦中に大量殺戮という異常な形で具体化されてしまったのである」[6]と書いている。つまりドイツのナチズムは，欧米に普遍的に見られたナショナリズムや反ユダヤ主義と，ドイツ固有の神聖（ドイツ・）ローマ帝国以来の国家観が相互作用した問題であるというのだ。ファシズムはネオナチという形で現代でも生きている。2004年9月のドイツ・ザクセン州で極右政党が1割近い得票を取り，若い人たちからは2割近い支持を得たことから分かるように，ヨーロッパ全体を覆い尽くした歴史的イデオロギーが，反ナチ教育によってそう簡単に消滅するわけではないことを示している。自己中心主義的かつ自民族中心主義的で，自己愛の変形であるネオナチ運動はドイツだけの現象ではない。ヨーロッパやアメリカにも蔓延していたのである。

　過去のマス・メディアを読む利点はもう1つ別のところにある。遅れて生ま

5　日本外務省による交渉記録文書の一部公開による（2001年6月23日「読売新聞」）。
6　ダン（1999）p.236

れて来た者には、その主張の中の誤りや嘘を見抜くには、当時その時代に生きた人よりも、飛躍的に楽なはずである。歴史的有利さを持って眺めると、過去のマス・メディアのなかにあるイデオロギー、プロパガンダ、嘘に気付くのは容易である。過去の新聞を読む最大の収穫は、自国マス・メディアだけを消費することがいかに危険なことであるかということを実感できることにある。当時の日本人の世界を見る目が、いかに曇っていたか、日本人がいかに国際性を欠いていたか、そして欧米の主張の中に同様の自己中心的なものが多くあったことも体験できるはずである。

●自国消費用ニュースの受容の持つ危険性

　話を過去から現代に転じると、現代は情報量という点では、過去と比べものにならない。現代社会は、書籍、ラジオ、多チャンネル化したケーブル・テレビやデジタル・テレビ、新聞、雑誌、インターネットなど、様々なチャンネルを通って、おびただしい情報が飛び交う情報化社会である。インターネット時代では情報の流れは双方向性となり、個人が容易に世界に情報を発信することが可能となっている。けれども情報には様々なフィルターがかかっている。私たちは自国や外国について、フィルターを通した情報を消費することで、ある種のイメージを持ち、世界像を形成する。いったん形成された世界像は、新たに形成される自己理解と他者理解の方向性を規定し、修正を加えるかもしれない事実に遭遇しても、それを無視したり、気付かなかったりして、従来のイメージに合致するものだけを選び出すという選択的知覚によって、既存の世界観はますます補強される。自分たちの持っている世界観が、自明かつ間違いのない事実と勘違いし、世界の人々も、自分たちと同じような世界像を共有しているはずだと思ってしまう。

　それぞれの国では、自国消費用のニュースが消費されている。当たり前のこの主張が、新鮮に聞こえるとしたら、そのことに無自覚に情報を消費してきた態度の方に問題がある。世界の人は、世界に対する私たちと共通のイメージを持っているわけではない。実際にいろんな外国の人と話してみると、価値観も、世界観も、思想も、国家観も、問題意識も違うことが分かる。自己理解と他者理解の形成には、マス・メディアだけが力を及ぼしているわけではない。自国

から見て世界をどのように見ればよいのか，また自己をどのように理解すべきか，どのような地域と国に関心を向けるか，向けないかは，歴史，外交関係，経済関係，宗教，利害，文化，伝統，国家政策，教育などを通じて決定される。私たちが受け取る情報には，世界と自国に関する情報だけではなく，世界と自国の解釈も含まれる。このように主張すると，ジャーナリストたちは，個人的な見解や解釈を記事に挟むことを極力避けて，客観報道に徹してきたと反論するかも知れない。確かに日本の報道倫理によれば，記者個人の意見を差し挟むことに対して，表面的には抑制的であったと言えよう。むしろ抑制的であり過ぎたことの弊害を指摘できるほどかも知れない。それでも部分的には意図的に，あるいは無自覚的に，解釈の方向づけが行われるのである。その理由の1つにニュース・ソース選択の問題がある。ジャーナリストはおびただしい情報の中からニュース価値があると判断するものを私たちのもとに届けている。情報選択と情報の切り捨ての中にすでに，ジャーナリストの主観，見解が入り込むのである。そのような情報選択は，ルーチン・ワークとなっている。何を書き，何を書かないか，ジャーナリストには容易に判断がつく。伝統的な共通の価値観，共同国家観幻想を頼りに，記者も読者も自己確認作業を行っているので，ジャーナリストも読者もこのような意図的な選択に問題を感じることはない。ジャーナリストは自己文化中心主義的フィルターで選び出された情報を発信し，それを受け取る読者も同じ自己文化中心主義的フィルターを持っているが故に，そのような情報を消費しても変だとは思わない。マス・メディアで働く人々は情報を商品として売らなければならないので，このような共同幻想としての価値観を自ら破壊する愚は通常は犯さない。

　自己をどのように理解すべきか，また，他者をどのように理解すべきか，また自己と他者をどのように報道するかは，意識的かつ無意識的にあらかじめ決定されているという言葉が強すぎるというのであれば，ある種の，方向性，ないしフレームがかかっていると言い換えてもよい。マス・メディアは世界像を伝えているだけではなく，世界の見方のフレームをも提供している。世界と自己の見方に同じようなフレームを持つ読者が情報を消費するのである。フレームに囚われた見方は，ステレオ・タイプを補強することになる。このことに気付かないで，与えられた情報を鵜呑みにし，世界を構築し，操作されているこ

とに気付かないで，共同幻想体験に身を任せていては，ステレオ・タイプ化した世界認識を再生産するだけで，そこから脱却できない。自文化中心主義的な世界観から世界を見ることで，固定観念が補強され，新たな固定観念を生み出し。国際摩擦を生じさせ，国際理解は困難となる。

情報がどのように作り出され，どのような目的で発信され，どのように消費され，どのように世界認識に影響を与えているかを知ることは重要である。情報の送り手であるマス・メディアとどのようにつき合うか，マス・メディアが伝える情報をどのように解読するか，また，積極的に情報アクセスするためにはどうすればよいかを学ばなければならない。情報を解読し，意味を読み取り，現実を構成する能力を高めなければならない。このような能力はメディア・リテラシーと呼ばれている。メディア・リテラシーの獲得は，単に個人の趣味の問題ではない。それは現代人の必修の教養である。私たち一人ひとりの認識が，公共政策，国家政策，国政参加などを通じて，国のあり方に影響を与えるからである。個人のあり方が世界に繋がっている。日本的なフレームや，国家フレームに囚われることなく，世界を多元的に見つめる目を持ち，覚醒した市民として，アクティブに政治に参加しなければ，民主主義も国際コミュニケーションも機能しない。

●イメージの醸成

国際コミュニケーション論という学問は，国と国との間でコミュニケーションを困難にしている領域全般を取り扱う。コミュニケーションの問題は，言語だけの問題ではない。言語ができても，理解できない，コミュニケーションができないことが多々あることは，私たちが日常的に体験するところである。ある種の主張がなされるとき，文化，社会，制度，歴史，政治，経済，法律，教育，伝統，価値観などが，その背景にある。これらを背景に，個々の人間が発話している。その背景，換言すれば，その国を構成するシステム全体についての深い洞察なくしては，その主張を正しく理解することはできない。

一見したところ，唐突で，理解困難な見解のように見えても，相手の見解を形成する背景を知るとき，高度な判断がその背後にある。相手の見解を相対化し，多元的に見る見方が必要となる。コミュニケーションの齟齬が起きたら，

それがなぜ起こったのかの原因を探り，それに対処する処方箋を書き，葛藤を受け止める能力を身につける必要がある。そのような能力の獲得も国際コミュニケーション論は目指している。国際コミュニケーションは，私的な対人コミュニケーションにとどまらず，より公的なコミュニケーション，例えば，国際会議，外交，国際取引，国際訴訟，国際的企業展開，ジョイント・ベンチャー，NGOなど，国際間のすべての場面で行われる。国際コミュニケーション論は究極的には，社会システム全体に関わらざるを得ない。齟齬が生じた場合，これに対処する心理的準備ないし対処能力，態度の学習も習得する必要がある。

　ある国を構成する社会全体への深い洞察なくしては，その主張を理解することはできない。この至極当たり前のことが，国際社会において必ずしも通じない。文化摩擦，経済摩擦，政治摩擦等を考えてみると，自国のシステムと，相手国のシステムとが異なっているとの確認を，出発点とするのではなく，むしろ相手に，システムの変更を迫ったり，逆に自国のシステムを相手に押しつけたりすることが多い。大抵の場合，力関係で弱い国が譲歩し，妥協することになる。ある国を理解する仕方にも同じことが言える。

　日本を例にとってこの問題を考えてみよう。大韓民国，朝鮮人民共和国，中国，台湾，インドネシア，ビルマ，マレーシア，インド，トルコ，エジプト，リビア，アメリカ，イギリス，フランス，ドイツ，ブラジル，ペルーなどにおいて，日本がどのようにイメージされ，どのように理解されているのか，またなぜそのようにイメージされているのかを考えてみよう。それぞれの国は，長期にわたる日本との関係において，日本について異なったイメージを持っている。それらは日本から見て真の日本の姿を映していないので誤りであると主張しても，相手国はそうですかと言って見方を変えてくれるものではない。それらのイメージは日本についての客観的なイメージではないということを，相手に理解してもらうことは，たいていの場合困難を伴うばかりか，不可能に近い。そもそも何が客観的なイメージかを，正確に見極めることさえ困難である。同様に日本が持つそれらの国に対するイメージを考えてみよう。同じようなことが言えるはずである。他者イメージと自己イメージが相互に異なっていることの確認ができるだけである。

　私たちは果たして事実を事実通りに認識できるだろうか。「一方の当事者を

含め，経験的に決定された出来事や問題に，事実に即して普通に反応するのではなくて，人々が起こったと信じ，また問題になっているとしている事実のイメージに基づいて反応するのが人の常である」[7]。各国で日本が異なってイメージされていることから，1つだけ確実に言えることがある。日本についてのイメージは，日本を映しだしているだけではなく，日本についてそのようなイメージを必要とするそれぞれの国の姿をも映し出している。相手を見るとき，自分になぞらえて相手を見たり，自分が見たいように相手が見えたりするものである。このような理解のメカニズムによって，相手を自分の必要に応じた理解で受け止めることから，それぞれの勝手なイメージが作り出され，それが一人歩きし，フィード・バックされ，実際に相手と対峙するときも，そのパターンの延長上で相手を捉えるために，そのイメージが補強され，国際コミュニケーションはますます複雑で困難なものになる。一人歩きしたイメージの歴史を辿ることで，逆に自分の現在持っている他の国についての"客観的"なイメージも，自分の国でのみ通用する，"主観的"なものであると分かる。

●情報の発信差

イメージの流布にマス・メディアは奉仕させられてきた。いやむしろ積極的に荷担してきたと言った方がよいかも知れない。マス・メディアといっても，各国が均等な情報発信力を持っているわけではない。軍事力や，経済力に差があるように，一握りの国が，世界のマス・メディアを独占している。情報発信力が強い国は，国際政治を自国にとって有利に遂行することができる。国による情報の送信と受信の問題を考える学問に，グローバル・コミュニケーションという学問がある。このような学問も，マス・メディアと政治という問題を考えるとき，国際コミュニケーション論が扱う対象となる。例えば，次のような数字がある。共同通信は毎日60万語を外国に関する記事として受け取っている。その中にはUPI（United Press International）からは6万9千語，Reuterからは6万4千語，AP（Associate Press）からは，5万2千語だという。しかるに，共同通信社自らの記事は2万語だという[8]。このことから分かるのは，海外の

7　フィッシャー（1977）p.4
8　Fortner（1993）p.17

三大メディアからの配信がいかに大きいかということである。共同通信社は地方紙に世界と地方紙が入手できない他の地域の国内情報を提供している。全国紙の場合は自ら世界に特派員を派遣していて，共同通信社を介さずに，また足らないところは直接世界の通信社から配信を受け，国内報道も自前の記者が行っている。共同通信が重大なスクープをものにしたり，独占的な情報を持っていたりする場合は，共同通信からも配信を受ける。

　言語の力の不均等もイメージの創造に影響を及ぼしている。世界には，3,500の非文字言語と約500の文字言語が存在するのに，限られた言語がメディアを独占している。ユネスコの概算によると「全印刷物の内3分の2以上が，英語，ロシア語，スペイン語，ドイツ語，フランス語で書かれている」[9]のである。ある言語で出版されるためには，相当数の言語集団と経済力というものがなければ，困難を伴うことが容易に推測できる。経済力もあり，1億を超える日本語という言語集団に所属している日本人は意識しないかもしれないが，数100万人程度の言語集団しかいない国では，外国のものを翻訳しても，経済的に見合わないし，母国語でさえも書籍を出版することは困難を伴う。学術書がぎりぎり出版できる書物の点数は1,000冊だと言われている。いわゆる堅い専門書は，その点数を販売するのがやっとであるという日本の現状を見ると，1億3千万の人口で1,000冊ということは，その割合からすると，人口が10分の1の1,300万人の国なら，100冊しか売れないことになる。後者の国では書籍の出版はよほどのベスト・セラーでもない限り成り立たない。インターネットの世界では，周知のように，書物の世界以上に英語の力が圧倒的である。英語で書かれた主張が，英語を母国語とする人口以上の力を持つことになる。また，英語を母国語とする人の有利さは計り知れない。

情報のフィルター

　私たちは，新聞やテレビなどのマス・メディアが伝える情報によって，世界

9　トムリンソン（1993）p.34

の出来事を知り，世界のイメージを作り出している。マス・メディアを通して入ってくる情報は，日本の言語・文化や社会システムのフィルターをくぐり抜けてきている。それによって得られた世界認識，世界知は，日本で通用しても，世界では必ずしも通用するとは限らない。外国で生活する日本人はその国のマス・メディアで映し出されている日本像にしばしば違和感や，腹立たしさを覚えるのもそのためである。ジャーナリズムはそれぞれの国の文化・社会の認識システムに影響されている。この意味で，「ジャーナリズムには国籍がある」[10]と言われる。アメリカ人が関心を持っている地域は，アメリカのマス・メディアでは頻繁に取り上げられる。アメリカのテレビにおける日本のイメージについて，アメリカの日本に対する関心は極端に低いことを浅井亜紀子が調査している。それによると1997年5月から1月間のテレビ番組の内，日本ではアメリカ関係の番組は206本も放送されたのに，アメリカテレビでの日本関係番組はゼロだったという[11]。ヨーロッパ人が関心を持つ地域の事件は，ヨーロッパのマス・メディアでは頻繁に取り上げられる。日本では東アジアやアメリカに関する報道が，他の地域のそれを圧倒する。地域の関心差というバイアス以外にも，軍事，経済，宗教，歴史，国際関係など様々なファクターが報道ギャップを生み出している。欧米を中心とする通信社を通じて，海外から入ってくる情報には，それぞれの発信国のフレームがかかり，そのニュース・ソースを受けて自国に発信する場合は，今度は受け手国のバイアスがさらに加わるという複雑な二重構造になっている。外国から入ってくる情報は，「文化の問題」[12]を引き起こし，「政治的性質」[13]を持っている。情報はこの意味でまさに政治的なのである。

　アメリカの大統領が直接に日本向けに発言した場合，その言説はアメリカのマス・メディアを通じて発表され，それを受けて，日本のマス・メディアが，アメリカの反応について報道し，コメントをつける。それを読んだ日本の政治家や官僚や学者などが，その記事に対して見解を述べる。その見解が今度は日

10　原（1992）p.13
11　川竹他（2000）p.23
12　Fortner p.8
13　ibid p.8

本のマス・メディアを通じて，日本やアメリカや世界に発信される。それがアメリカのマス・メディアに取り上げられ，アメリカの政治家や官僚や学者，読者がその記事に対してある種の見解を持ち，意志決定を行う。それを受けてアメリカや日本のマス・メディアがまた反応する。双方のジャーナリストや外交官は相手の動向を探るためにマス・メディアを分析し，情報を蓄積する。かくしてしだいに，日本にはある種のアメリカのイメージが醸成され，アメリカではある種の日本のイメージが醸成される。そのようなイメージは，ある程度類型化され，スタンダード化され，対日認識や対米認識となる。このようなイメージは固定される。いったん固定されるとその類型からはずれたことは選択的知覚によって認識されない。かくしてそのようなイメージは個人の認識を越えて，国家的認識となる。

マス・メディアによるイメージの流布と，イメージの固定化を見抜くことも，国際コミュニケーション論の仕事である。私たちは日々，自らの国が発信する情報と海外発の情報に曝されている。しかも大半の読者は，日本のマス・メディアの報道を通じて，これらの情報を得ているわけである。外国報道の場合，日本人記者が，直接記者会見や，取材活動で報道するような希なケースを除けば，例え記事に特派員の名前が入っていても，その情報は現地のマス・メディアが伝える情報や，インターネット上で発信されている情報や，通信社の情報をもとにしたものが多い。このような情報は相手国の様々な情報操作回路を通っている。日本の特派員や日本の記者はそれらの情報から，日本向けに取捨選択し，日本的認識プログラムに載せて，記事を送る。そのようにして作られた日本のニュースに対する，日本の，例えば政治筋の反応というものを記事にしたものを日本の新聞で読むわけであるが，いったいどれほどのフレームをくぐり抜けてきたのであろうか。

パキスタンやインドの原爆実験を考えてみると，それに対する，インドやパキスタンという当事者の報道，日本やドイツなどの核非保有国の反応，中国やアメリカやロシアなどの核保有国の反応は違う。また，それぞれのグループ内にあっても，周知のようにニュアンスは違うのである。1つの国には1つの意見しかないわけではない。各国の政治的立場，イデオロギーなどによって，政治家や学者や官僚の発言は，同じ国においても異なる。けれども権力者の意見

が強く現れる傾向は否めない。全ての情報が，ジャーナリストによって，読者や視聴者に届けられるわけではない。何を報道し，何を報道しないかの判断もマス・メディア側にある。これらの情報はその国のマス・メディアのレベル，民主主義の成熟のレベル，メディア産業の形態に大きく影響を受ける。私たちの政治意識の形成過程もマス・メディアを抜きには考えられない。現代人の大半は，毎日おびただしい情報をマス・メディアから受け取っており，マス・メディアの恣意性を意識することなく，毎日次々と送られてくる情報を消費している。マクウェール（Denis McQuail）は『マス・コミュニケーションの理論』でガーブナー（George Gerbner）の意見を引用して，次のように書いている。メディアは，世界を見る共通の方法を大衆に伝えることによって，「事象を選択したり，解釈したりする共通の方法をつくり出す」。受け手はそれによって「文化変容を受ける」。国家イデオロギー，マス・メディアの操作に敏感になるためには，他の国が発信する情報と自国のそれとを比較することが不可欠である。インターネットが普及している現在，外国の情報にアクセスすることは容易になっている。

　覚醒し自立した市民の存在が，機能する民主主義の必須条件とすれば，インターネットの時代になって初めて可能性が開かれたといえる。マス・メディアから送られる情報を解読する行為は，私的な営みではない。公共圏論争を考えるなら，マクウェールが言うように，新聞を読む行為は「公共的な活動」である。社会的行為に共同参加していることになる。コミュニケーションとは，もとのラテン語では共同して作り上げるという意味を持つが，コミュニケーションとはまさに一緒に社会に参加する行為にほかならない。

　自国の，そして他国のジャーナリズムがどのように組織され，どのような傾向があり，実際の取材能力はどの程度なのか，通信社の機能はどうなのか，情報源は明示されているのか，どの程度官製の情報に依存しているのか，独自の調査能力があるのか，国内情報と国外情報は均衡が取れているか，反対意見も積極的に取り入れているか，それともある特定の勢力の広報機関ななっているのか，マス・メディアのその国における地位はどうか，マス・メディアの寡占独占体制はどうなのか，商業主義が過度に蔓延っているか，マス・メディアへのパブリック・アクセスは可能か，市民メディアが発達しているか，メディア

法は整備されているか，ジャーナリストは保護されているか，人権は守られているかなどは，情報の質を判断するにあたって重要なファクターである。権威主義的な国と，自由主義的な国とでは，マス・メディアの規範が異なる。同じ自由主義を標榜していてもマス・メディアに対する規制などを比較すると，同じレベルにあるわけではない。マス・メディアをその自由に任せるという意味での放任主義か，マス・メディアに公共性という責任を負わせようとしているかで，限りなく自由なマス・メディアになったり，統制的なマス・メディアになったりする。マス・メディアには，ある種の制限が加えられるのが普通である。戦争報道や人権などを考えると，容易に想像がつくが，どの国も無制限な自由を享受することは許されない。

● 課題 ●●●●●●●●

1　国際理解の齟齬が生じる原因にどのようなものがあるか書きなさい。
2　マス・メディアの世界認識に及ぼす影響について論述せよ。

■文献
ダン，オットー（Dann, Otto）(1999)：『ドイツ国民とナショナリズム』(Nation und Nationalismus in Deutschland, 1770-1990) 名古屋大学出版会
フィッシャー，グレン（Fisher, Glen H.）(1977)：『異文化を越えて』(Public Diplomacy and the Behavioral Sciences) ELEC 出版部
Fortner, Robert S. (1993): International Communication, History, Conflict, and Control of the Global Metropolis, Wadsworth Publishing Company.
原寿雄 (1992)：『新しいジャーナリストたちへ』晩聲社
石田収編 (1995)：『新聞が日本をダメにした』現代書林
小松弘幸 (1999)：「ドイツ中等学校生における国際理解教育の実態と意識構造」名古屋大学教育学部紀要第446巻第1号
川竹和夫他編 (2000)：『外国メディアの日本イメージ』学文社
マクウェール，デニス（McQuail, Denis）(1985)：『マス・コミュニケーションの理論』(Mass Communication Theory 1983) 新曜社
トムリンソン，ジョン（Tomlinson, John）(1993)：『文化帝国主義』(Cultural Imperialism) 青土社

第2章 異文化コミュニケーション論

文 化

　国際コミュニケーションというものを考えると，文化というものに突き当たらざるを得ない。私たちが成長する過程で，ある文化の中で社会化を遂げている。つまり，偶然に，そこに産み落とされた文化を吸収し言語を獲得し，価値観を吸収し，社会が要請するところの行動様式，思考，信念などに順応することで，成人し，その社会の構成メンバーの一員として受け入れられるのである。このプロセスは，生まれた瞬間から，成長の過程とともに不断に行われるので，ある特定の文化の中で社会化を遂げていると意識することもない。女性はその社会が期待する女性像を目標として成長するし，男性もその社会が期待する男性像を目標として成長する。労働観や教育観にも同じ事が言える。自分の文化に所属しないメンバー，例えば留学生や外国人を同級生ないし同僚として迎えたり，あるいは自らが海外に出かけたりする機会が増えて，異なる文化と遭遇するとき，このような社会化のプロセスを意識する。留学や海外出張などで，海外の異なった文化に長期間投げ出されるときの違和感がカルチャー・ショックとして体験される。相手の文化や生活様式にある程度慣れ親しみ，知らず知らず自己の文化と距離ができてしまった人が，帰国したときに，自らの文化に違和を感じ，ショックを体験するとき，相手国と自国の社会化のプロセスを強く意識する。後者はリエントリー・ショックと呼ばれている。日本に戻ってきても「外国人」としての感覚が残っているわけだ。自らの文化の中で異国を感じる体験はとても貴重である。自己文化に対してある程度の「外国人性」を持

つことが，国際理解のためにも国際コミュニケーションのためにも必要な態度であり，健全な態度であるからである（このことに関しては後の章で詳しく触れる）。

●文化の呪縛

大抵の場合私たちは，自覚的であろうとなかろうと，育った文化の呪縛から逃れることはできない。女性像，家族観，教育観，人間観，恋愛観，倫理，友人観，結婚観，論理思考なども文化による影響を受けている。岩田紀はデータを駆使して，国によってそれらがいかに違うかを指摘している[14]。学校教育を考えても，歴史教育を考えると分かることだが，必ずしも地球に住む人が世界共通の歴史を学んでいるわけではない。世界の至る所で，認識差によるコンフリクトが生じている。日韓や日中の教科書論争，歴史論争もその一例である。私たちが，日々新たに受け取るマス・メディアに関しても同じことが言える。

私たちが受け取る世界のニュースは，世界の人々が受け取るものとは同じではない。アメリカ多発テロについてアメリカ人の反応と，アラブ人の反応は同じではない。アフガニスタンやイラクへの多国籍軍による攻撃も，アメリカでは前者のアフガニスタン攻撃では圧倒的多数の人がアメリカを支持し，後者のイラク攻撃では過半数の人がアメリカを支持したのに反して，パキスタンやイラクでは，強い反米感情が醸し出される。新聞では世界各地のトップ・ニュースが紹介されているが，それらを見れば，国によって主要なニュースがいかに異なっているかが分かる。同じニュースが選択されていても，そのニュアンス，内容は同じとは限らない。異なった情報選択と情報の構成が行われる理由は，マス・メディアで働く情報の発信者が，自ら育った文化の虜になっており，この呪縛から自由でないからである。私たちが日々接するマス・メディアの情報も，国内消費向けの，自国文化という枠組みの中で成立している。このような認識の差にも文化が介入している。

私たちを囲い込む，文化とは何なのか。私たちは文化と言うことを口に出すが，一体文化とは何であろうか。私たちは紛れもなく何らかの文化に所属しているのであるが，一体文化に所属するとはどういうことなのかを考えてみたい。先ほど，文化の呪縛から逃れることはできないと書いたが，私たちを規定する

14　岩田（1997）

文化とは一体何なのか。文化とは何かを定義することは簡単なことではない。

私たちは文化という言葉で何を想起するだろうか。芸術，コミュニケーション，政治風土，習慣など，力点の置き方で文化の定義は変わる。ボロフスキー（Robert Borofsky）によれば，文化が何かについては150もの定義があるのだという[15]。文化とは何かという定義で良く引用される，イギリスの人類学者タイラー（Edward Burnett Tylor）が『原始文化』という著書で行った定義はこのようなものである。「文化または文明とは，その広い民族学的な意味では，知識・信仰・芸術・道徳・法律・風習，社会の一員としての人間によって獲得されたその他あらゆる能力や習慣を含む複合的な総体である」[16]。コミュニケーション論でしばしば引用されるこの有名な文章も，これですべてが言い尽くされたわけではない。民族という言葉では捉えられない状況が今日現出している。さらに言えば，文化は修得され，世代を越えて受け継がれるものである限り，それ自体が，時代の変化とともに変容を受けざるを得ないことになる。

文化の及ぶ範囲と，影響力の問題，国家と文化の関係，民族と文化の関係などを考えると，このタイラーの定義では不十分だと思われる。何よりも，この定義には，時間的な要素が欠如している。シュミッツ（Heinrich Walter Schmitz）は「文化とは，学ばれ，受け継がれ，人間の態度，行動，思考をコントロールし，刻み込む規則の総体である」[17]と定義している。

● 帰属する文化

文化は，国境や，民族と一致するわけでもないし，かりにそれが一致しても，文化は一義的に理解されるものではない。ある国の文化といっても，地域差があるであろうし，主流の文化（main culture）だけではなく，サブ・カルチャー（sub-culture）や，あるいは主流の文化に対抗する対抗文化（counter-culture）といったものもある。またこれに，地域差，個人差，世代差も考慮すると，ある国の文化ということを口に出しても実は誰も分かっていないことになる。ましてや，1つの国に様々な少数民族がおり，これらが共生して生活し

---

15 Borofsky（1998）pp. 64-73
16 Tylor（1874）
17 Schmitz（1979）p. 20

ているマレーシアやアメリカのケースなどを考えると，事情はもっと複雑になる。マレーシア文化とか，アメリカ文化ということを口に出しても，それは意味ある言説とはならない。マレーシアではマレー系マレーシア人文化とか，中国系マレーシア文化とか，インド系マレーシア文化が，そしてさらに多くの少数民族の文化が，独立あるいは混合した形で存在するからである。またそれらの文化が異文化間結婚のように交じり合っている場合どうなるのか。世界各国からの移民国家であるアメリカでは，大きなエスニック・グループは自分たちの文化を保存しており，サラダ・ボールのように混在している。ニューヨークのチャイナ・タウンとかロス・アンジェルスのコーリアン・タウンや，マイアミでのスパニッシュ系の人々の集団を見ていると，国の上に文化を冠した，アメリカ文化などにどれほどの意味があるの分からない。

　逆説的に，日本文化などを否定した方が有効な言説になるかも知れない。誰が国を冠した大文字の文化を必要としているのか。ある国の文化を明確に示せるとしたら，示せること自体がむしろ問題となる。そのような国では上からの文化統制，他の文化的存在を許さないという強制が働いているに違いない。しかし，ここに避けがたいアポリアが生じる。私たちは自己をある文化に所属していると言い，それを自明の前提として話を進めることが多いが，よく考えてみると，誰もが理想的にその文化に所属しているわけでもないし，その文化を代表しているわけではない。したがって，異文化コミュニケーションと言っても，実質上は文化の理想的な，あるいは平均的と言った方が適切かも知れないが，代表者ではあり得ない個人と個人の対面の場で，極めて特殊な接触が行われているのだが，もし何らかの形で，コミュニケーションの齟齬が生じたりすると，それぞれが想定する文化と文化の摩擦にその原因を捜すことになる。自分の所属する文化が何なのかわかっている人は誰もいないはずなのに。どの程度までが個人の特殊性に起因し，どの程度までがその背後にある文化の違いに起因するのかの検証なしで，すべてその民族ないし国を冠した文化差にその原因を求めたり，あるいは個々の体験という極めて私的な事例を一般化したりして，齟齬の原因は文化にあると断定する誤りが日常的に繰り返される。

　このように考えると，コミュニケーション齟齬の原因を文化摩擦に求めようとする態度そのものを問題視するところから始めなければならない。文化帝国

主義論とかオリエンタリズムというような大仕掛けの物語が文化決定主義の例である。文化をあまりにも固定的に考えることが，逆に不必要な文化摩擦を引き起こす。文化は絶えず変化しており，決して固定的なものではない。しかし厳密な意味で，ある文化を理想的に代表する人がいないからといって，その文化の存在そのものを否定できるものではない。また各人がある文化によって自己形成を行っているのも事実である。ここには難しい矛盾が存在する。完全な標準語を使える人がほとんどいないにも拘らず，標準語が想定され，各人が少しずつ違った言語を使用していても，意志の疎通がなされ，各人の差異は許容されている言語の事情と似ている。このような文化と言語のアナロジーが許されるとすれば，各人が拠り所にしている標準的な文化の存在を仮定することも最初から否定することもできない。かと言って社会化のプロセスは各人異なっていることも強調しておく必要がある。かなり注意深い観察と反省は不可避だが，文化と文化の差異によって生じる文化摩擦を想定することも誤りではないにしても，文化差がすべての現象を説明できる有効な手だてかどうかは別の話である。

●文化の継承

筆者は文化を静的に捉える考え方には組みしない。文化を固定的に捉える考え方，多くの日本論・日本人論などが，その好例であるが，そのような考え方で異文化コミュニケーションも異文化理解もできるとは思わない。文化を固定的に理解する態度には，様々な病理が潜んでいる。自己文化中心主義も，文化を一種の運命的なものと捉え，それとのアナロジーとして自文化の対極に他文化を置くことによって，他文化も同時に固定し，想像上の自文化と他文化を対比させることで，自己と他者を理解している。他文化は自文化とは異質であることをことさら強調して描く。文化ヘゲモニーの問題もそのような態度から発生する。文化を空間的な発展のプロセスと捉えると，文化の中心地から遠ざかれば遠ざかるほど，地方の文化や周辺諸国の文化は野蛮で洗練されていない文化と見なされる。相手の文化と比較して，自分の方が20年は進んでいるとか，30年は遅れていると捉えたりするのも，文化を時系列直線的に理解する病理である。逆に文化の中心国（そのように思いこんでいる）からすれば，周辺の文化

は劣っており，せいぜいのところ自分たちの亜流ないし模倣であるとみなす。彼らは，他者は中心的な文化を模倣する価値があると信じるのである。

　私たちの行動，考えは，かくあるべしと文化によって明示的に書かれているわけではない。そこには揺れと差異と解釈の余地が生じる。文化は価値観や世界観などを含めると分かることだが，目に見えない。日本人はこのように振る舞うとか，日本人の価値観はこうだといっても，誰一人，日本を代表する資格のあるものはいない。その言葉を発言する人の頭の中にある考え方を述べているに過ぎない。その人の頭の中にある，文化なるものも，様々な人とのコンタクト，情報の解釈の中で形成されてきたはずである。文化概念は，厳密に言えば，日々の対人関係，情報のアクセスによって変化を遂げている。人それぞれの考えが異なるように，文化の内容についても，揺らぎは避けられない。しかも世代を越えての文化の継承ということを考えると，文化は時間的に変化を蒙らざるを得ない。文化が，文化として存続できるためには，継承される必要がある。文化は，その文化を具現化する担い手によって支えられ，次の世代へと引き継がれることが必要である。引き継がれて初めて文化は時代を生き延びる。文化はコミュニケーションによって支えられているだけではない。文化はコミュニケーションそのものと言える[18]。このように考えると私たちのコミュニケーションそのものが文化的行為であると分かる。文化の継承といっても，決して文化はそのままコピーされるわけではない。親の世代と，子供の世代とは，価値観や，歴史観などが異なっていることから分かるように，異なったコピーのされ方をする。世代の対立は古今東西，万国共通の現象である。このことは，文化というものが時代と共に，かなり素早く変化していることを示唆している。

コミュニケーション論

　コミュニケーションすることで我々は何を行っているのであろうか。コミュニケーションの場で一体何が行われているのであろうか。なぜ私たちは会話ができ，相手のいうことを理解できるのだろうか。どうして誤解が生じるのだろ

18　Hall/ Hall（1990）p.3

うか。外国語ができないから、コミュニケーションできないというのなら、事情は分かり易い。そのようなことは、私たちは日々体験している。しかし、同じ言葉を使うからといって、コミュニケーションが保証されるとは限らない。辞書に載っている意味は理解でき、相手の言っていることが分かるのに、同じ言葉を使う同士でも、誤解や、諍(いさか)いが生じるのはどうしてなのか。私たちが使う言語は意味を運ぶ完全な道具なのだろうか。

●言語の二重性

　会話を行っている場面を思い浮かべてみよう。話者が伝えたいことを、言葉という音の連続する文節を送り出して発話し、その音のシグナルを、聞き手は言葉として受け取り、その言葉が担っている意味情報を理解している。シャノン（Claude E. Shannon）とウィーヴァー（Warren Weaver）が『コミュニケーションの数学的理論』[19]で行ったモデルはそのようなものである。ある情報源を送信体が、メッセージとして、あるチャンネルを使い、シグナルとして、発信する。そのシグナルを受信体が到達地点においてメッセージとして解読する。その際に、ノイズ（雑音）が入るというものである[20]。だが、よく考えてみると、ここで言う、送り手（送信体）と受け手（送信体）というものを、このように、社会や文化コン・テキストから切り離した、単体と想起していいのだろうか。送り手が、ある言語を使い、それを音声シグナルとして、受け手に届ける。受け手は、音声シグナルを脳内で再び言語に戻して、意味を読み取る、そのような単純な操作しか行っていないのであろうか。送り手は、言語を使って会話しているのだが、送り手はコン・テキストから切り離されて、存在しているわけではない。送り手は自分の言葉だけではなく、その社会的背景、思想、教育など、その個人の社会的、文化的背景も合わせて発言している。受け手も相手から言語を受け取るとき、そのような言語外のメッセージを受け取るのである。同じ言葉でも、それを発する人が10歳の子供か、それともノーベル賞を授賞した学者かで、受け手はそれを異なった意味に受け取る。受け手は、連続する音声シグナルを文節として受け取り、言語に変換して解釈する場合、同様

---

[19] シャノン／ヴィーヴァー（1969）
[20] 伊藤・小林（1995）p.15

に相手の言語だけではなく，その人の社会的背景，文化的背景に照らして解釈しているのである。同時に解釈する人の自己の背景をも参照しながら解釈している。コミュニケーションはこのようにもっと大きな枠組みで行われている。

　言語は不完全な意味の担い手として二重性を持っている。この言語の二重性を指摘したのはソシュール（Ferdinand de Saussure）である。彼は言語的記号（signifiant）と意味されたもの（signifié）を区別したのである。このように考えると，聞き手は，受け身の解釈者ではなくて，能動的な解釈者となる。つまり，ある言葉を発するとき，発した人はその言葉に，自分の意味世界を付与している。文字ないし音声を受け取った人は解釈するに当たって，相手の言葉に自分の意味世界を付与して理解する。意味解釈とはしたがって新たな創造にほかならない。会話が話者と聞き手の交代であると考えると，会話とは壮大な創造の場であると考えるべきである。「いかなる発話も，それを発した者ひとりにのみ帰属させることはできない。それは，話し手たちの相互作用の所産であり，その発話が生じた複雑な社会状況の所産である」[21]。理解のメカニズムは，単に情報を流し，それを受け取るという一方通行ではない。コミュニケーションは常に相互的である。

　受け身の読者というものは存在しないことが解釈学やマス・メディア研究でも言われている。マス・メディア研究では1920年代から戦前にかけては，情報の送り手（マス・メディア）がいかに受け手（読者）に対して影響を及ぼしているかという一方的な影響理論が主であった。しかし，最近の研究では，読者や，視聴者は受動的な存在ではなくて，能動的な参加者なのだと考えられている。そのような研究においては，受け手側における理解のメカニズムの研究が重要となる。解釈にはオーディエンス側の参与が大きいということを考えると，受け手のメディア・リテラシーが問題になってくる理由も肯けるのである。マス・メディアは，確かに大衆を操作できる立場にあり，支配の道具であるとされてきた。だが新たな受け手理論は，そのような考え方に修正を唱えている。

　読者は外からの影響に対してどの程度自由であり，主体的であり続けることができるだろうか。覚醒した市民が，独立した個人として，物事を判断し，政治的に参加することが，民主主義の根幹であるとしても，そのような絶対の自

21　ibid p.35

由神話は，コミュニケーション論の立場からは同時に否定される。ブーバー (Martin Buber) が『我と汝』(1923) や『対話的な原理の歴史』(1926) で言うように，孤独な自然人は存在しない。ここでは内的原理としての人格は否定されている。だがそのことは，私たち存在が所与の奴隷であることを意味しない。私たちは，意味の暴力から自由にもなれる。もしそうでなければ，人類の発展はなかっただろう。私たちは，自由と不自由の狭間に生きている。解釈が自己の手に委ねられているのであれば，相互理解を促進しようと思えば，相互のたゆまぬ，そして誠実なコミュニケーションが必要となる。

●相互理解は可能か

　理解とはどういうことなのか。自己でない他者の言うことを，私たちは，はたして理解することができるのだろうか。主観と客観（他者）をどのように繋ぐかは昔から哲学の大問題となっている。客観から離れた主観がはたして存在するのか，また独立した主観というものの存在をアプリオリに想定できるのか。他者性を否定すれば，理解も，異文化コミュニケーションも存在しないことになる。他者というものをしかし，自己と無関係に策定すれば，それをどのように理解できるかを想定することが困難である。他者と自己に理解する共通の基盤が存在しないとき，他者を理解不可能だと放擲し，武力を使ったり，権力を使ったりして，自己の考え方を相手に強制する。しかしそれでは真のコミュニケーションが成り立たない。このような悲観主義に陥らないようにガダマー (Hans-Georg Gadamer) は「解釈的循環」という概念を持ちだした。「解釈的循環」とは『岩波哲学・思想事典』によれば，「理解ないし解釈にまつわる循環，部分は全体から理解されねばならず，全体は部分から理解されねばならないという循環」のことである。このようにして相手と自己の地平が融合するのである。このためには相手に対する敬意が必要となる。

　対話の誠実さを言い続けたのはハーバーマス (Jürgen Habermas) である。成熟した民主主義を信じたハーバーマスは，市民的公共性を取り戻し，透明性の原理の中で公共的言語を話すことがなによりも大切だと主張する。市民の理性によるコミュニケーションこそが，社会の発達の原動力であるとハーバーマスは考える。批判的な議論による合意を形成するコミュニケーションは，誠実

さを持って行われなければならない。不誠実な会話，相手を陥れたり，戦略的に会話したりするのを避けるべきである。相互理解の普遍的規則性として，ハーバーマスは「理解可能性」，「真実性」，「妥当性」，「誠実性」の4つを挙げている。そのような誠実な言語使用が公共空間創出の前提とハーバーマスは考えたのである。

●人間は観念の世界に住む

　混沌とした世界から，あるものを切り出して，例えばそれを花と認識し，また，花というものから，桜というものを知覚し，また，その中から，普賢桜というものを認識するプロセスを考えてみよう。あるものを，他のものと区別する，つまり，差異化によって，私たちの知覚とか認識が生じるのである。差異を認識できて，私たちの知識は増えるのである。

　「事物の命名は認識の後になってもたらされるのではなくて，それは認識そのものである。」とメルロ＝ポンティ（Maurice Merleau-Ponty）は言う。「命名とは，言葉による世界の1つの解釈であり差異化（differentiation）である」[22]。私たちはこの世界を認識したつもりでいる。それらはすべて，教えられたものであり，文化として共有したものにすぎない。私たちは，この世界の実体のどれだけの分量を実際に知っているのだろうか。地上には世界二百数十ヵ国の国と地域がある。数千の言語がある。自分の国についてもその内の極僅かなことしか知らない。学問を考えてみよう。私たちはどれほどの学問に精通しているのだろうか。少し，専門領域が変わるともう対話が成り立たない。専門領域は途方もなく細分化されている。このように考えると，私たちは世界の百万分の一，いや，数千万分の一も知ってはいない。それにも拘らず，私たちは世界観を構築して，その中に住んでいる。言ってしまえば，私たちの世界像は，私たちの脳のイメージにしか過ぎない。

　「ぼくらには，確信『＝確実さ』の世界，けっして疑われることのない堅固な知覚の世界の中に住むという，傾向がある。ぼくらの信念が，事物とはただ人が見るとおりのものであり，自分が真実だと考えていることにはほかのありかたはありえないのだと，保証してくれている。このゆるぎない確信は，ぼく

---

[22] 黒田（1985）p.43

らの日常生活にまとわりつく文化的条件であり，人間としてやってゆく上でのごくあたりまえのやりかただ」[23]とマトゥラーナ（Humberto R. Maturana）は言う。この言葉はこの事情を実に見事に描き出している。世界像は，私たちの頭の中で構成されたものに過ぎない。この世界をどのように知覚し，構成するかは，私たちの恣意的な選択によるというよりも，感覚器官，文化，性癖，社会化，教育，既知の知識，情報という諸条件で制限されている。私たちは自分で直接知った知識，それは，全体から見れば，極少数部分でしかない。その知識も正しいかどうか分からない。また圧倒的に多くの知識は，自ら直接的に体験したというよりも，間接的に仕入れた知識である。誰かがその知識について語ったものでしかない。しかも，具合の悪いことに，それらの僅かなバラバラな知識は，バラバラな知識として取り組まれているのではない。この世界を，バラバラの雑多なものとして認識しているのではなくて，ひとつの構築物，体系，システムとしてインプットされている。人間はシステム（固定観念）に住む傾向がある。それらの知識によって自らが構築したシステムという世界の中で，住み慣れた住民と自己を認識しているので，何の憂慮もなく，毎日生きていけるのである。自己が構成した世界の中で，自己を位置づけ，自分の生活する空間と，世界を絶えず新たに構成しながら，日々を送っている。

●バーチャル・リアリティー

　自己の構築（自己）と世界の構築（他者）のためには，コミュニケーションは不可欠である。一人ひとりが，コミュニケーションを必要としているように，社会（他者）も，それが機能し，維持されるためには，コミュニケーションを必要としている。もし外部から，情報が入ってこなければ，新たな構築は存在しない。私たちの社会をひとつのシステムと考えると，その社会システムと，それを構成する個人とが，不断に情報を交換することが必要である。ルーマン（Niklas Luhmann）は，講義ノートの中で，私たちの社会システムとはコミュニケーションであると言い切っている。周知のごとくコミュニケーションとは，世界を構築する作業であるとするのが，構造主義である。マトゥラーナ，グラーフェルト，フェルスター（Henz von Foerster）は「人間のコミュニケー

23　マトゥラーナ／バレーラ（1997）p.16

ションプロセス」を「構造のプロセス」と考えた[24]。シュミット（Siegfried J. Schmidt）やクリッペンドルフ（Klaus Krippendorff）もこのような考え方を採用している。

シュミットによれば、「私たちの実際の脳は、認識世界を構成している。それは、世界と、物質と、主体から成り立つ現実である。即ち主体は、自己を、この物質と世界に従属させる。知覚された世界は、それ自体完結している。その中にのみ時間と空間、内と外、原因と影響がある。リアルな世界は必要且つ知覚された理念ではあっても、体験した現実ではない。私たちはそれが存在すると要請する必要がある。しかし、私たちがリアルな世界について言えることは、それがすべてなのである」[25]。

最近はコンピュータ・ゲームやシュミレーション・ゲームやコンピュータ・グラフィクによる、非現実空間、バーチャル・リアリティという言葉が使われる。そして、コンピュータ時代は、若者が現実から逃避して、人工的な空間に閉じこもり、仮想空間でのストリート・ファイターや、戦争ゲームなどに興じている。現実感が希薄になり、人の痛みを感じることなく、殺人ゲームに興じることになる。それが青少年犯罪や青少年の暴力の温床になったりすると言われる。テレビ・ゲームと犯罪の関係が、科学的に証明可能かどうかはさておき、1つだけ確実に言えることがある。コンピュータの世界だけがバーチャル・リアリティではない。私たちが現実だと思っているこの世界そのものが、私たちの脳が造りだしたバーチャル・リアリティである。

オートポイエーシスという概念も、人間の知識の生成を示唆しているように思える。オートポイエーシスとはもともとは、チリの神経学者、マトゥラーナによって生物学で使われ、生命の有機的システムを記述する概念である。マトゥラーナのオートポイエーシス論によって、各人がオートポイエティックに自立、かつ全体も複合システムとしてオートポイエーシスとして存在している矛盾が解決される。「システムの相互浸透」が行われるからである。自己と他者の2つのオートポイエーシスがコミュニケーションによって支えられている。コミュニケーションを構成素とする産出プロセスのネットワーク（社会システ

24　Jarren（1994）p.30
25　Schmidt（1991）p.65

ム）は，コミュニケーションを産出することによって自己を維持している。構造主義，オートポイエーシスなどの立場によると，人間は相手から情報を得るのではなくて，情報に触発されて，自分の中で情報を作り上げている。情報は他者から来たとは言い切れない。したがって情報の流れとかジャーナリズムで言う「真実に即した報道とか客観性という概念は時代遅れで無意味な言葉になる」[26]。ジャーナリストが自慢する客観報道というものも，厳密に考えると存在しない。客観的と言っても，ジャーナリストが客観的と感じる主観的なものであるに過ぎない。将来のコミュニケーション学では，情報の自由な流れではなくて，オートポイエーシスとか，シェマータとか，フレームという言葉が重要なキーワードになるとシュミットは考える。

　このように考えるとルーマンの「縮減」という概念も，私たちの脳が造りだしたバーチャル・リアリティを意味していると看破できる。私たちにはこの社会は複雑すぎて，想起することができない。あまりにも混沌として意味不明なのである。意味の付与ができないという不安から逃れるために行う意味付与行為は，自分にとって，不必要なものを切り捨て，必要なものは逆に補い，複雑なものを縮減することによって，つまり体系化することによって初めて可能となる。体系化とは，意味付与にほかならない。体系化は縮減化を必然的にともなう。言ってしまえば，固定観念と独断と矮小化によって我々は生きている。

● 言語による認識

　人間は，どのようにして自己を認識するのだろうか。ハーバーマスは「私は，私自身を，もっぱらあの『共同的なものの分野』において理解し，同時に私は，ここで，他者をその客体において理解する」[27]と書いている。完全に切り離された個人は存在しない。ここでいう共同的なものとは，「同一の言語によって相互に伝達しあっている諸主体の集団に対して同一の記号がもっている間主観的な拘束性」[28]のことである。つまり，言語というのは，間主観性の基盤であり，共同体は言語によってはじめて形成される。人間は，この言語コミュニ

26　ibid. p.30
27　ハーバーマス（1981）p.168
28　ibid. p.167

ケーションによって，共同体との相互の一致を認め，また隔たりを保つ。「相互の同一化および一方と他方との非・同一性の確保」[29]を可能にする。したがって，他者との言語コミュニケーションにより，人間は自己を認識する。この関係（言語コミュニケーション）なしに，自我・同一性は考えられない。他者と自己のコミュニケーションのなかでのみ自己は形成されるというわけである。

　「言語とは，誰かによって，外部世界をとりこむだけのために『世界を表象するために』発明されたものではない。したがって，それは外部世界をあきらかにするための道具として使われることはできない。そうではなくて〈言語する〉ことによって，言語という行動の調整の中で，認識『知ること』という行為が，〈世界〉を生じさせるのだ。ぼくらはぼくらの生を，相互的な言語的カップリングにおいていとなむ。それは言語がぼくらにぼくら自身をあきらかにすることを許すからではなく，ぼくらはぼくらがほかの人々とともに生じさせている絶えまない生成『〈なってゆく〉こと』の中で，言語において構成されているからだ。ぼくらは自分自身を，この共＝個体発生的カップリングの中で，あらかじめ存在するレファレンスや起源との関連によってではなく，ほかの人間たちとともに作り上げる〈言語による世界〉の生成における，進行的変化として，見いだすのだ」[30]。言語は世界を表象するために発明されたのではなく，言語による認識という行為が世界を生じさせているのだと，マトゥラーナは書いている。私たちの思考すべてが，他者との関係を想起させるのである。「いわれたことにすべてには，それをいった誰かがいる」[31]。他者との不断のコミュニケーションなくしては，社会は成り立たない。全てのものが構造的にカップリングされており，自分の存在は，他者とともに生起される世界の中に存在することを理解すれば，私たちが今まで何とはなしに行ってきた「認識」という行為の社会的意味が分かる。

---

[29]　ibid. p.169
[30]　マトゥラーナ／バレーラ p.285
[31]　ibid. p.29

異文化コミュニケーション

　人間はコミュニケーションなしで済ますわけにはいかない。人間の接触のあるところでは、そこに好むと好まざるとにかかわらずコミュニケーションは行われている。国や文化を越えてのコミュニケーションにあっては、この事情はもっと複雑になる。海外に出た人なら誰もが、一度ならず異文化コミュニケーションの問題と取り組むことになる。外国に出れば、異文化は新鮮な驚きとして受け止められ、異なったシステムに対応すべく、自己変容を余儀なくされる。また、自己変容を受けなければ、深いレベルでのコミュニケーションは覚束ない。異文化コミュニケーションと自文化内コミュニケーションも、本質的には同じものである。話者が同一の文化圏、言語圏に所属している場合でも、コミュニケーションが必ずしもうまくいかず、感情的にもつれたり、不快感を感じたりすることは、日常的によく体験する。文化や言語の共通性にもかかわらず、価値観や、相手に対する利害、感情が、意思の疎通を困難にしていることも多い。異なった文化、言語を持つ人が出会い、コミュニケーションを行う場合は、文化と言語を共通とする人が出会う場合と比較して、一層多くの困難が生じるが、相手の理解のメカニズムは基本的には同じである。

　異文化コミュニケーション（Intercultural Communication）に似た概念として比較文化コミュニケーション（Cross-cultural Communication）というものがある。異文化コミュニケーションは主として、言語と文化の関係を取り扱い、対個人的なコミュニケーションを主として考える。それに反して、比較文化コミュニケーションは、制度とか、社会システムとか、国家、環境なども視野に入れている。コミュニケーションの齟齬は、私たちと社会や国家のあり方、経済システム、社会システムなどにも起因している。世界観、審美観、倫理観、思想は自分が所属する社会から与えられる。それに対して、異文化コミュニケーションは、実際の具体的な場面で生じるコミュニケーションを分析する。

　前者と後者の違いは、前者は異文化間の文化比較に重きを置くのに反して、後者は、相互に会話している個人のコミュニケーション分析に重点が置かれる。ジャント（Fred Jandt）は『異文化コミュニケーション』の中で、比較文化コ

ミュニケーションを次のように説明している。「比較文化コミュニケーションとは，一般的には，様々な文化の現象を比較することに関係している。例えば，社会における女性の役割について（……）様々な文化において，女性は実際にどのような行動を取っているのかを比較することになる」[32] また，異文化コミュニケーションを次のように説明している。「異文化コミュニケーションとは，一般的に様々な文化に属する人々の対面コミュニケーションの相互行動に関係している」[33]。

　この場合，問題となるのは，異文化コミュニケーションや比較文化コミュニケーションの知見が，特定の文化の間にのみ通用するのか，それとも，その知見が，他の文化にも一般的に通用するものなのかで意見が分かれている[34]。筆者はその知見が，ある程度は一般的に通用しても，過度の一般化は，むしろ有害だと考える。これまでの異文化コミュニケーションというと，対面的な状況において，外国人と日本人は，どのようにコミュニケーションが異なっているかとか，どのようなコミュニケーションの離齬があるかとか，日本人のコミュニケーションのスタイルには，どのような特色があるかなどについて説明しているものが多い。しかし，日本人と外国人という比較は乱暴である。日本が外国と対峙しているという黒船思想が，つまり，排外思想が根底になければ成り立たない話である。外国人との比較といっても，往々にして，欧米人と日本人の対比であったり，欧米人との比較で，日本人の言語コミュニケーションの特殊性が強調されたりする。それも，詳しく見てみると，大抵は，欧米人であっても，実はアメリカ人を欧米人の代表にしているに過ぎないと分かるのである。

　ここには，過度のアメリカ人の一般化，そして，アメリカ人のコミュニケーションを西洋人全体の特徴であるかのような見方が横行している。そして悪いことに，その西洋人との対比，もしくは，西洋人のミラー・イメージから，いわゆる日本的コミュニケーション・スタイルが抽出されるのである。かくして日本人と欧米人は，何もかも逆であるかのごとき言説がまかり通るのである。その際に，欧米というものは，何十という国から成り立っており，それぞれの

32　Jandt（1995）p.30
33　ibid. p.30
34　Koester/ Wiseman/ Sanders（1993）p.12

歴史も言語も文化も異なっているということは考慮されない。誰が責任を持って欧米という概念を想念できるのであろうか。欧米という何も実体の伴わない言葉が一人歩きするのである。筆者は欧米という言葉を口に出す蛮勇を持たない。このことが理解できない人は、イタリア人とドイツ人のコミュニケーション・スタイルが同じだとか、フィンランド人とフランス人のコミュニケーション・スタイルが同じだと、ヨーロッパで主張してみればいい。その人の知性が疑われるだけである。欧米の中にも、国によってコミュニケーション・スタイルはずいぶん違う。少し考えれば分かるのに、この当然の考え方がなぜか無視される。アメリカ人が西洋の代表なら、日本人は東洋の代表というわけである。非ヨーロッパの代表が日本というわけである。同じアジア人でも、日本人と中国人の差、日本人と韓国人の差などは無視される。

　日本人のコミュニケーション・スタイルを東洋の代表とする態度は、韓国人や中国人には迷惑なばかりか不愉快であろう。日本人がアジア人の代表であるかのように扱われ、西洋と東洋といった、対立項で捉えられたりする。異文化コミュニケーションや比較文化コミュニケーションという学問は、下手をするとステレオ・タイプの再生産を行い、異文化理解を促進するよりも、むしろ異文化誤解を促進していることになる。異文化と自文化とが最初から対立しているという論の組み立てそのものが、異文化コミュニケーションや比較文化コミュニケーションとは何の関係もない、イデオロギーの産物なのである。どの文化にも通じる一般的な異文化コミュニケーション論というものは存在しない。一般的な異文化コミュニケーション論は、フィクションに過ぎず、実際には何の役にも立たない読み物である。そこで提出される日本と非日本に横たわる差異の存在証明は、学問的に耐えられる代物ではない。エピソードにもとづいた言説が一人歩きする。特定の国あるいは文化に対して、自国の文化との比較において異文化理解とか、異文化コミュニケーションというものなら、それでもあまりよいアプローチとは思えないが、ある程度は考えてもいいだろう。

カルチャー・ショック

　ある文化の中で育てば，多少の差異はあっても，態度，行動，思考はおろか，感情の表出，認知までもがその文化の影響を受ける。子どもは，その中で自分が育った文化を受け入れ，それを内面化して成長する。8歳から9歳でこの文化の内面化はかなりの程度終了しているのは，これらの年齢で外国に連れてこられると，かなり心理的抵抗があって，異文化になじめないことから分かる。逆に小さい子供ほど，外国での適応が高い。ある文化を内面化し，社会化するプロセスが終わった高学年の生徒や大人たちが，異文化の中に入り込むのに苦労し，アイデンティティの葛藤を感じるのはこのためである。逆に言えば，低学年の生徒は，まだアイデンティティといえるものがそれほど確立しておらず，そのために新しい環境での順応性が高い。異文化と対峙した時に，認識面や感情面での理解困難さを感じる体験は，カルチャー・ショックと呼ばれている。カルチャー・ショックは，誰にでも起こり得るし，それを感じたとき，良い方向でそれを受け止めることができるためには，カルチャー・ショックのプロセスを正しく認識しておくことが必要である。

　文化摩擦は，カルチャー・ショックを経験するうちに，相手文化に対する固定的な見方ができ上がり，もはや相手の文化を受け入れたり，理解したりできなくなる状態を指している。理解し難いようなことを体験した場合，それをその場限りの特殊なケース，ないし個別なものと受け取らないで，双方に横たわる文化一般の差異からきていると見なすことがよくある。葛藤を克服するために合理化が行われるのである。文化の優劣性という考え方が入ることもある。相手の文化を自分たちのそれより優れており，模倣すべきだと考えるのと，劣っており，取り入れる価値がないと考えるのとでは，文化摩擦の当事者への影響力は違ったものとなる。相手国の文化を価値のないものと最初から考えると，文化摩擦も，カルチャー・ショックもさほど感じる必要性がない。自己のアイデンティティに対する脅威も発生しない。この文化的傲慢な態度は"男性的"な個人の自立の証明ではなくて，文化帝国主義的な態度であって，異文化理解には障害になる。

自己のアイデンティティというものを守る態度は，相手を受け入れない態度に通底する。自己変容なしに，本当の意味で相手を理解できるのであろうか。むしろ文化アイデンティティとは国家イデオロギーだと思うべきである。全体を代表する文化を想定できないということを今一度思い起こしてみたい。文化相対主義的なスタンスを異文化において実行する人のみが異文化理解ができる。自己アイデンティティを変えない態度は，国際化，文化の多様性，異文化共生という考え方とは無関係の代物である。何年も何十年も外国（日本）に暮らしていながら，その地の言語をマスターする必要性を感じず，カルチャー・ショックも感じる必要もなく，自分の言葉を話してくれる人を周囲に集めて，文化的ゲットーの中に生活している"国際人"はどこの国にもいる。このような形で文化摩擦を感じないのは，文化摩擦を感じないこと自体を問題にしてもよい。

認知・感情・行動の三位一体の必要性

　私たちを取り巻いている文化による規制，ルールは，必ずしも，目に見える形で表れるとは限らない。ニュースなどで，ある国の出来事を知り，食事の仕方や住まいなど，目で見えるものを知っていても，その国を知ったことにはならない。その国の人が，物事に対して，どのような価値観を抱き，どのような考え方をしているか，どのような世界観，人生観，審美観を持っているかは分からない。それらはたいてい明示されないので，気付くことも困難で，自分が誤りを犯したことに気付かない可能性がある。
　バオジンガー（Hermann Bausinger）は「いわゆる基本的な感情表出さえ文化に影響を受けている。この関連を知ることがいかに大切かは，次のような誤解が生じることからも分かる。例えば，騒がしく，あからさまな感情の表出は，ドイツ人からすれば，ややもすると，芝居がかった仰々しさと受け取られ，軽蔑の対象になるし，逆に，文化的な規範によって教育された，感情の抑制は，冷淡さと解釈されてしまうのである」と書いている[35]。私たちの何気ない感情の表出さえも，文化に規定されているという事実は恐ろしいものである。

感情だけでなく，行動様式，考え方すら，文化が関わっている。それらを踏まえた上で，言語的表現がなされるわけであって，言語がそれ自体独立しているわけではない。1つ1つの場面，場面で，どのように振る舞い，どのように言語表現し，どのように感情表出すべきかは，文化によってある程度決まっている。場面場面での，認知・行動・感情の三位一体は，使用する言語で決まっている。つまり，言語には場面の文法がある。人間はコミュニケーションする動物であり，自己の意図，願望，要請など，相手に伝えようとする。そのような行為の完遂のためには，それを充足させるためには技術，能力が必要である。私たちの発話行為は，単に言葉を意味が通るように文法的に並べているわけではない。私たちの挨拶行動などを考えれば分かることであるが，単に，意味を付与するだけではなくて，発話の場面場面で，どのような発話をすべきか，オクサール（Els Oksaar）が言うように，「場面のルール」というものがある。言語行動様式は場面に制約され，社会文化的に条件づけられている。オクサールによれば，言語の習得とは「発音，文法および語彙の獲得以上のものを普通含んでいる。習得される新しい行動様式とは，場面に制約されるものであり，伝達的言語の能力に属すると考えられるものである」[36]。誰が誰に対して，どのような場面で，どのように発話すべきかは，社会的な規則として決められており，そのルールに則る限り，社会的制裁を受けることはない。外国語の習得プロセスを考えると，このような社会のルールを共に学ぶことは重要である。

　コミュニケーションは複数のチャンネルで行われているのであって，言語のレベルだけで行われているわけではない。ある事柄について会話しながら，同時に相手の人物を評価することは，私たちが無意識にしていることである。いくら表面的に会話がはずんでいても，双方が相手をネガティブに評価していたとすれば，よい人間関係は確立できない。このようにすべての行動，振る舞い，考え方，容貌，身体，服装などに，価値観や世界観がつきまとう。風邪を引いたにもかかわらず，必死の覚悟で授業に出席したところ，アメリカ人の教授から叱られたという，興味深い留学の体験談を，口羽益生は述べている[37]。ウイ

35　Bausinger（1979）p.42
36　オクサール（1980）p.79
37　山口・齋藤（1995）p.27

ルスを教室にまき散らすというのが，この教授の見解だという。頑張って授業に出て叱られた口羽は，最初はそれを人種偏見だと思ったと書いている。

　食生活においても，鈴木孝夫が指摘しているように[38]，日本の旅館において，客の注文を一切聞かずに，食事が用意され，すべて食べることを必ずしも期待されているとは思えないほどの料理の量が出るのは，当たり前になっているが，客の食欲，嗜好，宗教には無頓着に出される，集団主義的食習慣には問題がないのだろうか。国際ホテルと銘打っても，そのような対応では，文化摩擦を引き起こすことになろう。

　動物愛護なども，何か質的な差が文化の間に横たわっていると思えてならない。自分が国を去るに当たって，もはや飼育できないという理由で，これまで飼っていた猫を薬を使って始末するのと，野良猫となって自分で生きて行って欲しいと思い，他の人に拾われることを期待して，猫を棄てるのと，どちらが果たして動物愛護と言えるだろうか。ヨーロッパでは牛を屠殺場に運搬するための長距離輸送に際して，一定の時間が経過する度に，牛に休息時間や餌や水が与えられる。殺すのはよいが，苦痛を与えてはならないというのが，動物愛護であるわけだ。また同様に，日本では，魚に関しては，活け作りを喜び，踊り食いをする人もいるが，他の文化圏の人にそれはどのように映っているのだろうか。ドイツでは，生きているニジマスを買う場合，魚屋はまず電気ショックによって魚を麻痺させ，しかる後に，ナイフを入れて内蔵を取り出す。ここにも動物は食してもよいが，苦痛を与えてはならないという考えが根底にある。釣りに関しても，釣り上げた魚は直ぐに，金槌で頭を殴り殺さなければならない。そのために，釣り道具一式には金槌は必需品である。日本の釣り師は，ドイツの考えからすれば全員動物虐待で刑務所行きとなるかも知れない。

　お金に関しても様々な文化の態度がある。使い方，貯蓄観，割り勘，チップなど，ルールを知らなければ，文化摩擦を引き起こしかねない。例えば，割り勘勘定するという行為自体が，人間関係をその場その場で精算させ，非常にドライで冷たいと感じる韓国人と，相手に負担をかけさせたくないし，また相手からの負債を背負い込みたくないので割り勘を好む日本人は，どのように折り合いをつけるのであろうか。

38　鈴木（1975）p.142

他人から招待された時，イギリスでは，断れるのは先約がある場合だけであると，ネウストプニー（Neustupny, Jiri V.）は書いている[39]。日本では，相手を傷つけまいと曖昧な返事をするのも許される。イギリス人と日本人は交際できるのであろうか。

外国の人をホーム・ステイさせる日本の家庭も最近多くなっているが，相手に部屋を貸しているだけというドライな関係は，日本では希であろう。相手を家族の一員として，娘や息子のように可愛がり，逆にそのことが相手に心理的な負担をかけていたり，あるいはホスト・ファミリー側からのプライバシーの侵害になっていたりするケースを目にしたことがある。逆に，日本側の過度な"親切"を享受していた外国人が，突然家を出てくれと言われ，今まであれほど親切だった日本人の豹変ぶりに困惑したケースが身近にあったが，これも日本的親切というものの誤解からきている。日本人や韓国人の親切さは，相手に同様の思いやりや遠慮や親切を期待し，相手がまたそのことを知っているから機能するのである。ところが，そのような関係を全く知らないで，そのような親切を，客が無欲の親切として一方的に利用し続けると，いつかはこの関係は破綻する。教育観，人間観，恋愛観，倫理，家族観，友人観，結婚観など，様々な事柄に同じようなことが言える。相手の文化を知らなければ，とんでもない失敗を犯すことになる。言葉の文法と平行して社会の文法がある。

国 際 化

国際という言葉は，日本において，一種の呪術的な響きを持っていることは，海外からのお客が来そうもないホテルや，旅館に堂々と国際という名前が付いていることからも分かる。最近は大学や学部にもこの手の国際という名前を付けたのがやたらに多いが，名前を付けることで，急に国際的になるわけでもあるまいにとも思う。この国際化コンプレックスという現象をどのように理解したらよいのであろうか。

世界第2の工業国，世界第3の貿易輸出国，世界第1の資本輸出国である日

---

[39] ネウストプニー（1982）p.74

本で，国際化というものがテーマになることが病理の深さを語っている。日本は欧米諸国から，技術・知識・制度を導入し，急速に欧米諸国に追いつき追い越せと，がむしゃらに突き進んできたが，はたしてわが国は外国に対する理解を深める努力をしてきたであろうか。和魂洋才という日本の文化政策は，まさにその逆のことを目指してきたのではなかろうか。この和魂洋才という文化政策は，異文化理解とは逆に，日本の精神的孤立政策でもあった。表面的には欧米化していても，精神の深いところでは日本人のままでとどまろうとし，その政策がある程度成功すると，今度は，この「日本精神」をアジアの諸国に押しつけようとした。そのためにアジアで真の友人を持てない国になってしまった。日本は経済的には「西側」に属しており，Ｇ７のメンバーでもある。そのために日本人が意識しようとすまいと，アジアの一員とは見られないことになる。日本人は東南アジアの人々からよくバナナと描写される。表面は黄色であるのに，皮をむけば中は白色というわけである。だからと言って日本は欧米諸国からは本当に対等のメンバーとは見なされているのだろうか。

　1980年代になって，国際化が声高に叫ばれだした。なぜ国際化が叫ばれたのであろうか。これにはそれなりの日本側の必然性があったと思われる。1つは，日本の経済がアメリカを脅かすほどのものとなり，日本異質論が世界で再び声高に叫ばれるようになったこと。戦争責任のマイナス・イメージを払拭し，日本を普通の国にし，経済力に見合った地位を求めようとする欲求があった。和魂洋才という自ら選んだ孤立からの脱却を図ろうとした。国際化の号令のもと，かくして日本の市町村に国際交流委員が置かれるようになった。日本の経済力の増大にともなって，外国との接触が増大し，接触が増大して，文化摩擦が本格的に始まり，日本異質論という外圧を受けて，日本を普通の国にしようとする要請が国際化の正体である。つまり，これまで日本の状態が異常だったことの裏返しである。

　日本の国際交流はどうであったのか。エキゾチズムに訴えた，伝統文化の紹介は，珍しさもあって，海外で人気を博していたことは確かである。そのような成功体験と，自己文化にたいする自意識とあいまって，古い伝統を海外の公演や展覧会に持ち出すことが多い。そのような，伝統文化に傾斜した日本紹介は，はたして日本の現実を伝えるのに寄与するのだろうか。フジヤマ・芸者と

いったエキゾチズムの固定化，ステレオ・タイプの補強に利している側面はないだろうか。日本の多くの問題が実は先進国の共通の悩みであり，また過去に多くの過ちをしてきたこととを示すことで，共感を生み，日本を普通の国として受け止めてくれるのではないか。

　海外旅行者の増大や，外国で働く日本人の数や，日本で働く外国人の数の増大が，必ずしもその国の理解を深めるのに寄与するとは限らない。一流ホテルに泊まって，観光バスに乗って，日本語のガイド付きで，いわゆる観光地を足早に駆けめぐり，写真を撮って，おみやげを買い漁っても，国際理解が深まったことにならない。経済格差を現地の人に感じさせ，日本人は傲慢と思わせただけかも知れない。旅行者は，ガイドブックなどのマニュアル書にしたがって，何を見，何を知るかの方向性をあらかじめ決めており，最初から期待していたものを手に入れようと旅行しているに過ぎない。したがって，旅行して相手の国を理解するというより，あらかじめその国に対して抱いていたイメージを再確認し，その固定化を求めてきただけに過ぎない。エキゾチズムを満足させるだけで，本当に相手国を理解する姿勢はそこにはない。相手国の観光産業は，観光客のエキゾチズムに合わせて観光コースを設定していることが多いので，イメージの訂正は行われない。

　日本人労働者の海外移住や外国人労働者の日本への流入に関しても，これを国際化の観点から手放しで喜べる状況にはない。前者のケースでは，経済進出にともなう，現地での日本人社会が享受する特権階級的な生活が問題である。特に開発途上国では，自らが特権階級として，日本人同士で付き合い，「現地人」との接触を断ち，ゴルフ三昧をする日本人が多いことを見てきた。エコノミック・アニマルという言葉で言われるように，経済分野に限っての相手国との接触，相手国の言葉や習慣を学ぼうとしない姿勢は，是非改めなければならない。外国人の受け入れに関しても，日本人学校と不法就労と怪しげな研修プログラムに見られるように，日本には外国人労働者をまともに受け入れるシステムが欠如している。少子高齢化社会を睨んだ秩序ある外国人を受け入れるシステムの構築と，住民に対して外国人との共生教育と，相手国の文化を知る息の長いプログラム，社会保障などを国や自治体は用意しなければならない。外国人を受け入れるシステムの欠如というのは，単に制度上の不備の問題ではな

く，心理的，政治的，社会的な不備も指す。

　難民の受け入れ否定の問題を考えてみても，経済大国としての義務を果たしておらず，国際社会の一員という自覚が欠如していると言わざるを得ない。ベトナムからのボート・ピープルを，人種も文化も違っているドイツが，何万にも受け入れたのに，日本は殆ど受け入れなかったことや，統一の負担を強いられているドイツが，ユーゴスラビア戦争では，さらに30万人の，ボスニア・ヘルツェゴビナからの難民を受け入れていたのを見るにつけ，日本の国際感覚の欠如をますます感ずるのである。北朝鮮からの脱北者の受け入れ保護にも高いハードルがある。外国人の受け入れを真剣に模索すべきである。先ずは自己愛から脱却しなければならない。

　日本にははたして多文化共生の理念があったのだろうか。日本というのはかつて大陸からの移民で成立した国であり，そのような大陸からの移動は日本の中世まで続いていたので，かつては大陸からの移住者が受け入れられ，昔はもっとおおらかであったはずである。国家意識が成立した江戸時代以降，一国ナショナリズムが強くなってきた。植民地経営に見られたように，文化の同化政策が打ち出され，多文化共生という考え方が存在しなかったがゆえに，血統主義，父権主義がまかり通る。日本は本当に外国人に対して寛大な国なのだろうか。西洋人の白人に対する特別扱いと有色人種の蔑視というのはコインの両面である。西洋コンプレックス，白人崇拝，外人天国とアジア人への無関心は同じ根から出てきている。外国人をともに自分たちと同じ義務と権利を持った，対等のパートナーとして受け入れようとする意識がそこにはない。外国人を市民として受け入れることが，心理的にも制度的にもできなければ，国際化も単なるスローガンに終わる。外国人の市民権，選挙権，年金，職業の機会均等，同一労働に対する同一賃金などを早く確立し，外国人を受け入れるシステムを用意しないで，ただ日本を世界に開くという形で，外国人を受け入れると，国際化のスローガンが，新ナショナリズムを生み出すことにもなりかねない。国際化とは，自分の心にある差別，偏見，憎悪を取り除き，同化強制でもない，真の共生を目指すことにほかならない。このような意識を醸成し，教育を行わなければ，日本は今後も国際化に苦しむことになる。マス・メディアの外国人報道は，外国人に対する偏見を取り除く努力をしているようには思えない。

言語能力

　コミュニケーション能力があるとかないとかという場合，英語ができるかできないかと同義語のようにとらえられていることが多い。英語ができないからコミュニケーションができない，というのも半ば当たっている。日本人の英語能力は，TOEFLの国別平均点で，世界の最下位グループを占めている。もっともこのような統計には数字のまやかしがあることも承知しているが，それはここではひとまず措くとする。日本人は決して努力をしていないわけではない。日本の国家と日本人が英語にかける努力と時間とお金は大変なものである。筆者が問題にしたいのは，このことと，英語がある程度できても，コミュニケーション能力ができていない事例が多いのはどうしてかということである。このことを考える時に，ネウストプニーの次の言葉が思い出される。「『英語ができないから，コミュニケーションできない』というのは，俗説である。私はこの俗説をうら返して，『コミュニケーションできないから英語ができない』」という理論を提唱したいと書いている[40]。

　外国人とコミュニケーションできないのは，何か日本人の言語態度に問題があるとネウストプニーは言う。日本語がまだ日本人のレベルに達しているとは思えない外国人留学生と，日本人学生が一緒に授業を行っていると，発言の方向のイニシアティブは，言葉のハンディを背負っているはずの留学生の方が握ることを，佐々木瑞枝はかつて勤めていた山口大学での授業体験からから報告している。「討論となると，日本人学生は途端に生彩を失う」[41]。日本人の社会が，グループ・メンタリティを強制しており，相手の意見に同調しつつ，自分の意見を開陳し，自分からイニシアティブを取り難くさせているからだとの指摘を，高山＝ヴィヒターも行っている[42]。言語によってコミットする姿勢が弱い。これが文化の産物であることは，日系社会が残っている，ハワイの日系アメリカ人学生の失語症が三代まで続いているという指摘もある[43]。言語の使い

40　ibid. pp.40-41
41　佐々木（1990）pp.231-232
42　Takayama-Wichter（1990）p.115

手のプロであるはずの日本人記者についても，似たような事例がドイツから報告されている。日独の記者のフォーラムでの観察によると，フリー・ディスカッションに日本人記者は弱く，相反する意見を述べるのが苦手だとのニーマン（Michael Niemann）の報告がある[44]。話題を提供せずに受け身にまわる日本人。日本人の内容の伴わない表面的な話にはついていけない外国人留学生の嘆きを大橋敏子も報告している[45]。

　言語的手段で，意見の違いを調整し，あるいは調整不可能なことをお互いに確認しようとする仕方が，文化圏によって違う。言語に頼る度合いが大きい文化を低文脈文化，逆に，あうんの呼吸で調整する文化を高文脈文化とホール（Edward T. Hall）は区別している。低文脈文化は人間関係に頼ることが多い。高文脈文化の最たるものは日本であり，その逆に最も低文脈文化はドイツ語圏であるとの指摘がある[46]。どの程度，自己開示するか，つまり自己のプライバシーに所属する範囲の開示度はバーンランド（Dean C. Burnland）によれば文化によって違うことが指摘されている[47]。彼の『日本人の表現構造』によれば，日米の大学生の比較において，自己開示度が高いのはアメリカ人の方であり，低いのは日本人の方だとされる。日本人の言語の存度が本当に一番低いかどうかはともかくとして，日本人の口数が少ないことの報告は16世紀，17世紀のイエズス会の日本報告にも見いだされる[48]。また，日本の成人１日の会話量は３時間31分なのに反して，アメリカ人の会話量は１日６時間43分とのイシイ氏らの調査もある[49]。話す文化と話さない文化を持つ人が出会うと，どのようになるだろうか。不言実行，口は災いの元をモットーに，根回しと非言語的了解によって調整を図ってきた，日本型スタイルは，企業の海外進出に際してのマネジメントにマイナスの影響を及ばさないだろうか。

　事情がこれまで見てきた通りなら，日本人がディベート下手なのも頷ける。

---

[43] 池上（1991）pp.187-188
[44] ニーマン（1988）p.5
[45] 大橋（1992）pp.118-120
[46] 本名（1994）P.17，可兒他（1993）p.42
[47] バーンランド（1979）p.47
[48] 松田（1991）pp.287-288
[49] 古田（1987）p.90

北岡俊明が指摘するように，日本人がディベート下手なのは，決して外国語のせいではない[50]。アメリカにいる日本人商社マンは英語ができるにもかかわらず討論ができないのは，むしろ日本人の日本語による表現能力の問題である[51]。日本人の対話は，相手と意見を摺り合わせ，相手の立場に立って行おうとする。自己主張をせず相手に謙譲する姿勢は，不誠実と捉えられかねない[52]。

　河合隼雄は『中空構造の日本の深層』において「言語によって事象を明確に意識化する」[53]行為は，日本の良さを破壊するかも知れないと言うが，筆者が指摘したいのは，日本の協調型文化は，異なる考えを許容しない排除の文化でもあることを知るべきである。謙遜の"美徳"は，相手にも同じことを要求しているに過ぎないのであって，日本人は意見の対立や違いを許容し，懐の深い文化を持っているわけではない。"日本の良さ"は同時に"日本の醜さ"に通じる。異文化間対話の局面では，このような言語態度を変更することが必要である。諸外国から，日本の民主主義は未発達だと言われたり，日本は民主主義国ではないと言われたりするのは，1つには，透明性を欠いた日本の言語態度が原因であろう。

　上のように考えてみると，ディベート能力とは，ただ単に相手を論理的に打ち負かすというレベルではなくて，自我の確立を含む，文化的な能力であることが分かる。相手国の文化システムに，過不足なく対応できるには，言語のレベルだけではなく，言語文化のレベルでも対応できなければならない。外国語教育においても，1990年代には，異文化対応能力をつける方が高く評価されるようになったと，ボルトン（Jürgen Bolten）は報告している[54]。

非言語行動

　コミュニケーションは言語によってのみ行っているわけではない。非言語コ

50　北岡（1992）p.3
51　ibid P.15
52　ピーターセン（1990）p.45
53　河合（1990）p.61
54　Bolten（1992）p.269

ミュニケーションによっても行われている。大半のコミュニケーションはボディ・ランゲージで行われている。言葉の運ぶメッセージの量は全体の7％，55％はボディ・ランゲージ，38％は音調表現で伝達されたとされる報告もある[55]。非言語コミュニケーションは，相手の仕草，表情などのボディ・ランゲージだけでなく，服装，化粧，色彩，香りなども入ってくる。私たちは常に，このようなものの中に何らかの意味を読み取ろうとしている。この作業は，不可避的に行われる。コミュニケーションの問題は，相手にうまく伝えようとする技術の問題とは別に，むしろ伝えるつもりもない意味や，伝えたくない情報を，相手が勝手に読み取ってしまう，コミュニケーションの過剰性が問題になることを野村雅一は指摘している[56]。つまり，コミュニケーションは本人の意識しないところで行われる。

　話者が互いにどのような距離を取るか，どのような位置関係に座るかは，つまり空間の非言語コミュニケーションは，双方の親密度，性差などによって違ってくる。またこれに文化差が加わると一層複雑なものとなる。

　会話交代に生じる会話間の沈黙の長さ，会話を続行する時の次の話を考える長さの許容範囲も，会話交代のスピードも，聞き役に回る時間の長さも，つまり時間の非言語コミュニケーションも文化によって異なる。もっともこの辺りは個人差も大きいと思われるのだが，話の隙間の長い人は，そうでない人から話をたえず中断させられる。話の隙間の短い文化を持つ国民は話の途中に，割り込んで，別のテーマに移ったり，前の話に戻ったりする頻度が多くなる。日本人とドイツ人が会話して，ドイツ人からたえず中断されると，日本人は相手を礼儀知らずの無礼な奴だと思うかも知れない。

　身体と態度のボディ・ランゲージ，つまり動作記号体系（kinesics）も知っておく必要がある。例えば挨拶行動は，言葉だけではなく，一定の行動が伴う。ドイツ人は握手の手を出すのに反して，イギリス人はあまり出したがらない。また，日本のように，相手志向の文化では常に相手に同意のシグナルを与える必要がある。そのために頷かなければならない。ただし欧米でも会話が一方的な場合は頷くという指摘もあるという指摘もある[57]。日本のテレビでは同意シ

55　小林（1975）p.91
56　野村（1983）p.28

グナルを相手に出すための「頷き要員」としか思えないような話し相手を、それも若い女性が多いのだが、配置しているのもこのためであろうか。視線でも、日本人は眼をそらす傾向が窺える。日本には相手を見据える文化は存在しない。はにかみもこれと同一のレベルであろう。しかし、相手を見据える文化の者から見れば、日本人の態度は、心にやましいことがあるのではないかと映るかも知れない。

　接触度合いと、接触部位も文化によって大きい差があることは、バーンランドの日米大学生の比較で明らかである[58]。これによれば、日本人は恋人同士での接触の度合いと、アメリカでは父親の身体に、大学生の息子や娘が接触する度合いが同じだとされる。

　鈴木孝夫は、日本人が国際会議などで見劣りするのは、「語学そのものよりも、むしろ問題は、自分の気持ちを言葉で充分表現する意志の弱さ、しかも相手の主張や気持ちとは一応独立して、少なくとも今の所自分はこう考えるという自己主張の弱さにあるように思えてならない」と書いている[59]。外国人から見て、日本人の言語行動はどのよう見えるのかを少し引用すると、日本でドイツ語を教えていた、エーラース（Swantje Ehlers）は「ドイツ人から見たら日本人は表現の下手な人種に写っている」と書いている[60]。ボルンショイアー（Lothar Bornscheuer）によれば、ヨーロッパの討論文体と日本の討論文体は対極にあるとしている[61]。これらの日本人と外国人の双方とも、日本人の言語行動の特異性を指摘している。

　筆者はかつて、日本語とドイツ語を比較したことがあるが[62]、言語行動において、かなりの違いが見られた。日本人の討論は連歌方式になっている。つまり、前の人の発言を受けて、それに真っ向から反対しないで、それに摺り合わせながら、自分の考えを述べる傾向が強い。調和文化と対立文化、すなわち「ボーリング型」と「テニス型」の理論はかみ合いそうにもない。「ボーリング

57　小林 p.131
58　バーンランド p.127
59　鈴木（1972）p.253
60　Ehlers（1988）p.164
61　Bornscheuer（1987）p.23
62　kusune（1994）

型」の会話では，同席しない人の批判や陰口になり，全員が同じ方向に話が進むのに反して，「テニス型」では相手の弱点を攻めることに全力が注がれる。コンセンサスを要求する日本のような社会では，論点の不一致は人格の不一致と取られかねない。またそのように思われるのを避けたいばかりに，論点をはぐらかし，妥協を図ろうとする。また，たとえ自己主張を行っても，矛先は自ずと鈍ることになる。したがって日本では真っ向から対立する形の論争は希であり，好まれないのである。

　「私の如き浅学非才の田舎者が，皆様方のようなお歴々の前で，高いところからお話しすることは僭越至極でございますが」とか，「私の限られた知識や経験をもとにした話など，この分野に深い学識経験をお持ちの皆様方には，なんのお役にも立たないと思われますが」とか，「専門家の皆様方を前にして，私のようなズブの素人がお話しできることはなにもありませんが，主催者のたってのご希望によりまして」などと言ってから，話を始めることになるが，これなどは下手をすると，講演者の能力も疑われかねない（謙遜の例は，可兒・後出文献から）。謙遜が機能する時とは，謙遜が文化的に高く評価されるところ文化圏においてだけだと知るべきである。

　曖昧さは日本語の特徴でもある。江戸時代にフロイス（Luis Frois）は「ヨーロッパでは，言葉において明瞭さが求められ，曖昧さは避けられる。日本では曖昧なのが一番良い言葉であり，最も重んぜられる」[63]と書いている。事実はこうだという断定することすら相手を傷つける可能性がある。したがって，「と思われる節がある」とか「と言う者がいる」とか「こちらは田中ですけれども」などと語気を和らげる語法が発達している。また相手に逃げ道を残しておくのも同じような気持ちからでてくる。日本人は意見を言い放しで，相手を傷つけまいとの気持ちから，「と思う」などのような，単なる信仰告白形式が多く，反対意見でも，その根拠付けを強く行わない。そのために反対意見でもあまり強く響かない。

　ただし，このような国の差は，かなり割り引いて考える必要がある。過度の一般化は，むしろ認識の訂正の阻害になるからである。常に例外と接しているという自覚が必要である。

63　松田・ヨリッセン（1983）p.138

社会システム

コミュニケーションの齟齬をきたすのは，何も言語的文化に限ることはない。言語の運営のルール，言語態度，言語行動様式の例に見られたように，言語の使い方は社会に制約を受けている。それと同じように，あるいはそれ以上に，社会システムに影響を受けている。私たちの価値観，職業観，金銭関係，生活観，人間関係など，社会に影響を受けていることは言うまでもない。政治・経済・制度・法律といった社会システム全般の実際的な要素が大きな影響を与えている。価格メカニズム，流通制度，系列，規制，人事慣行，教育水準，法観念の差などが実際的な摩擦の原因になることは容易に推測できる。一見して理解不可能な文化の違いを示しているように見えても，それは単に制度，組織が作っていることがある。

新規に日本に参入しようとする外国の企業にとっては，このことは非関税障壁と映る。市場の地球化，世界統一工業規格，統一環境規格出現の現在において，1989年の日米構造協議の際に持ち出されたように，日本の特殊性を強調していては世界から叩かれるだけである。法観念の違いも摩擦の原因になる。日米の訴訟観はかなり相違している。日本はなるべくなら紛争は法的な手段以外で解決したいと考え，人間関係で調整しようとする。それに反して，アメリカは法に頼る社会である。日本には明確な権利の意識がなく，また権利を主張することが利己主義的な考え方だとされる。「公民としての勇気が欠けている」ことと，「真の国際主義を確立するうえで明らかに障害になっている」ことの指摘がある[64]。アメリカに訴訟が多い理由は，訴訟するために収入印紙がいらないこと，成功報酬を担保に弁護士を雇うことができるからだと考えられる。このようなトラブルを克服するためには，保険に入ったり，顧問弁護士の援助を仰いだりすることが必要となる。訴訟社会はその社会の透明性を高めるという利点を忘れてはならない。

宗教，風習，生活習慣などの考え方の違いから生ずるコミュニケーション摩擦もある。1996年11月初頭にドイツのコール連邦宰相が来日した時の記者会見の模様を，ビルト紙は面白く伝えている。記者クラブでのコール連邦宰相が演

説することになっている壇上には，水道水の入ったグラスが置かれていて，これをめぐってトラブルがあったことが報道されている。ドイツ外務省はミネラル・ウォータを要求した時に，日本の外務省は，日本は，水道の水が安心して飲める文明国だと思ったのか，相手方の反対にもかかわらず，壇上には水道水の入ったグラスが置かれたという。コール連邦宰相は結局それを飲むことになるのだが，もしこの報道が事実だとすると，文化による摩擦の一例として取り上げる価値があると思われる。ドイツでは水道水は普通，飲み物の範疇には入らない。一般には飲まないとされている。飲めないほど金属汚染が進行しているというのがその理由である。そのような背景にあっては，水道水をお客に出すのは侮辱以外のなにものでもない。筆者は東ドイツがまだ存在する時代の真夏のある日に，ドレスデンのあるレストランで昼食を取っていた。いくらミネラル・ウォータを飲んでも喉の乾きが癒やされないので，思いあまって，とうとう水道水を注文した。その時に言ったウエートレスの返事を忘れることはできない。彼女は何と，水道水は外国人労働者用なので，あなたには出せないと言ったのだ。筆者はたまたま東ドイツ政府の奨学生として団体行動を取っていたときだから，いわゆる外国人労働者の範疇に入らなかったのであろう。

　日本では何か水の良さを誇っているようなところがあり，発展途上国とは違って，水道水が安心して飲める一等国だと考えている節がある。地下水を主として水道源とするドイツと違って，日本では地表を流れた水（川の水）を濾過し，それに塩素をぶち込んで水道水にする。そんな水を良い水だと誇る感覚もおかしいと思うのだが，それには触れないでおく。かくして前述のような行き違いになる。どちらの態度が文化的にまた科学的に正しいのかの価値判断はひとまず措くとして，ただ，発行部数500万部を誇るヨーロッパ最大の新聞に，日本はドイツ連邦宰相に水道水しか出さなかったと報道されたことの外交的マイナス面，つまり日本は宰相に一片の礼も示さなかったとの印象をドイツ人読者に与えたことを考えると，1本数百円のミネラル・ウォータを請われるままに出していた方が，外交的に良かったことだけは確かである。

　企業というものが単なる利潤の追求だけではなく，芸術・文化活動などにも力を注ぐことを期待されている風土の中で，利潤第1で生産活動や営業活動を

64　ウォルフレン（1994）p.424

したらどうであろうか。また住民から積極的に地域活動やボランティア活動を期待されるところで，外国人だからといって，それらに一切参加しないとしたらどうであろうか。女性の社会的地位，男女機会均等，セクシュアル・ハラスメントなどで躓く日本企業がやり玉に挙げられるのも，日本の感覚をそのまま相手国に持ち込むことから生じる。もっとも，何もかも相手に合わせる必要があるのかという，一見正当な反論もあるが，多くの点で，同じ価値観を期待される，自由，正義，公正，平等，男女機会均等，民主主義，人権など，これらの価値観を，欧米中心主義的でアジアにはそれとは違うアジア的価値があるのだと考えるべきではない。

　外交というものは必然的に異文化コミュニケーションの場であるので，交渉スタイルも言語文化に影響を受ける。外交といっても，国家と国家がぶつかるのではなく，実際には人間と人間が折衝するのであって，文化に影響された言語態度というか，交渉スタイルは出てくる。G7においては事務官を交えずに首脳だけが討論するサミット会議で，他の参加者を魅了できるような発言をしてきたであろうか。1996年6月23日の済州島における日韓首脳会談において，韓国の記者から，過去の反省についての意見を求められた時に，当時の橋本総理は，まず個人的な話，例えば，終戦の時はまだ小学生であったとか，1965年の日韓条約締結後に，学生を連れて韓国に訪れて，日本の韓国史で習わなかった創氏改名について知らされたとか，当時金泳三氏に個人的に知り合ったことなどについて話した。この韓国人の記者に対する回答は，一番長く時間をかけて解答していたので，どのような回答をするのか期待していたのだが，本当に聞きたい部分は後回しにして，この前置きに時間がとられたのは，日本的と言えば言えるのだが，それだけに最後に述べたその謝罪の部分の主張が弱まったとの印象を与えたことは否めない。不思議なことに，日本の新聞には橋本首相が過去の謝罪を行ったことが報道されていた。前置きにばかり時間をとるこのような言語行動は国際的には多用しない方がよい。

　日本の外交はこれまで，アメリカ追随型で，国際関係を日米関係中心に見る傾向が強かった。日本は国連の常任理事国に立候補しており，日本は世界全体にコミットメントしていかなければならない。もはやローカルな視点は通じない。グローバルに物事を考えなければならないし，行動しなければならない。

世界で信頼される地位を得るためには，日本が多価値を持つ普通の国であり，国益ではなくて，世界に目線を向けているというスタンスを発信しなければならない。

● 課題 ●●●●●●●●●

1 文化とは何かについて論述せよ。
2 コミュニケーションはどうすれば可能か論述せよ。

■文献

Bausinger, Hermann（1979）: Alltagskultur als Lernproblem, In: Vorderwuelbecke/Wintermann: Materialien Deutsch als Fremdsprache Bd. 16.
Bolten, Jürgen（1992）: Interkulturelles Verhandlungstraining, In: Jahrbuch Deutsch als Fremdsprache 18, 1992.
Bornscheuer, Lothart（1987）: Germanistik - International, Interkulturell oder Randständig? In: Jahrbuch Deutsch als Fremdsprache 13.
Borofsky, Robert（1998）: Cultural Possibilities, World Culture Report, Paris Unesco.
バーンランド，ディーン（Burnland, Dean. C.）（1979）:『日本人の表現構造』サイマル出版会
Ehlers, Swantje（1988）: Kultureller Abstand und Textverstehen, In: Neuner, Gerhard（Hg）: Kulturkontraste in DaF-Unterricht, iudicium Verlag.
古田暁監修（1987）:『異文化コミュニケーション，新：国際人への条件』有斐閣
ハーバーマス，ユルゲン（Habermas, Jürgen）（1981）:『認識と関心』（Erkenntnis und Interesse）未来社
Hall, Edward T. and Hall, Mildred Reed（1990）: Understanding Cultural Differences, Germans, French and Americans Intercultural Press inc. Yarmouth, Maine.
本名信行他編集（1994）:『異文化理解とコミュニケーション二』三修社
池上千寿子（1991）:『男女交際ってなんだろう』大修館
伊藤守・小林直毅（1995）:『情報社会とコミュニケーション』福村出版
岩田紀（1997）:『こころの国際化のために』北大路書房
Jandt, Fred E.（1995）: Intercultural Communication, an Introduction, Sage Production Editor.
Jarren, Otfried（Hrsg.）（1994）: Medien und Journalismus 1, Westdeutscher Verlag, Obladen.
可兒鈴一郎・佐藤勉・佐藤高之（1993）:『日本人流国際プレゼンテーションの常識』中央経済社
河合隼雄（1990）:『中空構造の日本の深層』中央公論社
北岡俊明（1992）:『事例研究　ディベート』明日香出版

小林祐子（1975）:『身ぶり言語の日英比較』エレック選書
Koester, Jolene/Wiseman, Richard L./ Sanders, Judith A. (1993): Multiple Perspectives of Communication Competence In: Wiseman, Richard L./ Koester, Jolene (edit): Intercultural Communication Competence, Sage Publications.
黒田亘共著（1985）:『経験　言語　認識』岩波書店
Kusune, Shigekazu (1994): Sprachliches Verhalten in Japan und Deutschland - seine Bedeutung für den Deutschunterricht, in:『日耳曼語文学者大会大会文集』国際文化出版公司　北京 P.326-339
松田毅一（監訳）（1991）:『十六・十七世紀イエズス会日本報告集』第三期第六集同朋舎出版
松田毅一・ヨリッセン, E.（Jorissen, Engelbert）（1983）:『フロイスの日本覚書』中公新書
マトゥラーナ, ウンベルト・/バレーラ, フランシスコ (Maturana, Humberto R./ Varela, Francisco J.) (1997):『知恵の樹』(El Arbol del Conocimiento) 筑摩書房
ネウストプニー, J. V.（Neustupny, Jiri V.）（1982）:『外国人とのコミュニケーション』岩波新書
ニーマン, ミヒャエル（Niemann, Michael）（1988）:『日独の報道に表れるイメージ比較』ベルリン日独センター
野村雅一（1983）:『しぐさの世界』ＮＨＫブックス
大橋敏子他（1992）:『外国人留学生とのコミュニケーション・ハンドブック』アルク社
オクサール, エルス（Oksaar, Els）（1980）:『言語の習得』(Spracherwerb im Vorschulalter: Einführung in der Padolinguistik) 大修館書店
ピーターセン, マーク（Petersen, Mark）（1990）:『続日本人の英語』岩波新書
佐々木瑞枝（1990）:『日本語教育の教室から』大修館
シャノン, C. E./ヴィーヴァー, W.（Shannon, Claude E. / Weaver, Warren）（1969）:『コミュニケーションの数学的理論』(The Methematical Theory of Communication (1949) University of Illinois Press) 明治図書出版
Schmidt, Siegfried J. (1991): Wir verstehen uns doch? Von der Unwahrscheinlichkeit gelingender Kommunikation. In: Deutsches Institut für Fernstudien an der Universität Tübungen (Hrsg.) Beltz.
Schmitz, Heinrich Walter (1979): Ehnographie der Kommunikation In: Materialien Deutsch als Fremdsprache Bd. 16.
鈴木孝夫（1975）:『閉ざされた言語・日本語の世界』新潮選書
鈴木孝夫（1972）:『日本人の言語意識と行動様式』思想572
Takayama-Wichter, Taeko (1990): Japanische Deutschlerner und ihre Lernersprache im gesprochenen Deutsch, Peterlang.
Tylor, Edward B.: Primitive Culture (1874): Researches into the Development of Mythology, Philosophy, Religion, Language, Art and Custom, vol. 1 (New York: Henry Holt).
ウォルフレン, カレル（Wolfren, Karel van）（1994）:『日本／権力構造の謎』早川書房
山口修・齋藤和枝編（1995）:『比較文化論』世界思想社

第3章

異文化理解，異文化心理

異文化理解

　これまで述べてきたことから分かるように，文化の違いを乗り越えて，コミュニケーションできる積極的な態度と，異文化を排除せず，外国人も自分と対等であり，文化を超えた個人の多様性をもつ人格であるという人間観を持つことを目指すべきである。それも単なる知識にとどまることなく，行動とならなければならない。知識人といわれる人の中に，外国の人に心を開くことができない人がいる反面，これまで一度も外国人と接触を持ったことがないと想像される人が，ごく自然に外国人と接触できたりしているのを目の当たりにすると，知識と行動は別だということが分かる。

●変革と変容

　異文化理解に際して陥りやすい過ちは，往々にして，相手と自己の文化に横たわる違いにばかりに焦点が当てられ，また自然と違いばかりに目が行くことによって，他の国を不必要に異なる国だと描いてしまうことである。外国に行くとそのために身構えてしまうことになる。異文化理解教育では，いかに異なっているかだけではなく，いかに同じ点が多いかも強調する必要がある。人間の営みにさほど違いがあるはずがないと考えるのは健全な態度である。

　自分と異なるシステムの中に身を置いたり，あるいは文化を異にする人と接触したりすると，日本的なものが失われるとか，アイデンティティが侵されるとする態度は正しいとは言えない。文化変容をいっさい受けずに，相手の文化

を理解できるという考えが最初から誤っている。虎穴に入らずんば虎子を得ずというのは，異文化理解にも当てはまる。異文化理解ができる適応力とは，自己変容を恐れない態度の獲得である。異文化理解とは自己変革にほかならないし，他者を理解するとは自己変容にほかならない。

● 偏　見

　私たちは前知識や偏見なしにものを見ることができない。まだ理解できないことは，これまで理解してきたことを頼りに，知っているものの範疇に押し込めることで理解する。相手を自己の体系の中に取り込むことが理解するということなら，理解それ自体が相手を否定する側面も有している。理解のプロセスでは他者の自己への体系化がある程度は許されるとしても，自分の体系に相手を押し込んで理解したと思うのは思い上がり以外の何ものでもない。私たちが異なる文化を見る場合，はたして本当に他者を見ているのだろうか。自分たちの都合の良いものばかりを見ているのではないだろうか。私たちがものを見るとき，関心があらかじめ与えられており，見方があらかじめ与えられていることが多い。つまり，自己の見たいものを見るのである。その時に偏見を持っていたらどうであろうか，偏見が偏見をさらに生むことになる。他の国に行っても，真実が見えないのはこのためである。

　異文化理解に際して重要な態度とは，第1に，感情移入能力と異文化にたいするセンシビリティの涵養，他の文化を受け入れる用意である。第2に，自己の価値を絶対視しないこと。自己文化中心主義の否定を目指さなければならない。第3に，自己の変化を恐れないこと。相手を理解したければ自己のアイデンティティを賭けなければならない。自己のアイデンティティの保持は，他者のアイデンティティのネガティブな評価をもたらしやすい。なぜなら人間は自己を基準として他者を評価するものであるから。現在獲得しているアイデンティティも，不断の変化の中から新たなアイデンティティを獲得してきた結果であることを知れば，不必要に恐れる必要はない。考えてみれば，私たちの祖父母の世代と現在の若者の差と，例えば現代の韓国の若者と現代の日本の若者との差と，どちらが大きいだろうか。第4に，相手が自己をどのように見ているかを知ることも大切である。相手が自己に対してどのような期待や偏見を

持っているか予め知ると，その背景を知ることが肝要である。第5に，相手に自己を分からせる努力をすること。そのためには自己開示を恐れてはならない。日本人はすべて同じ行動様式を持っているわけではないし，かなりの部分については外国の人と同じ価値観を持っており，日本社会が多様性のある社会であることを分からせる努力が必要である。ことさら日本の特殊性を強調して相手を煙に巻いたりする態度は避けなければならない。第6に，異文化理解教育そのものを疑えということを付け加えたい。異文化理解という名目で，社会心理学者や文化評論家が様々なことを書いているが，実際には，外国の逸話やエピソード，自己の体験を語っているに過ぎないことが多い。あるいはステレオ・タイプに基づいたものかも知れない。過度の一般化を避けて，社会が多様であり，欧米的とかアジア的とかを1つに括ることの胡散臭さを知らなければならない。どの社会も多様性と多価値を持っていることを学習することが必要である。

　異文化摩擦は相手の社会システムと自己社会システムが衝突するすべての領域で発生する。このシステムには，言語，文化，経済，法律，社会，慣習，組織，制度，歴史などを含むのである。一見不可解なものでも，それぞれの国の長い歴史やディスクールの中でできあがったものであって，他の文化の人間が軽率に判断を下せるものではない。また一見すると，言語でコミュニケーションが躓（つまず）いているように見えて，その実，深いところで他の要素で摩擦を起こしており，現象面として言語にそのことが現れているだけに過ぎないことが多い。国際コミュニケーションというのはこれらすべてに係わっている。ここまで書くと果たして異文化理解は可能だろうかという疑問が生じるかも知れない。それは困難かも知れないが，私たちはこの疑問に不断に答え続けなければならないし，またそのように努力する価値があることだけは確かである。

●価値観

　他の国の理解は自分の国との比較を伴う。比較する場合，次のような2つの態度がよく見られる。1つは相手との違いは単に空間的時間的な差異だけだと考える態度である。日本はその国に比べて遅れているとか，あるいは進んでいるとする考え方である。この考え方によれば，異文化は自己文化の延長線上に

あることになる。世界は共通の価値観，体系を目指しているとする考えである。一見すると文化の普遍主義的な側面を持ちながら，まさにこの考え方の中に自己中心的な価値観が忍び込むのである。いちばん進んでいると自負する文化圏の覇権主義に通じる考え方である。かつて世界を植民地化したヨーロッパが異文化をそのように考え，遅れてきた文化を啓蒙し開化する目的で，文化を移植し，相手の文化や言語や宗教などを破壊してきた。遅れている国を文明化するという大義名目で行っているのだからと，有り難く思えとばかりに，自己を正当化する理論である。日本も台湾や朝鮮半島に対して同じような文化政策を行ってきた。被植民地地域は，第2次世界大戦終結後，独立するのであるが，その反動として新たな国家形成と，ナショナル・アイデンティティ形成を急ぐあまり，やはり自己文化中心主義に陥る。固有の自文化を強調したり，アジア的価値を持ち出したりする態度がこの一例である。このような覇権に対する反発も，多文化と複数のアイデンティティを許容するという，成熟した社会を醸成するという観点から見ると，新たな問題を抱え込むことになる。

　これとは全く別の考えが存在する。文化相対主義がこれである。世界の文化はそれぞれが異なっていることを承認しようとする態度がこれである。文化人類学などで，このようなアプローチは成果を収めたし，異なる文化を，あまりにも性急に自己文化に当てはめて理解してきた誤りの是正に役立ったことは否めないが，相互に異なっていることの承認は，相手は異なっており相容れない，と考えるリビジョニズムを生み出す危険性を孕んでいる。相互に相手を対等のパートナーと認識することは当然としても，そこから出てくる結論，つまり相手は自分たちとは全く異なった文明に属しており，異質であり，共通の価値観もないので，対話しても無駄だという考えから，例えば日本異質論などが出てきたり，それに対する反動として，嫌米などの態度が出てきたりする。世界の文化はある普遍的な一点を目指して収斂するという前者の考えも，また相互理解が全く不可能な異質の文化が共存するという後者の考えも，共に健全な考え方ではない。この2つの考えは，方向性は全く異なってはいるが，文化の共生を拒否するという点では共通点がある。この考え方を乗り越えて，第3の道を模索することが地球村に住むわれわれには必要となる。

　相手を理解するということがどれほど困難であるか，ということを別の角度

から述べる。私たちの自己理解，他者理解，知識というものが，すでにイデオロギーの産物である。そしてそれに基づいて判断するということが，いったいどういうことになるのだろうか。オリエンタリズムからの批判と同様，カルチュラル・スタディからも，知識そのものが権力と不可分に絡みついているので，私たちの知識そのものが問題視されだしている。私たちの自明としてきた知識，学問そのものすら疑わなければならない。異文化理解の仕組みにすでにそのような知識が重層的に重なっていることを知るとき，中国は，韓国は，日本はという言説そのものに疑いの念をいくら向けても向けすぎることはない。

ステレオ・タイプ

　私たちは物事が見たように見えるのではなくて，見たいように見える。また，物事の見方も学習の結果なのである。リップマン（Walter Lippmann）が1922年の著書『世論』の中で「われわれが見る事実はわれわれの置かれている場所，われわれが物を見る目の習慣に左右される」[65]と書いている。このことは今日でもそのまま当てはまる。世界を体系化し，構築する知が，私たちの認識の方向を決定する。「われわれはたいていの場合，見てから定義しないで，定義してから見る」[66]。それがステレオ・タイプである。ステレオ・タイプという言葉はもともと，18世紀末に発明された鉛版による印刷方法に由来し，このことから反復されることを意味する言葉として使われていた。このステレオ・タイプという言葉を，初めて社会科学上の言葉として導入したのは，アメリカのジャーナリストのリップマンである。

　自分の国は複雑で，単純に理解できるものではないと誰しも思っている。それは自分の国についての情報は詳しくて，矛盾に満ちており，1つの情報に対しても，それを否定する情報もあるので，単純に断定できないことを学習してきたからである。外国人観光客が日本とはどんな国なのか，あるいは，日本人はどんな国民か問われて，即答できる日本人はいないだろう。答えられたとし

65　リップマン（1987）p.110
66　ibid. p.111

たら，器用に答えられるその態度こそ問題にしなければならない。しかし情報が制限され，あるいは部分的にしか入ってこない他の国に関しては，そのような単純化や類型化やステレオ・タイプで解釈することに，疚しさも躊躇いもないのは不思議である。

　ステレオ・タイプも，相手国の文化を理解する最初の手だてとして，ある程度は有効であるし，そのことを全面的に否定はできない。誰しもステレオ・タイプを持たないことは不可能だし，たいていは何がステレオ・タイプなのかも分からないのが常である。相手の文化への関心と愛情を持ち，理解する用意がある限り，いつかはそれがステレオ・タイプだったと気付き，是正することができる。このような努力を続ける限り，時間とともに，全体像が見えてくるし，異文化適応能力が増大して，最初はあれほど異質で不可解と思えたものでも，徐々にそれが合理的な考え，ないしごく普通のことであると見えてくるものだ。

●助長されるステレオ・タイプ

　ステレオ・タイプをいつまでも維持することは精神の怠惰にほかならない。外国や，外国人に関する報道を読んでいると，マス・メディアはステレオ・タイプを糧とし，ステレオ・タイプを助長している側面がある。一度できあがったステレオ・タイプを破壊することは困難を極める。なぜならステレオ・タイプが新たなステレオ・タイプを生み出したり，選択知識によって，予め持っているステレオ・タイプに合致する現象のみ知覚したりするからである。その結果，ステレオ・タイプが補強される。ステレオ・タイプは過度の一般化と，訂正の拒否を特徴とする。オールコック（Sir Rutherford Alcock）の『大君の都』などを読むと，当時の人が日本に対してステレオ・タイプを持っており，またそのステレオ・タイプがいかに強固であるか理解できる。ステレオ・タイプは時代を超えても生き続ける。そこで言われていることは，そのまま現代の日本人に言われていることと同じである。

　アジアは集団主義的社会であり，欧米は個人主義的だとよく言われる。集団主義と個人主義という文化を区別する枠組みは，文化を区別する有効な物差しと言われている[67]。ベネディクト（Ruth Benedict）の『菊と刀』のなかにこのステレオ・タイプが顕著に顕れている。心理学的な実験によって，これを反駁

する調査結果も出ている[68]。

　ステレオ・タイプが感情レベルまで高まると、偏見と呼ばれる。理性的には、それは良くないことだと分かっていても感情的にはその気持ちが抑えられないというのが偏見である。黒人蔑視や反ユダヤ主義の根強さを考えれば分かる。オルポート（Gordon Willard Allport）は、偏見を「ある集団に所属しているある人が、たんにその集団に所属しているからとか、それゆえにまた、その集団のもっている嫌な特質をもっていると思われる理由だけで、その人に対して向けられる憎悪の態度、ないしは敵意ある態度」[69]と定義している。偏見は「知覚、思考、感情、行動に影響を及ぼす」[70]。感情レベルの偏見が行動レベルに達して、人は差別者となる。外国人を実際に排撃する行動に出るネオナチはレイシストである。

●日本異質論

　比較する主体が所属する文化と、比較される客体の文化が異なるので、文化比較それ自体がとても困難な営みである。比較する主体が、自己の文化理解から、客体の文化を解釈する。ここに問題が生じる。大抵の場合、相手文化理解のレベルと、自己文化理解のレベルとの落差が大きい。にもかかわらず、相手国の断罪、あるいはコンプレックスを持つことが多い。2つの文化に過不足なく同じレベルでコミットメントできる人はきわめて少数である。異文化は比較によってしか自覚できない。自文化中心主義から、対立イメージとして他者を創造し、二項対立的思考に留まると、内なる差異、内なる外国人が見えてこない。勝手に自己と他者の間にありもしない差異を見てしまう。かくして人々はナショナリズムに絡み取られてしまう。「ナショナリズムは差異のイデオロギー」[71]である。征韓論や日本論・日本人論がその例である。

　異文化理解を困難にしている原因として、選択的知覚の問題がある。私たちはものを客観的に見ることはできない。ただ見ようとしているものを見ている

67　Triandis（1995）
68　平井美佳（2000）
69　鈴木（1997）p.103
70　Barres（1978）p.67
71　アフマド／パーサミアン（2003）p.74

に過ぎない。西欧の日本の見方を研究すると，日本に対するイメージは時代を超え，繰り返されていることが分かる。西欧の日本に対する一方的なイメージ，つまりジャポニズムの歴史は，西洋人の見方に一定の方向性を決めている。それを受けて日本人による日本人論そのものが，イデオロギー性を帯びており，いかに説得力があるように見えても，西欧やアジアの見方を規定する。日本異質論は，自己からも他者からも出されるが，日本の社会は西欧のそれに比して特に変わっているわけではない。日本異質論に対して大蔵省も反論している。海外からヤリ玉に挙げられている「日本的経営」について「従業員をはじめとする利害関係者の共同的経営はドイツ，フランスでもこれに近い傾向がある」[72]としている。それぞれの国が，それぞれの国に対して偏見を持っていることは，バレス（Egon Barres）の『偏見』などにも伺えるが，西欧列強に対抗できる力を持った経済大国日本に対しては，1989年以降，ソビエトの崩壊後，一時厳しい見方が出された。ウォルフレン（Karel van Wolfren）の『日本権力の謎』や，『人間を幸福にしない日本というシステム』，ファローズ（James M Fallows）の『日本封じ込め』，ハンチントン（Samuel P. Huntington）の『文明の衝突』など，いわゆる「日本叩き」と呼ばれる一連の書籍が発行され，それがベスト・セラーになった。バブルが弾けて日本の経済が失われた10年を経験した今からでは，実にばかげた，懐かしい書物になっている。日本は異質だ，文明が違うという固定観念がなければこのような書物は書けるはずがない。

●予断のワナ

　人間は見たいようにしか世界が見えない。これはポジティブ・フィードバックと呼ばれている。また逆に逆に見たくないものは記憶されない。これはネガティブ・フィードバックと呼ばれている。そのために「予断のワナ」に陥るのである。自分でそうだと思いこめば，そのように解釈するし，予想が当たったと信じてしまう。筆者の血液型は何かと聞かれ，B型だと言うと，筆者の性格まで長々と説明してくださる方がいて恐縮する。この血液型を発明したのは金沢医大（現在の金沢大学医学部）から東京帝大に移った古畑種基であるという[73]。

72　読売新聞1995年7月28日
73　小熊（1995）p.262

血液型による性格分析は日本人の共同幻想のようである。血液型はどの人種にも4つしかなく，科学的なら，血液型による性格判定は世界のすべての国に広がっていなければならない。占いの世界では，干支(えと)によって，その人の性格や運命，生年月日で結婚まで占ってくれる。それがまた結構な商売になっているらしい。干支や手相も漢文化の影響化にあるところでしか通用していないのを見ると，かなり局地的な幻想だと言える。そのような占いや，血液型は全くでたらめかというとどうもそうでもないから話はややこしくなる。予言が下され，それを信じた人は，その予言が実現するように行動し，結果としてその予言があたってしまうということがある。これは「自己成就予言」と呼ばれている。このことは異文化理解に関しても当てはまる。ある国の人に対して，ある種のイメージが存在するとき，その人を理解するに際して，そのイメージに合致するように解釈する傾向がある。するとそのイメージが正しいと思いこみ，イメージが補強される。このことは選択的知覚とも関係がある。町を歩いているとき，目にはいるものすべてを細部に至るまで知覚し，かつ記憶したとすれば，町を歩くのにどれだけ時間とエネルギーがいるであろうか。下手をすると町を歩けなくなる。目の中に飛び込んでくるおびただしい情報を私たちは取捨選択して，自分に関心のあるものだけを記憶して生きている。例えば10人である町を散策して，その町で何を見，どんな印象を持ったか尋ねたら，全員異なったことを言うはずである。その行為は「経済性」と同時に「防御手段」である。情報の受け取り方も選択的であるが，記憶の仕方も選択的である。物事を全て記憶できるはずもないし，そうすることは不必要であるばかりか，危険極まりないからである。

　ステレオ・タイプは認知レベルで考えると，抽象化，一般化の一形態である。認識そのもの，表象そのもの，われわれの知識そのものがステレオ・タイプといっても誤っていないだろう。私たちが繊細な感覚で何もかも受け取るならば，生きていけない。その雑多な情報と感情で打ちのめされるに違いない。私たちは未知のものは既知のものからの類推に頼る傾向を持っている。なぜなら私たちはすべてのことを白紙で認識することはできないからである。われわれの世界知そのものが，自分の直接体験と伝聞で成り立っており，文化的な制約を受けている。このことをリップマンは次のように述べている。「われわれはたい

ていの場合，見てから定義しないで，定義してから見る。外界の，大きくて盛んで，騒がしい混沌の状態の中から，すでにわれわれの文化がわれわれのために提示してくれているものを拾い上げる。そしてこうして拾い上げたものを，われわれの文化によってステレオ・タイプ化されたかたちのままで知覚しがちである」[74]。文化は解釈の方向を位置づけている。しかしそのことで真実をそぎ落とし，形だけを受け取ることになる。

異文化心理

　同じ文化に所属している内集団とそうではない外集団に対して，私たちは異なった認識を持つ。自グループに対しては好意的で，他のグループに対しては非好意的な認知を行いがちである。ある人があるグループに所属していることによって，その人に対してそのグループに所属しているという理由である種の見方を持つ。仮に他のグループの一員が，自分たちと同じタイプだと分かったときは，その人を受け入れられるが，それでも他のグループに対する偏見は残り続ける。ある外国人を自分たちの仲間として受け入れても，その人物は例外だと見なし，外国人に対して偏見を持ち続けるような態度がこれである。いくら例外を経験しても，他者グループに対するステレオ・タイプは消滅しない。

　グディカンスト（William B. Gudykunst）とガムズ（Lauren I. Gumbs）[75]によればあることが生じたとき，それが性格的属性（dispositional attributions）から来ているのか，状況的属性（situational attributions）から来ているのかの判断を誤ってしまうのだという。好意的な行動を，自己のグループ内（内集団）に見つけるとき，それを性格的属性とみなし，グループ外（外集団）に見つけるとき，それを状況的属性と見なすのである。逆にネガティブな行動は，グループ内にあっては，状況的とみなし，グループ外にあっては，性格的とみなすのである。

　分かり易く解説すると，例えばイチローがアメリカで活躍すると，日本人は

74　リップマン（1987）p.111-112
75　Gudykunst / Gumbs（1989）

日本人の誇りであると反応する。つまり個人の好意的な行動は，その人が所属するグループの属性と見なすのである。例えば琴欧州が活躍すると，彼の所属する集団，ブルガリア人が素晴らしいとは，日本人は見なさない。そうではなくて，たまたま彼が素晴らしいと判断するのである。今度は，ある日本人が麻薬を所持してマレーシアで逮捕され，死刑の判決を受けたとすると，今度はその犯罪を，その人が所属するグループの属性と受け取るのではなくて，その個人の状況的な属性に帰属させる。つまり，その人が社会的ルールを逸脱したのであり，そのために他の日本人は責任を負わされるものではない。ところが中国人の窃盗団が日本で逮捕されるとなると，中国人は恐ろしい，金のためなら手段を選ばないのが中国人だと，1人の犯罪をその国民の性格的属性と見なす。

　このような異文化心理の罠に陥ることに，なんら疚(やま)しさを感じることなく，ジャーナリストは，世界で活躍するスポーツ選手やノーベル賞を受賞した学者を，まるで自分の国の誇りであるかのように報道する。また外国人の犯罪の場合，その外国人に国名がつくことで，その容疑者は国を背負わされる。そのような報道を受容していると，ナショナリストになれても，世界に対してバランスの取れる見方ができる人間にはなれない。

● 課題 ● ● ● ● ● ● ● ● ●

1　私たちの認識・知識はどのように構築されてきたか論述せよ。
2　内集団と外集団にたいする認識の違いをあなたの体験した身近な例に基づいて論述せよ。

■文献

Barres, Egon (1978): Vorurteile, Leske Verlag.
Gudykunst, William B. / Gumbs, Lauren I. (1994): Social Cognition and Intergroup Communication, In: Asante, Molefi Kete/ Gudykunst, William B.: Handbook of International and Intercultural Communication, Sage Publications.
平井美佳 (2000):「「日本人らしさ」についてのステレオタイプ—「一般の日本人」と「自分自身」との差異」実験社会心理学研究第39巻第2号
アフマド，イクバール／バーサミアン，デイヴィッド (Ahmad, Eqbal ; Barsamian, David) (2003):『帝国との対決：イクバール・アフマド発言集』太田出版

小熊英二（1995）：『単一民族神話の起源』新曜社
リップマン，ウォルター（Lippmann, Walter）（1987）：『世論』（Public Opinion, 1922）岩波書店
鈴木一代（1997）：『異文化遭遇の心理学』ブレーン出版
Triandis, Harry Charalambos（1995）: Individualism & Collectivism, Boulder, Westview Press.

第4章

マス・コミュニケーション論

マス・メディアの影響論

　マス・メディアは現代社会において非常に重大な役割を果たしている。けれどもマス・メディアが世界の認識や知識に影響を与えているが，その影響がどの程度なのかについては識者の見解は分かれている。マクウェールの『マス・コミュニケーションの理論』によると，マス・コミュニケーション理論は次のような変化を遂げたのだという。最初はマス・コミュニケーションをプロパガンダとの関係で捉えるというものである。リップマンの『世論』やラスウェル（Harold Dwight Lasswell）の『戦時プロパガンダ』がその代表作である。第二次世界大戦後，アメリカを中心として「情報の自由な流れ」が力を持つ。アメリカの力を背景に，共産主義に対しての優位を証明することになるからである。民主主義，表現の自由，「公衆の番犬」などが標榜される。この考え方はマス・メディアを支配する先進国に有利な考え方である。規制のない経済活動の自由とマス・メディアの「情報の自由な流れ」はマッチしたのである。ライター（Rosemary Righter）は著書『誰のニュースか，政治とプレスと第三世界』[76]の中で，自由の神話が崩れていることを指摘している。ユネスコからアメリカやイギリスが撤退したことがその一例である。

　マス・メディア効果論の研究は，1930年代のアメリカである。いわゆる効果の研究は様々な仮説を生み出した。「魔法の弾丸理論」や「皮下注射モデル」

---

[76] Righter（1978）

がそれである。マス・メディアの効果は，逆らい得ないほど絶大だとする仮説である。それに対してマス・メディアの効果は限定的だという仮説が立てられた[77]。ラザースフェルド（Berelson Lazarsfeld）は『ピープルズ・チョイス』(1944) で1940年のアメリカの大統領選を調査してマス・メディアに接している人は，投票行動をすでに決定していた人であり，未決定の人は家族や友人や権威のある人の見解に影響を受けていることを指摘した。オピニオン・リーダー論である。

マス・メディアの影響力はこのように間接的で，仲介者の影響力が強いことを指摘した。これが「コミュニケーションの二段の流れ仮説」である。同様のことはクラッパー（Joseph T. Klapper）が『マス・コミュニケーションの効果』(1966) でも媒介的諸要因の存在を強調した。そのような調査で明らかになったのは，マス・メディアの効果は限定的だというものである。マス・メディアは受け手に態度の変更を迫るような影響力はなく，受け手の既存の態度を補強するに過ぎないというのである。

1970年代になって限定的効果論に異論を唱えて，マス・メディアの効果はやはり強力だという説が強くなる。「限定効果論」の見直しである「議題設定論」と呼ばれる理論がマッコム（Maxell. E. MaCombs）とショー（Donald L. Shaw）の２人によって出される[78]。マス・メディアは直接的影響というのは確かに限定的かも知れないが，何を読者が重要と考え，何を争点とすべきかという，争点の選択ということに関しては，マス・メディアは絶大な影響力を持っているとするのが議題設定論である。

それ以外にも様々な理論が存在する。マス・メディアの影響ということで重要なのは「フレーム」という概念である。これは予備知識が新たな情報解釈に影響を与えるとする認知心理学の用語，「プライミング」に近い概念である。私たちの認識には予めフレームがあり，それが新たな認識に枠組みを与えているとしている。ハーバード大学ケネディ行政大学院のノリス（Pippa Norris）[79]

77　前者が限定効果論の前にあったかどうか怪しいと竹下俊郎は『メディアの議題設定機能』で述べている。p.15
78　MaCombs/ Shaw (1972)
79　Norris (1997) pp.275-290

などがこのことを言い出した。ニュースにはフレームがあって，それに沿って，知覚したり判断を下したりしている。ルーチン・ワークに追われているジャーナリストたちはフレームで仕事をしていると言っても過言ではない。

　ある事柄の事実や展開についてどれを重要視するかの選択時にあらかじめフレームがかかっており，その際に特定の解釈を促進する[80]。例えば冷戦構造のフレーム，白人や黒人のフレーム，開発途上国のフレームというものがある。開発途上国のフレームとは，それらの地域ではクーデターや，地震や災害といった自然災害や，人災に報道が集中することである。途上国がニュースになるのは，そのようなことが起こったときに限定されるというのである。それ以外にも南北のフレーム，独裁政権のフレームなどもあるが，一番重要なのは，東西のフレームであったという[81]。冷戦時代には，自由主義陣営に生活する人は，社会主義陣営の国々に対する見方には一定の傾向を持っていたし，またその逆も真なのである。

　影響理論の1つで無視できない理論に，「涵養理論」というものがある。その代表者はガーブナー（George Gerbner）である。ジャーナル・オブ・コミュニケーションという雑誌の中でガーブナーはグロス（Larry Gross）と共に『テレビとの生活，暴力のプロフィール』[82]という論文を発表した。例えばアメリカの暴力的な映画をよく見ている人は，自分の環境が暴力に充ち満ちていると考える。これは一種の社会化理論の1つと考えられる。影響が段々と浸透していくというわけである。

　「涵養理論」はグリーンベルク（Bradley S. Greenberg）の「ドレンチ仮説」[83]に似ている。これも涵養理論の一種であるが，「涵養理論」では徐々に水滴が垂れるようなイメージに対して，一気に染み渡る（drench）というものである。ところが1970年代に入って影響理論は個人の方に向かう。そこで出てきたのが「効用と満足理論」[84]（uses and gratification）理論である。

　受容ということを考えると，受け手が置かれている文化や社会を無視しては

80　ibid. p.275
81　ibid. p.277
82　Gerbner/ Gross（1976）
83　Greenberg（1988）
84　Blumler/ Katz（1974）

成り立たないという批判がカルチュラル・スタディーズからなされる。情報の送り手からのみ考察するコミュニケーション理論から独立した受け手論，読者論が出される。文学研究でも一時盛んであった受容理論はこれに対応している。

情報の送り手は確かにマス・メディアかも知れないが，意味の付与者は解釈という行為を行う読者側にあるとするのがこの考え方である。これによって読者は単なる影響論からの呪縛から解かれた。単純な文化帝国主義論も克服される。オーディエンスこそが情報を読み解く鍵であるという。けれどもオーディエンスが完全に情報操作から自由になったと考えるのは尚早である。私たちの認識そのものが，フレームによって，枠づけられているからである。

メディアというのはとても複雑で，メディアの私たちに及ぼす影響も多くのファクターがある。読者はメディアをコントロールできないが，メディアの読者へ及ぼす影響を読者はある程度はコントロールできる[85]。影響とは何かを調べるのは実際には困難を伴う。読者がどのような時に影響されるか，タイミングの問題もある。影響のレベルも様々である。認識のレベルなのか，態度のレベルなのか，感情のレベルなのか，生理的レベルなのか，行動のレベルなのかで話は違ってくる。また同じような情報に接しても，読者によって効果は一対一の関係でないことは日頃経験するところである。受け取る読者の側にある様々なファクターによって，その影響が変化するからである。たとえば読者の知的・教育レベル，性癖，思想，階層，性差など。かりに影響があるにしても，影響はすぐに現れるのだろうか。同じような話を聞かされ続けると，かえってその効果は薄れることも，共産圏のプロパガンダ一色の新聞が，市民の信頼を失い，そっぽを向かれたという筆者の体験からも言える。影響といっても，ある一定のところまでは影響が出ない閾値（Thresholds）が想定できるのかできないのか。マス・メディアによるある種の影響を想定しても，マス・メディアによる刺激は影響が出るための，必要的条件なのか，十分条件なのか，それとも偶発的関係なのであろうか。メディアとその影響の関係は，受け取る人間，社会，文化，環境など，様々な要素が絡むのである。

85　Potter p.260

グローバル・コミュニケーションと国際政治

　報道の仕方，取材源の選択，ニュースの解釈をジャーナリズムが握っている。ジャーナリストは国家と文化のフレームで仕事をしている。読者はそのようなニュースを受けて，解釈を含めて受け取るのだが，ジャーナリストと同様の国家と文化のフレームが擦り込まれているので，それを少しも不思議とは思わない。チョムスキー（Noam Chomsky）とハーマン（Edward S. Herman）の調査によると「アメリカのメディアは自国の外交政策の目的と一致する国際ニュースの出来事だけにしか注意を向けない。同時に，メディアはアメリカの同盟国の否定的な面を無視しがちである。ニュース取材については，『プロパガンダの枠組み』について話すほうがより正確であると，チョムスキーは信じている」[86]。

　ニュースはフレームによって構成されていることを意識してニュースを読むだけでも，国家フレームとしてのナショナル・イデオロギー，マス・メディアの操作には容易に取り込まれなくなるはずである。しかしたいていの場合は，そのようなフレームをオーディエンスも共有しているのでその存在に気付くことは難しい。そして何がフレームなのかも分からない。それでは，フレームに気づき，フレームに絡め取られないようにするためにどうすればよいのだろうか。海外に留学して初めて，自分の国の有り様に気づくのと同じことだが，比較対象がなければ自分に気づくことはない。筆者は他の国の情報も仕入れて，自国のそれと比較することを推薦したい。インターネットが普及している現在，このことは比較的簡単にできる。世界のマス・メディアへのリンク集を持つポータル・サイトは数多く存在する。それらを使えば世界のマス・メディアをチェックすることができる。

　私たちの世界観の創造に関してマス・メディアが大きな役割を演じていることは述べたが，自国の，そして他国のジャーナリズムがどのように組織され，どのような傾向があり，実際の取材能力はどの程度なのか，また，通信社の役

---

[86] フレデリック p.249

割はどの程度か，情報源はどこなのか，どの程度官製の情報に依存しているのか，独自の調査能力があるのかどうか，国内情報と国外情報は均衡が取れているか，反対意見も積極的に取り入れているか，それともある特定の勢力の広報機関になっているか，マス・メディアがその国でどのような役割を果たしているのか，どのような機能をもっているかなど，マス・メディアについての知識も必要である。権威主義的な国と自由主義的な国とでは，マス・メディアの規範が異なる。また，同じ自由主義の国でも，マス・メディアに対する規制などを比較すると，同じだと言うことはできない。マス・メディアにできるだけ介入せず，放任主義を認めているかどうか，マス・メディアに公共性という責任を負わせようとしているかどうかで，限りなく自由なマス・メディアになったり，統制的なマス・メディアになったりする。戦争報道や人権などを考えると，報道に関して，どの国も無制限な自由を享受することは許されていないことがわかる。

● 課題 ●●●●●●●

1　影響理論の1つを取り上げて，身近な体験からそれを論述せよ。
2　私企業としてのマス・メディアに社会的責任を負わせることの是非について論述せよ。

■文献
Blumler, J. & Katz, E.（Eds.）(1974): The Uses of Mass Communication. London: Sage.
フレデリック，ハワード H.（Frederick, Howard H.）(1996):『グローバル・コミュニケーション』(Global Communication and International Relations) 松柏社
Gerbner, George / Gross, Larry (1976): Living with Television: the Violence Profile, in: Journal of Communication, Spring 1976, Vol. 26.
Greenberg, Bradley. S. (1988): Some Uncommon Television Images and the Drench Hypothesis. In: S. Oskamp（Eds.）Television as a Social Issue: Applied Social Psychology Annual (vol. 8 pp. 88-102), Newbury Park, CA, Sage.
Lazarsfeld, Paul F./ Berelson, Bernard (1948): The People's Choice: how the Voter Makes up his Mind in a Presidential Campaign, New York: Columbia University Press.
MaCombs, Maxwell E. & Shaw, Donald Lewis (1972): Agenda-Setting Function of Mass Media, Public Opinion Quarterly 36, Summer 1972.
マクウェール，デニス（McQuail, Denis）(1985):『マス・コミュニケーションの理論』

(Mass Communication Theory, London; Beverly Hills: Sage Publications 1983) 新曜社
Norris, Pippa (ed.) (1997): Politics and the Press: the News Media and their Influences, Boulder, Colo.: L. Rienner.
Potter, W. James (1998): Media Literacy, Sage Publications, In: Chapter 13 Broadening Our Perspective on Media Effects.
Righter, Rosemary (1978): Whose News? Politics, the Press and the Third World, London: Burnett Books.
竹下俊郎 (1998):『メディアの議題設定機能』学文社

第5章

世界のマス・メディア

　ジャーナリズムは一体誰に奉仕すべきなのか。ピューリッツァーは1904年にジャーナリストとは何かについて次のように書いている。「ジャーナリストとはジャーナリズムのオーナーでもないし，経営者でもない。ジャーナリストとは国という船のブリッジに立っている見張りだ。彼はその船が今までたどってきた航跡を克明に記録し，霧や嵐を透かして前方を凝視する。そして水平線に一点何か不審なものを見つけると，そのことを船の安全を守るべき地位にある人に報告する。彼はオーナーや経営者の損得を考えない。自分に対する報酬も考えない。彼の念頭にあるのは国という船に乗っているすべてイギリスの人々の幸福と安全だけだ」[87]。

　マス・メディアと言っても，それぞれの国の諸条件，例えば，経済，歴史，政治思想などでマス・メディアの有り様はずいぶんと違う。民主主義国家のマス・メディアも同じではない。マス・メディアの自由度という点だけでも，国によって異なる。ジャーナリストの活動を支援する目的で，作られたマス・メディアの自由度を格付けしている機関，国境なき記者団（Reporters without Borders）[88]の2006年度の世界自由度ランキング表を見てみると，世界のランキングは次のようになっている[89]。

---

[87] 新聞労連編（1994）
[88] 国境なき記者団（Reporters Without Borders）とは，世界で投獄されているジャーナリストや報道の自由を守るための世界的組織である。国連の世界人権宣言19条（すべての人は，意見および表現の自由に対する権利を有する。この権利は，干渉を受けることなく意見を持つ自由並びにあらゆる手段により，また，国境を超えると否とにかかわりなく，情報及び思想を求め，受け，及び伝える自由を含む）に則って，行動している。オーストリア，ベルギー，フランス，ドイツ，イタリア，スペイン，スウェーデン，スイス，イギリスに支部を持っている
[89] 但しこのreporters without bordersという組織のランキング指数は人権という観点が強い。

2006年国境なき記者団

ランク	国名	Score
1	Finland, Iceland, Ireland, Netherlands	0, 50
5	Czech Republic	0, 75
6	Estonia, Norway	2, 00
8	Slovakia, Switzerland	2, 50
10	Hungary, Latvia, Portugal, Slovenia	3, 00
14	Belgium, Sweden	4, 00
16	Austria, Bolivia, Canada	4, 50
19	Tobago	5, 00
23	Benin, Germany, Jamaica	5, 50
26	namibia	6, 00
27	Lithuania, United Kingdom	6, 50
29	Costa Rica	6, 67
30	Cyprus	7, 50
31	South Korea	7, 75
32	Greece, Mauritius	8, 00
34	Ghana	8, 50
35	Australia, Bulgaria, France, Mali	9, 00
39	Panama	9, 50
40	Italy	9, 90
41	El Salvador, Spain	10, 00
43	Taiwan	10, 50
44	South Africa	11, 25
45	Cape Verde, Macedonia, Mozambique, Serbia and Montenegro	11, 50
49	Chile	11, 63
50	Israel	12, 00
51	Japan	12, 50
52	Dominican Republic	12, 75
53	Botswana, Croatia, Tonga, United States of America	13, 00
57	Uruguay	13, 75
58	Fiji, Hong-Kong, Poland, Romania	14, 00
62	Central African Republic, Cyprus (North), Guinea-Bissau,	14, 50
66	Madagascar, Togo	15, 00
68	Ecuador	15, 25
69	Nicaragua	15, 50
70	Burkina Faso, Kosovo, Lesotho	16, 00

Diana Barahona は「素顔の国境なき記者団」(Reporters Without Borders Unmasked) という論文でこの組織に献金をしているグループが政治的だという理由で，この組織の中立性を疑っている。http://www.counterpunch.com/barahona05172005.html を参照のこと。

第5章　世界のマス・メディア

ランク	国名	Score
73	Congo, Kuwait	17,00
75	Brazil	17,17
76	Argentina	17,30
77	Mauritania, Senegal, United Arab Emirates	17,50
80	Albania, Qatar	18,00
82	Paraguay	18,25
83	Timor-Leste	18,50
84	Liberia	19,00
85	Moldova	19,17
86	Mongolia	19,25
87	Haiti	19,50
88	Tanzania	19,82
89	Georgia	21,00
90	Guatemala	21,25
91	Angola	21,50
92	Malaysia	22,25
93	Comoros, Zambia	22,50
95	Niger, Seychelles	24,50
97	Morocco	24,83
98	Bhutan, Côte d'Ivoire, Turky	25,00
101	Armenia, Malawi	25,50
103	Indonesia, Sierra Leone	26,00
105	India, Ukraine	26,65
107	Lebanon	27,00
108	Cambodia	27,25
109	Guinea, Jordan	27,50
111	Bahrein	28,00
112	Cameroon, Peru	28,25
114	Gabon	28,50
115	Venezuela	29,00
116	Uganda	29,83
117	Tajikistan	30,00
118	Kenya	30,25
119	United States of America（extra-territorial）	31,50
120	Nigeria	32,23
121	Djibouti	33,00
122	Thailand	33,50
123	Kyrgyzstan	34,00
124	Chad	35,50
125	Burundi	39,83

第5章 世界のマス・メディア

ランク	国名	Score
126	Algeria	40, 00
127	Swaziland	40, 50
128	Kazakhstan, Rwanda	41, 00
130	Afghanistan	44, 25
131	Colombia	44, 75
132	Mexico	45, 83
133	Egypt	46, 25
134	Palestinian Authorit	46, 75
135	Azerbaijan, Israel (extra-territorial)	47, 00
137	Bangladesh, Equatorial Guinea	48, 00
139	Sudan	48, 13
140	Zimbabwe	50, 00
141	Sri Lanka	50, 75
142	Democratic Republic of Congo, Philippines	51, 00
144	Maldives, Somalia	51, 25
146	Singapore	51, 50
147	Russia	52, 50
148	Tunisia	53, 75
149	Gambia, Yemen	54, 00
151	Belarus	57, 00
152	Libya	62, 50
153	Syria	63, 00
154	Iraq	66, 83
155	Vietnam	67, 25
156	Laos	67, 50
157	Pakistan	70, 33
158	Uzbekistan	71, 00
159	Nepal	73, 50
160	Ethiopia	75, 00
161	Saudi Arabia	76, 00
162	Iran	90, 88
163	China	94, 00
164	Burma	94, 75
165	Cuba	95, 00
166	Eritrea	97, 50
167	Turkmenistan	98, 50
168	North Korea	109, 00

東欧を始めとする旧共産圏や，アフリカ諸国の一部が非常に自由度が高いことに気付く一方，自由を標榜するアメリカが必ずしも高くなく，日本も先進国の中で最後尾にランクしている。日本がかつての軍事独裁国であった韓国より下回っていることは知っていてもよい。独裁開発型国家のマス・メディアも権威主義的にならざるを得ず総じて低い。中国や北朝鮮のように，イデオロギーと特定の党が支配する国家では，政府がマス・メディアを統制しており，低い評価になっている。イラクにおいて，マス・メディアの自由度が低く，イラクにおけるアメリカの報道にも疑問符が付けられていることなども，この表から読み取れる。

世界のマス・メディアについて論評することは困難を伴う。アメリカ一国に限っても，8,000以上もの日刊紙が存在し，マス・メディア事情を正確に把握することは困難である。また世界の言語が読め，その国の事情まで知るとなると世界のマス・メディアを論評できる人は存在しない。したがって筆者としては，世界のマス・メディアを3つのタイプに分けて，それぞれの特徴をいくつかの国の事情から説明するにとどめておく。第1のグループは，民主主義が比較的定着して，マス・メディアが政府から独立している国である。この例としてはアメリカ，日本，ドイツ，韓国を取り上げた。第2のグループは，マス・メディアが事実上政府に支配されている国である。独裁開発型国家型の国家がそれにあてはまり，世界の多くの国がこの類型に所属している。その例としてはマレーシアを取り上げた。第3のグループはマス・メディアが国家の強力な指導下に置かれて，国家とマス・メディアが一体となっていると考えられる国である。例として中国を取り上げた。

世界のマス・メディア事情はこの類型化だけで収まるものではない。それぞれのグループに入る国でも，相違がある。第1のグループでも，先ほどの国境なき記者団のランキング付けで見られるように，先進国の間でも大きな隔たりがある。権威主義的な国でも，マス・メディアが発達している国もあるし，マス・メディアが十分に発達していない国もある。権威主義的ではあるが，マス・メディアに関しては比較的自由という国もある。

アメリカ

　高級紙とされているワシントン・ポストやニューヨーク・タイムズなどと日本の全国紙とを比べると，両国にかなりの差異がある。論説や記事の長さに関して日米には歴然として差異がある。「日米の新聞記事を読み比べると，日本の方が記事のスペースが一般的には狭いために，その日のニュースの部分だけで記事が作られ，全体像が省かれることが多い。このため，大きな文脈が忘れられて，個々の出来事だけが全面に出てくることがある」[90]。アメリカのジャーナリズムと日本のジャーナリズムの違いに関して，ベトナム戦争に関する報道でピューリッツァー賞を受賞しているデイビッド・ハルバースタム（David Halberstam）は，「アメリカのジャーナリズムと言えば，権威に挑戦し，疑問を投げかけ，物事の意味を捉えるということです。日本のジャーナリズムは，広報されたことをそのまま伝えるという側面がまだまだ強いという気がしました」[91]と書いている。

　ジャーナリズムそのものの有り様が，日本とアメリカとでは異なっている。アメリカではジャーナリストの教育制度が日本より確立している。日本では大学での専攻はあまり問われることがなく，入社してからの社内教育によってジャーナリストとして独り立ちする。アメリカでは新聞記者養成の専門大学院，スクール・オブ・ジャーナリズムにおいて，ジャーナリストたちは取材の仕方，調査報道などの訓練を受ける。ジャーナリズム専門大学院を卒業してからジャーナリストになった者が多い。アメリカでは，ジャーナリストは入社する前にすでにプロ意識を持っているわけだ。記者クラブで情報を集めることが取材の中心である日本に対して，「記者が独自の力で取材していく調査報道が報道の主流」[92]だと言う。また，社内を越えての取材のテクニック，ニュース・ソース入手方法など共有し調査報道の技術を高めている。

　例えば，ミズリー州のスクール・オブ・ジャーナリズムにおかれているIRE（Investigative Reporters and Editors）[93]を見てみよう。これは1975年に作られた

90　高成田（1991）p.62
91　下山（1995）p.2

草の根の非営利組織である。自由社会のために不可欠な調査報道の仕方を教えて，ジャーナリストの質を高めてくれる。官庁の発表に依拠し，しかも各社がそれぞれノウ・ハウを社内に蓄積する日本の方式とは大違いである。日本のように新卒を採用し，社内教育で記者を育てていると，どうしても社の色に染まり，新聞社との独立性が保てない。日本マス・コミュニケーション学会で，ある新聞社の人事課の人が，新聞社に来るのは大学でジャーナリズムなどを勉強していない「白紙の人」の方が良いと発言したのを耳にしたが，実に情けない姿勢である。日本では朝刊，夕刊もあって，毎日情報に追われ，どうしても記者発表と通信社の情報を中心に記事を書くことになる。日本において調査報道が少ない理由もこんなところにあるのだろう。

　ヨーロッパでもそうであるが，アメリカにおいても高級紙と大衆紙の区別が明確で，高級紙は政府を動かす程の力を持っている。地方紙は，高級紙で書かれていることの後追いをするほどワシントン・ポスト紙やニューヨーク・タイムズ紙はアメリカの他のメディアから信頼されている。日本の読売新聞や，朝日新聞は英字新聞を持っているが，それぞれアメリカの２つの高級紙からニースの提供を受けているのは偶然ではない。アメリカでは全国紙は存在しなかったが，現在ではUSTodayのような全国紙も出現している。USTodayの出現は新聞メディアのタブロイド化，テレビ化，つまり，記事が短くて長文の調査記事が少なくなるような現象を進めたと言われ，そのような現象は，USToday化と言われている。

　記事が短いのはタブロイド紙，イエロー・ペーパーの特徴である。高級紙の特徴は記事が長く，時には何ページにも続くものがある。論説も詳しい。日本の高級紙はさしずめ記事の長さから言えばイエロー・ペーパーの特徴を持っている。新聞紙によって論調は明確であり，中立，客観報道というよりも，意見を明確に述べる。アメリカにはすでに書いたように8,000紙以上も日刊紙があり，マス・メディアの多様性によって，意見の多様性が確保されている。そのため全体として民主主義を担保している。再販制度と宅配制度のもと全国統一した価格で新聞を売り，競争を排除した日本の新聞業界と違って，アメリカで

92　ibid. p.29
93　http://www.ire.org/

は高級紙と地方紙間に大きな価格の差がある。さらには無料の広告紙が溢れている。再販制度の維持のキャンペーンを日本のマス・メディアは定期的に行っているが、そのような制度がないからアメリカの言論が制限を受けているとは言えない。

　アメリカの普通紙を脅かすのは、無料の広告新聞である。最近はヨーロッパでも問題になっているが、広告新聞にジャーナリストが普通の記事も載せるようになって、多くの人が新聞の購読をやめて、このような広告新聞を読むことで済ませてしまっている。情報収集という観点からは、これらの新聞は普通紙と比べて見劣りするが、脱政治化した時代には、普通紙にとって脅威となっている。インターネットの出現も新聞社にとっては悩ましい現象である。インターネットで新聞の記事が読めるから、新聞を講読しない若者が増えるのはアメリカだけの現象ではない。

日　本

　マス・メディアは戦争と共に発展してきた。日本でもそのことが当てはまる。現在の地方紙は、軍国主義下の一県一紙政策で合併し、巨大になり、戦争報道で発行部数を増やしてきた。日本のマス・メディアの特徴は、巨大な発行部数を誇る全国紙と、地方では全国紙といえどもほとんど力を持たないほど巨大な力を持つ地方紙の共存である。独占禁止法が例外的に除外されている品目の1つに新聞というものがある。それゆえに地方紙でも、全国紙でもほぼ同一価格で競争の原理が働かず、護送船団方式で今日まできている。新聞が公共性を有しているというのがその根拠である。地方紙は、地方ではそれ自体が権力機構になるほど強い力を持っており、地方では全国紙より遙かに新聞の購読率が高い。中日新聞や北海道新聞などのような、地方紙の規模を越えたブロック紙も存在する。

　次に日本のマス・メディアの状況とその特徴を取り上げてみたい。

●いわゆる客観・中立報道

　日本の新聞の特徴はその客観・中立報道にある。日本の新聞とアメリカの新聞などを比べると、日本の記事は短く、新聞社の意見も出ていない。犯罪報道などや、失墜した政治家や、審判が下った企業などに対しては、正義を振り回し、モラルを説くが、政治家、官僚、企業、宗教団体などの権力者に対してはバランス感覚を持った報道姿勢を示す。新聞社としては意見を差し挟まない場合、いわゆる識者と言われる人の見解を登場させる。日本新聞協会新聞倫理綱領第2条の報道、論評の限界については、「ニュース報道には絶対に記者個人の意見を差しはさんではならない」となっているが、「識者」と称する人を借りて特定の意見を流布する場合、新聞社が意見を述べたのとどれほどの違いがあるのだろうか。相反する意見を持つ複数の識者を登場させているわけではない。政治家や官僚に対する奥歯にものの挟まった言い回し、与党も野党も同時に攻撃して、自己を一段高いところに置く傾向、国民（読者）の無謬性を前提に、読者におもねるニュースを毎日消化する国民は、角も取れた、中庸のある人間になれる。朝日新聞綱領によれば、不偏不党に立脚して「民主国家の完成」に寄与するとのことである。これは本当だろうか。

　日本の新聞は、無批判的な人間形成に奉仕し、廻り廻って、現状追認、現状肯定、既成政党の安定化に役立っていると考えられはしないか。ディベート能力の欠如、批判能力の欠如が言われて久しいのであるが、日本の新聞のこれまで行ってきた政策にもその一因があるのではないか。このような新聞を何十年も読む読者から問題意識を期待できるであろうか。市民や、政治家、官僚へのインタビューをドイツで行ったことがあるが、インタビューを受けた官僚や政治家、そして一般市民の反応の速さと、見事な回答ぶりに感心させられた。雑誌の日独比較分析でも、批判精神の旺盛なのに驚かせられた[94]。これは単に言語態度における国民性の違いという運命論で片づけてよい問題ではない。事柄を言語化でき、コミュニケーションできるというのは、政治の社会化のために不可欠なプロセスである。

94　Kusune（1990）

もう1つ根本的な問題は，報道において客観・中立というものが果たして存在するのかという点である。情報の取捨選択，誰を取材するか，それをどの程度の記事にするのか，どの意見を見出しに出すか，どのような表現にするのかで受け取る側の印象は違う。日本の社会が支配する世界観に取り囲まれている主体が，世界観から離れた"客観性"を維持できるはずがない。個人ないし集団的な「主観」の入るのを避けられないという現実がある。日本の新聞だけを読んでいては分からないが，世界の新聞を読み比べると，やはり，そこに，長所短所を含めて，日本的色彩が色濃く現れている。「ジャーナリズムには国籍がある」とは，元共同通信社の記者，原寿雄の言葉だが，客観報道とは日本の1つのイデオロギーではないかとさえ思われる。

　このような客観報道の姿勢こそ逆説的だが，まさに政治的だという指摘をイーストン（David Easton）は指摘している。マス・メディアが，客観性，事実性にこだわるがゆえに，それは政治的なのである[95]。ここで彼が言うところの政治的とは「社会の権威的価値分配を目指すもの」[96]という意味である。権威から来る情報は，それ自体が政治的だということは意識しておいた方がよい。トッチマン（Gaye Tuchman）の言葉を借りるなら「戦略的儀式としての客観性」である[97]。

　不偏不党という考え方，すなわち1つの主義にとらわれた言論機関でないという新聞の立場は，皮肉っぽく言えば，新聞が巨大化した結果，どの読者にもある程度の不満は残るものの，玉虫色で，誰にでも飲むことのできる丸薬を売りたいとする販売戦略の反映である。このような解決策よりは，対立する複数の意見を大胆に並列させて，読者に判断を仰ぐ方が，読者のストレスがたまらなくてよい。あるいはアメリカのように，発行部数の多くない新聞は，むしろある種の"偏向"を売り物にするのも1つの戦略となろう。鮮明に対立点が浮き彫りにされた見解を提示することこそ，国民の間に議論を喚起し，民主主義に利すると思われるからである。

　客観報道とは何なのか。事実をありのままに届けることで客観報道となるの

95　Cook（1998）p. 85
96　ibid. p. 85
97　ibid. p. 5

だろうか。官庁の言うことを伝える，いわゆる発表ジャーナリズムは，それ自体，客観報道と言い得るのか。日本に多い論評を差し控え，推測を交えた記事は，はたして客観報道という名に値するのであろうか。また客観報道に徹することで，ジャーナリズムはその役割を果たしたと言えるのであろうか。客観報道の限界を超えてジャーナリズムは模索すべきではないのか。報道が客観報道となる条件はなんであろうか。事実を事実として論評を控えながら，報道することと普通受け取られている。事実が事実として受け取られるためにはそれなりの文体を必要とする。文章は命題と話法（モダリティ）で成り立っている。客観報道であるためには，それなりのモダリティが使用されていなければならない。このような観点から，益岡隆志は『モダリティの文法』[98]で，日本の新聞の客観報道を分析し，日本の新聞には客観報道に足りるモダリティを使っていないことを指摘している。モダリティとは何かといえば，要するに，話者の発言した文書に対する，話者のなんらかのムードのことである。ヨーロッパ言語では，モダリティは助動詞や副詞や副詞句で表現される。

　断定保留（推量）のモダリティとしては，「だろう」，「ようだ」，「らしい」，「しそうだ」，「はずだ」など。また未定としては「か」などがある。「価値判断」のモダリティとしては，「ことだ」，「ものだ」，「べきだ」がある。益岡は価値判断の入った文章と客観報道は両立しない[99]とする。この意味では「ことだ」，「ものだ」，「べきだ」というモダリティは避けなければならない。「伝聞」としては「そうだ」や「という」がある。益岡隆志は1994年の朝日新聞から先ず月曜日を取り出し，それから43日ごとに1日を取り出して，1週間に相当する7回を分析した。分析の結果，新聞の客観性を疑わせる事実を指摘している[100]。報道記事において，推量が多く使われているという。もしもそうなら客観報道ではないということになる。推量を示す断定保留や未定は，社説・コラムでよく使われるのだという。新聞のかくあるべきという機能，すなわち論評機能では，判断系のモダリティが使われるのは当然である。そのようなところで，推量や憶測などを多用しては，論評機能をまともに果たしているとは言え

98　益岡（1991）
99　ibid. p.108
100　ibid. p.123

ないと考えられる。モダリティという観点からも，ジャーナリストの客観報道にもっとメスを入れなければならない。

●人権意識

　人権に関してはおおむね守られているが，センセーショナルな事件が起きると，国民の関心が強いという逆転した強弁から，三浦事件や，松本サリン事件などの例に見られるように，人権が守られていないケースも多々ある。マス・メディアの犯した名誉毀損についても，補償額が少なく，マス・メディアのやり得といった傾向も見られる。推定無罪の原則をマス・メディアはどれだけ守っているのだろうか。被疑者は警察の捜査が入った段階で，限りなく犯罪者扱いをされる。被疑者の報道は，犯罪視報道である。田中角栄元総理が裁かれるまでは，容疑者は呼び捨てにされたという精神構造が，未だに続いているとしか思えない。実名入りで大々的に犯罪者報道をされると，たとえ被疑者が犯人であったとしても，刑に服した後の社会復帰は困難になる。被疑者のレッテルが貼られると，被疑者には何でも許されるとばかりに，人権を無視したような報道が行われる。被疑者宅やその周辺，あるいは犠牲者宅にジャーナリストが大挙して押しかける状態，いわゆるメディア・スクラム（集団的加熱取材）状態になると，ジャーナリストが功を競って，被疑者や被害者の家族や親戚，果ては無関係の近所の人にインタビューして回るということは，よく目にする光景である。公共の関心があれば，多少の名誉毀損も無視できるとの，マス・メディアの判断も，勝手な理論である。公共の関心という言い古された言い訳も，よく考えてみれば，マス・メディアが，センセーショナルにその事件を取り上げ，報道を繰り返すことによって，公共の関心を自作自演したという側面も否定できない。

　昭和30年5月15日に改正された，日本新聞協会新聞倫理綱領第4の公正の項には，「個人の名誉はその基本人権と同じように尊重され，かつ擁護されるべきである。非難されたものには弁明の機会を与え，誤報は速やかに取り消し，訂正しなければならない」となっている。弁明の機会がこれまで与えられてきたとは思えない。巨大な権力を持ったマス・メディアが，被疑者扱いをすること自体，被疑者にとってはもう既に法廷での判決が下された，あるいはそれ以

上の懲罰が下されたことになる。被疑者が犯行を否定しているとき、被疑者の言い分を聞き、独自調査を行うことも必要である。犯罪報道のこれまでの報道姿勢を糺す必要がある。日本の新聞は低級な新聞だと自ら規定するのなら話は別だが、犯罪報道の報道姿勢をもっと抑制すべきだと考える。ヨーロッパの犯罪報道と比較して特にそのように思われる。

　記事に関する公正さや苦情処理に関しても、後の方の報道評議会で詳しく述べるように日本では立ち後れている。欧米ではオンブズマン制度を取って外部から審査員を起用し、読者と新聞社の仲立ちをつとめているのに反し、日本では内部の審査に任せており、チェック機能は弱い。

●プレスの自由と知る権利

　日本のマス・メディアは明治時代の明治出版法3条、新聞紙法41条「安寧秩序を紊し又は風俗を害する事項」、42条「皇室の尊厳を冒瀆し政体を変改し又は朝憲を紊乱しむる事項」、保証金制度、陸軍大臣、海軍大臣、外務大臣による掲載禁止制限命令や、大正時代の新聞紙法27条、陸軍大臣、海軍大臣による記事掲載禁止命令、戦後の占領軍による新聞出版物の事前検閲をへて、1952年以降、放送を除いてマス・メディアを「総合的に規制する法律は存在しない」という状況である。日本国憲法21条には「言論・出版その他一切の表現の自由は、これを保障する」とあるが、それでも裁判になったケースは多い。日本において、本当に国民の知る権利が保障されているのだろうか。

　知る権利は、松井茂記によれば、情報受領権、情報収集権、積極的情報収集権、公開を求める権利、公衆が多様な意見と情報を公正に受け取る利益であるという[101]。知る権利は、国民側と、マス・メディア側の両方について言えるのであるが、この両方を考えると、日本ではまだまだと言わざるを得ない。表現の自由があり、知る権利があるといっても、制限付きである。相手が役所の場合、プライバシー保護がはだかり、公開されないケースが出てくる。プライバシー保護、名誉毀損などを考えると、確かに、私人に対しては、一定の制限が科せられることは当然としても、憲法21条2項の「検閲はこれをしてはならな

101　松井（1994）

い」との関係で，相手が公の場合，最小限にとどめるべきである。情報のアクセス権・公開法に関しては，公共性という観点から，情報公開を強制すべきであって，公務員の秘密は，真に国家の安全など，最小限に限定しなければならない。情報のアクセス権をマス・メディアと市民の両方に大幅に認めることが必要である。最近公務員の汚職犯罪が頻発しているが，以前に比べて公務員のモラルが低下したというよりも，癒着を許さないという風潮が強く出てきただけである。

　情報公開と，役所の情報秘匿のせめぎ合いは，日本ではアメリカに比較すると，役所の秘匿が強く，報道の自由が優先されていないように見える。役所などに記者クラブをおいて取材するような馴れ合い体質も，役所に切り込んでいけない理由かも知れない。公害問題や狂牛病に見られるように，企業に対する役所の甘い体質，それを容認する政治風土なども，知る権利を拡大することの障壁となっている。

●報道のタブー

　ジャーナリズムには多くのタブーがあることも事実である。宗教団体，暴力団，広告主である企業などにたいして，どれだけ切り込んだ報道ができるのか。天皇制度に対しても，アメリカ軍の日本駐留に関しても，なにか歯がゆい感じを抱くのは筆者だけではない。1988年に「天皇の戦争責任はある」と発言した本島長崎市長が1990年1月18日狙撃された事件がある。翌日日本弁護士連合会会長の「長崎市長の発言に対する一連の行為は，暴力と脅迫によって言論の自由を抑圧しようとするものであって，基本的人権の尊重及び民主主義を基盤とする憲法秩序に対する重大な挑戦であり，断じて許されるべきものではない」と発言している。この事件では言論の自由を抑圧するという側面をマス・メディアはこぞって強調したが，天皇の戦争責任について議論を展開するようなマス・メディアはついぞ現れなかったことからも菊のタブーが窺える。

　『悪魔の詩』というマホメッドを冒瀆する内容を持つといわれる小説を書いたラシュディ（Salman Rushdie）に対して，イラン革命の最高指導者ホメイニ（Ayatollah Ruhollah Khomeini）師は，1989年に死刑判決を下し，サナイ師はラシュディを殺害したものは殉教者になると宣言した。この書物を翻訳した筑波

大学の五十嵐一助教授が1991年7月12日に大学のキャンパスで殺害され，時効になってしまった事件があったが，日本のマス・メディアがこぞって言論と思想の自由のために抗議したという話は聞かない。当事者が個人で，相手が国家ということ，背景がまだ明らかにならないということで，尻込みしてしまった。イタリアやトルコやドイツなどでも翻訳者に対して凶行に及ぶような行為が発生した。例えば，1989年2月にドイツでは宰相が先頭に立って，宗教的熱狂者による言論の自由抑圧に断固戦うとの意思表示をしたが，日本では政治家がそのような声明をしたという記憶は筆者にはない。また，日本の新聞社が立ち上がって，言論抑圧に反対する共同声明も出さなかった。

　公害事件，薬害エイズなどから分かることは，大企業や圧力団体の犯罪事件に関しても，日本のマス・メディアは中立報道といえば聞こえが良いが，権力者にすり寄る姿勢が顕著である。狂牛病はいつからか表向き医学的に正しくないという名目で，BSEと名付けられた。この病気の本質が隠されたのである。日本の英語新聞では海外の報道がそうであるように，狂牛病（mad caw）という言葉を使っているのに，日本語の新聞からはこの言葉は締め出された。ここにも横並び姿勢と業界からの圧力を恐れる姿勢が現れている。

　特捜部を全て信頼し，特捜部を非難する事にはタブーがあるとする指摘もある。さらに言えば，新聞が読者を批判したり，読者が新聞社を批判したりすることもタブー化しているのではないか。批判の積極的な取り入れなしでは，本当の信頼される，公共性を持つマス・メディアが育つであろうか。日本の日韓報道などの例を持ち出すまでもなく，過去を振り返れば，マス・コミは要するに，時々の権力者の意見に同調してきた。権力者から情報を得ている限り，その見通しは誤ることはない。かくしてマス・コミの無謬性は保障されてきた。権力者を監視し，チェックする番犬機能をマス・コミは持つべきだという考え方は，古いかも知れないが，そういう使命感を忘れるところにタブーが生じる。

●ジャーナリストの教育制度の有無

　日本のジャーナリストは大抵の場合，大学卒業後入社し，社会部を初めとする様々な部署を経験し，社内教育を受けながら，一人前の記者として成長していく。Training on jobという養成制度は日本における他の企業と変わるもの

ではない。ジャーナリストの養成としてこれで良いのだろうか。入社前に一個の独立したジャーナリストとして倫理を初めとする教育を受け，新聞社に雇われているのと，雇用後に，社内教育を受けてジャーナリストになって，その会社で一生勤める場合とでは，ジャーナリストの意識に違いが生まれないであろうか。会社への忠誠心，会社との一体感は後者の教育制度では強くなり，会社のカラーに染まる。そのため新聞社の論理を越えた普遍的な考え方が阻害される。このことは新聞社だけの現象ではない。証券会社や銀行などの経営破綻，総会屋とのつき合い，公害，公務員の汚職や接待，リコール隠しなどを見ても分かることは，日本の風土では内部告発が少ない。不正が行われている事実を知っていても，企業や役所の内部にのみ通じる理論を共有していては，自浄能力が発揮できない。個人の自己判断が曲げられれば，潔く転職でき，またそのような人材を喜んで迎える風土が，マス・メディアを含めて，日本の企業は持たなければならない。

●調査報道

　下山進は，「記者が独自の力で取材していく調査報道が報道の主流」にならなければならないと主張する。調査報道には，情報公開を必要とするのはもちろんだが，それなりの技術も要る。資料探しのテクニックから，資料を手に入れても，その中に隠された事実を見破るテクニックなど，専門的訓練が必要である。その意味で，専門家養成の学校が必要であると共に，そのような取材方法を各ジャーナリストが社を越えて共有できる開かれた体制が望ましい。行政情報を積極的に公開しているアメリカと違って，ようやく情報公開踏み切った日本では，情報公開に関して官庁は後ろ向きである。

　クリントン（Bill Clinton）大統領のスキャンダル逸らしではないかと疑われた，スーダンのいわゆる毒ガス製造工場をミサイルで攻撃した事件（1998年8月20日）では，アメリカから爆撃を知らされた小渕総理は，すぐさまアメリカの攻撃に理解を示したのであるが，小渕総理の演説があった同じ日のドイツのZDFテレビ放送では，現地の野党から得た情報で，あれは製薬製造工場の可能性が高いと報道していた。事実の確認をする前に，首相が一方の肩を持つような発言をチェックする能力は，日本のマス・コミにはなかったのだろうか。

確かに日本のマス・メディアも，クリントン大統領のセックス・スキャンダル隠しの可能性を臭わしながらも，事実の確認なしで，アメリカの反テロ攻撃を報道していた。その後，スーダンの大統領が，あれは全くの製薬製造工場であったとして，アメリカ反対キャンペーンを行った。

　同年8月26日のドイツの南ドイツ新聞（Süddeutsche Zeitung）ではVXガスを造っていた証拠として，中間物質のEMPTAが爆撃した製薬工場近くの土壌から検出したので，毒ガスを造っていたというアメリカの結論に対して，ハンブルク大学の工業・高分子化学研究所所長の口から，EMPTAの存在だけでは証拠としては弱いことを述べさせ，アメリカの主張に疑いの念を差し挟んでいる。翌日のドイツの同じ新聞にも，アメリカの主張が確実でないとの記事が掲載された。もちろん政府レベルでは，コール首相はアメリカの立場に理解を示したのであるが，ジャーナリズムはそれに対して，疑問符を投げかけているのだ。Los Angeles Timesは同年9月1日付で，やはりアメリカの主張に疑問を投げかけた。

　読売新聞は9月4日になって，コーエン米国防長官の9月2日の記者団に対し，「化学工場」が実際に薬品を製造していたことに気付かなかったこと，また，イスラム過激派の指導者，ビンラーデンと工場の関係は「間接的だった」と発言，これまでの主張を後退させた。それでもVXガス製造過程でしか生成されない化学物質が見つかったので，毒ガスを製造していたことを理由に，攻撃の正当性を主張したことを報じた。アメリカの言い分をそのまま載せているだけである。

　情報戦争の最中にあって，相反する当事者の言い分の真偽を判断するのは難しいとしても，当事者でない第三国の報道はかなり信用してもよい。日本ではオウム真理教の事件で，記者にはVXガスについての予備知識があったはずだと思えるのだが，アメリカの主張を追認するような記事を書いている。スーダンの大統領が，世界に対して調査に来てくれと言っているのだから，攻撃直後に，工場に入り，土を持ち帰り，検査させるくらいのことはできたと思うのだが。独立国であるアフガニスタンとスーダンに対して，百発以上のトマホーク・ミサイルを警告なしにぶち込み，多数の死者と，けが人を出した主権侵犯事件に対しては，事実報道に徹し，その後の調査が非常に鈍い。しかるに，北

朝鮮が日本の上空を横切る形で（高度の上空なので主権侵犯でもない）ミサイルを発射させると，反北朝鮮に対する国会決議がなされ，北朝鮮の脅威が取りざたされ，偵察衛星打ち上げまでの反応をする。この２つの事件を比べるだけでも，マス・コミュニケーションの報道が国際政治と繋がっており，国民を誘導していることが分かる。似たような事件でも政府やジャーナリストの認識と扱いの差が現れている。

●海外に特派員を持つような情報雑誌が存在しない

　毎日取材に追われ，それでいて朝刊と夕刊の両方を毎日発行しなければならない，世界では希な日本の大新聞に比べると，週間隔で発行できる週刊誌は，速報性には欠けるが，比較的長期間の調査によって，問題を深く掘り下げ，新聞で書かれたことの背景や事実関係，それに事後談などもフォローする可能性を持っている。ところが，なぜか日本には高級情報雑誌が存在しないのである。日本の雑誌は，スキャンダルとゴシップと，大胆かつ極端な推量記事が多い。プライバシー侵害をすれすれに取材を行い，のぞき見趣味を満足させるような社会記事で埋め尽くされている。名誉毀損で何度も敗訴しても平気の様子である。またそのような取材で自殺に追い込まれたケースもある。

　日本の週刊誌の顕著な特徴は，海外情報がとても弱い点である。日本の雑誌は海外に常駐する特派員を持っておらず，海外情報をほとんど記事にすることがないという事実がある。雑誌の発行部数で言えば，日本の雑誌社も世界的な週刊誌に負けていないのだが，質の差は歴然としている。『タイムズ誌』や『ニューズウィーク誌』や『シュピーゲル誌』などは，世界のどこでも買うことができる。またそうするだけの内容を持ち，世界を知るための情報源として不可欠な存在である。日本にはそのようなレベルの雑誌は存在しない。そのような雑誌が日本に育たないのはとても不思議だし，日本にとって不幸なことである。

●海外特派員

　日本の海外特派員は，特定の国には数年程度しか赴任しない。数年間，現地に派遣されるこのような特派員から，それぞれの国に深く切り込んだ報道を期

待することはできない。赴任期間の短いこと以外に別の問題もある。日本の大新聞の特派員は一社で平均して40人程度，それもアメリカとヨーロッパとアジアに集中している。その他の地域の海外特派員は一人で多くの国をカバーしなければならない。例えば，ベルリンやウィーンに駐在する日本人特派員は同時に東欧もカバーすることになる。サンパウロに駐在する特派員は，中南米と南米全体を一人で受け持つ。カイロとかナイロビに駐在する特派員はアフリカをカバーすることになる。英語圏以外は，その国の文化と言語に精通した特派員を派遣することは希だろう。取材はほとんど英語，主に日本関係の取材のみを行い，日本語か英語のできる助手を現地で雇い，現地の新聞を切り抜かせ，翻訳させて，面白そうなものを記事にする。これは「はさみジャーナリズム」と呼ばれている。

　在京の外国人特派員も似たような状況である。日本語で取材活動ができない分は，英字新聞に頼っている。そのために自己批判的な日本の英字新聞の論調が逆に，外国の新聞の「日本叩きの温床」になっているとの指摘もある[102]。海外情報になると極端に情報源が少なくなる。同じことは外国の新聞社にも言える。東京に駐在する外国人特派員は，同時に，韓国や台湾を持たされたりする。外国人特派員の中で，本当に日本語で十分な取材ができる人は限られている。外国の新聞社の場合は，日本に5年，10年，20年以上も生活し，特定の国に特化した特派員もいる。しかし日本のように短期間滞在する特派員が増大してきている。赴任地での言葉も理解できず，2，3年だけ滞在する特派員から，それも同時に多くの国をカバーする特派員が送ってくるような報道に期待が持てるだろうか。事実確認1つをとっても，現地の官僚，政府，政権党，野党との人脈を持っているかどうかは，情報の質に決定的な差が出るはずである。

　他国の社会・文化システムに食い込めないような特派員の報道が，センセーショナリズムに陥ったり，ステレオ・タイプな認識に陥ったりするのはこのためである。それに拍車をかけて，イデオロギーや自文化中心主義や西洋中心主義などが，国際報道に影響している。ステレオ・タイプ的な報道が繰り返され，認識の方向が定まり，相手国のイメージが固定される。これは恐ろしいことで

102　本間（1992）

ある。いったん固定観念を持ってしまうと，それ以外の見方を受け付けなくなり，自ら是正の道が断たれる。その結果，記者が取材活動を行っても固定観念を味付けする記事しか書けなくなる。

　メディアを研究し，欧米の報道を毎日渉猟している筆者の経験から言えることだが，日本の全国紙は海外報道の質や量に関して，アメリカやドイツの新聞に比べて著しく貧弱である。海外特派員数では海外の新聞社に比べて遜色はないが，関心が日本にばかり向いているだけではなく，かりにニュースとして取り上げても，情報源へのアクセスが弱いのか見劣りがする。先に書いたように文化も言語も違う広範囲な地域を担当する1人の記者から，それぞれの国の情勢に精通した鋭い記事など期待する方が無理というものだろう。まともな情報収集能力がないことを考慮すると，通信社情報が特派員情報を圧倒するのも納得できる。そのために海外情報は，どの新聞も似てくるのだ。特派員を長期間滞在させなければ，現地の専門家が育たないであろう。巨大な災害とか戦争が起きると，ジャーナリストを派遣して集中豪雨的に報道するが，相手国の背景も文化も言語にも精通していないジャーナリストの活動はパラシュート・ジャーナリズムと批判される。

●記者クラブの存在の有無

　前沢猛は『日本のジャーナリストの検証』の中で，記者クラブそのものが，「閉鎖性や利権性体質」を持っていることを指摘している。前沢は同じ本の中で，「先進国の中で，ここほど自己検閲が行われている国はない。日本は自己検閲研究のための理想郷だ」というウォルフレンが1991年4月の京都の国際新聞編集者協会（IPI）の総会での発言を引用している。記者クラブの閉鎖性は多くの識者によって取り上げられている。記者クラブには日本新聞協議会や日本民間放送連盟の会員のみが参加を許され，クラブ員数が限定される。クラブ協定（黒板協定）があり，報道自粛なども話し合われる。官僚や省庁の発表に依存し，「行政情報のたれ流し」や「権力側の情報操作にのせられる危険性」も指摘されている。それ以外に自主規制などもある。情報源が同じなら報道も画一的であり，どの新聞も代わり映えがしないという原因がここにある。日本のマス・メディアは情報源の広報機関に堕落してしまう。情報源と同じ目線で

しかものを書けない密着取材，官僚との馴れ合いが横行する。かつて森首相の「神の国」発言で，記者会見でのジャーナリストが首相に答弁を指南するということがあったと言われているが，ジャーナリストと政治家の癒着はよくある話である。柴山哲也は記者クラブを「談合と系列が支配する"インサイダー情報取引"」[103]といっている。立花隆（橘隆志）が『田中角栄研究』を書けたのは彼がフリー・ジャーナリストであったという点も大きい。

『新聞研究』の1994年5，6月号によれば，1993年の新聞記者の自己イメージで，新聞記者は，やくざな商売（仕事）と答えたのが36.2%，エリート意識が強いと答えたのが28.4%とだと言う。やくざな仕事をしていながら，議会や官庁に自由に出入りできる特権を持ち，目線が国家エリートと同じところにある状態を指している。発表ジャーナリズムは原寿雄によれば「操作されるジャーナリズム」[104]である。下山進は「日本的な組織のあり方が，敗戦の焦土から，世界に名だたる経済大国をつくったのだろうが，ことジャーナリズムに関しては，この日本的な組織のあり方はマイナスにしか働かなかったと思う」と書いている。情報源の大半は官庁が握っているので，情報そのものを官庁から受け取ること自体，避けられないことは分かる。問題は，その情報源に対して，ジャーナリストが十分な距離を持っているのか，情報源に対して批判的に対峙できるのか，言説の確認を行う能力と気力があるかである。さもなければ日本のジャーナリズムは「行政情報のたれ流し」と「権力側の情報操作にのせられる危険性」[105]と隣り合わせになる。

●記事の構成

日本の新聞はページ数が少ないだけではなく，記事が短く，署名も存在しない。アメリカの新聞の記事では何ページにもわたる長大な記事も珍しくない。日本の記事はそれに反して短く，長文の記事でも，分析すると，短い取材情報の羅列に過ぎないことが分かる。今日，新聞メディアは，テレビとの競争に曝され，スピードを必要とされ，一目で内容が分かる組み立てが必要なのだろう。

---

103 柴山（1997）
104 原（1987）
105 天野・松岡・村上編（1996）p.31

このことは時代の要請で避けがたい現象かも知れないが，マス・メディアの世論喚起，世論形成といった公共的性格を考えるに，内容に深く立ち入った解説記事や意見報道が必要である。そのためには当然，様々な角度からの分析があってしかるべきであり，長い記事がないということは，日本の新聞はそのような使命を感じていないということになる。記事が短いのはイエロー・ペーパーの特徴であるが，日本を代表する「高級紙」は，限りなくタブロイド紙化（US Today化）の道を歩みだしている。記事が短いと，そこに勢い多くの情報を盛り込もうとする。その場合，一体その記事は記者の見解なのか，それともインタビューした相手の見解なのか区別がつかない。日本の新聞では情報源が何なのかは，はなはだわかりにくい。発言内容が引用されていても，当事者がそのようにコンパクトに話したとは思えない。取材段階で集めたと思われる多様な意見や，見解の相違を記者の言葉で要領よくまとめられると，一瞬なにもかも理解できたような気にはなるが，自分の頭で思考する余地が残らない。世論を喚起するという角度から考えると，このような記事構成は問題なしとは言えない。

●高級大衆紙

　日本のように他紙を圧倒する巨大新聞社の出現は，世界的に見ても，韓国や一部の政治的独占専制体制の国，中国やかつてのソ連を除いて，世界的に珍しい現象である。これら日本の新聞社は株式上場されておらず，会社の乗っ取りもない。アメリカやヨーロッパの高級紙というのが，発行部数50万部前後，多くても100万部程度であることと比較すると，500万部から1,000万部前後の新聞が複数存在する日本は非常に特殊と言える。前者のアメリカやヨーロッパの高級紙は，それにもかかわらず世界の高級ホテルや，キオスクで売られている。日本の新聞は世界での普及度という点では立ち後れている。朝日新聞や日本経済新聞の衛星版が散見できるが，日本の衛星版は基本的には海外に住む日本人読者しか意識していない。海外情報も欧米の新聞に比べて非常に少ない。日本のように巨大化したメディアは，幅広い大衆の支持を必要としており，誰からも支持される新聞には，欧米の高級紙に見られるような，オピニオン・リーダー向けの先鋭的な見解はむしろ不必要であるばかりか，経営上邪魔でさえあ

る。不偏不党という新聞の自己規定も，この意味では市場原理上の必然性を持っている。

　日本の巨大新聞は，それに横並びする地方新聞も同じであるが，意見を売る高級紙としてよりも，大衆消費としての，人生相談から進学，政治から犯罪，スポーツから経済，小説から料理など，非常にバラエティーに富んだものを提供している。日本には大衆紙があって，高級紙というものが存在しないと言える。十分咀嚼され，無性格で骨抜きにされた，出来合いの意見を受け取ることで，読者は情報を消費し，受け身の姿勢に埋没してしまい，新聞社の無謬性への高い信頼，政治や行政に対する軽蔑と無関心，シニシズムが醸成される。良くいえば日本社会はサービス過剰社会。悪く言えば，完全な管理社会になって，行動することが格好悪いとでも映っているのだろうか。社会的活動の低下，ボランティアの参加度の低さ，政治不信，参政権行使の低さ，つまり先進国中最低の低投票率，政治的コントロールの欠如，政治腐敗の容認，政治・行政への侮蔑の念と無行動が共存するそのような社会形成に，日本のマス・メディアは手助けをしているというのは言い過ぎであろうか。フランスやアメリカで，移民法改革に反対する何十万という人がデモに出るというニュースは，日本にいるとまるで他の惑星の話のように見える。

●ジャーナリズムの"無謬性"

　発表ものに徹し，見解も他人の口で語らせ，引用文だけで記事を書き，官庁の発表を記事にし，検察庁が動き出してから，政治家や起業家の逸脱を報道し，警察から容疑者についての情報を入手すれば，"誤報"する可能性は確かに少ないだろう。結果が見えてからの後講釈であり，自己を常に安全な場所に置くことができる。常に正義はマス・メディアにある。そのためにマス・メディアへの信頼はきわめて高い。新聞に書いてあるから間違いないと読者は信じてしまう。新聞社が報道したことが後に誤報だとしても，その情報が発表者によるものである場合は，大抵は情報源を非難すれば済むことになる。

　マス・メディアの報道によって，一度地に落ちた政治家や官僚は愚かしい存在で揶揄の対象となる。政治家や官僚とジャーナリストは漫才を演じている。前者の政治家や官僚はボケ，後者はツッコミを演じているのだ。国民は観客と

いうわけである。マス・メディアの無謬性によって、読者は地に墜ちた権力者をシニカルに眺める。政治は汚れているという政治観が醸し出される。政治家への侮蔑と政治不信は、政治への関心と政治参加を促すことに繋がるはずはあるまい。不平不満があっても行動せず、第三者的態度を取るという日本人の行動様式が醸成される。ステレオ・タイプ的かつ予定調和的な論調で紙面が覆い尽くされる。このような報道は意見形成の障害になる。政治とジャーナリズムが見事なまでに補完しあっている。ジャーナリズムが常に高見から、シニカルに政治や世界を見る見方は、ジャーナリストの満足を生み出すかも知れないが、政治の社会化に役立つはずがない。

●自己文化中心主義

　世界の重要な出来事でも、日本もしくは日本人が関与していない場合には、全く報道しないか、あるいは、申し訳程度にしか報道しない。事故が発生しても、それに邦人が巻き込まれているかどうかが関心事である。このような報道姿勢で、外国に対する共感、連帯という意識は芽生えるのだろうか。ハリケーンが発生しても、欧米系の新聞のように現地に特派員を早い時点から投入するのではなくて、ワシントンやサンパウロといった何千キロも離れた所から、情報を要領よく集めた記事を書いても、どれだけの緊迫感を持ち得るだろうか。アフリカ情勢、難民問題、飢餓、イラク情勢、あるいはコソボや、パレスチナ問題など、アメリカやヨーロッパの新聞が大きく取り上げる問題の日本の新聞における扱いは、概ね小さい。時には全く無視されることもある。日本の常識は世界の非常識などと揶揄されるが、日本でエスノセントリズムが蔓延し、世界に対して無関心な態度が横行し、国際性が欠如している責任の一端はマス・メディアにもある。スポーツ報道でも自国の選手ばかりに焦点を当てて、ナショナリズムに寄りかかった報道を当然視している。

●署名報道

　日本の新聞では無署名記事が圧倒的に多いが[106]、署名記事を避けるのはどうしてであろうか。無署名記事は、多くの記者の見解を纏めて書かれるような論説や、社説のような場合なら理解できるが（そのような場合でも必ずしもそうす

べきだとも思われないが)，それ以外の記事でも無署名にしなければならない理由があるのだろうか。日本の新聞の記事では，取材者の見解と，取材源の見解が未分化であるのもその理由だと思われるが，記事の製造責任者の責任逃れという側面もある。記者の名前を出すことで，その記事を書いた人が逮捕されたり，その人に責任が集中したりする恐れがある戦前なら，無署名も理解できるが，いまはそんな時代でもない。

　かつて産経新聞が1978年に署名報道を行ったが，4年間で止めた。理由は「徹底し過ぎた弊害」であるという[107]。毎日新聞も1996年4月より記事によっては署名に踏み切った。朝日新聞には署名記事はほとんどない。地方紙では，十勝毎日新聞（夕刊新聞）が1995年より署名記事に踏み切った。札幌で開催された日本マス・コミュニケーション学会での十勝毎日新聞関係者の話によると，当時副社長がアメリカの新聞社を調査してきたからだという。十勝毎日新聞では，新聞，FM放送，テレビ間の人事交流が盛んであり，地域の人に顔を見せることに抵抗がないからだという。ただし，十勝毎日新聞でも司法記事は無署名だという。十勝のような地方都市では，記者と被害者や犯罪者が隣に住んでいるので，記者の名前を出しづらいのだという。記事から情報源が特定される場合も無署名である。集団で記事を書いた場合も無署名という話である。函館新聞（十勝毎日新聞が出資している新聞）も署名記事に踏み切った。ただし，記者の名前を電話帳から削除したという。署名記事のメリットは，十勝毎日新聞のこの編集者によれば，「顔の見える新聞作り」，「書き捨てされることがない」，「刷り上がりまで記者が最後まで気にするようになる」，「新聞が良くなる」，「誤りの責任が明らかにされる」，「何十年もやっている記者があの程度かと言われるので，記者はよく勉強するようになった」，「地域コミュニケーションが促進された」という。

　無署名記事の問題点として，玉木明は「記事の類型化のメカニズム」，「憑依

106　欧米では署名記事が普通であるが，もともと無署名記事であった。アメリカではNewsweekやTimeが署名入りとなったのはベトナム戦争以降である。現在では署名記事を書けることが一流の記者の証明となっている。但し，署名を全く載せない雑誌Economistなどもアメリカにはある。それは記者の1人の見解ではなくて，全体として統一した見解であることをこの雑誌は前面に押し出している。

107　村田 p.78

のメカニズム」,「断罪報道のメカニズム」の三点を取り上げている[108]。「憑依のメカニズム」では判断主体を「我々」などのように不特定多数にする。この「我々」とは誰かなの,どうしてジャーナリストは「我々」という言葉で読者を代弁していると強弁できるのか。勝手に読者は自分側にあると思いこんで貰うと困るのである。「断罪報道のメカニズム」では「我々」以外は断罪の対象となる。国民を人質に取り,マス・メディアがそれを代弁しているという思い上がりのメカニズムである。

無署名の新聞も無署名を貫いているわけではない。無署名であるはずの新聞でも不思議なことに特派員記事は署名記事にしている。当社は特派員を派遣していますという宣伝を狙っているのか,それとも特派員を特別に扱う時代錯誤的発想法があるかのどちらかだろう。

● 政治とマス・メディアの癒着

政治家と政治ジャーナリストの癒着について伊勢暁史は警鐘を投げかけている[109]。その癒着の甚だしさは『渡邉恒雄政治記者一代記』[110]からも伺うことができる。この『一代記』は読売新聞の社長にまで登りつめた人物の伝記である。新聞がタブロイド化し,写真化する軽い時代に,経営難に陥った伝統ある雑誌『中央公論』を手に入れたのが読売新聞である。中央公論社は買い主の読売新聞の社長礼賛を買い取りの最初の号で行った。日本の政治の裏面を知った渡邉の自慢話から日本政治とマス・メディアの関係を読み取ることができる。政治とマス・コミと読者との関係,新聞の公共性,新聞の「番犬」機能,意見形成機能,議題設定機能を考えると,渡邉の自慢話から窺える事実は非常に問題性を孕んでいる。そのような問題性を,当の渡邉が無自覚であるのが恐ろしい。

渡邉とのインタビューの中にある問題点の1つは「政治家との癒着」である。鳩山一郎の記者番だった新聞記者たちが,鳩山が総理になったとき「万歳」と叫んだことを,渡邉は書いている[111]。政治家の懐に深く入って密着取材してい

---

108 玉木（1997）
109 伊勢（1993）
110 中央公論1998年11月から1999年4月。
111 1999年1月号 p.125

ると，記者が持たなければならない，取材源との距離を失うことに対して無感覚になることを，この記事は示している。渡邉はむしろ距離の喪失を喜んでおり，危険性を意識していないことが分かる。渡邉は「僕自身もずっと昔から反佐藤。大野伴睦が佐藤ほど憎んだ男はいなかったからね。その関係で情が移って，本能的に反佐藤だったわけだよ」[112]と書いている。

次の問題点は「金権政治の肯定」である。記者の見ているところで，政治家達が総裁選をめぐって，大臣席や総裁席を金で買っているのを渡邉ら新聞記者が傍観している[113]。政治腐敗を見ていても，記者はそれを当たり前のように受け取る感覚があるらしい。田中角栄の汚職にメスを入れた立花隆を，周囲の記者たちは，そんなことはとっくに分かっており，何ら目新しいものでないと，立花の業績を冷ややかに見たのも，そのような体質がさせるのである。

3つ目の問題点は「記者の政治への関与」である。1960年安保闘争で，最初の学生犠牲者になった樺美智子の死に関する演説を，椎名悦三郎官房長官の代わりに，渡邉が自ら作文し，それを椎名が政府声明文として読み上げたことを渡邉は書いている[114]。政治家との強い一体感，政治家からの信頼，ニュースを自ら作り上げること，それが「大記者」であることの証であると信じて疑わないジャーナリストの破廉恥さ，それを渡邉も共有していることが分かる。そのような例は『一代記』には数多く見られる。大野伴睦のメッセンジャー・ボーイを勤めていることを書いている[115]。大野伴睦と一緒に韓国に渡り，金鐘泌，朴正熙と会談，日韓条約の経済援助，借款について話を進めている[116]。政治の共同立案者になったり，自らが政治家になったりしていては，もう記者としての一線を越えたと言うべきである。同僚の記者を騙し，政治家を騙す。これでは自らが永田町の政治家となってしまっている。

政治家と一緒になって，ニュースをコントロールし，国民を操作する，それが記者としての実力と同一視するのがごく当たり前のような新聞を読まされている国民が哀れである。渡邉によると読売新聞だけではなく，朝日新聞やその

112　1999年3月号 p.102
113　1999年1月号 p.140
114　1999年2月 p.93
115　1999年2月 p.96
116　1999年2月 p.106

他の日本を代表する新聞もそうだと言うのだから驚きだ。検察庁の調査が入って，権力の座から転がり落ちると，その政治家の土建屋体質，金権体質などを批判して，正義漢ぶりを発揮して，国民の歓心を買い，国民の信頼を得ているのが日本のマス・メディアの現状である。政界を牛耳るドンたちに出入りする新聞記者は，目線も感覚も，政治家のそれと同じになってしまう。このような新聞記者から，社会のチェックを期待することはできない。新聞は，第4の権力であり，社会の番犬であり，公器であることを，新聞記者は忘れてはならない。ジャーナリズムが権力をチックしない国の民主主義は機能するはずがない。検察庁が入っての追いかけ記事は，権力のチェックとは無関係である。市民は，意見を発信する能力を普通持たない。新聞社が，議題設定機能をもち，意見形成に大きな力を持つことを知れば，政治家や権力者との癒着は絶対に避けねばならない。日本の政治が低迷しているのではない。低迷しているのは，ジャーナリズムなのである。

ドイツ

　ドイツ語は西ヨーロッパ大陸最大の言語圏でもある。その国のマス・メディア事情はどうであろうか。ドイツには地方都市だけがあり，巨大都市は存在しないと書けば，ベルリンはどうか，ハンブルクは，ミュンヘンはと反論が来そうであるが，中心となる巨大都市を有して国家としてまとまったフランスやイギリスとは異なって，ドイツは長く何百という領主による連合体という形を取っていたために，州の連合体，すなわち連邦制度になっても，都市は日本などと比べても，独立した都市機能を備えているように思える。そのために基本的に地方紙の国だと言える。唯一の例外はヨーロッパ最大の日刊紙ビルト紙であるが，これは大衆紙なのでひとまず措く。
　地方紙の中で高級紙として全国的に読まれているのはズュート・ドイチェ新聞，フランクフルター・アルゲマイネ新聞，ヴェルト紙，フランクフルター・ルントシャウ紙，そしてターゲス・ツァイトゥングなどである。これらは地方紙ではあるが，ドイツの各地で買えるばかりではなく，ヨーロッパの主要都市

や観光地では買うことができる。雑誌としては，シュピーゲル誌，シュテルン誌，それにこれらの老舗を追い上げる新参のフォークス誌などが意見形成のために重要な雑誌となっている。中でもシュピーゲル誌は重要である。日本の地方の大きな図書館ではシュピーゲル誌を備え付けているところもある。シュピーゲル誌はアメリカのタイムのような週刊誌を作りたいと考えたアオクシュタイン（Rudolf Augstein）が1947年に創設した。そして現在発行部数は100万部を超え，ヨーロッパ最大のオピニオン誌となっている。ドイツの政治を考えるにシュピーゲル誌を読まずに考えられないとまで言われた。週刊新聞として多くの識者から支持されているのはツァイト紙である。これらのオピニオン・リーダー紙は記事が長く，論評も鋭い。日本にとって，同じ敗戦国として，そして経済大国として，そして過去の問題，経済危機，少子高齢化，失業，年金問題，国連安保常任理事国入り，アメリカの同盟国など，日本とドイツは共通点が多いだけに，日本の新聞での論評と比較して世界情勢を分析するに当たって，筆者には欠かせない情報源となっている。これらの高級紙や高級雑誌などは，社会批判的で，意見形成を売りにしていると，少し乱暴であるが，総括しておきたい。

韓　国

韓国のマス・メディアは長い軍国主義の統制下，政府の広報機関のようなマス・メディアしか存在しなかった。1987年の民主化以降，言論の自由を回復した。マス・メディアは表現の自由を謳歌しているが，朝鮮日報，中央日報，東亜日報というビッグ・スリーは韓国メディアの70-80パーセントを支配しており，これらの新聞は権威があり，国民の世論をリードしている。日本の朝日新聞，読売新聞，毎日新聞が日本の言論を支配する構図に似ている。マス・メディアの過度の寡占独占が見られる。日本と対比して「世論の反映や，その形成援助における役割発揮に関して，より強い使命感を示す」[117]一方，「民主化以

117　内川・柳井（1994）p.2

後新しくかち得た言論・報道の自由を社会監視の公的機能を果すため十分駆使していると思われる証拠は，ほとんど何もみられない。」[118]という指摘もある。マス・メディアは地方紙の一道一紙制があったために非常な寡占独占体制であったが，それが廃止され，商業主義が強くなり，新聞社は増加した。取材源である権力機関との癒着や，「記者団」による取材，「発表ジャーナリズム」という点では日本のそれと同じように操作されるメディアとなる危険性が高い。意見の多様性という点では問題がある。長く対抗メディアが現れてこなかったが，国策として進められたブロード・バンドが広範囲に行き渡り，ネット環境が発達した。そのために市民の声を発信するインターネット新聞が発達している。韓国のインターネット新聞については別の章に譲るとする。

マレーシア

　独裁開発国家の例としてマレーシアを取り上げる。マレーシアのマス・メディアは一言で言ってしまえば，国境なき記者団が報告するように，言論の自由が保障されている度合いは比較的少ないと言える。世界の70パーセントの国は権威主義的国家である。権威主義的な国マレーシアでは，マス・メディアは政府の広報機関になっている。マレーシアは様々な形でマス・メディアを規制している。1つは法規制による直接的な規制である。出版法（The Printing Presses and Publications Act），国内治安法（The Internal Security Act），反扇動法（The Sedition Act），公務員機密法（The Official Secrets Act）やその他，多くのマス・メディアを規制する法律がマス・メディアの"逸脱"を監視している。憲法上言論の自由は保証されているが，それにはあくまで国家秩序の安定に寄与する限りにおいてという，限定がついているのである。

　法律と並んで重要なのはマス・メディアが誰に握られているかである。マレーシアのマス・メディアがほとんど政府側の人々，もしくはそれに近い人々によって牛耳られている。メディアの政府側の支配的エリートによる独占は，

118　ibid p. 37

新聞でもテレビでも同様である[119]。マレーシアの通信社ベルナマ（Bernama）も政府系であり，マス・メディアの情報源へのアクセスという点，情報操作という点で問題がある。ベルナマ通信社は外国の情報を集める独占的地位にあり，そのためにどの情報をマス・メディアに流すか流さないかを決定できる立場にある。また情報にフィルターをかけることもできる[120]。ジャーナリストの自己規制，自己検閲の問題も看過できない。野党系の新聞もあることはあるのだが，それらは政党の機関紙にすぎない。そのような新聞は普通の商業紙に比べて，マレーシアでは発行回数や，ジャーナリストに記者証を出さないなど，他に様々なハンディを背負っている。

　いわゆるアジア的価値，ルック・イースト政策，日本株式会社論にヒントを得た，マレーシア株式会社論[121]，あちらこちらに見られる「マレーシアはやれる」（Malaysia Boleh）というスローガン，1997年の通貨危機に際して，IMFの意思に反して行った通貨政策と資本流入のコントロールなどで，マハティール（Mahathir Mohamad）元首相は確かにマレーシア人に一定の政治的安定と，経済の発展，そして生活の安定を実現した。アジアには西洋型でないアジア型の民主主義の形態があると，マハティール元首相は繰り返す。その成功例が日本であり，日本に見習え，後には日本と韓国に見習えという，いわゆるルック・イースト政策を押し進めた。

　ほんとうにそのようなアジア的価値というものが存在するのだろうか。日本と韓国とマレーシアにどの程度共通点があるのだろうか。マレーシアのように多文化，多言語の国と，外国に対して排斥的な日本や韓国との間に，どれだけアジア的価値という言葉で共通に括れるのであろうか。アジアという非相似的な国家群にどれほどの共通点があるのだろうか。

　似たような言説は，かつては日本の軍国主義のもと，天皇を中心とする家族主義理論（国体）が日本の膨張理論として持ち出されたことがある。敗戦時に一度否定されたものの，戦後，日本経済の奇跡的成長下で，リハビリされ，日本的経営としてもてはやされた。10年以上の不況が続く日本では，さすがにそ

119　Asian Media Information and Communication Center (2000) pp. 238-239
120　Faruqui / Ramanathan (1998) p. 5
121　Asian Media Information and Communication Center p. 250

のような日本的経営を手放しで推薦する人は少なくなった。今から思えば，日本の経済の奇跡は，現在の中国のように，後発国の有利さ，民主主義の未成熟，労働組合の未成熟による労働者搾取，社会資本投下の手抜き，管理されたきまじめな気質などにその原因があったと思われる。先進国中一番長い労働時間，サービス残業，先進国中最悪の都市景観，投票率の低さに現れる政治の無関心，ソーシャル・ダンピング，政官癒着，政治腐敗，コンセンサスの強制という負の財産の上に咲いたあだ花ではなかったのか。日本は独裁開発型の政治を明治以降行ってきた。上意下達の非民主主義的な精神構造を産みだしてきた。仮に経済的に一定の成功を勝ち得ても，民主主義の未成熟と市民の勇気の欠如，社会的，政治的構造腐敗，自浄能力の欠如といった負の側面は必然的につきまとう。権威主義的国家は国民を隷属的にするのである。

中　国

　中国は人民の代表である中国共産党の指導に従うことは，人民に奉仕することでもあるという論理のもと，ジャーナリズムは政府のコントール下におかれている。ジャーナリズムが政府のコントール下にあるという点では独裁開発型のマレーシアと似ている。その徹底度はそれ以上である。ジャーナリストが相対的に独立を得るのはきわめて難しく，彼らは無条件で党の指令に従うことを求められてきた[122]。共産党が支配する中国のマス・メディアは，一言で言えば，国民をある論調に方向づけるための政府の広報機関である。国民が行きすぎた行動を取ったり，外交上問題が発生するような危険性があったりすると，全く報道しなかったりする。このことは最近の反日デモでも見られた。政府が必要を感じるなら反日デモがあったことを報道しなかったり，国民に対して暴力行為を止めるように一斉に報道したりする。人民日報は愛国心を無許可のデモではなくて，職場と勉学に注ぎ，国家の建設に向ける形で示せとと主張して以降，デモは沈静化した。このことが政府の言論とマス・メディアの関係を物語って

122　内川・柳井（1994）p.91

いる。

　中国のマス・メディアを見ていると，中国がどれほど世界で大きな地位を占めているか，その結果として，世界の首脳が中国詣でをしているかの記事が目立つ。ナショナリズムと愛国心を鼓舞することで，国民を党に従わせようとしている。旧共産圏の東ドイツでもそうであるが，人民日報のようなオーソライズされた新聞は，中央や地方の組織に入っている人が購読することが多い。一般人はそのような新聞に背を向ける。地方紙も党の支配下にある。それと平行してガス抜きとして社会面や娯楽中心のマス・メディアも発達している。しかし最近インターネット・メディアが発達し，国民は自由な言論を行って政府は統制できないとも言われているが，反日デモでも明らかになったように，反日デモを呼びかけているグループが逮捕されるなど，インターネットの世界といっても完全な匿名でなく，インターネット・カフェやプロバイダーを調べれば，誰が何時どのようなアクセスをしたかを調べることができる。インターネットのフォーラムに議論を政府寄りに誘導する人物を送り込む手法も取られていると言われている。最近は検索ソフトを使ってもある種の情報を見られないように海外の世界的検索ソフト会社が協力したことで波紋を投げかけている。インターネットは信頼という点で問題があるうえに，権威国家では民主主義的な言論の道具となるには限界がある。

● 課題 ● ● ● ● ● ● ● ● ● ●

1　日本の新聞において外国の記事を分析し，その記事を書くに当たってジャーナリストが直接取材したかどうか，その情報は何に頼っているかを調べよ。
2　発表ジャーナリズム度という観点から日米の新聞の記事を比較しなさい。意見と客観的な報道の区別がなされているかどうかも含めて分析しなさい。情報源の明示についても言及すること。

■文献
　Asian Media Information and Communication Center (2000): Media & Human Rights in Asia, AMIC, Singapore.
　天野勝文・松岡由綺雄・村上孝止編 (1996):『現場から見たマス・コミ学』学文社

Cook, Timothy E. (1998): Governing the News, The News Media as a Political Institution, the University of Chicago Press.

Faruqui, Shad Saleem / Ramanathan, Sankaran (1998): Mass Media Laws and Regulations in Malaysia, AMIC/SCS, Singapore.

原寿雄（1987）:『新聞記者の処世術』晩聲社

本間尚（1992）:『"日本叩き"の温床，日本の英字新聞』日新報道

伊勢暁史（1993）:『政治部記者の堕落』日新報道

Kusune, Shigekazu (1990): Ein vergleichende Analyse zum Sprachverhalten von Japanern und Deutschen anhand des "Spiegel" und "Asahi-Journal" im Hinblick auf den Deutschunterricht in Japan, Studiens in Humanities by the College of Liberal Arts Kanazawa University vol.28-1 1990 (pp. 29-48).

前沢猛（1993）:『日本ジャーナリズムの検証』三省堂

益岡隆志（1991）:『モダリティの文法』くろしお出版

松井茂記（1994）:『マス・メディア法入門』日本評論社

村田歓吾（1997）:「署名記事はどこまで可能か」『朝日総研リポート1997』

柴山哲也（1997）:『日本型メディアシステムの崩壊』柏書房

下山進（1995）:『アメリカ・ジャーナリズム』丸善ライブラリー

新聞労連編（1994）:『新聞記者を考える』晩聲社

高成田亨（1991）:『ワシントン特派員の小さな冒険』朝日新聞社

玉木明（1997）:「無署名記事考」『経済広報』1997年9-10月号

内川芳美・柳井道夫編（1994）:『マス・メディアと国際関係　日本・韓国・中国の国際比較』学分社

渡邉恒雄（1998-1999）:『渡邉恒雄政治記者一代記』中央公論1998年11月から1999年4月

第6章

メディア法

マス・メディア法の現状

　マス・メディアと政治，マス・メディアと行政を考えると，どの程度表現の自由をマス・メディアに認めるか，マス・メディアは政府と独立したものと考えるか，政府と一体と考えるか，社会の安定と表現の自由をどのように調整するか，過度のマス・メディアの独占集中を許すかどうかなど，その国の体制，伝統，文化，政治風土などで異なる。

　法律によって事細かに自由を規定しているドイツのような国は，国家による自由を与えていると考えられる。そのような国ではマス・メディアはプレス法や放送法で事細かに規定されている。さらに一歩進んだ形はフランスだろう。国民に自由な選択権を与えるために，反論権制度，放送利用権制度，ジャーナリストの精神的実利を助ける制度[123]も用意され，マス・メディアが社会的責任を果たす制度上の保障を行っている。

　それと異なる考え方を執るのはアメリカである。アメリカでは国家からの自由を優先している。アメリカ合衆国憲法第1補正第1条（信教，言論，出版，集会の自由，請願権）は「連邦議会は，国教を樹立し，または宗教上の行為を自由に行なうことを禁止する法律，言論または出版の自由を制限する法律，ならびに人民が平穏に集会する権利，および苦情の処理を求めて政府に対し請願する権利を侵害する法律を制定してはならない」と国家から独立した自由を

123　榎原（1996）p.16

謳っている。

　民主主義体制では，情報を受領して意見を形成し，選挙を通じて国政に参加する。この体制が機能するためには表現の自由は必要不可欠であり，それこそが民主主義の要諦である。表現の自由というものは，いかなる時も守られなければならず，制限されてはならないのだろうか。

　例えば国家機密，外交機密，選挙，裁判，プライバシーなどを考えてみよう。ある人がこれらの事柄について知っており，それが事実だからといって公表が許されるだろうか。国家の安定，相手国との信義，選挙の公正さ，裁判の公正さ，人権を考えると，公益性，公共性を勘案しながら，公表するかしないかの高度な判断が必要とされる。他社製品を攻撃した自社製品の広告，広告と記事の違いを隠した隠れ広告が，表現の自由という名目で許されるだろうか。有害図書や映画も，それが芸術かそれとも公序良俗を乱すかどうかで議論される。

　また性や宗教や人種に対する表現も，そこに差別的なニュアンスを含むとき，やはりある程度の制限はやむを得ないと考えられる。ムハンメッドの風刺画に対する世界的な抗議が最近起こったが，これらも宗教に対する敬意というものに十分な配慮がなされなかったためである。この配慮を欠くとき，社会の安定と秩序に重大な損害を与える可能性がある。被疑者，犯罪者，犠牲者，有名人に対する名誉毀損，プライバシーの侵害をもたらすような内容をもつ記事の表現の自由まで認めるべきかどうかに関しても，困難な問題を孕んでいる。

　人権とプライバシーの保護を念頭に，公共性，公益性，真実性を勘案して高度な判断をする必要がある。マス・メディアについてこのような問題を調整するの法律がマス・メディア法である。放送法，電波法，新聞法以外に，表現の自由や名誉毀損，マス・メディアの「表現活動を保護したり，規制したりすることにつながる一切の法を総称して」[124]マス・メディア法と呼ばれる。国によってはマス・メディア法ないしメディア法として確立している国もあれば，日本のようにマス・メディアに直接間接に言及している法律が多岐にわたって散在している国もある。

　日本にはかつてマス・メディアを直接規制する法律が多く存在した。日本の

---

[124] ibid. p.7

発行停止第1号の新聞は、薩長の政策に反対した福地源一郎の明治元年5月の「湖南新聞」であった。明治憲法（1889年）29条で言論の自由が謳われていたが、明治出版法（1893年）3条では、新聞社や雑誌社は出版物を2部、3日前に提出することになっていた（出版業の内務省への届け出制）。同19条では内務大臣による発売頒布禁止命令・刻板印本差押命令が可能となった。同26条により、皇室の尊厳冒瀆、政体変壊、国権紊乱の言語活動が規制されている。また同27条により安寧秩序の妨害、風俗壊乱の出版禁止が行われた。新聞紙法（1909年）では11条で、納本制度、12条でマス・メディア企業を興す者に対する保証金制度、27条と40条で陸軍大臣、海軍大臣、外務大臣による掲載禁止制限命令、41条では、「安寧秩序を紊し又は風俗を害する事項」、42条では、「皇室の尊厳を冒瀆し政体を変改し又は朝憲を紊乱せしむる事項」は罰せられ、43条では裁判所の発行禁止命令を規定している。最後の仕上げは国家総動員法（1938年）である。この法律によって、日本の新聞社や出版社は国策遂行機関と化した[125]。

戦後、占領下の日本では、GHQは「言論及新聞ノ自由ニ関スル覚書」（1945年9月10日）、「新聞及言論ノ自由ヘノ追加措置ニ関スル覚書」（1945年9月27日）、「政治的民事的及宗教的自由ニ関スル覚書」（1945年10月4日）などで、日本に対して表向き自由を保証しながら、実際には「日本新聞規制ニ関スル覚書」（いわゆるプレス・コード、1945年9月19日）で連合国に対する批判や、原爆投下に対する批判を禁止し、マス・メディアの事前検閲を行った。またそのような事前検閲をしていることすら、日本国民に知らせてはならないとした。1950年には電波3法、すなわち放送法、電波法、電波管理委員会設置法が整備された。周波数の希少性を根拠に、電波メディアをコントロールした。最後の電波管理委員会設置法は、2年後に廃止された。日本に主権が戻った1952年以降、放送を除いてマス・メディアを「総合的に規制する法律は存在しない」[126]状態である。

125　ibid. p.25
126　松井（1994）p.10

表現の自由

　憲法のうち，メディアとの関係で問題とされる憲法の条項としては次のものが該当する。日本国憲法第21条1項には「集会，結社及び言論，出版その他一切の表現の自由は，これを保障する」と2項には「検閲は，これをしてはならない。通信の秘密は，これを侵してはならない」との言及がある。

　憲法第21条を巡って争われたケースとしては博多駅テレビ・フィルム提出命令事件（最大判1969）がある。これは博多駅での学生のデモ隊と機動隊が衝突して学生側にけが人が出た。それが機動隊側の過剰暴行ではないか，特別公務員暴行陵虐罪に当たるのではないかを争った事件である。その証拠として裁判所は，学生と機動隊が衝突している模様を撮影した収録テープを提出するようテレビ局に命令した。テレビ局側は，テープ提出命令は報道の自由を侵害するとして抗告したが，裁判所はテープ提出そのものは合憲であるとの判断を下した。

「一　報道の自由は，表現の自由を規定した憲法21条の保障のもとにあり，報道のための取材の自由も，同条の精神に照らし，十分尊重に値いするものといわなければならない。
二　報道機関の取材フィルムに対する提出命令が許容されるか否かは，審判の対象とされている犯罪の性質，態様，軽重および取材したものの証拠としての価値，公正な刑事裁判を実現するにあたつての必要性の有無を考慮するとともに，これによつて報道機関の取材の自由が妨げられる程度，これが報道の自由に及ぼす影響の度合その他諸般の事情を比較衡量して決せられるべきであり，これを刑事裁判の証拠として使用することがやむを得ないと認められる場合でも，それによつて受ける報道機関の不利益が必要な限度をこえないように配慮されなければならない」[127]。

　ここで重要なのは「諸般の事情を比較衡量して決せられる」という観点と，

127　最大決昭和44年11月26日刑集23巻11号1490頁

「報道機関の不利益が必要な限度をこえないように配慮」するという点である。

国民の知る権利

　外務省秘密漏洩事件（西山事件）（最一小判1978）では国民の知る権利が争われた。毎日新聞の記者西山太吉は，外務省の女性職員を通じ沖縄返還協定に関する極秘の電信文を手に入れた事件である。この情報は社会党議員である横路孝弘らに渡り，社会党議員らは1972年3月15日の衆院予算委員会で，沖縄返還にあたっての沖縄返還協定の締結に際し，日米に密約が存在し，それを証拠づける外務省公電密約が存在するのではないかと国会で追及した。政府はそのような密約の存在を否定した。同年の4月3日にこの職員は，国家公務員法第100条（職員は職務上知ることができた秘密を漏らしてはならない。1年以下の懲役又は罰金3万円以下）の守秘義務違反で告発され，毎日新聞記者は翌年4月4日に国家公務員法同第111条（国家公務員に秘密を漏らす行為を企て，そそのかし，又はその幇助をした者は1年以下の懲役又は3万円以下の罰金に処せられる）の秘密漏示教唆罪（違法行為のそそのかし容疑）で逮捕された。

　「被告人は，当初から秘密文書を入手するための手段として利用する意図で右〇〇（筆者が名前を伏せた）と肉体関係を持ち，同女が右関係のため被告人の依頼を拒み難い心理状態に陥つたことに乗じて秘密文書を持ち出させたが，同女を利用する必要がなくなるや，同女との右関係を消滅させその後は同女を顧みなくなつたものであつて，取材対象者である〇〇（筆者が名前を伏せた）の個人としての人格の尊厳を著しく蹂躙したものといわざるをえず，このような被告人の取材行為は，その手段・方法において法秩序全体の精神に照らし社会観念上，到底是認することのできない不相当なものであるから，正当な取材活動の範囲を逸脱しているものというべきである」との判決が下った。

　この事件は今日まで後を引いている。というのは2000年5月に「米国立公文書館保管文書の秘密指定解除措置」で公開された公文書の中に，そのような公

文書の存在が明らかになったからである[128]。西山記者は2005年4月25日,「違法な起訴で記者人生を閉ざされた」として,国に3,300万円の損害賠償と謝罪を求めて東京地裁に提訴している。公開された米公文書で,外務省が憲法違反の密約を交わしていたことが立証された[129]。2005年5月27日号の週刊朝日に西山記者の記事が出ている。その中で西山記者は「今でも悔しいのは,あの刑事裁判が,密約の核心には何もふれずに経過したことです。私は国家機密の文書を入手して罪に問われたわけだから,機密がどんな性質なのかが精査されるはずだった。密約に違法性があるのか,国民に知らせるべき機密なのかが総合的に判断されるべきでしょう。でも検察がいかに政権の属領でしかないかがわかりました。密約の本質に関係なく,起訴状で「情を通じ」などと書き,男女関係が唯一の訴追要因になった。そこに目を向けることで外務省と一緒に犯罪を覆い隠したんです」と述べている。

　国家とはかくも非情なものかを示す事件である。外交秘密を漏らしていいのかどうかも,その内容が,公共性・公益性に鑑みて比較衡量して決せられるべきである。このケースは罰せられるべきかどうか高度な判断が必要とされる。密約があったのであるから,それを国民の知る権利と勘案して,争わなければならないのに,個人のモラルに貶めての判断には釈然としないものが残る。税金で支払う以上はその内訳を正直に認めて,その上で沖縄返還の代償として,承認を求めるべきなのに,嘘をついて支払うことに本当に公益性があったのかどうかを検証してこそ,今後の基地返還に関しても生かされる教訓が導き出される。

名誉毀損

　名誉毀損事件として有名な事件に,北海道知事選立候補予定者に対して名誉

128　我部政明琉球大教授が入手した米国務省文書(スナイダー米公使と吉野文六外務省アメリカ局長の1971年6月12日付会談記録など)で,400万ドルの極秘負担が米側にも記録されていた事実が明らかになった。(2002年6月28日付け毎日新聞)。
129　産経新聞4月26日朝刊

毀損の恐れがあるとして，北海道の雑誌「北方ジャーナル」の印刷・頒布を禁止した仮処分が違法であるかどうかを争った北方ジャーナル事件（最大決1986）がある。北方ジャーナルは，事前差し止めは憲法が禁止する検閲に当たるとして控訴したが，最高裁判所は上告を棄却し，北方ジャーナルは敗訴した。

判決は「政権が主体となつて，思想内容等の表現物を対象とし，その全部又は一部の発表の禁止を目的として，対象とされる一定の表現物につき網羅的一般的に，発表前にその内容を審査したうえ，不適当と認めるものの発表を禁止することを，その特質として備えるものを指すと解すべきことは，前掲大法廷判決の判示するところである。ところで，一定の記事を掲載した雑誌その他の出版物の印刷，製本，販売，頒布等の仮処分による事前差止めは，裁判の形式によるとはいえ，口頭弁論ないし債務者の審尋を必要的とせず，立証についても疎明で足りるとされているなど簡略な手続きによるものであり，また，いわゆる満足的仮処分として争いのある権利関係を暫定的に規律するものであつて，非訟的な要素を有することを否定することはできないが，仮処分による事前差止めは，表現物の内容の網羅的一般的な審査に基づく事前規制が行政機関によりそれ自体を目的として行われる場合とは異なり，個別的な私人間の紛争について，司法裁判所により，当事者の申請に基づき差止請求権等の私法上の被保全権利の存否，保全の必要性の有無を審理判断して発せられるものであつて，右判示にいう「検閲」にはあたらないものというべきである」としている。
「憲法21条1項の規定は，その核心においてかかる趣旨を含むものと解される。もとより，右の規定も，あらゆる表現の自由を無制限に保障しているものではなく，他人の名誉を害する表現は表現の自由の濫用であつて，これを規制することを妨げないが，右の趣旨にかんがみ，刑事上及び民事上の名誉毀損に当たる行為についても，当該行為が公共の利害に関する事実にかかり，その目的が専ら公益を図るものである場合には，当該事実が真実であることの証明があれば，右行為には違法性がなく，また，真実であることの証明がなくても，行為者がそれを真実であると誤信したことについて相当の理由があるときは，右行為には故意又は過失がないと解すべく，これにより人格権としての個人の名誉の保護と表現の自由の保障との調和が図られている」。この裁判では人格権を認めて「人の品性，徳行，名声，信用等の人格的価値について社会から受ける

客観的評価である名誉を違法に侵害された者は，損害賠償（民法710条）又は名誉回復のための処分（同法723条）を求めることができるほか，人格権としての名誉権に基づき，加害者に対し，現に行われている侵害行為を排除し，又は将来生ずべき侵害を予防するため，侵害行為の差止めを求めることができるものと解するのが相当である。けだし，名誉は生命，身体とともに極めて重大な保護法益であり，人格権としての名誉権は，物権の場合と同様に排他性を有する権利というべきである」としつつも，「言論，出版等の表現行為により名誉侵害を来す場合には，人格権としての個人の名誉の保護（憲法13条）と表現の自由の保障（同21条）とが衝突し，その調整を要することとなるので，いかなる場合に侵害行為としてその規制が許されるかについて憲法上慎重な考慮が必要である」と表現の自由にも配慮している。

●人権保護

　ここで出された判決文の中で，「他人の名誉を害する表現は表現の自由の濫用であつて，これを規制することを妨げないが，右の趣旨にかんがみ，刑事上及び民事上の名誉毀損に当たる行為についても，当該行為が公共の利害に関する事実にかかり，その目的が専ら公益を図るものである場合には，当該事実が真実であることの証明があれば，右行為には違法性がなく，また，真実であることの証明がなくても，行為者がそれを真実であると誤信したことについて相当の理由があるときは，右行為には故意又は過失がない」が示しているように，名誉毀損でも，それが公益性・公共性があり，かつ当該事実が真実であることの証明があれば，その行為には違法性がなく，また，真実であることの証明がなくても，行為者がそれを真実であると誤信したことについて相当の理由があるときは，名誉毀損を侵害できるという，現在マス・メディアで流布している考え方の基礎をなした判決である。ただし，公益性・公共性をどのように考えるかで判断に幅があることも否定できない。罪を犯した少年の名前や顔写真をあえて掲載するケースが生じているように，マス・メディアはできるだけ，公益性・公共性を広く取りたいと考える。人権を守る姿勢の強い西ヨーロッパのジャーナリズムと比較するとき，日本のジャーナリズムは，人権の保護という点でかなり甘いと思われる。

別の事前差し止め請求事件を取り上げてみよう。週刊文春は，元外相，田中真紀子衆議院議員の長女（名前は伏せた）の私生活を暴露する記事を出版しようとした。長女は「掲載予定の記事はプライバシー侵害」として，2004年3月17日に発売される週刊文春の出版禁止の仮処分を申し立てた。東京地裁は発売前日の16日，発行元の文芸春秋に販売差し止めを命じる決定を出した。ところが東京高裁は31日，文春側の主張を認めて仮処分命令を取り消す決定をした。表現の自由を鑑みると，北方ジャーナル事件でも言及されているが，出版物の事前差し止めにはかなり慎重な姿勢が窺える。公共性，公益性があれば，プライバシーの侵害にあたらないという定着した考えが適用された。アメリカ流の「自由制約の最小限の準則（less restrictive alternative）」[130]という考え方が示されたと言える。印刷前の出版停止というのは出版社に相当な損害をもたらすことになる。

● 『宴のあと』判決

名誉毀損・プライバシー侵害に関して有名な判決としては1964年9月28日，東京地裁が下した『宴のあと』判決がある。三島由紀夫の小説『宴のあと』は，元外務大臣で東京知事選に立候補し，落選した有田八郎と，彼を支えた妻であり，「般若苑」の経営者である○○（筆者が伏せた）との恋愛と離婚という実話をモデルにしたものである。モデルにされた有田八郎は，三島由紀夫と出版社の新潮社に対して，損害賠償と全国紙各社に謝罪広告の掲載，今後の絶版と発売の中止および三島が「これを映画演劇化」しないことも合わせて訴えた。有田八郎が公人であり，政治家としての情報を提供するということに関して，プライバシー権は狭く取るべきであるが，「都知事選挙から1年前後も経過し，原告がすでに公職の候補者でなくなり，公職の候補者となる意思もなくなつているときに，公職の候補者の適格性を云々する目的ではなく，もつぱら文芸的な創作意慾によつて他人のプライバシーを公開しようとするのであれば，それが違法にわたらないとして容認される範囲はおのずから先の例よりも狭くならざるを得ない」として東京地裁はプライバシー権の侵害と損害賠償を認めた。

---

130 松井 p.42

被告は控訴するが，原告がその間に死亡したため，遺族との間で和解が成立した。

●ロス疑惑

　名誉毀損事件として有名な事件はロス疑惑事件である。1981年にアメリカで実業家の妻が何者かに銃撃され，翌年死亡した事件では，マス・メディアは当初，この夫を悲劇の主人公と報じていたが，1984年1月に週刊文春は，「疑惑の銃弾」という7回にわたる連載記事で，この夫は生命保険金を騙し取ろうとしたのではないかと，この夫に疑いをかけ，いわゆるロス疑惑が始まった。この夫はマス・メディアの好餌となる。警察が動く前にマス・メディアがはやし立てるという異常な状態が続いた。マス・メディアが権力の番犬になるのではなくて，警察に先行して容疑者を追いかけたのである。マス・メディアに遅れる形で，警察も動き，1988年に夫は殺人罪で起訴された。検察の言い分は「被告人○○（筆者が伏せた）と同××（筆者が伏せた）は，共謀の上，生命保険金を取得する目的で，被告人（伏せた）の妻（筆者が伏せた）の殺害を企て，昭和56年11月18日，ロス・アンジェルス市北フリーモント通り200ブロックの路上で，同女の頭部に22口径のライフル銃で撃った銃弾を命中させて，殺害した」というものである。1994年，1審の東京地裁は無罪判決を言い渡し，1998年7月1日，2審の東京高裁も無罪の判決を下し，検察側の控訴を棄却し，検察は上告を断念したかに見えたが，被告は無罪が確定した。2005年5月16日に東京地裁はもう1人の被告であった○○（筆者が伏せた）が国と東京都を相手に「捜査当局による逮捕と起訴，控訴は違法だった」として約1億4,500万円の賠償を求めた訴訟で，国に248万円の賠償を支払う判決がでている。

　この事件の異常さは東京高裁の判決文の中にある異例のコメントが全てを物語っている。「本件は，ロス疑惑銃撃事件として，激しい報道合戦が繰り広げられたいきさつのある事件である。マス・コミの調査報道が先行して事件を掘り起こし，これが引き金になって警察の捜査に発展した経過があったことと，事件の謎めいた内容や，犯人と疑われた○○（筆者が伏せた）の言動の特異さ等が加わって，格別世間の注目をひいた。週刊誌や芸能誌，テレビのワイドショーなどを中心として激しい報道が繰り返されたが，こうした場面では，報

道する側において，報道の根拠としている証拠が，反対尋問の批判に耐えて高い証明力を保持し続けることができるだけの確かさを持っているかどうかの検討が十分でないまま，総じて嫌疑をかける側に回る傾向を避け難い」。被告の元社長は獄中からマス・メディアに対して名誉毀損とプライバシー侵害の民事訴訟を繰り返し起こし，約6割の115件において勝訴した（日本新聞協会に事務所を置くマスコミ倫理懇談会全国協議会の調べによる）。この事件は最終的にはえん罪となったが，マス・メディアがセンセーショナルに興味本位で証拠もないのに書き立てた事件である。このようなマス・メディアの先走りやプライバシーの侵害，名誉毀損はそれ以降も跡を絶たない。

●松本サリン事件

　警察の誤った判断から名誉を毀損した事件に松本サリン事件がある。松本サリン事件とは地下鉄サリン事件に先立つオウムと名乗る宗教団体が引き起こしたサリン攻撃である。1994年6月27日，松本市の住宅街で，サリン・ガスにより，7人が死亡し多数が病院に運ばれる事件が発生した。翌日，警察は河野義之宅を家宅捜査，農薬を見つけ，誤ってこれらを調合してサリン・ガスを作ったのではないかと推定した。後には農薬を混ぜ合わせてもサリン・ガスはできないと分かるのであるが，サリンというものに関して正しい知識が警察になかったようである。警察が河野を参考人として取り調べをしたので，メディアは一斉に河野に注目した。参考人とはいえ，容疑者のそれに対するのと同じような扱いを受けた。河野はマス・メディアが怖いと筆者に語ったことがあるが，マス・メディアは時としては執拗に被疑者に食い下がる。限りなく被疑者扱いをした記事が出回ったので，河野宅に脅迫電話や嫌がらせの手紙の投函が続いた。自らの妻がその犠牲者になっており，少し考えれば分かるとも思えるのだが，河野はそれから3カ月，ほとんどメディア・リンチの状態に置かれた。河野が犯行を否定し続けるなか，その後のマス・メディアの論調は，河野の言い分もある程度紹介するように変化した。1995年3月20日に生じた地下鉄サリン事件と5月16日のオーム真理教教祖麻原容疑者逮捕によって，河野への疑いが晴れ，大手メディアや警察のトップが河野に謝罪する羽目になったことは記憶に新しい。それでもそこに至るまでに，河野に対する容疑は立証できる見通し

が立たないのに，マス・メディアは河野を被疑者扱いしたことに対しての非を認めようとはしなかった。

マス・メディアは他人を攻撃するのには素早いが，自らの誤りや非を認めることにも同様に素早く対応すべきである。警察の見込み捜査と，警察の情報頼みと，それの追っかけ記事という，マス・メディアと警察の癒着構造が生み出した人権侵害の事件だと言える。マス・メディアの容疑者を犯人視扱いする報道姿勢が問題にされた。河野はあくまで参考人として呼ばれただけである。

●法による保護

法律を整理しておくと，表現の自由の保障は憲法21条から導き出される。個人の名誉と保護は憲法13条に謳われている。名誉毀損に関しては，刑法の（名誉毀損）第230条「公然と事実を摘示し，人の名誉を毀損した者は，その事実の有無にかかわらず，3年以下の懲役若しくは禁錮又は50万円以下の罰金に処する。」や（侮辱）第231条「事実を摘示しなくても，公然と人を侮辱した者は，拘留又は科料に処する」や第233条「虚偽の風説を流布し，又は偽計を用いて，人の信用を毀損し，又はその業務を妨害した者は，3年以下の懲役又は50万円以下の罰金に処する」から導き出される。名誉の救済や反論権，謝罪広告，賠償などは，民法第723条（名誉毀損における現状回復）「他人の名誉を毀損した者に対しては，裁判所は，被害者の請求により，損害賠償に代えて，又は損割賠償とともに，名誉を回復するのに適当な処分を命ずることができる」や民法第709条「故意又は過失によって他人の権利又は法律上保護される利益を侵害した者は，これによって生じた損害を賠償する責を負う」や民法第710条「他人の身体，自由若しくは名誉を害した場合又は他人の財産権を害した場合のいずれであるかを問わず，前条の規定により損害賠償の責任を負う者は，財産以外の損害に対しても，その賠償をしなければならない」から導き出される。プライバシー権は憲法第13条「すべて国民は，個人として尊重される。生命，自由及び幸福追求に対する国民の権利については，公共の福祉に反しない限り，立法その他の国政の上で，最大の尊重を必要とする」から導き出される。

表現の自由と国家や社会の安定との観点から，表現の自由にもある程度の制限が加わることから，この対立するものをいかに調整すれば良いのかという側

面から，メディア法を紹介してきた。ジャーナリストはそもそも何らかの記事を書く場合，情報収集が欠かせない。記者発表だけを待つのではなくて，積極的に情報にアクセスする権利も認められなければならない。政府や団体，企業が情報を秘匿すれば，情報は市民に共有されず，民主主義は停滞する。民主主義は情報公開とともにあるにもかかわらず，日本は先進国の中で長く情報公開法を持たない国であった。ちなみにアメリカでは1966年に情報公開法（Freedom of Information Act）が制定されている。

　アメリカに遅れること33年，ようやく1999年に情報公開法（「行政機関の保有する情報の公開に関する法律」）が成立した。日本の情報公開法には様々な問題点があるとされる。元朝日新聞社総合研究本部主任研究員の中島昭夫は，公開法を使って，様々な官の犯罪，逸脱を探ってきた。その中で次のような問題点を指摘している[131]。1つは多くの例外規定があることである。中島は「対象外，適用外の文書ともに法の対象に戻すか，開示請求権を設けよ」，「5条3，4号の特別規定を外し，公益性との比較衡量を明文で加えよ」と主張する。少なくとも，諮問の期限としては「すみやかに」の文言を条文に加える必要があるとしている。資料があると逆に危険だから廃棄されてしまうかもしれず，資料の残し方に一定のルールがないことから，「文書の作成・保存・廃棄の基準と義務，罰則を定めた文書管理法を制定せよ」要求している。膨大な資料の請求には膨大な費用がかかるので，「請求手数料は廃止し，コピー代は半額に，公益目的なら減額・免除する規定を設けよ」と書く。公開してよいものなら，アメリカのように，ホーム・ページで誰でも見られるようにするのも1つの考え方である。

　以上述べてきたように，メディア法のあり方が，逆にマス・メディアの取材のあり方に影響を与えている。社会システムは，法制度によって規定されており，法律が変わればマス・メディアのあり方も変わる。ただしメディア法は両刃の剣でもある。規制を強めれば，民主主義にとって不可欠なマス・メディアの活動が押さえられるし，また野放しにすれば，名誉毀損，プライバシーの侵害という事件が後を絶たない。個人情報保護法の問題も，同様の矛盾を含んで

---

[131] 2004年9月『新聞研究』

いる。マス・メディアの取材の行き過ぎを自ら是正しないと，規制は強くかけられる危険性を伴う。第8章で述べるように，マス・メディアは自己規制的組織，例えば報道評議会のようなものを作って，自らバランスを取るような姿が望ましい。

● 課題 ●●●●●●●

最近の事例を取り上げて，人権と報道の自由について論述せよ。

■文献
榎原猛編（1996）:『世界のマス・メディア法』嵯峨野書院，京都
松井茂記（1994）:『マス・メディア法入門』日本評論社
『新聞研究』2004年9月

第7章
マス・メディアと公共性

公 共 性

　公共という言葉の意味が日本では異った使われ方がされている。公共とは，お上と同一視する見方が日本では強い。日本での公共というものの公とは，ハーバーマスがいうような，身分を越えた言論の場という意味ではなくて，日本では公と官が同じものとして考えられている。それに反してヨーロッパでは官と民を超えたところに公共性を考えている。自己の利害と切り離した公共空間，公共圏は日本において十分に発達してこなかった。そのために建前と本音の区別がなされる。ルールや規制を真摯に守ろうとせず，そのようなルールや規制も往々にして，罰則規定を伴わない要望にすぎない。論じられてもガス抜きとして使われ，実際には別の場で決定されることは身近に体験するところである。建前としての正義論は心に訴えるところが少ない。薬害エイズ，狂牛病，アスベスト，耐震強度偽装などの問題は，公共性，公益性という立場でものを考えることが少ないか，またそれに対して責任を意識できない官僚と企業が横行していることを示している。

　阿部謹也によれば[132]日本にも公共性があるとしている。それは日本では世間と呼ばれていた。しかしどう見ても日本で言うところの世間と，ここで問題としている公共性が同じだとは思えない。身分や階級や利害を超えた公共性というものは，確かに儒教においても想起されるが，公共圏での議論に市民が参加して決定することを排除された状態での世間は，結局のところ為政者の支配の

132　阿部謹也（1997）

道具でしかない。世間というえたいの知れない概念で，目に見えない鎖として被支配者を従わせ，自己規制を強いてきたのが実態ではないだろうか。他律的世間論で個人の確立が果たせるとは思えない。世間の理論を取り入れては，社会や世間を批判の対象とする可能性が最初から否定されてしまう。しかも世間というものが時代につれて変化するということは，それぞれの時代に生きる人々が時代精神を受けて，互いに相互監視するシステムでしかなく，それが明文化されないものであるなら，その存在が検証不可能となり，恣意的な強制として使われることになる。国賊とか，村八分という脅しの理論にすら転換する可能性があるし，実際そうであった。市民的公共圏の確立のためには，自立し，責任を持って行動する市民が存在する必要がある。日本社会は自立・連帯の市民的公共性をまだ経験していないと，原寿雄は言う[133]。実に同感である。

　公共性というものを考える場合，ハーバーマスが提唱する公共性というものを避けて通ることはできない。ハーバーマスは『公共性の構造転換』[134]の中で，組織に従属した公衆が，組織を通じて，公共的コミュニケーションの批判的過程を押し進めることが西欧型社会の中で可能か[135]というテーマに取り組む。その実現の鍵をハーバーマスは市民的ヒューマニズムに見る。公共性という意識は近代の産物で，それ以前では公とは国王の行うことであり，市民の言論は，公的領域とは無関係の私的な領域であった。17世紀と18世紀の変わり目に，裕福な市民層がサロンや喫茶店で議論を行い，文芸的公共性が成立した。新聞の登場もそれに符合する。新聞は議会や政党の意見を載せ，市民に情報を提供することで，市民による公共性成立を加速させた。新聞によって政治的に議論する公衆や選挙民の数は増大した。国王も議会も公衆の支持を必要とした。喫茶店が議論の場の公共空間を提供した。このような市民的公共性は現在では困難になってきている。権力者によるマス・メディアのコントロールと，マス・メディアの寡占独占が進む中で，市民が公共圏から締め出されるという事態が発生しているからだと言う。そこで公共性を取り戻すことができるかという問題提起を行った。ハーバーマスは17世紀と18世紀の変わり目を理想化しすぎてい

133　原（1992）p.179
134　ハーバーマス（1994）
135　ibid. p.xxiv

るように思われる。確かに裕福で特権的なブルジョア階級はそうであったとしても，一般大衆は教育，情報，表現力ということを考えると公共空間から締め出されていたに違いない。

メディア・メッセージ

　封建主義から近代社会に移り変わる過程で確かに一方では市民が自由というものを拡大していったように見える。共産主義と資本主義の対立は，資本主義が勝利し，少なくとも先進国においては表現の自由を市民は謳歌しているように見える。民主主義的法治国家では，選挙制度を通じて，公共空間は確立し，市民は公共圏に参加していると言える。しかし他方において言論は政治団体，企業，マス・メディア，政府，そしてテクノクラートに集中し，市民は公共圏から排除されてしまっている。高度に資本主義が発達するなかで，市民の言論を取り戻すために公共性という概念が戦後アーレント（Hannah Arendt）[136]とハーバーマスという2人の学者によって持ち出された。

　世論とか世間という言葉で代表される「国民の声」も，実際に市民が発言した声だろうか。権力者が自己を正当化するために，そしてつねに国民に奉仕しているのだというポーズをとるために，申しわけ程度に，それもしばしば選挙時に付け加えていることが多い。権力者は公共圏での言説を創造し流布できるが，市民はそのような見解の一方的な消費者に貶められる。長く公共圏から締め出されると，自発的に行動するインセンシティブが働かないのも無理はない。消費主義と快楽主義が蔓延し，意見を持たず，行動しない市民層の増大によって，公共圏は形骸化し，政治もワイド・ショー化し，劇場化する。一党独裁の共産主義も，多党制の自由主義も，市民から見ればともに自分たちを素通りした形骸化した体制と映る。社会福祉というセフティ・ネットが機能する国家においては，国家行政と社会管理制度が発達し，市民は投票しなくても，行動しなくても，ある程度は満足のいく生活が約束されており，テクノクラートに行政を任せきりにしてもそれほど支障がないと考える人も多い。それが先進国に

136　Arendt（1998）

見られる棄権の多いことの理由であろう。政治への関心が薄らぎ、それを補完する形でのパタナリズムが横行する。

　ハーバーマスの「公共性の構造転換」の趣旨を、佐藤慶幸は、社会が自由主義的法治国家の時代から福祉国家的大衆民主主義の時代に移行することによって、「公衆として結集した私人たちの生活圏」としての「市民的公共性」が、国家や企業によって制御された公共性へと構造転換してしまったという点に見ている[137]。この場合、市民的公共性は、市民社会が国家に対抗して自立するという構図において考えられている、と解説している[138]。原寿雄はこのような国家的公共性から、市民的公共性への転換の必要性を指摘しているのも同じ考え方である[139]。

　市民が公共圏から締め出される状況になったことの責任の一端はマス・メディアにもある。ハーバーマスは『公共性の構造転換』において、「公共性は私的経歴の曝露圏になる。こうして、いわゆる平凡人の偶然の運命や、計画的に作り上げられたスターたちの生活が公にされ、あるいは、公的に重要な発表や決定が私的衣装につつまれ、人物本位の興味によって見分けのつかぬほど歪められていく。そうなると、人物に対する感傷的態度と制度に対するシニシズムが、そこから社会心理学的に必然的に生ずるが、これらの態度は当然のことながら、公権力に対する批判的論議の能力を主観的に制限することになる」[140]と、読者の関心にすり寄る形でのセンセーショナリズムや商業主義に警告を鳴らしている。「ジャーナリズムの本領は社会への異議申し立て」[141]だということが往々にして忘れ去られる。

　阿部潔も公共圏が、資本主義の発展と、民間資本による巨大マス・メディアの登場により、成り立たなくなっていることを、「このように、一方で商業メディアが、政治的事柄を批判的に取り上げることなく娯楽志向を強めていくなかで、他方で公的事柄に関する情報提供は、広報活動としての性格を強めていく。そこでは、批判的討論のための題材や必要とされる情報を提供するのでは

137　佐藤ほか（2003）
138　原 p.179
139　ibid. p.178
140　ハーバーマス（1994）pp.227-228
141　原 p.187

なく，既決事項を人々に伝達しそれに対する合意を調達することを目的とする「工学」が中心的なテーマとなる」[142]と指摘した。

　個人の立場や関心や利害を超えた公共圏でのコミュニケーションを通じて，つまり理想主義的な民主主義を通じて市民社会を実現しようとするハーバーマスに対して，社会から独立した個人の言論などは存在しないと，バーミンガム大学現代文化研究センターのカルチュラル・スタディーズの人々は批判している。カルチュラル・スタディーズの考え方は阿部潔の次の言葉に要約される。「『センター』の立場によれば，社会的事象を伝達する報道番組で制作・流布されるメディア・メッセージは，事実を『あるがまま』に伝えるものではない。構造主義的に捉えた場合，言語は事実を伝えるための『透明な』伝達の道具ではなく『意味付与』の作用を伴った諸実践である。そのような認識に立てば，言語実践としてのメディア・メッセージの制作と伝達は，常に何らかの立場や価値観を自らの内に含んだものであり，決して事実を『あるがまま』に伝える中立公正なものではないとされる。しかし，ここで注意すべきことは，このようなメッセージにおける党派性や価値観の問題が，決して伝達者個人やメディア組織の意図や嗜好といった主観的要因（送り手の偏向）に還元できない点である。構造主義的立場からは，メディアによる情報伝達過程に見られる意味付与実践は，伝達者や組織がそこに含まれる社会・文化的コン・テクストにおいて考察されねばならないことが強調される。メディアを通じての意味付与実践やその結果としてメディア・メッセージに含まれる価値観は，主観的にではなく構造的に分析されねばならないのである」[143]。

　ハーバーマスは市民による誠実なコミュニケーションによって公共圏を確立できるとしているが，実際には，圧力団体，利益団体，企業などが圧倒的力を持っており，マス・メディアがもたらす情報にはフレームがかかり，市民の言論では対抗できるものではない。カルチュラル・スタディーズが言うように，私たちの認識構造にはフレームがあるとすれば，誠実なコミュニケーションの限界も見えてくる。市民が自分たちの言論を取り戻すためには市民側の行動が必要である。その鍵は，考えを同じくする人たちのネットワーキング，共同作

142　阿部潔（1998）p.74
143　ibid. pp.98-99

業，相互浸透である。同時にジャーナリストの言論の独占を打破することが必要である。そのことについては第13章と第14章で考察することになる。

　筆者は国民という国家の枠組みに取り込まれる枠組みを脱出したいために，国民という言葉を本書では意図的に避けている。なぜなら今日都市にあっては多くの外国人，少数民族，国家とアイデンティティを持てない集団を想定できるからである。そのために，ある地域に住むコミュニティの住民という意味で，市民という言葉を使っている。市民という概念は，国際化の時代には国家にこだわる国民よりも，より相応しいと思われる。市民という言葉は，現在のアメリカやかつてのローマ帝国がそうであるように，様々な言語と文化を持った人が都市に流入して，市民として生活をしている状況を，より正確に捉えている。市民は流動性を持つがゆえに，国際的な広がりと連携を想起させる。公共圏といっても，自国のことのみを論じるプラット・フォームになってはならない。国家の枠組みを超えた「超国家的公共圏」[144]を想定する時期である。

● 課題 ● ● ● ● ● ● ● ●

　日本や外国の政治に関する記事を取り上げて，上で述べた公共圏の議論に基づいて，それが公共圏での議論のプラット・フォームと成りえているかどうかについて論述せよ。

■ 文献

阿部謹也（1997）:『「教養」とは何か』講談社現代新書
阿部潔（1998）『公共圏とコミュニケーション』ミネルヴァ書房，京都
Arendt, Hannah (1998): The Human Condition, University of Chicago Press.
Curran, James (1991): Mass Media and Democracy: Reappraisal, In: James. Curran and Gurevitch, Michael (eds.), Mass Media and Society, Edward Arnold.
ハーバーマス，ユルゲン (Habamas, Jürgen) (1994):『第二版　公共性の構造転換』(Strukturwandel der Öffentlichkeit - Untersuchungen zu einer Kategorie der bürgerlichen Gesellschaft) 未来社
原寿雄（1992）:『新しいジャーナリストたちへ』晩聲社
佐藤慶幸ほか（2003）:『市民社会と批判的公共性』文眞堂

144　Curran (1991) pp.82-117

第8章

報道評議会

プレスの自由と人権保護

　高度に発達した産業社会では国内起源のものや外国起源のもので，情報量は毎年増大の一途である。情報社会と言われているが，実体は情報の過剰社会である。情報過剰社会に住む人間は，多岐にわたるおびただしい情報を受け止め，個々に処理する能力はない。マス・メディアが私たちに代わってそのようなおびただしい情報から重要なものを取捨選択して届けてくれているから，かろうじて世界はこんなものだと，ある種のイメージを構築することができ，その中に安住できるのである。逆に言うとマス・メディアが黙殺した情報はもう存在しない。マス・メディアが届ける情報はかくして世界観，価値観，審美観，態度を形成するのである[145]。マス・メディアがそのような圧倒的で重要な役割を担っているとき，マス・メディアに対する規制はあってはならないし，また規制が仮に必要だとしても，それはきわめて抑制的なものであるべきだという点では何人も異論はなかろう。

　俗称メディア規制法と言われている青少年有害社会環境対策基本法案（これは2002年4月27日の読売によれば国会に上程されないことになった）や個人情報保護法案や人権救済機関設立案が出される中（個人情報保護法は何度も廃案になりながらようやく2003年5月23日に成立），マス・メディアは一斉にこれらの法案が表現の自由，市民の知る権利を脅かすと反対キャンペーンを行った。日本新

---

[145] Andrén（1993）

聞協会の理事会は「憲法で保障された『表現の自由』に政府が介入する道を開くもの。断固反対する」[146]と書く。また毎日新聞は2002年4月30日の22面で「メディア規制法案」という記事の中で「抗議の渦広がる」と，自らの立場を鮮明にした。同時に毎日新聞は個人情報保護法案に関して，2002年4月23日の朝刊，「個人情報保護法案に言いたい」で政府検討部会委員の加藤真代の見解を載せている。3月21日の「記者の目」において，メディア規制3法案は「ただちに廃案にすべきだ」との編集部の意見を載せている。加藤は問題を認めながらもそのような法案の必要性を述べている。ある程度反対意見も紹介している。朝日新聞は4月26日の朝刊で，前日に衆議院本会議で審議入りしたのに伴い，「自由どこまで疑問残し」とか「『抜け道』あいまい許す」というような記事を書いている。読売新聞は2002年4月28日の朝刊で，「個人情報と人権」新聞監査委顧問・審査委員第3回合同会議でこの問題を取り上げている。この中で読売新聞の立場を鮮明に示した。また5月12日には「『報道の自由』と両立を」と題して，個人情報保護法案と人権擁護法案に修正試案を出している。5月13日に小泉首相は自民党役員会でその読売の修正案にエールを送っている[147]。

　日本のマス・メディアは中立で，公正で，できるだけ意見を差し挟むことを抑制する態度を自ら課してきた。事実をして語らしめる。これは報道が統制された戦前の反省から出てきているのである。日本のマス・メディアが本当に中立でかつ公正であったかどうか，また言論の自由がこれほどまでに享受して戦後61年経ったときに，そのような自己抑制的報道自体が民主主義発展のためにはたして良いかどうか議論になるところである。政府が出してきた「メディア規制法」に関しては一斉に反対するところを見ると，必ずしも中立，公正でもないらしい。「メディア規制法」がメディアの活動に制限を加えるのではないか，あるいは研究機関や政府の機関に対してと同様に，メディアに対してもどの程度規制の対象から除外されるべきかという議論なら理解できる。プレスの自由とは公権力からの自由であり，それが奪われた歴史を持つ日本では，ジャーナリストや新聞社や発行者がそれに反対するというのも，それ自体理解できる。世界を見ると言論の自由，プレスの自由を享受している国はほんの一

146　朝日新聞2002年4月25日「法案に断固反対　新聞協会が声明」
147　出典 http://www.asahi.com/politics/update/0514/001.html（2002年5月16日現在）

握りの国々でしかない。いわゆる民主主義を標榜する先進国といわれている国がその中心をなしており，その数は全体から見ると少数派である。その数少ない国の1つが日本なのである。そのような国ではプレスの自由を脅かすのは本当に国家であろうか。昔の軍国主義の亡霊を蘇らせた議論に違和感すら覚えるのはこのためである。むしろマス・メディアそのものがプレスの自由を脅かしているのではないかという認識すら成立するのである[148]。プレスの自由というのはマス・メディアの「最も気高い課題」[149]であるとしても，それは同時にマス・メディアにはその与えられた自由に伴う責任もある。マス・メディアは一個人の情報発信量と比較すれば分かることだが，全国紙やブロック紙は言うに及ばず，地方紙に至るまでその権力は絶大である。個人から見ればマス・メディアは1つの権力と映る。もしそのようなマス・メディアがある種のイメージを流布したり，報道することで個人の人格や人権やプライバシーを傷つけたりしたらどうであろうか。テレビのワイド・ショー化，新聞のテレビ化という現象を見ていると，視聴率が取れる，読者が喜んで読むからという，センセーショナリズムと商業主義が大手を振ってまかり通っている。自由を高らかに謳うのには熱心な半面，その責任，つまり人権などに本当に十分な配慮をしてきただろうかと疑問が沸くのである。それゆえ人権救済の必要性，個人情報の保護を求める声が出てきている。日本のマス・メディアは報道による人権被害，プライバシーの侵害，名誉毀損などについてどれだけ真摯に対応してきただろうか。プレスの品位や人権保護に関する厳しい自己点検が必要ではないのか。人権侵害や，目に余るプライバシーの侵害を繰り返していると，プレスに対する規制の声が高まるのも自然の流れである。プレスの品位を保ち人権保護に配慮するというのは，この意味ではプレスの自由を担保するものと言わざるを得ない。プレスは自ら墓穴を掘るつもりなのか。

　プレスの自由と人権保護というのは，相反する命題であるがゆえに様々な立場の考え方が提出される。ドイツにおいて2001年5月に施行された連邦個人保護法導入に関しても似たような論争はあった。ところが日本の議論とドイツの議論には差異がある。ドイツではそのような個人保護法そのものに反対するの

148　Jahrbuch2001（2002）p.24
149　Lutz Tillmann（ドイツ報道評議会の議長）の言葉。Jahrbuch 2001 p.41

ではなくて、マス・メディアの活動に抵触する部分は、ドイツ報道評議会という第三者機関に任せて、そのような導入そのものには反対しなかったのである。ところが日本では最初から青少年環境対策基本法案や個人情報保護法案や人権救済機関設立案を「メディア規制法」とレッテルを貼り、マス・メディアが一斉に言論の自由、報道の自由が脅かされるとのキャンペーンを張った。ドイツでの「個人情報は実効的に保護されなければならないが、同時にプレスの自由が過剰に制限されてはならない」[150]というバランスのとれた考え方が、なぜ日本では受け入れられないのか。日本では後者のみ力説されるのである。そのスタンスはドイツとかなり違う。

　マス・メディアにおいて報道評議会の必要性は永年言われ続け、また人権を守らなければならいなということも自ら認め続けながら、今に至るまで実現できないでいる[151]。1997年頃から人権保護を訴える具体的な議論、また1998年には国連の規約人権委員会は日本に対して人権侵害を救済する独立した機関がないということを指摘している。そのような背景から人権保護や個人情報保護に関する法案作成の動きが出てきた。またもや外圧を受けて日本政府がそのような法案を本気に作ろうとする動きを察して、その法案をかわすべく、自主的に苦情処理する自称"第三者"による評価機関を各紙は設置し始めたのである。早いところは2000年末から2001年初頭にかけて「外部委員」による「第三者機関」を設けた。例えば毎日新聞社の「開かれた新聞」委員会や朝日新聞社の「報道と人権委員会」は早く設置したグループに所属する。個々の新聞社を越えた報道評議会の設置を拒んだ形でのこのような苦情処理機関が本当に機能しているのだろうか[152]。そのような「第三者機関」をメディア側も不十分だと自ら自戒しながらも、これで十分とばかりに人権救済機関の設立に反対し、今日に至っている。そして青少年有害社会環境対策基本法案や個人情報保護法案や人権救済機関設立案を、「メディア規制法」だとしてキャンペーンを張った。

150　鈴木（2002）p.47
151　日弁連や新聞労連はそのような立場を取っている。
152　山田幸彦日弁連副会長は「目に余る報道被害がある中、メディアを調査の対象外にすることに大方の了解が得られなかった。現在ある各社ごとのオンブズマン制度などでは依然、不十分と考える」と述べた。取材源や取材メモの提出命令は行わないが「ビデオなどの提出命令はありうる」と述べた。2001年1月19日の毎日新聞社Interactiveの記事、「人権救済制度」を参照。

罰則規定を持たない，改善の勧告しかできない青少年有害社会環境対策基本法案が本当にメディアを規制するのか，また社内が設けた「第三者機関」がいかなるものなのか，諸外国のそれと比べて読者に提示されることはない。

　自主規制によってプレスの責任と透明性を引き受けることで，プレスの質を向上させ，政府からのメディア規制を回避する目的で作られたドイツ報道評議会と日本的「社内」苦情処理委員会の違いを考察することで，日本とドイツのマス・メディアのあり方を比較した。マス・メディアは第6章で述べたように，表現の自由，言論の自由と公共性という相反する利益のせめぎ合いの中でしか存在できない。民主主義を維持するためには言論を弾圧するような規制もあってはならないのであるが，だからと言ってマス・メディアには無制限な自由を謳歌する特権はない。この矛盾命題を日本ではどのように処理してきたかを，ヨーロッパの特にドイツの報道評議会と比較することで，この国の「メディア規制法」を巡る言論に一石を投じたいと思うのである。

ドイツ報道評議会の歴史

　ドイツ報道評議会が設置された切っ掛けは，ドイツの内務省がドイツのプレスを管理する監督庁を作ろうと動いたからである。内務省はドイツのプレスの「清潔性」に努め，「不純分子」を取り除こうとしたので，プレスがそれに対抗する形でドイツ報道評議会を1956年に設立した。そのメンバーは，マス・メディアの代表から構成されている。イギリスでは，1953年に政府が関与しない形で報道総評議会（General Council of the Press）が設立されていた。そのイギリスのモデルを真似て，ドイツ・プレス界は，ドイツ政府がドイツのプレスは自助能力がないとしたのを反駁するために，ドイツ報道評議会を設立したのだという[153]。外圧がなければドイツのプレスも自主的には動くことはなかったことを示している。

　報道評議会でプレスに関する苦情を処理するためには，そのつど苦情処理を

153　Jahrbuch 1996（1997）p.300

するのでは、いくら良心的に対応しても、苦情処理委員会のメンバーの主観が入り込み、揺れが生じるのは避けられない。それでは信頼できる判断が下されるはずがない。法律なくして納得のいく判決が下せるかということを考えれば分かることだ。判断にはその法典となるべき綱領やガイド・ラインが要る。そこでドイツ報道評議会はマス・メディアの団体と協力して報道評議会の報道綱領を策定したのである。報道評議会は、1973年12月にドイツ連邦大統領ハイネマン（Gustav W. Heinemann）博士に報道綱領を提出した。この報道綱領は、追加的なガイド・ラインで補足された。このガイド・ラインはその時々の発展や状況に基づいて絶え間なく補正されている。1996年に40周年記念式典が開催され、その際にドイツ連邦大統領ズスムート（Rita Süßmut）は「ドイツの民主主義の基礎を固めるよう、政治とメディアが一層努力するように要請した」[154]。

ドイツ報道評議会のスポークス・マンのシュヴァイツァー（Robert Schweizer）教授はどのような報道をすべきかという問いに対して「意見と情報の自由のバランスを一方に、他方名誉保護と人格権である」[155]と答えている。ドイツ報道評議会の目的[156]は「プレスの自由擁護」、「ドイツ・プレスの品位保持」、「プレスの悪い面を除去」、「情報源への自由なアクセス擁護」、「出版原理であり編集作業の指針（報道綱領）提示と改変」、「報道綱領に基づいた記事や記者行動に関する苦情処理」、「読者、ジャーナリスト、発行者の相談相手」であったが、2001年5月に個人情報保護法が成立してから、「編集情報保護の自己規制」が新しく加わった。編集に必要な個人情報に関して、マス・メディアは編集に伴う個人情報の収集と管理、保護に関して個人情報取扱い指針を付け加えた。ドイツ報道評議会は2つ目の苦情処理委員会を2002年3月5日に設立した。これまで対象としてこなかった広告新聞をも苦情受付の対象としたからである。個人情報保護法を受け入れるにあたってはドイツでも大議論があった。ドイツ報道評議会も「プレスの自由に制限を加えるかも知れない」[157]と危惧の念を述べた。表現の自由は人権の保護との競合で成り立つ。ドイツの個人情報

154　Jahrbuch 1996 p.21
155　Jahrbuch 1996 p.22
156　2001年7月のドイツ報道評議会のパンフから。
157　南ドイツ新聞（Süddeutsche Zeitung）1999年11月19日 p.7

保護法はプレスの自由を必ずしも制限するものではない。そのような見解はSPDのドイツ連邦衆議院議員ヨルク・タウス（Jörg Tauss）からも聞ける[158]。

●ドイツ報道評議会による苦情処理

　ドイツ報道評議会に寄せられ苦情処理する対象は確実に増大している。1985年から1989年の５年間では第１黒白書（Schwarz-Weißbuch）によれば260の苦情を処理している[159]。1990年から1994年の５年間では第２黒白書によれば549の苦情を処理している。苦情処理委員会が取り扱った件数は，1994年が342件で，そのうち104件を議論の対象にした。1995年には395件中110件である。1996年には460件中129件を論議した。その内訳は66件が根拠ありで，54件が根拠なし，９件がまだ解決を見ない。根拠ありのうち，叱責が11件，否認が20件，指摘が26件，無措置が９件である。根拠ありとされたケースで理由の多い順は次のとおりである。「配慮不足」，「人権侵害」，「広告と報道の混合」，「差別」。

　マス・メディアに使われる言語使用の問題もドイツ報道評議会に持ち込まれる。例えば次のような単語，「清掃」，「浄化」，「追放」，「ホームレス」，「町のある地区の目立つアルコール消費」，「太っちょのアジア人コック」，「不潔な韓国人」，「倒錯趣味の細目のアジア人」が問題になった[160]。ドイツ報道評議会の存在は単に苦情処理に留まらない。ドイツ報道評議会から叱責を受けないように，新聞を作る側から相談を受けることがある。記事を作るに際に，もしも自信がないとき，編集部からドイツ報道評議会に問い合わせがくることがある。記事が報道綱領に抵触する危険性がないかどうか，また抵触しないようにするためにはどうすればいいか，このような問い合わせを通してマス・メディアの質が高まるのである。その中には実名報道をすべきかどうか，写真を掲載すべきかどうかの問い合わせもある[161]。

　ドイツ報道評議会の苦情処理委員会は２つある。１つは５人のジャーナリストと５人の発行者が参加する従来型のものと，もう１つは2002年３月５日が最

158　http://www.tauss.de/berlin/datenschutz.html（2002年５月２日現在）を参照。鈴木秀美「ドイツ個人情報保護法とプレスの自由」も参照。
159　Jahrbuch 1996 p. 23
160　Jahrbuch 1996 p. 45
161　Jahrbuch 1996 p. 49

第8章　報道評議会

初に開かれた苦情処理委員会で6会員の6人が参加するもので，後者は広告新聞も対象になる。したがって「連邦広告新聞」も参加する。

　2001年の実際の苦情処理は，広報係ワシンク（Ella Wassink）の説明によると次のようになっている。684件の苦情申し立ての内，4人で行われるの報道評議会の予備決定で52件が却下される。理由は単なる新聞記事や世相の批判などドイツ報道評議会の管轄外だからである。103件は自ら取り下げ，時効，無記名ないし匿名などで審議の対象から外される。一般的なマス・メディアのあり方に対する批判とか，コメントは40件もあった。27件は広告新聞に対する非難で，その当時はまだ苦情処理委員会の対象とはならなかった。残りは502件である。ここで先ず審査するかどうかを，今度はドイツ報道評議会から1人と，苦情処理委員会の委員長との2人で決める。この結果117件が拒絶される。この審理方法は次のようである。苦情処理委員会に出すかどうかの決定は，まずはドイツ報道評議会からの1人と，苦情処理委員会委員長の1人との話し合いで決める。双方が却下との決定を下しても，苦情申立人がその決定に不服なら，自動的に苦情処理委員会の処理対象となる。また報道評議会からの1人と，苦情処理委員会委員長との意見が不一致の場合も，自動的に苦情処理対象となる。逆に言えば，2人のうち1人でも賛成なら苦情処理委員会に出されることになる。この判断は電話で行われる。

　苦情が届けられると予備審査に付され，根拠があるかどうかの判断が下される。明らかに根拠がなければ，訴えた人にその旨が文書で届けられる。もし根拠がないと言えない場合は，当のメディアに訴えがきたことを伝え，言い分を聞く。それから苦情処理委員会で審理され，訴えに根拠がある場合は措置が言い渡され，当事者にその旨が報告される。また訴えに根拠なしと判断される場合も双方にその旨が報告される。

　ここで1つ押さえておかなければならないのは，後に述べる個人情報保護に関する苦情とは違って，人権侵害が記事によって生じた場合，プライバシーを侵害された本人や家族は言うに及ばず，ある記事が報道綱領に違反すると思う人は誰でも訴えを起こすことができるという点である。

　苦情処理委員会に出される苦情のルールは以下のとおりである。
　①　1年以内の事柄であること。

② 雑誌ないし新聞（プリント・メディア）記事のコピーを提出していること。但し取材の方法が問題の場合は，記事のコピーは要らない。
③ 住所と署名があること。インターネットでは受け付けない。
④ 報道綱領の何番に違反するかも指摘すること。

　苦情処理委員会では年に5回会合があるので，1回で平均50件，時には80件も扱う。会談は昼から夜にまで及ぶ。時には朝10時から夜11時まで続いたことがあるという。苦情処理委員会での審議では，多数決の原理が採用される。事案の中で苦情処理委員会のメンバーが所属する当該のメディアが含まれる場合，その人は苦情処理委員会から除外される。多くの事例を扱うので混同を避けるために，赤色の書類入れに入っているファイルはまだ未決定の事例，茶色は既決の事例というふうに区別している。そして訴えに根拠がある場合の措置には次の4つがある。
① 「公開叱責」。これは出版の義務を負う。95パーセントの発行者は自己のメディアで出版する義務に調印しており，また実際にそうしている。
② 「非公開叱責」。これはレベルにおいては公開叱責と同じ程度なのであるが，「犠牲者の保護」のためにそうしている。
③ 「不賛意」。
④ 「指摘」。

　②から④までの措置の場合は，新聞ないし雑誌社の名前は公表されない。「公開叱責」の効果は絶大である。他のマス・メディアが，あるマス・メディアが公開叱責を受けたことを報道するからである。これらの措置に各マス・メディアは従う。従うことを誓約させられているからである。苦情処理の特徴としては，報道綱領の第2条と第8条に抵触するケースがほとんどである。報道綱領の第2条とは「入念さの義務」に言及している条文であり，そのケースが圧倒的に多い。第8条は「人格権」と関連している条項である。

　苦情処理委員会が事例を処理する時間は，訴えてから結論が出るまでに，いちばん早いケースで6週間以内であるという。その理由は1年に5度しか苦情処理委員会が開催されないことから，申し立てられると相手の新聞・雑誌社に問い合わせを必要とするから，苦情処理委員会が開催される直前の申立は，次の開催の時まで取り扱われなくなるので，訴えたタイミングも結論が下され

第8章　報道評議会

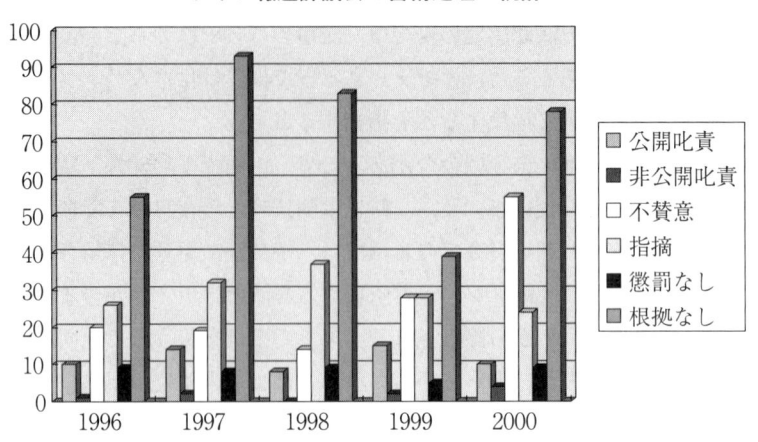

ドイツ報道評議会の苦情処理の統計[162]

凡例：公開叱責／非公開叱責／不賛意／指摘／懲罰なし／根拠なし

(1996, 1997, 1998, 1999, 2000)

　る時間に影響を与える。ワシンクの指摘で面白かったのは，苦情処理委員のメンバーであるボン発行のゲネラール・アンツァイガー紙（General Anzeiger）が叱責の対象になることは少ないということである。これは苦情処理委員会にメンバーを送り出しているジャーナリズムは自ら姿勢を正そうという意識が強いからだと，この広報係は推察している。また叱責などの処分を受けるのは地方紙や雑誌が多いが，予想に反して意外に大衆紙は少ないとのことである。ある意味ではどこまで許されるのかという範囲を何度も間違いを起こす過程で学習した結果ではないかという。

　ドイツ報道評議会がこのような措置を行う目的は報道の倫理を高めることであって，当事者の名誉回復とか，損害賠償などは法的に処理される。「法的な救済」はドイツ報道評議会の管轄ではない。それは裁判所の管轄である。あくまでマス・メディアの品位を高め，マス・メディアの自由を担保し，ジャーナリストとしての義務を遂行することに重点が置かれている。

　反論権については，スウェーデンや韓国の報道評議会に比べて，ドイツ報道評議会は後退しているように見える。ドイツ報道評議会は，反論権を各メディアに強制していない。裁判所を通じて「反論記載」請求の可能性はあるが，それはドイツ報道評議会の与り知らないところである。

---

[162]　Jahrburch 2001 P.429にある統計を加工したものである。

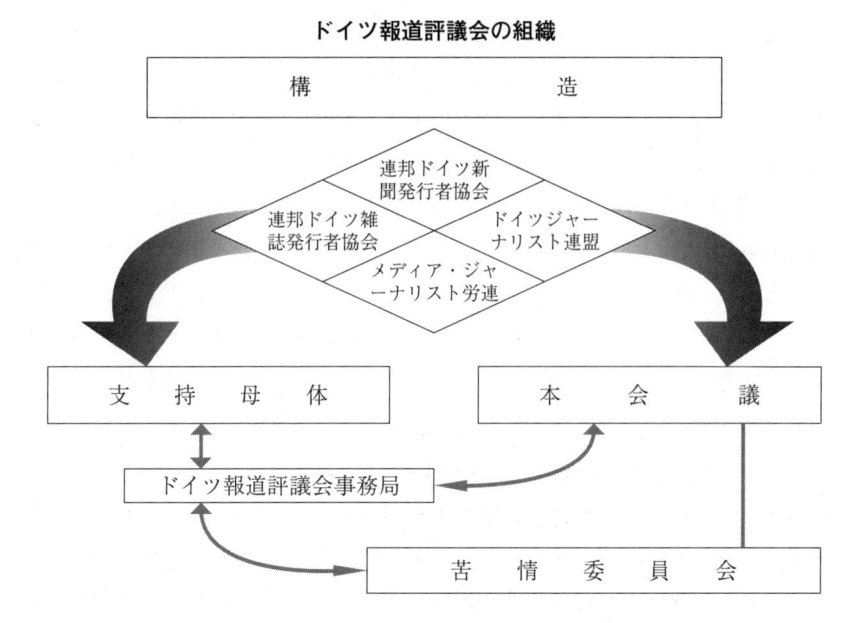

ドイツ報道評議会の組織

```
          ┌─────────────────────┐
          │   構         造     │
          └─────────────────────┘
                   ◇
           連邦ドイツ新聞発行者協会
      連邦ドイツ雑誌発行者協会 ドイツジャーナリスト連盟
           メディア・ジャーナリスト労連

┌──────────────┐      ┌──────────────┐
│  支 持 母 体  │      │  本 会 議    │
└──────────────┘      └──────────────┘
       ↕                      ↑
┌──────────────────────┐      │
│ ドイツ報道評議会事務局 │←─────┤
└──────────────────────┘      │
           ↑          ┌──────────────┐
           └──────────│  苦 情 委 員 会 │
                      └──────────────┘
```

　ドイツ報道評議会の組織図は次のようになっている[163]。

　ドイツ新聞発行者連邦連盟（BDZV），ドイツ雑誌出版連盟（VDZ），ドイツ・ジャーナリスト連盟（DJV），メディア・ジャーナリズム専門グループ産業労働組合（IG Medien）が支持母体となってドイツのプレスの自由と品格を守る努力をしている。支持母体の方は年に4度の会議を行う。4つの支持母体がそれぞれ5人を送り出し，合計20人で構成される。支持母体会議では，連邦情報保護法とプレスの自由がぶつかるケースが問題となる。この支持母体がドイツ報道評議会を支え，事務局をボンに置いているドイツ報道評議会事務局は読者の窓口として苦情を受け付け，苦情委員会に提出する。苦情委員会での処理の結果は本会議で報告される。本会議は特別のことがない限り苦情委員会の事柄は扱わないで，そこでは一般的なテーマを扱う。また本会議には各4団体が5名送るので計20名で構成される。この内10名が苦情処理委員会の委員になる。年に5度開かれる苦情委員会や本会議の決定は単純多数決である。ドイツ報道評議会の事務所の専従メンバーは6人である。その内訳は，法律家が1人，

163　この図はドイツ報道評議会の組織図である。2001年7月現在の状況についてのドイツ報道評議会のパンフレットを加工したものである。

第1苦情処理係1人，第2苦情処理係1人，広報係1人，秘書が2人である。他に非常勤職員として会計1人と見習い1人の計2人である。ただドイツ報道評議会の組織を見るとほとんど全員がプレス関係者であり，市民とか法律家とか有識者などをメンバーに入れていないことが分かる。これは日本の放送メディアの評議会である「放送と人権等権利に関する委員会機構」(Broadcast and Human Rights / Other Related Rights Organization，略称＝BRO)と比べても問題があると言わざるを得ない。このことはドイツ報道評議会でも議論になっているところであるが，まだ外部委員を受け入れることを良しとする空気がないというのがワシンクの見解である。日本のようにジャーナリストと新聞や雑誌の発行者が同じボートに乗っているのではなくて，対立の構造になっているところが，このような欠陥をある程度補うのに役立っていると推察できる。

2001年5月のドイツ連邦情報保護法を受けて，編集局において集められた個人情報に関してプレスが私生活，プライバシー，情報の自己決定権を侵していないかの自己管理を行うことの見返りに，マス・メディアに対しては監視を自主的管理に任せるというものだ。マス・メディアは記事作りのために個人情報を集め加工し記事にする。もし読者が自分の情報に関して正しく扱われないと感じるとき仲裁機関としてドイツ報道評議会に苦情を申し立てることができる仕組みになっている。個人情報の扱われ方をドイツ報道評議会が審査するわけである。それが次の図である[164]。

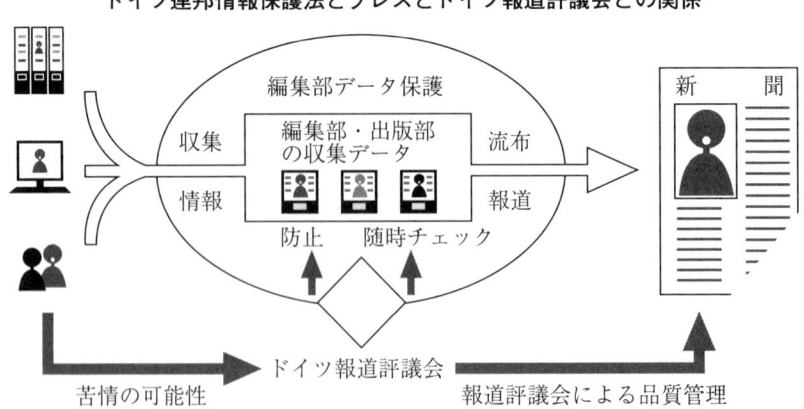

ドイツ連邦情報保護法とプレスとドイツ報道評議会との関係

●ドイツ報道評議会の財政

　広報係のワシンクによれば，ドイツ報道評議会の予算は年間およそ400,000ユーロ（約5千万円）だと言う。400,000ユーロの内の72,000ユーロをドイツ連邦政府が補助している。政府が支払う理由は，このような仲裁機関があれば，結果として裁判に持ち出される事例が少なくなり，国家として裁判費用が少なくて済むからだという。もしも直接裁判所で審議するとなれば，裁判官や事務官を余分に雇用することになるというのが表向きの理由である。政府から財政補助が出ているとはいえ政治的には全く中立であり，政府や政党からの圧力はないとの話である。また総費用の25パーセントはジャーナリスト側も捻出している。

●ドイツ報道評議会「報道綱領」

　報道綱領はドイツ報道評議会が各新聞団体と協力して決議したものである。ドイツ報道評議会報道綱領並びにガイド・ラインは1973年12月12日にプレス団体によって作成され，ドイツ連邦大統領ハイネマン博士によって署名された。1990年2月14日にも改訂され，さらに1996年2月14日報道綱領の改訂版が出され，2001年6月20日にも報道綱領の改訂が行われた。以下の翻訳はその最新版で筆者が2002年3月8日にドイツ報道評議会を訪れた際に，原稿の形で貰ったものに依拠している。イタリック体の文字はドイツ情報保護法に関連する箇所で，イタリック体の文字で下線付の箇所はドイツ情報保護法に鑑みて新しく付け加わった箇所である。2001年6月20日の版をドイツ報道評議会の許可のもとに翻訳したものである。

　ドイツ報道評議会の報道綱領で重要なのは，これが単に任意団体の解釈に任せるようなものではなくて，もし訴訟となれば裁判所でこの綱領が考慮される，つまり「拘束性」を有していると言う点である[165]。日本新聞各社の苦情処理のような甘いものではないことに注意を払わなければならない。

164　2001年7月発行．ドイツ報道評議会編集個人情報保護自主管理のパンフレットを加工したもの。
165　Jahrbuch 2001（2002）p.57

●ドイツ報道評議会報道綱領とガイド・ラインの全訳[166]

前文
　ドイツ連邦共和国基本法が保障するプレスの自由は，情報，意見の表明，評論の独立性と自由を含むものである。自らの職務を遂行するに際して，発行者，編集者，ジャーナリストは，公共に対する責任とプレスの威信を守る義務があることを自覚しなければならない。彼らは，最高の知識，良心にしたがって，ジャーナリズムの義務を果たさなければならず，個人の利益やジャーナリズムと無関係の動機に影響を受けてはならない。
　　ジャーナリズムの諸原理は，プレスの職業倫理を具体化したものである。この倫理は憲法および憲法の精神に合致した法律の枠組みの中で，プレスの品位を保ち，プレスの自由のために戦う義務を含んでいる。
　　<u>プレスが個人情報をジャーナリズムと編集の目的のために集め，加工し，利用する限り，編集情報保護の規則はプレスにも適用される。このような情報を編集目的で検索し，発表し，記録し，貯蔵するに至るまで，プレスは私生活とプライバシーと人間の情報の自己決定権を尊重する。</u>
　　この職業倫理は，すべての人にプレスについて苦情を言う権利を認めている。職業倫理が守られていないとき，苦情は根拠のあるものと見なされる。

報道綱領第1条
　真実を尊重し，人権を守り，公共に真実の情報を伝えることは，プレスの何よりも重要な原則である。
　ガイド・ライン1.1　独占契約
　　その意味，重要性，影響の大きさからいって，意見ないし意思形成にとって重要なプロセスないし出来事について公衆に知らせる事は，情報提供者との独占契約，あるいはその排他的抱え込みによって，制限を加えたり，阻止したりしてはならない。情報の独占を目指すものは，他のプレスがこのような重要性のある情報を入手するのを排除し，そのことで情報の自由を阻害しているのである。
　ガイド・ライン1.2　選挙運動
　　プレスが選挙運動についてのニュースで，自らとは異なる見解を載せることは，ジャーナリズムの公平さに適い，市民の情報の自由に役立ち，民主主義政党の

---

[166] 報道綱領は太字，そして個人情報保護法導入によって追加された言葉は下線を引いてある。現在では区別がなされていない。個人情報保護法導入後どのように変化を受けたのかを示すために，古いものをあえて使った。

機会の平等を守ることになる。

ガイド・ライン1.3　記者発表

　官庁，政党，団体，協会もしくはその他の利益代表者から出される記者発表は，編集部の加工なしに公表される場合，そのような記者発表であると記載されねばならない。

報道綱領第2条

　文章や写真で特定のニュースや情報を掲載する場合には，その時の状況に即して細心の注意を払い，真実であることを確認しなければならない。編集や見出しや写真のキャプションによって，その意味をねじ曲げ，虚偽になってはならない。ドキュメントは正確に再現されなければならない。確認の取れていないニュースや噂や憶測はその旨が分かるようにしなければならない。
　イメージ写真はそれだと明白にそうだと認識できなければならない。

ガイド・ライン2.1　アンケート結果

　ドイツ報道評議会はプレスに対して，世論調査機関のアンケート結果を公表する際にアンケートを受けた人の数，アンケートの時期，アンケートの依頼者並びにアンケートの質問を告知することを推薦する。
　もしもアンケート依頼者が存在しないのであれば，このアンケートのデータは世論調査機関独自のイニシァティブに依拠していることに言及されねばならない。

ガイド・ライン2.2　イメージ・写真

　あるイラスト，特に写真がちょっと見た目には，それがイメージ写真にもかかわらず記録写真のように見える場合には，それに対応する説明が適切である。
　例えば
　　— 代替もしくは間に合わせのイラスト（ケースは違うが同じモチーフ，もしくはケースは同じだが別のモチーフなど）
　　— イメージ写真（テキストに対応する再現シーン，人工的に視覚化された出来事など）
　　— 合成写真ないしその他の改変

は画像の説明ないし関連するテキストの中で，そのようなものであることが目に見える形で認識されるようにしなければならない。

ガイド・ライン2.3　先行記事

　プレスは自らが行う，コンパクトな形で予告された公表の内容を示す先行記事に関して，編集上の責任を負っている。その典拠を示してプレスの予告記事を広めるものは，その内容が正しいことを原則的に前提にしてもいい。縮めたり

付加したりしたからといって，発表の本質が違った傾向を持ち，誤った結論を可能とし，その結果善意の第三者の利益が損なわれてはならない。

ガイド・ライン2.4　インタビュー

インタビューはインタビューを受ける人もしくはその依頼人によってオーソライズされるときは，とにかくジャーナリズム的に正確でなければならない。インタビューする側もされる側も陳述が一字一句正確に，あるいは意味に忠実な記事になることに配慮が払われる場合，特別な時間の切迫により，陳述をオーソライズされない形式で公表することも許される。ジャーナリストはその旨を常に明示しなければならない。

インタビュー全体，もしくはその大部分が一字一句忠実に再現される場合，典拠が示されなければならない。述べられた考えの重要な部分を自分の言葉で置き換えた場合は，その典拠を示すことはジャーナリズムの品位に適うことである。

インタビューを縮めた形で発表する場合は，インタビューを受けたものの正当な利益が損なわれるような，改変や影響がなされないように配慮すべきである。

ガイド・ライン2.5　報道規制期間

特定の報道の公表がその期間が経過するまでは延期されることになっている報道規制期間が許されるのは，それが目的に適い入念な報道に役立つときだけである。情報提供者とメディアとの自由な取り決めに基づくのが原則である。報道規制期間が守られなければならないのは，そうすることに具体的かつ正当な理由がある場合に限る。例えばまだ演説がされていない講演のテキストとか，ある会社の予め手渡された事業報告書とか，まだ発生していない出来事の情報（集会，決議，表彰など）。広告目的というのは報道規制期間の具体的な理由付けにならない。

ガイド・ライン2.6　読者の投書

(1)　読者にはそれが内容と形式において適切な場合，投書を印刷することによって意見を陳述し，それによって意見形成に参加する可能性が認められなければならない。読者の投書を印刷するにあたっては編集原則を遵守することはジャーナリズムの慎重義務に適っている。

(2)　形式と内容から，送り手のそのような意志が推測できるなら，発行者もしくは編集部への手紙は読書投書として公表することができる。新聞の公表や一般的に関心のあるテーマについての投書が意見を表明しているとき，その同意があると見なすことができる。投書の送り主は投書の印刷を要求する法的請求権は持たない。

(3) 投書者の名前を載せることは通例の規則に適っている。但し例外的に，もしも投書者が望むなら他の記載も可能である。<u>プレスは印刷にあたって投書者の住所の公表を断念した方がいい。投書者の特定に関して疑いがあるときは，印刷を差し控えるべきである。</u>投書の形を取った記事の公表はプレスの使命とは相容れない。

(4) 有名な著者の投書はその人の了解なしに内容を書き換えたり，短縮したりすることは原則的に許されない。短縮は投書欄の投書に関しては，意味を損なわない短縮の権利を編集部は留保していると絶えず投書欄に記載されている場合は許される。投書者が書き換えや短縮を明瞭に断っている場合，たとえ編集部がその権利を留保していても，相手の言うとおりにするか，それとも印刷を諦めるべきである。

(5) 編集部に届けられた投書は全て編集の秘密のもとに置かれ，第三者に決して手渡されてはならない。

報道綱領第3条

新聞に掲載されたニュースや主張は，特に個人に関するような種類のものは，後から誤りだと分かった場合，それを掲載した発行元は，適切な方法で，直ちに訂正しなければならない。

ガイド・ライン3.1　訂正

読者にたいして以前の報道が全くもしくは一部誤りであったことが明確に示されなければならない。したがって正確な情況を記載するにあたって，どの記事のものであったかの関連を指示することになる。正しい情況は，かりにその誤りが別の方法で公衆に漏れ知られていたとしても記載されることになる。

ガイド・ライン3.2　記録

<u>個人データをプレスによるジャーナリズム上もしくは編集上の調査，加工，利用が，訂正，反駁，反論ないしドイツ報道評議会の叱責を受ける場合，この公表は当該のプレスの蓄積されたデータに書き加えられ，このデータが保持される期間，記録されなければならない。</u>

ガイド・ライン3.3　情報提示

もしも誰かがプレスの報道によって人格権が侵害された場合には，当該の発行者は申し出があればその人に報道の基礎になったこの人に関する情報を提示しなければならない。しかし次のようなときは情報の提示を拒否することができる。

― その情報から，調査，加工，記事の公表に関する職業的にジャーナリズムに現在携わる，もしくは過去に携わっていた人を断定できるとき，

—　編集部における記事や書類や報告の送り主，情報の保証人，情報提供者が断定できるとき，
—　調査もしくは他の方法で得られた情報を提示することで，情報の在庫を調べる発行者のジャーナリストの使命が侵されるとき，
—　プライバシー権と表現の自由の法令と調和させることが必要と分かるとき。

報道綱領第 4 条

<u>個人情報，ニュース，情報，写真を得るに際し，不正な手段を使ってはならない。</u>

ガイド・ライン4.1　取材原則

取材はジャーナリストの確認義務（Sorgfaltspflicht）のためには欠かすことのできない道具である。ジャーナリストは自分が誰かを明らかにしなければならない。自分のアイデンティティや，どの機関を代表しているかについて，取材するジャーナリストが真実を述べないことは，プレスの品位と機能に悖る行為である。

もしそうすることで，特に公共の利益になる情報が得られる場合は，それも他の手段では得ることができないような場合には，個々のケースにおいて隠密の取材も許される。

事故や大災害の場合プレスは犠牲者と危険に曝されている人の救出が，公共の情報権よりも上位に来る。

ガイド・ライン4.2　保護を必要とする人の取材

保護を必要とする人を取材する場合は特に抑制が相応しい。そのことは特に精神的ないし肉体的な力を完全に所有していないか，もしくは精神的に過酷な状況に曝されている人，子供や青少年がこれに当てはまる。そのような人の意志力に制限があることやそのような人々の特殊な状況を，情報獲得のために意図的に使ってはならない。

ガイド・ライン4.3　個人情報の破棄

<u>報道綱領に反して得られた個人情報は当該の出版機関から破棄されねばならない。</u>

報道綱領第 5 条

<u>秘密にするとの取り決めは原則として守らなければならない。</u>

ガイド・ライン5.1　秘密

情報提供者がその情報の使用に関して，自己が情報源であることを暴露されたり，もしくは危険に曝されたりしないことを条件にする場合，この条件を尊重しなければならない。その情報が犯罪と関係していたり，届け出の義務があっ

たりする場合，そのような秘密を守らなくても良い。財産や利害の重さを慎重に考えて，重大でかつ国家政策的な理由の方が重要な場合も，秘密を守る必要はない。特に憲法と抵触したり，それが損なわれたりするときはそうである。
秘密にされている出来事や計画も，熟慮の末に公共の情報権の方が秘密にするために述べられ理由付けよりも高くランクされることが明確な場合は報道することが許される。

報道綱領第6条
プレスで働く人は皆，メディアの品位や信頼性を守り，職業上の秘密を守り，証言拒否権を行使し，相手の同意なしに情報提供者を暴露してはならない。

ガイド・ライン6.1　機能の分離
ジャーナリストもしくは発行者がジャーナリストの仕事と平行して，例えば政府や官庁，私企業である種の機能を果たす場合，当事者全員は両機能の厳格な分離に注意を払わなければならない。同じ事は逆のケースにも当てはまる。矛盾する利害はプレスの品位を損なう。

ガイド・ライン6.2　秘密情報機関的活動
ジャーナリストや発行者の秘密情報機関的活動と職業上の秘密保持やプレスの品位とは相容れない。

報道綱領第7条
プレスが公共への責任を果たすためには，編集を経た発行物が，第三者の個人的，事業的利益，もしくはジャーナリスト個人の経済的利益に影響を受けてはならない。発行者と編集者は，このような企てを拒否し，編集の対象となる記事と広告を目的としたものを明瞭に区別しなければならない。

ガイド・ライン7.1　編集テキストと広告の分離
広告記事には広告法の規制が適用される。それによればそのような記事は，広告が広告であることを読者に分かるように編集しなければならない。

ガイド・ライン7.2　隠れ広告
企業や製品やサービスやイベントを示唆する編集記事は，隠れ広告との境を踏み越えてはならない。その記事が読者の情報の関心という根拠ある公共の利害を逸脱するとき，境界線を踏み越えたことに極めて近くなる。
情報源としてのプレスの信頼性はPR素材を取り扱う場合や，編集部の自らの記事による指摘をする場合には特に熟慮を必要とする。
このことはまた無編集の広告文，広告写真，広告のイラストに関して当てはまる。

ガイド・ライン7.3　付録冊子記事

付録冊子記事は全ての編集記事と同じ編集上の責任の元におかれる。

報道綱領第8条

プレスは，私生活やプライバシーを尊重する。しかし，ある人の私的行動が公共の関心に関わる場合は，個々のケースではそれをプレスで報道することができる。その際，その公表で無関係な人たちの人格権が侵害されていないかを吟味しなければならない。

<u>プレスは情報の自己決定権を尊重し，編集の情報保護を保証する。</u>

ガイド・ライン8.1　名前や写真の公表

(1) 事故や犯罪や警察の捜査や裁判の審議（報道綱領の13も見よ）に関して犠牲者や加害者の名前や写真の公表は通常は正当化できない。常に公共の情報の利益と当事者の人格権とを勘案しなければならない。センセーショナルだからというのは公共の情報の利益の根拠にならない。

(2) 事故や犯罪の犠牲者は名前に関して特別な保護権を持っている。犠牲者を特定することで事故や犯行を理解することに寄与することは少ない。有名人であったり，特殊な付随状況があったりする場合は例外も正当化できる。

(3) 事故や犯行と何の関係もないのに，家族やその他，<u>報道で直接</u>に当事者となった人々の場合は，名前や写真を公表することは原則的に許されない。

(4) 重大犯罪で疑いをもたれている容疑者の姓名や写真の公表は，そのことで犯罪解決に利したり，逮捕状例が請求されていたり，あるいは公衆の面前でそのような犯行が行われたような場合は例外的に正当化することもできる。
もしも犯人もしくは容疑者が責任無能力であるかもしれない根拠がある場合，名前や写真の公表は差し控える。

(5) 青少年の犯罪の場合はこの青少年の将来を考えて名前や写真の公表は，それが重大犯罪でない限り避けるべきである。

(6) 役人や議員の場合は，もしその役職ないし議員の地位と犯罪との間に関連がある場合，名前と写真の公表は許される。彼らの犯した行為が公衆が彼らについて知っているイメージとは矛盾する場合は，有名人にも同じことが当てはまる。

(7) 行方不明者の名前と写真は当局と話が付いている限りにおいてのみ，公表することが許される。

ガイド・ライン8.2　滞在場所の保護

<u>自宅並びにその他の病院とか介護所とか保養所，拘留場，リハビリセンターなどの私的な事業所は特別な保護を有する。</u>

ガイド・ライン8.3　社会復帰

社会復帰に利するために刑事訴訟後には名前や写真の公表は通常はされない。

ガイド・ライン8.4　発病

肉体的ないし精神的発病や損傷は原則的に当事者の秘密の領域に属する。当事者と家族のことを考慮してプレスはそのような場合，名前を公表したり写真を掲載したりすることを断念し，たとえそれが一般的に使われていても，病気や病院の軽蔑的な描写を避ける。有名人でも，その人の死後は差別的曝露から守られる。

ガイド・ライン8.5　自殺

自殺の報道は抑制を要する。このことは特に名前の公表，詳しい状況の描写について言える。例外が正当化されるのは，公共の関心がある有名人のケースなどである。

ガイド・ライン8.6　反体制と逃亡

政府に反対することが生命の危険を意味するような国について報道する場合，以下のことを常に考えなければならない。名前や写真の公表によって当事者が特定され迫害を受けるかも知れないこと。同じことは逃亡者の報道についても言える。更に考慮しなければならないのは，逃亡者の一部始終とか，逃亡の準備やその描写，並びに逃亡経路の公表は，後に残された親戚や友人を危険に曝せ，あるいはまだ存在する逃亡の可能性を塞いでしまうようなことを招くかも知れないということである。

ガイド・ライン8.7　記念日

編集部が予め当事者が公表されることを了解しているか，そのような公共の関心の的になりたくないと思っているのかを確かめておくことが，そうでなければ公共の光に曝されることのない人の記念日を公表するかどうかの前提となる。

ガイド・ライン8.8　情報伝達

編集部によりジャーナリズム編集上集積し，加工し，利用された個人に関する情報は全て編集の秘密のもとに置かれる。ジャーナリズム編集上の目的のために編集部間の情報伝達は許される。伝達は形式上，個人情報保護法上の苦情審理が結審するまでは中断される。情報の伝達に際しては，伝達された情報はジャーナリズム編集上の目的以外には加工されても，利用されてもならないと指摘する必要がある。

報道綱領第9条

根拠のない主張，告発，とりわけ名誉を侵害するようなものを公表することは，ジャーナリズムの品位に反するものである。

報道綱領第10条

ある集団に属する人たちの道徳感情や宗教感情をその形式と内容においてひどく害し得るような，文章や写真を公表することは，プレスの責任とは相容れない。

報道綱領第11条

プレスは暴力や残忍行為の不適当でセンセーショナルな描写をしない。報道に際し青少年の保護を考慮しなければならない。

ガイド・ライン11.1　不適切な描写

報道において人間が対象，単なる素材に貶められるような描写は不適切にセンセーショナルと言える。死の床にある，あるいは肉体的もしくは精神的に苦しんでいる人間について，読者の公共の関心や情報の利益を超えた仕方で描写しているようなケースには特にこのことが当てはまる。

ガイド・ライン11.2　暴力の描写

暴力の描写，また脅迫行為の描写するに当たっては，プレスは公共の情報の利益と犠牲者や当事者の利益を慎重に勘案する。このような出来事に対して中立かつ忠実に描写する。犯罪者の道具になってはならない。プレスは犯罪者と警察の仲介の試みを勝手に行わない。

犯行が行われているときに犯人とのインタビューは行わない。

ガイド・ライン11.3　事故と災害

災害や事故についての報道は，犠牲者の痛みや関係者の感情を配慮するところにその限界を見いだすのである。事故の当事者を描写することで2度も犠牲者になることは原則的にあってはならない。

ガイド・ライン11.4　当局や報道管制の受け入

報道管制をプレスは原則的に受け入れない。メディアと警察の協力は，犠牲者の生命や健康や他の当事者がジャーナリストの行為によって守られ，あるいは救出されるときにのみ存在する。犯罪を解決するために特定の期間，報道を全く，ないし部分的に停止して欲しいとする検察当局の要請に対して，その要請の根拠が納得のいくときにはプレスは従う。

ガイド・ライン11.5　犯罪者の回想録

いわゆる犯罪者の回想録を出版することは，そのことで犯行が後から正当化されたり相対化されて，犠牲者不適切な負担をかけたり，犯罪の詳しい描写が単にセンセーションを巻き起こしたいという欲望だけを満足させるときジャーナリズムの原則に悖る。

ガイド・ライン11.6　麻薬

プレスの報道において麻薬の使用を過小評価してはならない。

報道綱領第12条

何人も，性別，人種，民族，宗教，社会的地位，国籍を理由に差別されてはならない。

ガイド・ライン12.1　犯行に関しての記事

犯行に関する報道では，容疑者ないし犯人の宗教，民族，その他少数グルー部に所属していることの描写は，報道する出来事の理解のために根拠ある関連がある場合にのみ言及される。

保護を必要とするグループに対する偏見を助長することがないか特に注意を払うべきである。

報道綱領第13条

捜査方法，刑事訴訟およびその他の形式的訴訟手続きに関する報道は，先入観があってはならない。したがってプレスは訴訟手続きの開始前および手続き中に，表現や見出しで結果を先取りするようないかなる見解も避ける。被告人は判決が下されるまでは有罪と見なされてはならない。裁判所の決定は重大で正当な理由がない場合は，裁判所の発表の前に報道されるべきではない。

ガイド・ライン13.1　予断　──　事後報道

犯罪捜査や訴訟についての報道は公共に対して犯行やその捜査，裁判について入念な情報提供に寄与する。判決が下るまでは無罪推定が通用する。たとえ自白がある場合でもそうである。犯行が公共に明らかであっても判決が下るまでは当人が判決主文の意味での罪人として扱われてはならない。

予断的描写や主張は，犯罪者にも無制限に認められている憲法上の人権保護に違反する。

法治国家における報道の目的は『メディアのさらし者』という手段で判決を下されたものを社会的に再度罰すことではない。それゆえ報道の言語において容疑と証明された罪とを明確に区別しなければならない。

もしプレスが名前を挙げて，あるいは広範囲にそれと分かる当事者のまだ下されていない判決について報道する場合は，もしそのことが当事者の正当な利害に反しない限り，法的に確定した判決もしくは明確な減刑についても報道しなければならない。この勧めは同様に公判の停止にも言えることである。

訴訟についての批判と批評は判決文とは明確に異なるようにしなければならない。

ガイド・ライン13.2　青少年の犯罪

青少年に対する捜査や訴訟について，また裁判に出頭したことを報道する場合，プレスは当人の将来を考慮して特に抑制を行うべきである。この勧めは同様に

犯行の青少年の被害者についても当てはまる。

報道綱領第14条

医学をテーマとした報道は，読者に根拠のない恐怖や希望を与え得るような不適切でセンセーショナルな表現にならないようにしなければならない。初期段階の研究成果を，恰も完了したもの，もしくはほとんど完了したものと書くべきではない。

ガイド・ライン14.1　医学的ないし薬学的研究

病気を克服するための医学的ないし薬学的研究にいわゆる成功，不成功についての報道は注意と責任を必要とする。記事においても見出し語においても，患者やその家族に根拠のない，医学研究の実際のレベルとは合致しない，近い将来の治療の期待を書き立てるようなものはすべて止めるべきである。逆に批判的でそれどころか逆の立場の見解を一方的に報道することで，患者を不安におとしめ，治療手段の成功の可能性を疑ってはならない。

報道綱領第15条

発行者や編集部門の決定の自由を損なうような，いかなる種類の利益を受け取ったり，与えたりすることは，プレスの品位，独立，使命に反するものである。ニュースを広めもしくは抑えることを対価に賄賂を受ける人はすべて不名誉であり，職業上の道義に反する行為をしているのである。

ガイド・ライン15.1　招待と贈答

もしも編集者や編集部に働く配下の者が，その価値が社会通念上普通の，職業上の枠組みで必要な程度を越えるような，招待や贈答を受けるとき，出版や編集部の決定の自由や，ジャーナリストの独立した判断形成が損なわれる危険が存在する。招待や贈答を認めることで出版や編集の決定の自由に影響がでるかもしれないと思われることさえ避けるべきである。

贈答とはあらゆる種類の経済的精神的な有利な取り扱いをいう。日常使用する宣伝用品やその他の価値の少ないものを受け取ることは構わない。

贈答や割引や招待の授与によって調査や報道が影響を受けたり，阻止されたり，妨げられたりしてはならない。発行者や編集部は，情報は贈答や招待とは無関係に与えられることを主張しなければならない。

報道綱領第16条

ドイツ報道評議会が公式に通告した叱責を，とりわけ該当する出版物に掲載することは，公平な報道に相応しいものである。

ガイド・ライン16.1　叱責の印刷

当該の出版機関には次のルールが当てはまる：

叱責の公表の元になった記事が何で，またそのことでどのジャーナリズムの原則に抵触したかが読者に明らかにされなければならない。

●ドイツ報道評議会の仕事の範囲

ドイツ報道評議会の仕事は単に苦情処理を行うにとどまらず，人権やプライバシー権を守り，プレスの品位を向上させ，結果としてプレスの自由を守ることになる。苦情処理を通して読者の教育も行われると言えなくもない。つまり一般の読者がプレスに関心を持ち，プレスを育て上げることに繋がる。このようなことを意識してドイツ報道評議会は大学やジャーナリスト養成学校やあるいは自分のところで，ジャーナリストの教育のために講演やセミナーを催している。日本との比較で言えば，苦情処理の結果が400頁以上の年鑑という形の報告書で毎年発行され書店で販売されている。処理の透明性とその公開が読者の意識を高めるのに寄与しているのである。

●ドイツにおけるドイツ報道評議会以外の組織

プリント・メディア以外にもドイツには様々な仲裁機関がある。テレビにはテレビ評議会がある。テレビ自主管理機関FSF（Freiwillige Selbstkontrolle Fernseh）[167]がそれである。しかし取り扱っているのはドイツ報道評議会のような広範囲な問題ではなくて青少年保護だけである。他にはボンにあるドイツ広告評議会（Deutscher Werberat）がある[168]。インターネットに関しては青少年保護のためのマルチ・メディア・サービス提供者自主管理FSM（Freiwillige Selbstkontrolle Mulitmedia-Dienstanbieter für Jugendschutz）がある[169]。FSMは1997年に業界団体によって設置された連盟である。青少年保護，暴力，人種差別などに取り組んでいる。インターネット上で違法な，もしくは青少年に害を与えるような内容に対して苦情を誰にでも申し立てることができる機会を与えている。また青少年保護法の改正案議論にも参画している。また1991年には

167　www.fsf.de を参照。
168　www.zaw.de を参照。
169　www.fsm.de を参照。

ヨーロッパ全体の親組織となる INHOPE を創設した。商売でオンライン・サービスを行っているものは青少年保護委託者を置かなければならない。違反すると25万ユーロ以下の罰金[170]もしくは1.5万ユーロ以下の罰金[171]が科せられる。Eメールとニュース・グループは規制の対象から外している。裁判になった件は取り扱わない。警察の捜査には次の分野を除いては協力しない。それは当該の人物の身体，命，健康に危険性があると思われるものや，幼児ポルノに限られる。苦情を申し立てるためにはメール・アドレスを明記した上でネットで申し込む点が，ドイツ報道評議会とは違っている。また綱領を策定している[172]。その綱領をかいつまんで書くと，序文において，インターネット・情報提供者の自由を強化し，人種差別，暴力の肯定から利用者と公共の利益を守り，青少年保護を強化すると書いている。目的は綱領を守らせ，またそれに違反する行為は制裁することである。FSM は表現の自由，情報の自由を守り，インターネットの性質に鑑み国際的に協力する。条文1では，この綱領の適用範囲について言及，適応範囲はドイツ国内だけに止めている。条文2では，許されない行為として，国民煽動，犯罪のそそのかし，暴力の描写と人種偏見の煽動，憲法違反の組織のプロパガンダとなるものの配布，サボタージュへの鼓舞，ポルノの配布としている。条文3は青少年に対するポルノの禁止。条文4は真実性の尊重と意見と事実報道を区別すること。条文5においては FSM のメンバーが出す情報には法律を守っているという証書を出す。条文6の対抗措置としては，改善指摘，否認，叱責があるとしている。またメンバーが制裁措置を受けたとき，それに従わなければならない。またそのようなことを繰り返さないようにメンバーは努力する。叱責は公表され，当該のメディアで1ヶ月掲載しなければならない。繰り返し違反すると除籍になる旨も明記している。条文7では非メンバーに対してもサービスの提供。その判断は綱領に応じてなされるが，結果は公表されない。条文8では綱領や制裁措置について改変することに言及している。

---

[170] §20 Abs. 1 Nr. 7 i. V. m. Abs. 2 Mediendienste-Staatsvertrag.
[171] §21a Abs. 1 Nr. 2 e. V. m. Abs. 2 GjS.
[172] http://www.fsm.de/daten/kodex/ を参照。

● スウェーデンとドイツ報道評議会の比較

　ドイツとスウェーデンの報道評議会を比較するとスウェーデンの方が徹底していることも分かる。1つはオンブズマンという読者と報道評議会を橋渡しする人の存在，またオンブズマンが自ら報道評議会に提案できること，また報道評議会のメンバーに市民が参加していることなどではドイツ報道評議会より優れていることがわかる。また共通点としては，メディア横断的な報道綱領を持っており，それに基づいて判断すること，またそれの発表を強制させることなどである。ただし，ここにおいてもスウェーデンの方が徹底していることがわかる。

　例えば文字通り，一句一字そのまま発表させることなどはドイツには存在しない。浅野健一は「スウェーデン方式のメカニズムは簡単だ――プレス業界が基準を決める，その基準にもとづいた判定を評議会が下す，判定結果を当事者ばかりでなく一般市民に周知されるようにする――この三位一体の『合わせ技』がミソなのだが，その前の段階にオンブズマンがいて，市民の評議会へのアクセスを手伝うという工夫が加えられている」と書いている[173]。

日本のマス・メディアの動き

　ドイツでは報道評議会を設立して自主的に当局からのメディアの規制に対抗しようとしたのであるが，日本ではどのようにそれに対抗しようとしてきたのであろうか。日本のマス・メディアの報道姿勢は問題なしとは言えない。松本サリン事件，和歌山カレー事件，池田小学校の乱入殺傷事件，桶川の殺人事件などの例で見られるように，メディア・スクラムの問題や行き過ぎた取材活動，プライバシー権や人権の侵害が行われている。犯罪報道に偏った新聞のあり方にも批判がなされている[174]。「メディア規制法」が国会に持ち出される気配に

---

[173] 浅野（2001）p.155
[174] 大阪市立大学の法学部三島聡氏は日本の犯罪報道について，「犯罪の社会的背景や病理に切り込み，分析・論評を加えるのではなくて，事件の経過を追い，被疑者の生い立ちや生活，家族関

なり，ようやく様々な動きが見られる程度である。しかし結局自主的苦情処理委員会レベルで止まっている。メディア横断的な綱領を策定しないと毎回同じ事が繰り返されるだけだろう。

●日本での人権機関の設置の動き

法務省の方も人権擁護推進審議会で，人権機関の設置を提言している。それとは別個に日弁連でも人権救済機関を作ろうとする動きがある。日弁連は強制調査権を持つ人権救済機関の設置を提唱している。放送媒体の方もそのような動きを受けてもう手当済みである。日本の「放送と人権等権利に関する委員会機構」(BRO) は1996年11月設置された。設立年月日は1997年5月1日で，NHKと日本民間放送局連盟がそれに参加している。BROには委員8人で構成する「放送と人権等権利に関する委員会 (BRC)」があり，人権保護に取り組んでいる。放送メディアで受け入れられたメディア横断的な組織が何故プリント・メディアで受け入れられないのか，その根拠は乏しいと言わざるを得ない。

●日本の報道規制の動き

先にも述べたが，青少年有害社会環境対策基本法（国会に上程されないことになった）や個人情報保護法や人権救済機関設置の動きが出された。最後のものは人権救済推進審議会（1997年発足）の答申で出されたものである。2000年11月27日，日本ペンクラブ会長の梅原猛は法務省が作ろうとする人権救済機関，また政府が作ろうとする個人情報保護法制，また参議院自民党が素案をとりまとめている青少年社会環境対策基本法の問題点を指摘し，政府の圧力をかわすために第三機関の設置を期待した[175]。後にも詳しく書くが，日本のマス・メディアは規制には反対で一斉にキャンペーンを始めた。例えば毎日新聞は2002年3月21日にメディア規制法案（個人情報保護法・人権擁護法・青少年有害社会環境対策基本法）を「ただちに廃案にすべきだ」と書いている。いったいこれ

係・交友関係，捜査の実情などを織り混ぜた「犯罪ストーリー」の形にして報道する」とか「特に重大な事件では，各報道機関が一斉に集中豪雨的な取材・報道を行う傾向がある」との指摘を行っている。出典は http://koho.osaka-cu.ac.jp/vuniv2000/mishima2000/mishima2000-6.html#000202 である（2002年4月20日現在）。

[175] http://www.japanpen.or.jp/konkan/iin_genron/001127.html を参照（2002年4月15日現在）。

らの規制法はどのようなことを書いていたのか。

人権擁護法案におけるマス・メディアに関する箇所は次の所である[176]。

第42条第2項
放送機関，新聞社，通信社その他の報道機関又は報道機関の報道若しくはその取材の業務に従事する者（次項において「報道機関等」という）がする次に掲げる人権侵害
 イ 特定の者を次に掲げる者であるとして報道するに当たり，その者の私生活に関する事実をみだりに報道し，その者の名誉又は生活の平穏を著しく害すること。
  (1) 犯罪行為（刑罰法令に触れる行為をいう。以下この号において同じ。）により被害を受けた者
  (2) 犯罪行為を行った少年
  (3) 犯罪行為により被害を受けた者又は犯罪行為を行った者の配偶者，直系若しくは同居の親族又は兄弟姉妹
 ロ 特定の者をイに掲げる者であるとして取材するに当たり，その者が取材を拒んでいるにもかかわらず，その者に対し，次のいずれかに該当する行為を継続的に又は反復して行い，その者の生活の平穏を著しく害すること。
  (1) つきまとい，待ち伏せし，進路に立ちふさがり，住居，勤務先，学校その他その通常所在する場所の付近において見張りをし，又はこれらの場所に押し掛けること。
  (2) 電話をかけ，又はファクシミリ装置を用いて送信すること。

これらを読む限りどれも当然の内容だと思えるのだが。個人情報保護法案においても以下のようにこの法律の適用除外が書かれている[177]。

第6章 雑則

---

176 http://www.asahi.com/national/kjhh/jinken.html を参照（2002年5月6日現在）
177 http://www.asahi.com/national/kjhh/kojin.html を参照（2002年5月6日現在）

（適用除外）

第55条　個人情報取扱事業者のうち次の各号に掲げる者については，前章の規定は適用しない。ただし，次の各号に掲げる者が，専ら当該各号に掲げる目的以外の目的で個人情報を取り扱う場合は，この限りでない。
　1　放送機関，新聞社，通信社その他の報道機関　報道の用に供する目的
　2　大学その他の学術研究を目的とする機関若しくは団体又はそれらに属する者　学術研究の用に供する目的
　3　宗教団体　宗教活動（これに付随する活動を含む。）の用に供する目的
　4　政治団体　政治活動（これに付随する活動を含む。）の用に供する目的

　この上の例外事項を見る限りマス・メディアの危機感は理解できない。青少年有害社会環境対策基本法案[178]に至っては，暴力と性的な描写に関することで，特にマス・メディアが目くじらを立てるようなことではない。考えてみれば不思議なことで，アメリカでもマス・メディアには無制限な自由は認められていない。例えば調査報道記者協会 ASNE（American Society of Newspaper Editors）などの団体があり，アメリカのジャーナリストは上のどれかに所属して同じ「行動綱領とかエシックスの基準をもっている。それを根拠に，権力と市民との両方に対する関係を考えていく最低のよりどころ，あるいは保障を共有している」と桂敬一は書いている[179]。

●日本での報道評議会導入の動き

　日本には未だ報道評議会が設立されていないが，報道評議会導入の動きは見られる。例えば1999年10月5日と6日に開催された日本弁護士連合会の第43回人権擁護大会では「報道評議会」を導入せよという意見書が採択された。日本新聞労働組合連合は報道評議会の研究のために海外の事情を研究し，先進国欧州に「報道評議会」調査団を派遣した。そしてその研究成果を海外報道評議会事情として紹介している[180]。また2000年9月には「報道評議会」に関する新聞

178　http://www.asahi.com/national/kjhh/seisyonen.html を参照（2002年5月6日現在）
179　「メディア規制と市民社会の危機」『創』2001年9月号 p.25
180　http://www.shinbunroren.or.jp/hyougi.htm を参照（2002年9月2日現在）

労働原案なるものを発表している[181]。それによると「日本の報道機関は戦時中，軍部に協力した反省にたち，権力の監視と市民の知る権利に奉仕することを第1の使命とすることで，市民からの信頼を得てきた。だが，近年その信頼が揺らいでいる。臓器移植報道や事件・事故取材での必要以上のプライバシー侵害，行き過ぎた性表現や不適切な差別表現，容疑者と決めつけたような報道による人権侵害など，いわゆる報道被害が繰り返され，市民の報道への信頼は，もはや各報道機関ごとに読者対応室や法務室などを作って対処するだけでは回復できない段階にきている」。それゆえに報道評議会が必要であると結論づける。

「これは報道行為を縛るものではない。報道に対する信頼回復を目指してメディア自らが責任を果たすことを目的とするものである。権力からの監視，コントロールを一切拒否すると同時に，報道被害が起きた時には速やかに救済を図ることによって，報道の自由と責任を体現していくシステムである」と，ドイツ報道評議会の設立と同じような趣旨が書かれている。その構成メンバーとしては市民代表，弁護士，NGOの参加も予定している。ドイツ報道評議会よりもかなり進んでいると言えよう。

苦情の訴えは「報道による被害を受けた本人，もしくはその家族を原則とする。ただし，評議会が特に必要であると判断した場合は，団体や複数の関係者も申し立てをすることができる」と書き，訴えの範囲はかなり狭く取っているのが特徴だ。また「公人」については申立人に含めないなど，ガードがかなり固いのである。また謝罪などを勧告できるだけとどめており，「最終的にその勧告を受け入れるか否かは当事者に判断が委ねられるものであり，強制力はないものとする」と著しく後退している。

日本新聞労働組合連合は2001年1月26日に日本新聞協会に設置検討の申し入れを行っている[182]。また日弁連も報道評議会の設置を呼びかけている。日弁連はメディアによる人権侵害には，報道評議会など自主的第三者機関の設置が望ましく，その優先管轄権を認めるべきだが，被害者が不服の場合は救済機関の取り扱いも認めるべきとした。ただ，取材源や取材メモの提出命令などの強制調査権は認めるべきでないとしている。政治家や高級官僚などのプライバシー

---

181 http://www.shinbunroren.or.jp/hyougi01.htm を参照（2002年9月2日現在）
182 以上出典は http://www.shinbunroren.or.jp/rou_14.htm （2002年4月8日現在）

侵害は「公益性を尊重し，除外すべきだ」[183]とした。しかし今日に至るまでヨーロッパに学んだ報道評議会を導入することはできずに各社苦情処理機関でお茶を濁している。

新聞各社の自主的対応の苦情処理機関

　これまで「紙面審査」，「記事審査」などと社内での記事のチェックは多くの新聞社で行われてきた。しかしそれはあくまで社内向きで，どのような議論なのか外には見えてこない。新聞倫理綱領・新聞広告倫理綱領からみて不適当と思われる記事・写真などを「指摘件数」にまとめて，その傾向を報告している新聞協会審査室というものも存在する。2000年には1,143件もの指摘をしていると言えば素晴らしく聞こえるが，実体は指摘の対象となったのは夕刊系2紙，スポーツ紙6紙の合計8紙で一般日刊紙は指摘の対象とならなかった[184]。この審査室の指摘は性的表現だけに限定されたものであった。これがなぜもっと幅広く人権にも対象を広げないのか不思議である。報道評議会を一気に設置することができず，されどメディアは行き過ぎだという非難には甘んじなくてはならず，何もしないと「メディア規制法」が導入されるかも知れないと危機意識を持った新聞社が，次善の策として打ち出したのが，新聞各社の自主的対応の苦情処理機関である。その実体がどのようなものであるか次に詳しく見てみることにする。

　毎日新聞がいちばん早く苦情処理委員会を作っている。新潟日報も2000年12月19日に［読者紙面委員会］発足させ，比較的早い方である。委員は8名，年3回開催。2001年1月23日に初会合。全社員に［人権・倫理教育委員会］を設置している。しかし新潟日報のそれは全体としては，紙面審査会の域を出ていないように思われる。新聞社の動きと平行して，通信社や放送メディアにも人権を守る委員会設置の動きが見られる。共同通信は「『報道と読者』委員会」を，日本民間放送連盟とNHKは共同して「放送と人権等権利に関する委員会

183　毎日 Interactive の2001年1月19日の記事「人権救済制度」より
184　www.pressnet.or.jp/shimen/t20010227.htm を参照（2002年4月15日現在）

機構」を設置した。読売新聞は2002年4月28日の朝刊で「個人情報と人権」新聞監査委顧問・審査委員第3回合同会議を開き，その中で，新組織を特に作らずに従来の新聞監査委員に顧問の委嘱をした。新聞監査委員のメンバーは，竹田稔（弁護士，元東京高裁判事），長尾立子（全国社会福祉協会会長，元法相），堀部政男（中央大学法学部教授，情報法）であり，新聞監査委審査委員には高橋利行（読売新聞社員，新聞監査委審査委員委員長），小島正興（国民経済研究協会監事），佐藤睦時（事総研主任研究員），斎賀秀夫（大妻女子大名誉教授，国語学），富盛菊枝（児童文学作家），高畠和也（元日本新聞協会審査委員），佐藤清彦（ノンフィクション・ライター），田中政彦（政治ジャーナリスト）である。その中で特に毎日新聞社と朝日新聞社の苦情処理委員会を分析した。

●毎日新聞「開かれた新聞」委員会

　毎日新聞は1977（昭和52）年に制定した「毎日新聞編集綱領」で，「われわれは，開かれた新聞を志向する」と宣言している。それから四半世紀，意を新たに，読者とともに歩く新聞を目指したいと「開かれた新聞」委員会事務局長である安藤守人は書いている[185]。毎日新聞労組は新聞研究集会（新研）活動として年に4，5回ジャーナリズムを考えるシンポジウムを開催。「開かれた新聞」と連携して，「開かれた新聞」委員の田島泰彦を講師として，新聞研究集会を開催している。また同時に毎日新聞の紙面審査委員6人が15頁程度の週報を出し，それをもとに毎週金曜日に紙面部長会で約30人が論戦し，内部での議論が外に見える形で連載している。それと平行して5名の委員による「開かれた新聞」委員が設置され，記事による人権侵害にどのように対処したかをチェックしている。そのメンバーには中坊公平（弁護士），柳田邦男（作家），それと先に挙げた田島泰彦（上智大学教授），玉木明（フリージャーナリスト），吉永春子（テレビ・プロデューサー）が加わる。現在は上記の委員のうち，中坊公平を除いて委員を継続している。

　しかし「今回も本社の記事による名誉・プライバシーの侵害を訴える当事者からの苦情はありませんでした」と書かなければならいほど訴えはなく，その

---

[185] 毎日新聞2001年4月28日東京朝刊

代わりにと言えば語弊があるが，毎日新聞のスクープ，旧石器発掘ねつ造報道における「隠し撮り」の問題を［開かれた新聞］委員会は取り上げる[186]。中坊公平は「事柄が公共の関心事で取材も公益目的であり，正当な報道だ」としている。田島泰彦は，撮影は「必然性があり正当なものだ」としている。玉木明は「公益性を優先するジャーナリズムの考え方からすれば，今回のビデオ撮影もその写真の掲載も許容範囲だ」と発言する。柳田邦男は「不可欠だった映像」という意見を陳述する。吉永春子は「事実を追う取材者は，常に裏付け取材の努力をすべきで『汚い手段』という声にひるんではいけない」と毎日新聞にエールを送る。

それ以降も苦情はなく，次に取り上げた問題は，「アジア系外国人」という呼称の問題である。これは2001年3月6日の毎日新聞のメディア欄でも詳しく取り上げられた問題であり，カトリック横浜教区滞日外国人と連帯する会が問題にしたものである。それを「開かれた新聞」委員会が検討し，委員の見解を載せている。また毎日新聞東京本社社会部長の清水光雄も見解を載せている[187]。2001年4月には，3月中旬から4月中旬にかけての記事に関して委員の見解を載せている。前衆院議員の辻元清美が新潮社を名誉棄損で訴え，1審で勝訴した際の記者会見を取り上げたところ，同社から「2審，3審で新潮社が勝ったにもかかわらず敗訴だけを書いたのは配慮に欠く」との抗議があった問題を取り上げている[188]。2001年5月には，4月中旬から5月中旬にかけての記事から問題を取り上げている[189]。朝鮮民主主義人民共和国（北朝鮮）の金正日総書記の長男，正男と認められる人物による不法入国事件の表記をめぐる読者の疑問と委員の意見を紹介している。

2001年7月3日付『毎日新聞』の朝刊に掲載された，「『開かれた新聞』委員会」委員，「『開かれた新聞』委員会」のテーマは，大阪・学校乱入殺傷事件の犯人に対する実名報道についてであった。「事件の重大性を考えれば（容疑者の実名，写真を公表して）当然だろう」とした上で，「記事がその公共性に応え

186　毎日新聞2000年12月5日
187　http://www.ytv.co.jp/anna/t04251.htm を参照（2002年6月6日現在）
188　毎日新聞2002年5月14日東京朝刊
189　毎日新聞2001年6月5日朝刊

るために報道された人の人権を侵害してもやむを得ない場合もあるし」と書いている。毎日新聞2002年1月5日東京朝刊ではテロ・アフガン戦争とマス・メディアの報道について様々な立場を述べている。「米国の単純化した善悪論と強圧的態度はいかがなものか」としてアメリカ中心的な報道姿勢に疑問を投げかけている。また足かけ3年目ということで様々な問題を取り上げている。集団的過熱取材（メディア・スクラム）の問題を取り上げている。毎日新聞における苦情委員会は様々な論者の座談会という印象を否めないし、具体的な読者からの苦情であって、それについて議論しているわけではなく、一般論に終始する。

●朝日新聞「報道と人権委員会」

朝日新聞はこれまで社外識者による紙面審議会（委員5人）がいたが、「人権問題を担い、読者の苦情を受け止め」るために「報道と人権委員会」を設置した。この人権委員会は「国内新聞社初の本格的な人権オンブズマン（読者の代表）です」と言い切る[190]。また、2001年2月23日の記事では「同委員会は朝日新聞社発行の新聞、雑誌などの記事で人権が侵害されたとの訴えがあった場合、独自に調査、審理し、『見解』の形で解決策を示すとある。「訴えがなくとも委員会独自の判断で問題を取り上げ、随時議論することがあります」。このような自信に満ちた宣言にもかかわらず幾つかの問題がある。「読者からの苦情」は当の本人ないし家族しか受け付けないのはどうしてか。また国内新聞初と言うが、実際には毎日新聞の方が早い。

朝日新聞は1989年のサンゴ事件の教訓から設けられた広報室でこれまで読者の苦情を処理してきた。広報室は2000年の1年間で20万件も読者の声を受け付けており、その2割が意見や苦情や抗議である。訂正は約360件。お詫び約60数件[191]。紙面審議部員が紙面審査を担当。毎日、新聞に目を通し午後の編集部長会に提出され議論する。しかしそれでは不十分ということで「報道と人権委員会」を設置したという。

朝日新聞社の「報道と人権委員会」は原則として定例会を隔月開催。事案に

190 　出典 www.asahi.com/shimbun/public/01010503.html （2002年4月8日現在）
191 　2001年3月6日の朝日の記事による

応じて臨時会を開催される。朝日新聞社発行の全ての刊行物，新聞，雑誌アエラ，論座，単行本の報道を対象としているところが目新しい[192]。新聞と雑誌では記事のスタンスは同じではないだろう。新聞には書けないようなことを雑誌に書くこともあろう。新聞では顔写真を出さないケースでも，週刊誌では出すかもしれない。委員会で同じ基準で朝日新聞社の出版物すべての審議ができるのか大いに疑問である。申立てについて，まず事務局にて審議の対象となるべきものかどうか検討される。その結果，対象外と判断されたり，広報室による一般的な対応に委ねられたり，まず決められた手順に基づいて広報室による予備的な調査が行われた後に「報道と人権委員会」で審理されたりするケースに別れる。そして「報道と人権委員会」と広報室の関係は，広報室で解決できないケースを審議する。広報室を1審とすると，委員会は上級審的な役割だと役割分担を決めている。

委員は当時，大野正男（弁護士），原寿雄（ジャーナリスト，元共同通信社編集主幹），浜田純一（学者）などで任期は2年。事務局長は社会部員，論説委員，論説副主幹，出版局長を努めた佐藤公正氏が就任。苦情の門前払いは事務局長が判断する。現在の委員は本林徹（弁護士），長谷部恭男（東京大学大学院教授），藤田博司（元共同通信社）となっている。

2001年1月1日に報道と人権委員会が発足する。2001年1月3日に「『報道と人権委員会』発足」という記事が出る。その中で「解決の手続きに第三者性，透明性を持たせる試み」であるとの文章がある。この記事の中で大野正男が言うように，マス・メディアは市民に対しては権力者になり得るという言葉は本当だ。しかし浜田純一のように「問題解決を急ぐあまり，権威を持った第三者機関をすぐに設けるのは反対です」という発言は問題がある。原寿雄は「『第四の権力』と呼ばれるほど強大になった新聞社と，弱い個人が対等に議論しあうには，『報道と人権委員会』が基本的に市民寄りに立ってバランスを取る必要があるでしょう」と書いているのは肯ける。この記事の中で，苦情処理のルールが明らかにされる。読者からの苦情に関しては，「人権侵害を受けたと

---

192 朝日労組・翁長忠雄によると，雑誌と新聞と月刊誌で基準が違えば二重基準，三重基準にならないかという疑問が出されている。出典 www.shinbunroren.or.jp/shin44a.htm（2002年4月15日現在）

いう当事者個人であれば，どなたでも結構です」。つまり当の本人ないし家族からしか受け付けないと言うことである。「公人，さらに企業，団体は原則として受け付けません。また裁判で争っているケースや司法の場にゆだねた方がいいと委員会が判断したケースは扱いません」。また委員の1人でも必要ありと判断すれば審理される。しかし受け付けるかどうかの判断は「社長直属の事務局長が申し入れの受理，事前調査，委員会の審理の議事進行などに当たります」。ずいぶん情けない話である。一般読者より新聞社が明らかに上位に置かれている。審理の結果は委員の見解という形で，本人と本社双方に示される。また，本人の了承で公表することもあるのだと言う。

2001年2月22日，第1回定例会が開催される。2月23日の朝日で箱島信一朝日新聞社長が挨拶，「独立の第三者の目で記事の是非を判断して頂きたい。問題の解決に当たって透明性，公平性が一層確保されるので，読者の信頼も高まると思う」と述べている。今回のテーマは実名報道のあり方，人権救済機関の設置の問題点，当委員会の役割である。この様子は3月6日付けの朝日新聞に載っている。「審理すべき事例がない」のだと言う。発足から初会合までに36通の手紙のうち，いずれも今回の審理の対象とはならなかったとしている。読者の手紙とは無関係に「実名・匿名報道のあり方」，「『人権救済機関』設置の問題点」，人権と報道委員会のあり方について委員が議論している。3月6日の記事の中で浜田純一は第三機関として，意見を出し，「そうですかと言ってもらう必要はない」と書いている。これでは全くの座談会ではないか。拘束力もない委員会に意味があるのだろうか。

2001年4月23日　第2回定例会開催される。同年5月2日付の朝刊の記事によると，テーマは報道被害を取り上げている。メディアの責任の解決策について話し合っている。前回から今回の2カ月間に14通の手紙が届けられ，その「ほとんどが朝日新聞社の報道と関係のない内容だった」ため，2件を広報室の一般的な対応にゆだね，それ以外は「今回，審理の対象とされた事例はなかった」としている。

2001年6月11日，第3回定例会が開催される。大野正男，浜田純一，原寿雄が写真報道と人権の問題を取り上げる。6月21日付の朝刊の記事では，大阪教育大学付属池田小学校児童殺傷事件を取り上げた。遺族の父親と思われる男性

は「遺族の気持ちをないがしろにして取材するのが報道の自由か」と叫んだことに関して，悲惨な現場の写真を巡っての論争を行っている。顔写真を載せるかどうかの論議もなされる。前回から今回までに10通の手紙類が届けられている。「大半が朝日新聞の報道と無関係の内容」だが，2通については決められた手順に従い，まず広報室の対応にゆだねて予備的な調査を進めている。「今回，審理の対象とされた事例はなかった」との記述が見られる。

　2001年9月12日に第4回定例会が開催され，その内容は9月23日付の朝刊の記事に詳しく掲載されている。扱うテーマは事件報道のあり方，実名報道，顔写真，プライバシー保護と報道の役割，性犯罪と精神障害にからむ報道の問題であった。歌舞伎町の火災による事件では，店を飲食店とし，犠牲者を実名写真付きで朝日新聞は報道した。これまでもこのような事件では名前を出してきた。実名を掲載するかどうかでは社内では論争があった。精神障害者の事件，大阪池田小学校の乱入事件では，実名報道に踏み切ったのは，「安易な匿名報道は精神障害者全般への偏見や差別を温存する」という理由だというのである。しかし実際には朝日新聞社内部でも実名派と匿名派の間の激論があり，朝刊締め切りまで議論が続いたとのことである。沖縄の強姦事件でも，被害者の女性にどれだけの取材ができるかという問題で議論があった。前回から今回までに8通の手紙類が届いているが，審理の対象になるものはなかったとされる。

　2001年11月14日に第5回定例会が開催された。テーマは容疑者の呼称と名誉毀損の高額賠償判決である。ビンラディンとタレントの呼称の問題が11月15日の朝刊に載る。この様子は詳しくは11月24日付けの朝日新聞に載っている。このなかで容疑者の呼称の問題。名誉毀損の高額賠償を取り上げた。ビンラディンが海外のマス・メディアでどのように呼称されているかの一覧が示される。海外ではニューヨーク・タイムズが氏をつけている。それを見識だとしている。田代さんは甘く，稲垣容疑者は厳しすぎると言う意見が寄せられている。原寿男は起訴猶予ならさん付けをしろという見解。浜田純一も同意見である。またこの記事の中で朝日新聞の呼称のルールが掲載される。朝日新聞社側はいろいろと理由を述べているが，要するにアラブ問題を背負いたくないという逃げの姿勢が見え隠れする。浜田の中立的な呼称も全て呼び捨てというのは明快だ。手紙は11通寄せられ，その内3通は広報室へ。残りは朝日新聞の報道と無関係

だったという。

　2002年1月30日に第6回定例会が開催される。「性差」問題と加熱取材の問題を取り上げられる。この様子は2月10日付けの朝日新聞に載っている。それによればジェンダーの視点で女性の敬称，内助の功などの言葉について論議された。真紀子外相とか，沙知代被告という言い方が良いのかどうか。結論的にはそれでも構わないという。座談会のように言い放し，結論はない。

　2002年3月25日に第7回定例会が開催される。この定例会で人権救済の「見解」が出される。また個人情報保護法案，人権擁護法案についても議論している。3月26日には酒気帯び運転で論旨免職になった教頭の件について話し合いの様子が記事に出る。この様子は4月5日付けの朝日新聞に載っている。この中で個人情報保護法案が成立したらいかに取材が難しくなるかをリクルート・コスモス事件で，また人権擁護法案が成立したら桶川ストーカー殺人事件では犯人を特定できるような取材活動はできなかったという話まで登場させる。人権擁護法案にも反対の立場で，全委員の立場を述べている。それ以外には酒気帯び運転で論旨免職になった教頭の再就職を報道したところ，本人からの苦情が出された。それを巡る議論が載っている。町教育委員長はそのことを把握していなかったという談話を鵜呑みにしたことを反省している。これが朝日新聞社初の「見解」決定となる事件に発展する。これまで19通の手紙が寄せられ，その内1通は初の「見解」決定され，1通は広報室へ。残りは記事についての単なる意見であった。2002年3月27日の朝日新聞は人権擁護法案に反対の見解を述べているが，これが数日前に議論された「報道と人権委員会」の延長上にある。

　朝日新聞社の両角晃一との電話やメールによって分かったことは，「報道と人権委員会」には人権侵害を受けた当の本人からしか苦情の申立てができないとのことである。判断の基準，綱領というものがないので，委員の個人の良心に判断が任されている。朝日新聞社内にも綱領というものがあるがそれは，一般的な内容で，個々のケースに対応できる代物でないし，人権と報道委員会で使われていない。2002年3月までで，人権と報道委員会が朝日新聞社の新聞，週刊誌などの報道で，名誉毀損，プライバシー侵害，差別などの人権問題を生じた可能性があるとして審議したのは4件である。その内1件は酒気帯び事件，

他の2件は出稿責任者と申立人との間に入り斡旋した。最後の1件は一般的な苦情と分かり広報室で対応したとのことである。

日本の苦情処理機関の問題点

　新聞労連は1997年に欧州の報道評議会の調査団を派遣してヨーロッパの報道評議会のありさまを研究してきた。新聞労連の山田健太，報道評議会特別プロジェクト事務局長（新聞労連法規対策部長）の言葉によると，新しい制度作りに新聞労連は踏み切ろうとしている。「報道評議会」に関する新聞労連原案が2000年9月に提案された[193]。報道評議会を作って新しい社会を創設したいとして，「法に頼らない公正な問題解決の実現」，「中央集権的でない現場による問題解決の実現」を掲げた[194]。また，メディアの絶対的な報道の自由という考え方に公共性という考え方を導入しないといけないとし，「こうした社会モデルの創造とともに，メディア自身の社会的位置づけについても再構築が必要である。日本は今後も，表現の自由を絶対的なものとして，規制を極力排除する原則を保持するのか，民主主義維持のためにはメディアの公共性を厳格に位置づけ，「社会的責任（役割）」を法的にも明確にするのか。その際，メディアがもつさまざまな社会的特恵，再販や税制優遇などを今後も享受することをよしとするのか」[195]と，マス・メディアがいわゆるメディア規制法反対キャンペーンを行ったのとは逆の主張を行っている。

　「市民参加型による問題解決の実現」「権力による無用の介入を防ぎ，報道機関が自律した存在であり続けるために，メディアが引き起こした報道被害に業界として自ら対処するシステムが今こそ必要になっている。それがここにいう報道評議会である。これは報道行為を縛るものではない。報道に対する信頼回復を目指してメディア自らが責任を果たすことを目的とするものである。権力からの監視，コントロールを一切拒否すると同時に，報道被害が起きた時には

193　http://www.shinbunroren.or.jp/hyougi01.htm を参照（2002年5月11日現在）
194　http://www.shinbunroren.or.jp/hyougi.htm を参照（2002年5月11日現在）
195　http://www.shinbunroren.or.jp/hyougi.htm を参照（2002年5月11日現在）

速やかに救済を図ることによって,報道の自由と責任を体現していくシステムである」[196]。「具体的にいえば,政府が急速に押し進める官主導の人権救済システムの設置や表現の自由の法・行政規制を許さないためには,メディア界のなかで新聞が範を示して何らかの実効性がある自主的ルールを示す必要がある。あるいは,日々発生している名誉毀損,プライバシー侵害をはじめとする読者・市民の人権侵害を,もっと彼らの立場に立って解決する手段を自らの責任で整備しなければなるまい。これらの問題解決に,もはや時間的猶予はない」[197]。そしてその報道評議会にはインターネットを含む「活字メディアには新聞だけでなく雑誌やネットなどが含まれる。いわゆる報道被害は,新聞だけが身をただせば解決するという問題ではなく,マス・コミ全般の倫理向上が必要だ」[198]としている。

運営母体としては「設立・運営は活字メディア全般に係わる発行者団体,労働組合が行う」[199]としている。決定機関には「発行者(新聞協会,雑誌協会),ジャーナリスト(新聞労連,JCJ,出版労連),市民代表など」[200]を想定している。その一方,申立人は本人と家族に限っており,公人からの申立ては認めていないし,取材方法,例えばメディア・スクラムの問題などは受け付けないなど,スウェーデンやドイツ型報道評議会とは違っている。受理基準に関してはまだ具体的に提示されておらず,今後定めるとなっている。これでは「メディア規制法」を反対する資格を疑われても仕方ない。しかも実際にはそのような報道評議会を今日に至るまで作れないでいる。

以上のように毎日新聞,朝日新聞などの委員会は,ドイツ報道評議会のそれと比べると次のような多くの問題点を含んでいる。

(1) 審理のプロセスが明確でない。日本の犯罪報道などを見ていると,例えば朝日新聞のように社内に「新・事件報道の手引」の中で「容疑者と被害者の写真」の掲載基準を持ってはいるが(2001年6月21日の第3回「報道と人権委員会」に関する定例会の報告を参照のこと),ケース・バイ・ケースで

196　http://www.shinbunroren.or.jp/hyougi01.htm を参照(2002年5月11日現在)
197　http://www.shinbunroren.or.jp/hyougi.htm を参照(2002年5月11日現在)
198　http://www.shinbunroren.or.jp/hyougi01.htm を参照(2002年5月11日現在)
199　http://www.shinbunroren.or.jp/hyougi01.htm を参照(2002年5月11日現在)
200　http://www.shinbunroren.or.jp/hyougi01.htm を参照(2002年5月11日現在)

ご都合主義になっていないか。それはあくまで社内の基準であり，それをどのように運営するか，またどのようなときにそのような基準を無視するか揺れ動く。

(2) 個々のケースに適用できるルールないし基準がない。また，そのようなルールが読者に知らされていない。したがって，どんな高尚な議論も座談会でしかない。

(3) いろんなテーマの座談会を行っているが，その議論がどの程度新聞造りの現場に生かされているのか不透明である。また，それらの議論を実際の紙面造りに生かしたとの努力が見えない。一方的な言い放しに終わっている。

(4) 社内議論の公開を単に数人の外部委員を導入して行っているだけではないか。社内モニタリングと事実上どれほど違っているのか不明である。

(5) 「見解」を出すかどうかは当の新聞の判断である。新聞社に対して委員会の「見解」の強制力がない。ドイツの報道評議会の決定は拘束力と強制力を持ち，その判断のもとになるルールは裁判でも重要な要素となるのと大違いである。

(6) 各委員のなかにある基準という感性に，独立性と持続性がない。基準の揺れを少なくするためにも，企業横断的な報道評議会が必要ではないのか。基準は1社にしか当てはまらないものでもなかろう。マス・メディアには複数の基準があるはずがない。

(7) 委員の選出はどうなのか。「人権派」と目される人は最初から排除されているのではないのか[201]。

(8) 書かれた側からの苦情の件数が少ないのは，日本的であり，まるでそれを見越しての制度ではないのか。なにも苦情がないのは，素晴らしい新聞作りをした結果ではなくて，中立な第三者機関ではなくて，苦情を持つ人を権力のあるマス・メディアと直接対決させるような構造のせいではないのか。そのうえ，当該のマス・メディアによる水面下の説得がなされていては，1個人と新聞社の対決になり，最初から勝負がついているようなも

---

201 浅野健一の批判「各新聞社が其の新聞に『理解がある有権者』を選んでいる」（出典 www1.doshishaa.ac.jp/~kasano/FEATURES/2001/asahi.html 2002年4月8日現在）

のである。結局のところ批判を許さない風土があるのではないか。議論の透明性を確保しなければまともに機能しない。

(9) ドイツやスウェーデンやイギリスでは申立人はマス・メディアに書かれた当事者である必要はない。一般的な読者でも、マス・メディアの取材活動、書き方に問題があると感じ、報道綱領に違反すると思った読者は訴えを起こすことができる。しかし日本ではそれを当事者に限ると狭く取っている。

(10) 個人情報に関する誤用、乱用がある場合、個人がマス・メディアを相手に訴訟ができるのだろうか。情報秘匿の問題の他に、訴訟費用や証拠調べなどを考えると、個人と巨大マス・メディアとの関係を放置しては人権侵害とか個人情報保護に対する対抗措置がとれない。マス・メディアが個人情報保護を中立機関に監視させるようなシステムがない場合、人権侵害は続くであろうし、実際に続いている。

日本の新聞は先に述べたように犯罪報道が多く、実名主義か匿名主義かという論争でも、実名報道による萎縮効果によって犯罪の抑止力を標榜するジャーナリストもいる。権力を握っているマス・メディアが、ときには警察まがいの犯人あぶり出しを行っている。日本のジャーナリストは検察官、裁判官、モラルの教師とはなっても、弁護士にはなれないようである。人権感覚の欠如しているジャーナリストは自らを律するルールすら受け入れられないのであろう。自己を厳しく律し、情報という商品の製造者責任を明らかに、読者からの批判を受け入れることが、読者を批判的にし、ジャーナリストの質を高め、民主主義を強化することに繋がるはずである。

(この章は拙稿（2002）「ドイツ報道評議会と日本型苦情委員会」金沢大学法学部第45巻1号pp131-191をこの書物用に書き改めたものである。)

● 課題 ●●●●●●●

> 報道評議会がなぜ日本で定着しないのか、言論の自由と責任論の観点から論述せよ。

■文献

Andrén, Gunnar (1993): A Concept of Freedom of Expression for Superindustrialized Societies, In: Splichal, Slavko and Wasko, Janet (edit.): Communication and Democracy, Ablex Publishing Corporation Norwood, New Jersey.

浅野健一 (2001):「再論・新聞各社の苦情対応組織とメディア責任制度―日本報道評議会設立への課題」『評論・社会科学』第65号同志社大学人文学会

鈴木秀美 (2002):「ドイツ個人情報保護法とプレスの自由」法律時報2002年1月号，第74巻第1号＝通巻913号，日本評論社

Trägerverein des Deutschen Presserates e.V. (1997): Jahrbuch 1996 Deutscher Presserat.

Trägerverein des Deutschen Presserates e.V. (2002): Jahrbuch 2001 Deutscher Presserat.

「メディア規制と市民社会の危機」(2001):『創』2001年9月号

第9章

戦争とマス・メディア

　攻撃の対象として戦闘員と市民の区別が消滅した第1次世界大戦以降，政府は，マス・メディアを支配し，操作し，国民の了解を取り付ける必要性を感じた。政府はマス・メディアを利用すると共に，資金援助を行ったケースもある。マス・メディアは戦争と共に巨大になり，発展した。マス・メディアは国益に弱く，部数に弱い。軍部の不買運動に，新聞は主戦論者に転向した[202]。満州事変は関東軍の謀略ではないかと疑いながらも，発表ジャーナリズムに流されたのが，日本のジャーナリズムである。都合の悪いことは報道されなかった。旅順虐殺事件（1894）はニューヨーク・ワールド紙が報じて，世界で知られたが，日本では伏せられた[203]。済南事件（1928），張作霖爆死事件（1928），柳条湖事件（1931），盧溝橋事件（1937）など日本の新聞は戦争の共犯者になった。鈴木健二は，日本の新聞について「権力と戦いつつ，実力でその地位を勝ち取ったのではない」[204]と書くとき，このような事情に言及している。日本の今日のマス・メディア，通信社や新聞社もほとんどが，第2次世界大戦中に今日の基盤を築いたのである。全国紙を除いて，一県一紙の制度が導入された。これが今日の地方紙の基礎となった。

　冷戦構造のマス・メディアはどうであったのか。イデオロギーが支配し，相手国に対するステレオ・タイプ化した認識が横行した。1966年5月29日に開催された，日本新聞学会春季研究会でのシンポジウム「国際政治とマス・コミュニケーション」の報告の中で，マス・メディアは「国際理解のためではなく，

202　原（1992）pp. 40-46
203　ibid. p. 115
204　鈴木（1997）p. 77

むしろ偏見の助長に資してきた」[205]という40年前の指摘があるが，今日でも事態は変わっていない。マス・メディアは情報源と一体になり，政府をチェックする機能を十分に果たしてきたとは言えない。

　戦争時にマス・メディアが国家にすり寄る傾向が強いことは現代でも変わりはない。ベトナム戦争では戦争の悲惨さが自由に報道されたために厭戦気分が高まったが，第1次湾岸戦争では，マス・メディア対策が取られた。ブッシュ（George H. W. Bush，父親の方）大統領は湾岸戦争で，ベトナム・シンドロームを克服できたと述べている[206]。それでも実際には戦争シンドロームが克服されたわけではないことは，ソマリアのモガディシュで死亡したアメリカ兵士が映し出されたときに抑止的作用が生じた。クリントン大統領はアメリカ兵をソマリアから引き上げねばならなかった。戦争を遂行するときにジャーナリズム対策がいかに重要かを示している。1991年1月25日から27日のタイムズ・ミラーの調査によると「軍は報道コントロールをもっと強めるべきだ」が57パーセントにも上り，「報道機関の自主決定にまかせよ」の34パーセントを大きく上回った。

　湾岸戦争では戦争の悲惨さが伝わってこない。まるでテレビ・ゲームのような映像と，公式発表と，従軍記者（エンベッド取材）による統制が徹底的に行われた。かくしてアメリカのジャーナリズムはアメリカ寄りの報道を行った。

　第1次湾岸戦争ではイラクに留まり，放送史上初めて，内部から戦争の開始から終結まで，報道を続けたCNNが，これまでの戦争報道を変えた。このような戦争報道が可能となったのは，冷戦構造の終結と技術の進歩があったからである。CNNの映像が戦争観を変えた。このような戦争観から，戦争は行い得るものとなった。かくしてメディアが国際政治に及ぼす影響は，CNN効果と呼ばれるようになった。CNN効果とはジョージワシントン大学の政治コミュニケーションと国際関係の助教授リビングストン（Steven Livingston）によれば，戦争を促進させる作用や妨げる作用や議題設定作用を指す。感情的な禁止者としメディアの妨げる効果の例としてベトナム戦争を挙げている。戦争遂行がメディアによって道徳的にも難しくなった。

　政治とマス・メディアの関係が顕著に現れるのは戦争報道である。国際政治

205　日本新聞学会春季研究会シンポジウム（1967）p.70
206　Livingston（1997）p.296

コミュニケーションの最も深刻な形態である戦争を行う場合，どの国も自国民に不自由と増税，財産と生命までも要求し，国民に了解を取り付けなければならない。空爆する側は，その正当性を自国民の国際社会に説明しなければならないし，空爆に曝される側は，それに耐える強い意志を国民に持つように教化し，国際社会に対してその非人道性を訴える。この戦争が聖戦であり，正義は我にありと自国民をして信じさせなければ，その戦争は，長引けば長引くほど，内部から崩壊する。「近代戦の特質は單なる武力のみによつては最後の勝利を得難いのである，即ち政治，思想，經濟，文化等凡ゆる物的及人的構成を綜合したる總力を發揮しなければならないのである」[207]。この64年も前に書かれた言葉は現在も当てはまる。

　総力を発揮するために，マス・メディア対策が必要であり，マス・コミュニケーション研究が発達した。マス・コミュニケーション研究は戦争と共に歩んだ[208]。マス・メディアも戦争と共に巨大になり，発展した。マス・メディアと戦争は切っても切れない関係がある。ベトナム戦争において，圧倒的な軍事力をもつアメリカが撤退を余儀なくされたのも，自国が攻撃されたり，侵略されたりしていないのにもかかわらず，遠い国に兵士を派遣し，兵士の命を犠牲にしても，共産主義に対抗しなければならないことの了解を国民から取り付けるのに失敗したからである。虐殺と暴行，化学兵器の使用，モラル・ハザード，厭戦観によって，戦争不能状態に陥ったのである。

　テレビ時代には，戦争の悲惨さがダイレクトに伝わるだけに，マス・メディアは戦争の遂行そのものに影響を与えかねない。ソマリア派遣軍をブッシュ政権が決意したのもクリントン大統領が派遣軍の撤退を決意させたのも，テレビの影響があったと言われる[209]。戦争が始まったのは，飢餓がテレビで報道されたことが引き金だったし，撤退は，アメリカ軍の戦死者の死体が，ソマリア人によって市内を引きずり回される光景がテレビで報道されたからだという。戦争時に，現地に派遣されたジャーナリストが，戦争の悲惨さ，自国兵士の累々たる死体，相手国市民の犠牲を連日報道したらどうであろうか。どの国も戦争

207　庵ほか（1942）p.1
208　東京社会科学研究所編（1976）p.10
209　藤田 pp.37-38

を遂行できないだろう。

　今日では，サテライト・ニューズ収集装置（SNG）によって，直接現場から戦争を報道できるようになった。湾岸戦争は敵と味方の両方で，攻撃の開始から，目標に命中するまでライブでテレビを通じて流された最初の戦争となった[210]。そのために，ベトナム戦争とは違って，湾岸戦争ではジャーナリストの徹底的なコントロール，自国兵士の犠牲をできるだけ少なくするためのミサイル攻撃，爆撃機からの空爆，相手の民間人には犠牲を出さないように，軍事施設や敵兵にのみ攻撃が加えられているとする，テレビ・ゲームまがいのピン・ポイント攻撃の様子が映し出された。湾岸戦争において，惨状は茶の間に届けられることはなかった[211]。イラクはクルド人への非人道的な毒ガス攻撃を行っていることや，鳥が油まみれになっている様子に象徴されるイラク側の自然破壊を示す報道が，全世界に報道されたのである。「戦争の両側から報道しなければ真実は分からない」[212]のである。

　コソボ紛争に端を発するユーゴスラビア紛争に関して，NATOは同じ戦略を採用した。攻撃を軍事施設に限定し，ユーゴスラビアから譲歩を引き出し，要求を飲ませようとした。人道的で"清潔な"戦争など存在しないことは言うまでもない。しかし，そこにナショナル・インタレストが強く関与すれば，"清潔な"戦争があるかのような報道がされる。マス・メディアの専門家が雇われ，操作するニュースが流される。戦争に血が流れないかのような報道，綺麗な戦争，「賢い爆弾」とか「バンカーズ・バスター」とか「デェイジー・カッター（雛菊刈り）」などの耳障りのいい爆弾が炸裂するのである。破壊力を高めるために劣化ウランが使われ，放射能で汚染される。国家が，国民を戦争へと駆り立てるときに，もしもマス・メディアが，それに反対するような行動に出たらどのようになるだろうか。戦争時には，国民の支持は，政府に集まる。加熱した愛国主義もと，そのようなメディアに対しては不買運動が起こらないとも限らない。私企業であるマス・メディアはそのような危険を普通は冒さないものである。また，特派員に自由な取材をさせていては，情報が漏れ，

210　Kirschstein p. 230
211　Koller p. 243
212　坂井 pp. 249–50

作戦が失敗するだけでなく，戦闘員に犠牲者が出る可能性だってある。従って，戦争報道にあっては，マス・メディアの取材活動には，ある種の抑制を課すべきだと考える人は多い[213]。アメリカの将校2,000人以上に尋ねたアンケート調査によると戦場からの検閲なしの生の正確な報道を肯定する声が多いとする人が82％，一方ベトナム報道が，戦争行動に害を与えたとする人が64％に登っている[214]。

無制限報道の自由は兵士の生命を危険に曝し，軍事行動を相手側に知らせることになる。また，被害状況の報道も，相手側に，その作戦の効果を知らせるのに利用される恐れがある。またなにげない写真一枚でも，作戦を相手側に知らせてしまう可能性だってある。湾岸戦争では，アメリカは砂漠という地形，アメリカが戦況を完全に把握していたので，ジャーナリストをコントロールできたので，ある程度の取材の自由も容認できたが，場所が違えばそのようなことができないであろう。ダンスモア（Barrie Dunsmore）は兵士をインタビューして，兵士から作戦の秘密を守る必要があったり，兵士の生命を危険に曝す恐れがあったりする場合は，妨害電波（Jamming）を使うことも辞さないという解答を得ている。

テレビの戦場報道は国際政治，国内政治決定に大きな力，つまり議題設定力を持っている。戦争の手の内の実際が知らされたら第1次世界大戦は数カ月の内に終わってしまっていたであろうと予想する。戦争を納得させ続けることができないからである。また，戦争というのは民主主義国家同士と言うよりも，専制主義国家と民主主義国家との間で戦われるので，民主主義国家にとっては不利であると，アメリカの上院議員マッケーン（John McCain）は発言している[215]。

同様のことは日本でも見られた。2004年1月10日の読売新聞によれば，9日石破防衛庁長官は，日本のイラクへの日本軍派遣に関して，防衛記者会に加盟する報道陣に対して，取材自粛要請を行った。その内容は派兵部隊の日程や規模については報道を控える，現地取材はできるだけ控える，隊員の生命および

213　Dunsmore（1997）
214　ibid. p. 240
215　ibid. p. 259

安全についての報道を自粛するという，内容を持っている。読売新聞は，こうした要請を異例としながらも，当然だと結論づけている。自国軍の損害を報道することは指揮の低下その他，マイナス面も否定できないが，そのようなことも含めて，民主主義国家では常に戦争続行の意味を国民が判断し，納得も，拒否もできる情報の流れをストップさせないことが必要だ。

駐ユーゴ中国大使館"誤爆"をケース・スタディとして

　マス・メディアと国家フレームの関係を示すために，NATOによる駐ユーゴスラビア中国大使館誤爆事件（日本時間1999年5月8日午前6時50分発生）をケース・スタディとして取り上げた。この事件を各国のマス・メディアはどのように報道したかを比較することで，マス・メディアの客観報道というものが本当に客観報道なのか，また，客観報道とは何なのかを問うと共に，それぞれの国の事情，ナショナル・インタレストが報道にいかに反映しているかを明らかにしたい。

　分析対象としては新聞報道を取り上げた。期間は，基本的には駐ユーゴスラビア中国大使館がNATOのミサイル攻撃によって破壊された5月8日から1週間である。それをめぐる，アメリカ，イギリス，中国，ドイツ，日本の新聞記事を比較した。また，必要に応じて，それに先立つ報道や，それ以降の報道も参照した。それぞれの国の事情や背景を描き出すために，他の資料も使った。自国のメディアだけを主として消費するのではなくて，自国の枠組みを越えた広い視野を持つことの重要性を喚起できれば幸いである。

　戦争報道がいかに国家フレームがかかっているかを示すために，ケース・スタディとしてコソボ戦争を取り上げた。アメリカ，イギリス，中国，ドイツ，日本でのコソボ戦争報道を比較した。

　明確な国連決議のないまま，空爆に踏み切ったNATO軍には，ユーゴスラビア空爆を，正当化する欲望が強く見られる。その論拠は，アメリカ，イギリス，ドイツとも共通である。民族浄化などの看過しがたい人権抑圧が行われている場合，国連安保理の決議によらずに，内政干渉することが許されるという

立場を取っている。しかし，詳細に検討してみると，これらの3国は，それぞれの国の事情を反映して，異なった報道をしていることが分かる。アングロ・サクソンのアメリカとイギリスの間にも差異が見られる。過去の負債を持つドイツの報道は，戦勝国のアメリカやイギリスとは当然異なるのである。国内に民族問題を抱える中国は，国内紛争に他国が人権侵害や民族浄化を口実に軍事介入することに反対していたが，コソボ戦争では，拒否権を持つ安保理を離れたNATO軍による軍事介入によって，事実上蚊帳の外に置かれた。ところが，在ベルグラード中国大使館誤爆で，突然当事者国の1つになったのである。台湾の立場は，中国とは全く異なる。日本は今回比較した国々の中では，最も傍観者的立場にいた。ドイツと同じように過去の負債を持ち，日米安保との関係でアメリカの行動に支持を示す一方，中国にも理解を示し，国連の決議によらない多国籍軍の派遣には反対するという歯切れの悪いものだ。

●コソボ紛争

コソボ戦争の最中，NATO軍の在ベルグラード中国大使館誤爆をめぐる，マス・メディアを分析するに当たって，コソボ戦争は，どのような経過を辿ったのかを書いておく。ユーゴスラビアはソ連からも距離を置き，かつては，ユーゴスラビア型共産主義として賞賛された。共産圏に属しながらも，ユーゴスラビアの通貨は西側の通貨市場で取引された。このような開放政策を取っていたために，ユーゴスラビアはアメリカや西ヨーロッパにもパイプを持っていた。奇跡の経済復興を遂げた西ドイツは，労働力不足に陥り，ユーゴスラビア，トルコなどから大量の外国人労働者を受け入れた。彼らの本国への送金と，西側からの観光収入で，ユーゴスラビアは繁栄し，政情は安定していた。多民族国家が統一を維持できたのは，経済の安定や，西側諸国への開放政策にもよるが，故チトー（Josip Broz Tito）大統領のカリスマ的統率力と，ユーゴスラビアをソ連に渡したくないとした，アメリカや西ヨーロッパの思惑が働いた結果である。チトー大統領は民族宥和政策を取り，他の共和国にセルビア人を移り住ませ，表面上は平和が続いた。しかし，冷戦構造終結とともに，多民族国家であるユーゴスラビアは解体し始めた。これまでは支配的な立場にいた少数派のセルビア人と，独立を欲するその他の民族との間に軋轢が生じたのである。

民族主義が台頭し、最初にコソボで独立運動が盛んになると、これを抑えようと、ユーゴスラビアは1990年7月5日にコソボの自治権に制限を加える。これがユーゴスラビア分裂の発端である。

　コソボでの独立運動が起こったことに端を発する旧ユーゴスラビアの内乱状態は、他の地区にも飛び火した。ユーゴスラビアを統一体として維持したいというセルビア人の願いは、最初はヨーロッパで戦火を望まない西側諸国に支持されたが、独立を望む共和国へユーゴスラビア連邦軍が軍事介入し、内乱が激化するに連れて、西側ではセルビア人のミロシェビッチ（Slobodan Milošević）大統領を支持する気持ちは低下した。冷戦構造の終結で、緩衝地帯としてのユーゴスラビアの価値が低下したのも原因だ。とりわけドイツの外相ゲンシャー（Hans D. Genscher）は、戦前から関係の深いスロベニアやクロアチアの独立を果たすために、外交手腕を発揮した。ドイツはスロベニアやクロアチアの独立を1991年12月23日に単独で承認した。1992年1月15日には、バダンテール（Robert Badinter、フランスの憲法裁判所所長の名前より）委員会でEC各国はスロベニアとクロアチアを承認した。もともとドイツとの関係が深かったスロベニアはその夜、国営テレビで「Danke Deutschland（有り難う、ドイツ）」というドイツ語の歌を放送した[216]。3月3日にはボスニアが独立宣言する。4月6日にはEC（1993年よりEUに変わる）がこの独立を承認する。アメリカはその次の日に承認する。国連安保理で前者2国は、5月18日に、ボスニアは5月20日に国連加盟が承認され、22日の国連総会で、正式加盟が決定した。武力によるセルビア人の居住地域の独立と、新ユーゴスラビアの統一を目論んで、ボスニアのセルビア人指導者カラジッチ（Radovan Karadzic）が軍事行動を続行した。そのために、6月27日に国連安保理で、全ての必要な措置を新ユーゴスラビアに対して取るという決定が下された。ムスリム人勢力と、クロアチア勢力と、セルビア人勢力の3つどもえの戦争になったが、セルビア人に制裁が集中した。ブッシュ政権を引き継いだクリントン政権は、侵略者（セルビア人）対犠牲者（ムスリム人とクロアチア人）という構図を作り上げたとされる[217]。NATOの空爆が始まったのである。NATOをテコ入れにEUをアメリ

216　千田（1999）p. 51
217　ibid. p. 105

カにつなぎ止めたいというのがアメリカの本心だろう。

　デイトン市郊外の空軍基地に，クロアチアのトゥジマン（Franjo Tudman）大統領，新ユーゴスラビアのミロシェビッチ大統領，ボスニア・ヘルツゴビナのイゼトベゴビッチ（Alija Ali Izetbegovic）幹部会議長の3人が，3週間にわたって会合し，1995年11月21日，合意に至った。これがデイトン協定である。しかし，ユーゴスラビアの紛争はそれで解決したわけではなかった。

　1997年，新ユーゴスラビアのセルビア共和国から独立を企てるコソボ解放軍（KLA）と，新ユーゴスラビア治安部隊との衝突が始まる。1998年2月，ミロシェビッチ大統領はKLA討伐のために数千人の軍隊をコソボに投入する。6月，EU首脳会議で，EUはコソボからのセルビア人治安部隊の撤収を要求。9月，国連安保理で即時停戦と対話再開決議を採択。10月，ユーゴスラビア大統領は停戦を受諾，欧州安保協力機構（OSCE）の監視団を受け入れる。12月には停戦合意が崩壊，セルビア人治安部隊とKLAが戦闘を再開した。1999年1月16日コソボ検証ミッションがラチャック村でアルバニア系住民の虐殺死体約40体を発見。NATOは軍事介入をちらつかせ，1月29日にコンタクト・グループ外相会議において，コソボ自治，ユーゴスラビアの領土保全，選挙の実施を含む案を作成した。1週間以内にフランスのランブイエでこの案に対する回答を出すようにと，コソボ紛争の両当事者に要求した。もし，合意に達しない場合は，もう1週間話合えというものであった。

　1999年2月6日，ランブイエでアルバニア人勢力と新ユーゴスラビア政府との和平交渉が行われたが結論が出なかった。3月15日にパリで和平交渉を続行した。3月18日にはアルバニア人勢力は和平案に署名したが，ミロシェビッチ大統領は，NATO軍のコソボ駐留，ユーゴスラビア軍のコソボからの撤退を含む和平案を拒否した。パリでの和平交渉は決裂した。アメリカ政府は，その後，ホルブルック（Richard Holbrooke）特使をユーゴスラビアへ派遣，ミロシェビッチ大統領と交渉に当たらせたが，交渉が難航した。NATOはその交渉期間中，空爆を行うと脅迫しながら，和平案を受け入れるように，ミロシェビッチ大統領に迫ったが，交渉は結局決裂した。NATO事務総長ソラナ（Javier Solana）は，3月23日ユーゴスラビア空爆を命令する。それを受けてNATOは3月24日にIFOR（平和実施軍）を派遣し，軍事介入した。もともと

南スラブという意味を持つユーゴスラビアに対して、人種的にも文化的にも親近感を持つ同じくスラブ民族に属するロシア人は、NATOの空爆に反対した。セルビア人の方からは、ロシア連邦に加盟すれば、NATOは手を出せないだろうと、ロシア連邦に加盟する決議をした。しかし、経済が混乱し、IMFからの資金を注入しなければならないロシアは、NATOの攻撃に不快感を示しながらも、傍観するしかなかった。

軍事施設に対するピン・ポイント攻撃空爆だけでは、音を上げないミロシェビッチ大統領に対して、その攻撃目標は、ボスニアの空爆と同じように、軍事施設から、民間施設へと拡大した。戦争当事者のメディア合戦の状況になり、セルビアとアルバニア両民族の対立は、NATOの軍事介入によってさらに拍車がかかった。セルビア人のアルバニア系住民に対する迫害、虐殺、強制流出（民族浄化）が西側のメディアでは連日報道されることになる。それに対して、ユーゴスラビアでは反米欧世論が起こり、ミロシェビッチ大統領にセルビア国民は強い支持を与えた。皮肉にも、戦争がエスカレートするに連れて、コソボのセルビア化が加速したのである。

ドイツのケルンで渋るロシアを引き込んだG8の会談で、コソボからのセルビア軍撤退と、アルバニア系住民の安全を確保するための国際部隊駐留という解決の枠組みができ、舞台を安保理に移して、拒否権を持つ中国の説得をはかろうとしていたときに、中国大使館誤爆が起こり、解決策も吹っ飛んだのである。6月3日にミロシェビッチ大統領は、反対していたNATOを中核とする国際部隊の駐留を受け入れ、セルビア軍とNATO軍は、セルビア軍撤退と、コソボにNATO軍を中核とする平和創設軍の進駐段取りを6月9日合意し、事実上ユーゴスラビアは降伏した。和平かさもなければ空襲かと、二者択一をミロシェビッチ大統領に迫ったNATOは、威信を賭けた戦いに勝利した。6月12日にはロシア部隊の突然の出現というハプニングも飛び出す。ロシア軍は自分たちの権利を行使したのである。セルビア人はロシアの兵隊を大歓迎で迎えた。

国際保安部隊が駐留すると、アルバニア系住民は帰還した。もともとコソボでは1割程度しかいない少数派のセルビア人は報復を恐れて、家を捨て、コソボを離れた。セルビア人によるアルバニア系住民の大量虐殺が各地で行われて

いたことが明るみに出て，アルバニア系住民と，コソボに留まったセルビア系住民の間で緊張が高まり，今度はアルバニ系住民による，セルビア系住民への暴力，殺戮，追放が行われた。それを防止しようとする駐留軍にもアルバニア系住民の憎しみが向かう。このような相互の民族的対立がある中で，相互の武力解放は進まない。KLAが狙っているのはコソボの独立である。アルバニア系住民の自治権の回復には賛成しているアメリカは，他の地区で新たな民族運動を生み出しかねない独立を容易に認めないというスタンスを崩していない。そのために，駐留軍とアルバニア系住民の対立は激しくなるばかりだ。また，アルバニア系住民によるロシア軍の駐留を阻止する動きがなくならない。これが1999年9月までの状況である。

　このコソボ紛争には様々な冷戦後の政治的思惑が混じる。アメリカから見れば，国連決議なしで行われたNATOの軍事介入は，NATO軍に新たな任務を与えることによって，NATOからのヨーロッパの離脱を封じたことになるし，何よりも，唯一の超軍事大国アメリカの力を見せつける機会でもあった。ヨーロッパから見れば，ヨーロッパ独自の軍事オプションを睨み，ドイツを戦争に組み入れることに成功したことになる。アメリカの思惑とヨーロッパの計算。生まれつつあるヨーロッパ合衆国で発言権を確保しようとするイギリスの野望。安保理で同じく拒否権を持つ中国とロシアのプライド。大国の狭間で右往左往する日本と台湾という姿が見える。

●中国大使館"誤爆"をめぐる新聞報道

　NATO軍のユーゴスラビアへの爆撃は1999年3月24日から始まったのであるが，分析期間は駐ベルグラード中国大使館誤爆事件が起きた5月8日から，誤爆事件に対する中国の反米，反NATO抗議行動が比較的沈静化した5月15日までである。アメリカからはThe New York Times, The Washington Post, Los Angeles Times, イギリスからはThe Guardian, 中国からは人民日報の海外版と国内版，香港のSouth China Morning Post, ドイツからはDie Süddeutsche Zeitungとdie tageszeitung, 日本からは読売新聞，朝日新聞，毎日新聞のコソボ関係の記事を分析した。これらの記事を読めば，事実は1つであっても，報道は国によって違っており，それから受けるこの戦争の意味や認

識は異なっていることが明らかになろう。また，そのような差異は，それぞれの国の事情を反映したものであり，マス・メディアも，国家の枠組みの囚われていることが理解できると思う（以下で述べる新聞記事の内容紹介の内，「　」の部分は新聞からの引用であり．""はその引用文にもともと「　」か""が付いている場合に，それに置き換えた。地の文は内容をかいつまんだものである。（　）の部分は，この記事に対する著者のコメントである）。

アメリカ

　軍事超大国ソ連と，その衛星諸国の健在な内は，NATOがヨーロッパの安全を保障した。逆に言えば，アメリカがヨーロッパを自己に縛り付ける鎖でもあった。冷戦構造の産物であるNATOは，ワルシャワ条約機構が消滅したため，その歴史的役割を終えた。具体的な形を取りつつあるヨーロッパ合衆国は，ヨーロッパ軍を創設し，アメリカからの軍事的独立を計るかも知れない。そこで，アメリカは，拒否権を持つ五大国のすべての了解を取り付けなければ，決定が下せない国連安保理の枠組みに縛られずに，行動できる組織として，NATOを再構成しようと考えた。湾岸戦争のように，国家と国家の紛争の時，国連は機能するのであるが，内乱では，軍事介入ができない。そこで登場してきたのが，人権と民族浄化を口実とする軍事介入なのである。実際にヨーロッパで紛争が生じると，やはり，アメリカの介入なしでは，解決できないことを見せつけた。ポスト冷戦にもNATOは必要であることを明らかにしたのである。分析対象としたのは，いずれもアメリカを代表する新聞である。

● The New York Times

　1999年5月8日「**NATOの攻撃，中国大使館に命中。北京は'野蛮な行為'だとする。連合軍は病院を攻撃したことを認める**」という記事では，ユーゴスラビアから，中国大使館爆撃の第一報が届けられる。中国側は，直ちに国連安保理の緊急会議を要請。この事件の情報を確認すると共に，在中国米大使ジェームス・サッサー（James Sasser）は北京の官僚と接触した。国連総長の

アナン（Kofi Annan）も「ショックを受け，困惑している」。

　5月9日「**NATOは，大使館のビルは武器庫だと思ったと発言**」。その原因は，古い地図使用による誤爆である。5千回以上の出撃と，1万5千発以上の攻撃にしては，誤爆は少ないと弁解したことにも触れている。ただでさえもNATO攻撃に反対している，拒否権を持つ中国の大使館を攻撃したために，軍事的解決が難しくなっている。市民の犠牲者をできるだけ少なくしないと，西側諸国で，空爆の支持が少なくなるなるのではないかとの懸念が表明される。NATOのシェイ（Jamie Shea）報道官は記者会見で，「これは恐ろしい事故であり，NATOは心より犠牲者を悼む」と発言した。

　5月10日「**当局が誤爆原因調査，中国で反米抗議が高揚**」。何千という学生がアメリカ大使館に押し寄せ，卵や石やペンキやコンクリートの固まりを投げつけ，大使館員は人質のような状態であることを伝えている。学生たちは，「血には血を」などのプラカードを掲げたり，星の代わりにかぎ十字の入ったアメリカの国旗を掲げてデモ行進した。クリントン大統領は，江沢民国家総主席に手紙を送り，哀悼の辞を示した。また，駐中国大使サッサーも深い悲痛の辞を表明したが，中国の新聞はこれを無視した。また，警察はデモ隊を全くなすがままにさせておいた。上海，広東 瀋陽，成都の領事館にもデモ隊が押し掛けた。成都では領事公邸が放火された。（全体として，中国人の立場も考慮されており，現場からの公正なレポートとなっている）。

　「**中国は我が身の危険を顧みず，反米の怒りを煽る**」という記事は中国の反米デモの背景を探った記事だ。共産党の保守的な勢力は，ナショナリズムと反米主義を利用して力をつけようとしている。西側との結びつきを強化し，市場経済への転換を模索する江沢民にとって，ナショナリズムは危険な賭けである。デモ隊の中には，毛沢東の肖像を掲げるものも現れた。その理由をある中国人教師は，毛沢東の時代なら，アメリカと妥協することはなかったからと分析した。国家副主席の胡錦濤は「法律に照らして，合法的であれば，あらゆるデモも許可する」と宣言した。何人かの中国人によれば，天安門事件から目を逸らすために，政府は国民の目をユーゴスラビアに釘付けにしているのだという。

　「**爆撃はただでさえ緊張している米中関係をさらに緊張させる**」という記事では，NATOの空爆に反対する中国は，これまで「コソボ・アルバニア人の

実態を報道せずに，セルビア人の苦しみばかりを報道した」と書いている。国務長官オルブライト（Madeleine K. Albright）は，駐米中国大使の李肇星の所へ赴き，遺憾の意を表明した。

「ブレアーは中国大使館爆撃の後に国民の支持を集める」という記事では，今回の事件で，空爆を中止したら，ユーゴスラビアに対して誤ったメッセージを与えるかも知れないので，中止してはならないと発言したブレアー（Tony Blair）首相の談話を載せている。（ユーゴスラビアに対して最も厳しい態度を取る）ブレアー首相は，先週マケドニアの難民キャンプで出会った人々のことを念頭に置いて，「ベルグラードの中国大使館誤爆のような出来事についての話を聞くとき，これらの人々を思い出すことは価値のあることだ」と発言した。「テレビでこれらの光景を幾ら見ても，そこで語られた悪臭を放ち，すべてを充満する恐怖の様子と，恐ろしい話を聞くと，かすんでしまう。それらは，暴行を受けた婦人の口から語られた話である。娘が暴行されるのを見た祖父母の口から語られた話である。父が連行され射殺されるのを見た子供たちの口から話されるのである。姉妹を失った兄弟や，兄弟を失った姉妹の口から語られた話である」（レトリックを使いながら，中国大使館誤爆が国民の反誤爆気分を駆り立てないようにと演説する，英国首相の意図が読み取れる）。イギリスの新聞では，ステンコビッチ（Stenkovec）のキャンプで，追放された人々の集団に会って，英国首相夫人ブレアー（Cherie Blair）が泣いている姿が，新聞やテレビで映し出された。

「大使館攻撃でNATOに敵対する空気」と題する記事は，中国大使館誤爆により，ユーゴスラビアでは，NATOに対する反感が強まっていることを報じている。ユーゴスラビアではNATOの中国大使館誤爆は意図的に行われたと信じられている。そのわけは，「NATOは中国を引き込むことでより大きな危機を創出したい」とするものや，「世界で唯一のスーパー・パワーとしてアメリカが力を誇示したい」とするものや，「ますます多くの市民をターゲットにしようとする冷血なキャンペーン」だとするものまである。（この記事はセルビアの人々をインタビューして書いた記事）。

「ブルクリンでは，コソボの同族にために暖かい避難場所」と題する記事は，アメリカに親戚を持つコソボからの難民がニューヨークに到着したことを報告

している（この記事を読んで筆者が感じたのは，一方では空爆で多くの犠牲者が出ているとの報告と，アメリカに避難した人道的な扱いのアンバランスである）。

「大使館誤爆の根底には，武器の方ではなく，目標の方に誤りがあった」は，中国大使館の誤爆がどのようにして生じたかについての詳細な記事である。原因は様々な段階のクロス・チェックにも拘わらず，見逃してしまった古い地図の記述であったと伝える。

「中国は武器交渉も人権問題について話し合いも中断」では，中国政府が，アメリカとの交渉を中断すると共に，NATOの爆撃に対する謝罪と，調査と，責任者の懲罰とをアメリカに要求したことを伝える。とりわけ武器交渉はアメリカにとって重要である。というのは中国がパキスタンやイランやその他の国に，核爆弾やミサイルの技術を提供しているのではないかと，アメリカは考えているからである。中国への旅行を差し控えるように指示し，また，中国国内のアメリカ人は外出を控えるように指示した。セルビア人がコソボ・アルバニア人を攻撃していることも，またそれを阻止するためにNATOの空爆が行われていることも，中国のメディアでは報道されないことも指摘している。

「ユーゴスラビアはコソボからの部分的撤退を宣言」という記事では，そのような撤退の証拠はないとするアメリカの頑なな姿勢を報告している。アメリカの要求は完全な撤退である。EUがユーゴスラビアに対して，新たな経済制裁を行い，ユーゴスラビアの指導者とその家族，および高官の旅行を禁止したことを報じている。「NATOはユーゴスラビアの撤退報道に疑いを持ち続ける」という記事では，ブレアー首相の談話として，NATOから5条件が満たされないとして，空爆を続けることを書いている。その5条件とは，暴力行為の即時停止，全ユーゴスラビア軍隊の撤退，難民の帰還，NATOを中核とする国際治安部隊の駐留，国際監視下のコソボの自治である。

5月11日「大使館爆撃はコソボ外交に支障をもたらすか」では，誤爆事件が，それでなくとも中国との悪い関係をさらに悪化させることに言及している。また，この記事の中で，クリントン大統領が中国に対して3度も謝罪したことが書かれている。「反西側の高官たちは，今回の事件を，胡錦濤首相が先月ワシントン訪問に際して行った譲歩を潰すのに利用している」と書いている。国際紛争の解決をNATOから，拒否権を持つ国連に戻したいロシアや中国は，最

終的にはテーブルにつくであろうと，クリントン政府高官の見通しも伝えている。

5月12日「**NATO はセルビア人に再度要求，大空爆を再開**」。この中で，ユーゴスラビアは NATO が提示する条件を満たさない限り，撤退する軍隊までも攻撃の対象とすることを報じている。また，この新聞で中国がクリントン大統領の謝罪を発表したことを報じている。

5月13日「**同盟軍の空軍隊長はベルグラードを攻撃する必要性を説く**」では，中国大使館誤爆で怯（ひる）んでいるという印象を持たれないためにも，またミロシェビッチや周辺の人々に政策変更を強制するためにも，ベルグラードへの空襲強化の必要性を空軍隊長は説く。

5月14日「**ベルグラード，NATO の空爆続行で停電**」。この記事は，中国大使館誤爆事件以来最も激しい空爆がベルグラードに対して行われたことを伝えている。ペンタゴンの報道官ベーコン（Kenneth H. Bacon）は，「もしこれで終わりだろうとスロボダン・ミロシェビッチ大統領が考えたとしたら計算違いだ」と発言。

「**プロパガンダ・マシーンで呼び起こされた本物の大衆の怒り**」という記事では，中国政府が支配するマス・メディアを使って，中国がいかに大衆を反米，反 NATO へと駆り立てたかを報道する。中国の新聞やテレビは，大使館爆撃を「アメリカに率いられる NATO 軍によって行われた」「犯罪行為」と言い，殺害された記者を「殉教者」に仕立て，NATO 軍は「野蛮人」であると報道している。「アメリカ大使館の正面が投石によって損傷したこと」も「民族浄化」という言葉も，中国では全く報道されることはない。それと同時に，インターネットの時代に，情報の統制ができるはずもなく，ある中国での記者会見で，記者から，人種浄化はどうなっているのかという質問が出されたことから分かるように，今日の中国人はずっと複雑であることを伝えている。

「**難局，ドイツの政党はコソボ空爆の'限定的停止'を指示する**」という記事では，ドイツの緑の党が「連立政党や西側政府の動きを乱した」ことを報じている。緑の党が真っ二つに割れ，フィシャー（Joschka Fischer）外相は赤いペンキの入った風船を投げつけられた。30分後に演説のためにマイクロフォンに向かってフィシャー外相が話そうとすると，後列から「戦争挑発者，戦争挑

発者，戦争挑発者」という合唱が起こった。それに答えてフィシャー外相は「ええ，私は戦争挑発者ですとも。そしてスロボダン・ミロシェビッチはノーベル平和賞を受賞すべきです」と発言した（ドイツ緑の党の歴史と，緑の党のユーゴスラビア問題に対する対応の苦悩についての詳しいレポートである）。

　「クリントンは流血を引き起こしたミロシェビッチを非難したが，それは運命的なものでない」という記事の中で，クリントン大統領は，これまで何度か，バルカンには「抑えがたい憎しみ」という「バルカン病」があるという，誤った歴史認識を持っていたことを謝罪した。また，マス・メディアが難民ばかり報道して，うんざりしているところに，誤爆事件が生じ，今度は誤爆事件ばかりを報道して，難民への注目が薄れ，戦争の本来の意味を見失わないよにと警告したブレアー首相の発言を受けて，「難民疲れ」になって，「この悲劇の真の犠牲者のことを私たちは忘れてはならない」とクリントン大統領は発言した。クリントン大統領は，演説の中で，コソボでの残虐な行為は，ヒトラーのユダヤ人虐殺を思い出させると発言した。また，この記事は，中国は厳しい態度を取り続けているが，緊張関係はある程度落ち着き，江沢民国家主席は，クリントン大統領との電話会談に応じるとの見通しを書いている。

●The Washington Post

　1999年5月8日には時差の関係で，**「NATOのミサイル中国大使館に命中」**という中国大使館誤爆事件の第1報が出る。

　5月9日**「NATO，狙いが間違った爆弾」**という記事では，国防総省長官のコーエン（William S. Cohen）とCIAの長官のテネット（George Tenet）は，誤ったCIAの情報のために，誤爆してしまったことを陳謝した。クリントン大統領も陳謝したが，ロシアも中国も，誤爆を認めず，NATOの攻撃を「野蛮である」とした。それに対して，クリントン大統領は「野蛮なのは民族浄化の方である」と言い返した。同じ日の**「中国，友人とスパイ」**いう記事では，中国がいかに信用できないかという内容で，今日の友人は明日の敵になりかねないことを指摘して，中国のいわゆる核スパイの問題を取り上げている。

　5月10日**「ベルグラードの目標を時代遅れの地図では確かめようがなかった」**では，誤爆の理由は，古い地図の使用というNATOの高官の話を載せて

いる。また、同じ記事の中で「このような事件のために、私たちが正しく且つ必要と考えていることを止めるつもりはない」とのアメリカ米国防総省将軍の談話を載せている。全体として、ペンタゴンの発表をコメント抜きで書いている。

「**北京のアメリカ大使をデモ隊が包囲する**」という記事では、サッサー大使と13人のスタッフがデモ隊の「人質」になっていることを伝えている。イギリスとアルバニア両大使館および、他のアメリカ領事館にも同様にデモ隊が押し掛けていること、また大使館員に十分な保護が与えられていないことを伝えている。オルブライトは駐米中国大使の李肇星に会って、スタッフが保護されるように要請したことを伝えている。この記事の中で、アメリカのレポーターが投石され、また、他のアメリカ人が脅迫されたことを報道している。デモ隊の1人の25歳の中国人大学院生が「俺はアメリカ人を殺したい」、「白人を殺せ」と叫んでいることを伝えている。成都ではアメリカ領事公邸が放火され、領事館にも投石があったことを伝えている。

5月11日**「北京の反応」**では江沢民がエリツィン（Boris Jelzin）大統領との電話会談で、アメリカの正式な謝罪と、「砲艦外交」を止めるようにと発言したことを、新華社を情報源として伝えている。それに対して、クリントン大統領は、今回の誤爆は遺憾であるが、それは「孤立した、悲劇的な出来事であり」、セルビア人によるコソボでの「計画された、組織的な犯罪」と比較にはならないと発言した。今回の中国のデモは中国政府によって演出されているが、「クリントンはナチだ、アメリカ人を殺せ」というプラカードが示すように、反米感情は「本物だ」と書いている。この記事では、5月10日の「中国人民への侮辱を許すな」と題する人民日報論説員の記事を引用している。またその中国の新聞では、アメリカが謝罪したことが書かれていないことに言及している。今回の事件で、中国国内では反米主義で、核開発を再開し、ミサイル技術を輸出しようとする強硬派が利益を得たことを述べている。

同日の**「ワシントンの説明」**と題する記事では、CIAの2人の高官が、中国大使館誤爆は古い地図によるものであり、目標設定に今後は入念なチェックを入れることを発言したと伝えている。別の高官の話では、そのような誤爆は今後も避けられないことも付け加えている。コーエン米国防総省長官と、オル

ブライト国務長官はテレビで中国に対して謝罪した。シェルビー（Richard Shelby）上院議員の話では，「中国は現在も我々のパートナーではないし，また未来にわたってもそうする気がないことを警戒すべきである」と書いている。中国はアメリカの謝罪を不十分であると見なしていることを伝えている。アメリカと中国は20年前に外交関係を樹立したが，この関係は正常なものからほど遠い状態であると書く。

「中国は NATO 爆撃の徹底的な調査を要求」では，デモ隊に投石されて，大使館に閉じこもっているアメリカ大使サッサーの様子を伝えている。中国の抗議行動に関する最初のコメントとして，江沢民国家主席が「金曜日のNATOの大使館攻撃は，12億の中国人に対する挑発である」との発言を伝える。これまで中国はアメリカの謝罪を報道してこなかったが，報道し始めたことを言及した。

「中国の騒擾の背後に」という記事では，人民日報の1面は，たいてい外国の代表団が中国を訪問したとか，中国の要人が外国を訪問したという記事が載るのに，中国のコソボに対する関心は異常である。中国は国内問題の国際問題化に非常に神経をとがらせるのは，自国内に，台湾とチベット問題を抱えているからだと分析している。西洋に対する劣等感と優越感などにも触れている。これは中国通のコラッチ（Jonathan Kolatch）の記事である。

「中国の本当の顔」という記事は，中国が反米的態度を取る理由を次のように描いている。中国政府が支配するマス・メディアが，「国民を，不正確かつ不完全な報道で，怒りへと駆り立てた。新聞は，アメリカの説明や謝罪を報道しなかった。政府は，バスもプラカードも，あらかじめ承認されたスローガンのリストもデモ隊に用意していた。こうすることで，望んでいた反応をまさしく作り出したのである。国粋的な抗議の熱狂で，国内の不満を逸らせ，同時に政府は中国の外国での影響力の増大をも目論んでいる」。クリントン大統領もNATOも不用意に妥協しない姿勢を示したことを評価している。80万人のアルバニア系住民が難民となり，何千ものアルバニア人に対する殺戮と強姦などの残虐な行為が続いていることを考えると，クリントン大統領が，中国大使館誤爆は「孤立した悲劇的な過ち」なのに反して，ミロシェビッチの方は，「計画的かつ組織的な犯罪」と言ったのは正当だとしている。（中国は，最初からセ

ルビア人の犯罪を報道するのを控え，国内の少数民族の抑圧は国内問題であるとしている。この中国の姿勢は，ミロシェビッチの態度と同じである）。中国は，ミロシェビッチを「包囲された英雄」として扱い，NATOを「邪悪な帝国主義の巨人」と見ている。

「ベオグラードはコソボの軍隊の削減を宣言する」という記事では，アメリカやNATOはユーゴスラビアに対して全面撤退と，アルバニア系住民の帰還を要求しており，部分的な撤退の宣言は，話にならないと，これを無視する構えを取っていることを書いている。

「投石はいつか終わるが，関係は終わらないと大使は発言」という記事は，駐中国大使サッサーの苦悩を伝えている。2日間にわたって，中国政府の高官とコンタクトを取れなかったことを伝える。

5月12日「ロシアは中国の要求を支持」という記事では，ロシア特使のチェルノムイルジン（Wiktor Tschernomyrdin）が，中国大使館誤爆による中国の反応を見て，NATO空爆の即時中止という線で，中国とロシアの足並みがそろったことを書いている。「爆撃は意図的だと中国人は信じる」は，4日間にわたる中国の抗議行動で目に付くのは，広範囲な階層の中国人が，中国大使館の爆撃は意図的であったと信じていることであると書いている。そのように思わせることは，中国政府にとっても都合が良い。6月4日の天安門事件の10周年や失業問題や官僚腐敗などから目を逸らすことができるからである。

「犠牲者の遺骨が中国に戻る」では，まず駐中国アメリカ大使館や領事館の6つの代表部で，半旗が掲げられたことが報告される。また，クリントン大統領の謝罪する場面が，英語の謝罪に中国語の字幕で中国のテレビに映し出されたことを伝えている。中国の外務省が抗議行動を支持していないとの言説に対して，「天安門での鎮圧の記憶を抑圧する手段として」，反アメリカ主義のうねりを中国政府は支持しているとする，中国分析者の発言を対置させている。成都では，アメリカ領事公邸が放火され，17万人の学生が押し掛けたことを伝えている。中国の反米抗議は未だ終わっていない。3人の遺骨が戻ってくると，どのようなデモが起こるか予想が付かないとしている。

5月13日「シュレーダー，NATOのために謝罪」と題する記事の中で，ドイツの宰相シュレーダー（Gerhard Schröder）が記者会見で謝罪すると，中国

の記者たちは，その謝罪に嘲笑を浴びせたことを伝えている。中国政府は頑なに，中国大使館爆撃は意図的であったと繰り返した。中国の夕方のニュースで，アナウンサーが，「恥をかかされない唯一の道は強くなることだ」と，発言したことを伝えている。

「いまや中国を正視することが肝要」と題する記事では，中国の反応を正確に分析することが肝要であると書いている。1つは，「本物の怒り」であり，1つは自分たちの権力を失いたくないと考える，「年老いた共産主義者の指導部によって入念かつ醒めたこれらの感情の操り」であるとしている。中国は，長い間外国に支配されてきたという歴史を持つ。アメリカにとって中国は，ドイツや日本と違って，価値観も政治体制も違うし，ましてや朝鮮戦争では対戦し，しかもその当時の軍人が中国ではいまだに権力の座にある。確かに，ソ連という共通の敵を前にしてアメリカと中国は手を結んだのであるが，今日では，アメリカの核技術スパイ事件や，ベルグラードの中国大使館をミサイルで誤爆したショックを克服できるほど，アメリカと中国は利益も価値観も共有しているわけではない。真の姿を直視することが双方にとって重要であるとこの記事は締めくくっている。

「爆撃は中国のWTO加盟に利するかも」という記事では，中国が大使館誤爆を，暗礁に乗り上げているWTO加盟問題に有利に使おうとの意図があるのではないかとの，アメリカ通商代表部バーシェフスキー（Charlene Barshefsky）の談話を載せている。

5月14日「反米抗議は"自然発生的"で，操作されたものではないと中国主張」では，中国は，反米デモは政府の操作であるとのアメリカ政府の見方を批判し，中国大使館爆撃の責任を取ろうとしないクリントン政府を非難していることを伝えている。「間違いと喧騒」という記事では，冷戦時代の次のような冗句を載せている。「アメリカ人はソ連の友人に語る。"貴方の国と我が国の違いは，好きなときに，私の国を批判できる点である"。それに対して，ソ連の友人は答える。"全く違いはありません"。私も好きなときに貴方の国を批判できます」。中国人は，アメリカを自由に非難できるが，自国を非難できないのだという。中国の怒りは理解できるとしても，ここには作為があるとしている。その根拠として，集会の自由がない中国では，当局の許可がなければデモがで

きないこと，中国のマス・メディアは火曜日までアメリカが繰り返し謝罪していることを伝えなかったこと，中国政府はデモを意のままに押さえ込むことでできるはずだ，の3点を挙げている。中国の核スパイ事件の下院特別調査委員会委員長である共和党議員のクリス・コックスも中国政府の操作を指摘した。「北京からの手紙」という記事では，中国人がアメリカに対していかに二面背反的な考え方を持っているか，また，政府に煽動されている中国人も多いが，外国人にこっそりと電話で支持を申し出る中国人も多くいることを伝えている。また，期を見るに長けている学生は，いかに変わり身が速いかを書いている。

「クリントンはユーゴスラビアに対する政策擁護」という記事で，クリントン大統領は国防大学での演説において，これまでのアメリカの政策を擁護し，「ユーゴスラビアがコソボで行った残虐な行為に対して，極めて詳細で感動的なスピーチを行った」。また，このスピーチの中で，コソボ・アルバニア人の抑圧を，ナチ・ドイツがユダヤ人に対して行ったホロコーストと同様に，「宗教と民族的な憎悪から，悪意に満ち，意図的且つ組織的な抑圧である」とした。このような大統領の演説は，まだ少なくとも1カ月は必要とされる軍事介入を，国民に要請する意図からされていることも，ワシントン・ポストの編集者は書いている。誤爆によって民間人の犠牲者も多く出ていることで，反ユーゴスラビア・キャンペーンを支持する人が少なくなったことがCBSニュースの世論調査で明らかにされた。それによると，クリントンを支持する割合は49％に対し，37％が反対，14％が意見なしであった。クリントンの演説がいかに感動的に国民に訴えるものであるかを示すために，少し長くなるが，その言葉を引用すると，「民族の抑圧」と「民族浄化」とは区別されるべきであると，クリントン大統領は主張する。「未だに終わらないので，皆さんはおそらくいらいらされていることと思う。でも，初めに私は申し上げました。時間という代償を払わなければならないと。しかも，最も重要なのは，もしも私たちが民族浄化に立ち向かい，世界をそれに立ち向かわせることができれば，今から何年か後には，私たちの子供がそのことを理解するだろうということです。そして，もしも私たちがそうしなければ，今から何年か後には，子供は私たちを許しはしないだろうということです」。

5月15日「ファースト・レディーがマケドニアに援助をもたらす」では，ク

リントン大統領夫人が,マケドニアを訪問したことを伝えている。望ましからぬ難民受け入で混乱しているマケドニアに対して,これまでの2千百万ドルのマケドニア基金に新たに200万ドルが追加された。クリントン大統領夫人が難民に直接話を聞いて,非常なショックを感じたことも報告される。

「**コソボ攻撃で難民殺害**」では,NATOの攻撃で,難民に多くの犠牲者が出たことを伝えている。ユーゴスラビア側の発表によれば,死者の数は79人だということである。NATOは,そのような事実をまだ確認していない様子である。

「**中国人は,クリントンが電話で謝罪する時間を遂に容認**」という記事では,クリントン大統領が30分にわたり,電話をかけ,中国政府と国民に謝罪すると共に,WTO問題にも短く触れたことを伝えている。それに対して江沢民国家主席はどのように答えたかが不明である。中国側のマス・メディアもそのことには触れておらず,謝罪をただ聞き置いたと新華社の報道を伝える。

●Los Angeles Times

1999年5月9日「**デモ隊は中国のアメリカ代表部を取り囲む**」では,このデモは,最初は政府によって焚き付けられたが,しだいに暴発気味になっていることを伝えている。中国とアメリカの分析者は,ベルグラードの中国大使館誤爆で被害を被ったのは「ただでさえ壊れやすい米中関係」だと書いている。中国大使館攻撃は意図的に行ったものであり,「アメリカは中国の決意の程を試そうとしているのだ」との,一般の中国人大学生の発言を書き留めている。アメリカの高官は誤爆の原因は,「古い情報」である可能性が高いとしている。アメリカが大使館を誤爆したのはこれが始めてではない。「ベトナム戦争の時,ハノイのフランス大使館を爆撃し,大使館員が死亡」したケースがあることを書いている。また,1986年にリビアのトリポリ攻撃では,アメリカの爆撃機は,フランスやルーマニヤやスイスの大使館を爆撃したことがあったことも書いている。

「**NATO,それは誤爆だ,大使館と兵器庫とを取り違え**」という記事では,連合国が謝罪し,中国とロシアは非難していることを伝えている。NATOの事務総長ソラナは,「すべての国々,すべての同盟国の心からの同情と哀悼は,

犠牲者とその家族，そして中国政府に向けられています」と述べた。またクリントン大統領も，ソラナとほとんど同じ文章を使い，「遺憾と哀悼の念を中国の指導者と国民に」捧げたことを書いている。ペンタゴンのベーコン報道官は「建物は誤って爆撃され，我々は中国大使館を狙わなかった」と発言。調査して原因を発表すると付け加えた。アメリカ政府は駐中国アメリカ大使サッサーを通じて正式の謝罪を中国に伝えた。

5月10日「NATOが誤爆した目標は，CIAが'定めた'ものだ」は，中国政府がアメリカの謝罪を拒否し，「醜い反米抗議」を続けたことを報じている。また，NATOは誤爆は古い地図によるものだとした。CIA長官テネットと米国国防総省長官のコーエンは。この誤爆は遺憾だとしながらも，「過ちがない軍事行動というものは存在しない」と発言した。また，NATOの高官は，誤爆で死亡した数と，セルビア軍によって処刑された数とは比較にならないと発言した。

「抗議が強まり，中国人はアメリカ代表部を攻撃」という記事では，アメリカ人に中国への旅行を思い止まらせるようにと国務省が警告を発し，米中関係が外交関係を樹立20年間で「最低点」に到達するほど悪化したことを述べている。駐中国アメリカ大使サッサーが誤爆に対して「心からのお詫び」を言い，犠牲者の家族の方に哀悼の辞を捧げたい旨を伝えたが，政府にコントロールされる中国マス・メディアは，この発言も，クリントン大統領の遺憾の表明も報道しなかった。「血には血を」，「アメリカ打倒」を叫ぶデモ隊は石や火炎瓶を投げつけ，大使館を攻撃し，成都では，領事館公邸が放火され，職員は逃亡せざるを得なかったことも報告している。また，あるデモ隊のプラカードには「戦争する気なら戦争しろ，江沢民国家主席にアメリカに対して戦争布告することを熱望する」書かれていた。

5月11日「ペンタゴンは目標設定手続きを厳格にする」という記事では，誤爆の教訓から，攻撃目標の設定手続きをより厳格にすると共に，ユーゴスラビアに対する攻撃の手はゆるめないこと，中国の抗議行動は「実質的な影響はない」との国務省の高官の談話を載せている。

「怒りの真っ直中，中国は外交的解決を示唆」では，アメリカの商業活動は続けるようにとの要請があったことを書いている。オルブライト国務大臣は

「我々のは目標設定ミスだが，ミロシェビッチのは，罪のない市民を目標とするのを通常もしくは一般的な政策として行っているのだ」と発言。中国政府は抗議デモのコントロールが利かなくなることを恐れて，学生はキャンパスに戻って学問に励むように要請。「そうすれば中国は他の国から誰にも邪魔されないレベルに発展するであろう」というのである。

「中国は火に油を注ぐ」は，政府に支配される中国のマス・メディアは，アメリカ側の謝罪を伝えず，NATOの爆撃の原因であるミロシェビッチ大統領の，虐殺，強姦，国外追放という政策を全く伝えないと書く。誤爆に関しては，CIAの誤った情報が原因であり，中国に謝罪と補償は当然であるが，それを政治的に利用して，天安門事件から目を逸らし，政府への結束を目論んでいるとしている。

「セルビアの恐怖はなくならない，最近の難民レポート」では，108万人のアルバニア系住民が難民となっていることを報告している。また，ユーゴスラビアの言う部分撤退は，NATOが要求するものと大きくかけ離れている。難民たちは持ち金も証明書も奪われ，抵抗すれば殺され，命辛々国外に脱出した，難民の悲惨さを報告している。

「NATOは攻撃を強化，中国は爆撃停止を要求」は，西側の爆撃の続行と，中国が国連で拒否権を使わないようにイギリスの外務大臣クック（Robin Cook）の要請，西側の強い結束，国連難民支援組織には，難民を支援する資金が底をつき，とりわけヨーロッパ諸国に資金援助をするように要請があったことを書いている。

「大使館攻撃に対する怒りは落ち着く」という記事では，遺骨が到着する今日はまた，反米デモが再燃するかも知れないとしながらも，落ち着きを取り戻しつつあることを報じている。江沢民国家主席は，NATOの爆撃は「12億人の中国人に対する挑発」であり，抗議行動を「中国国民の偉大な愛国精神」であると持ち上げた。また，中国のハッカーたちがアメリカ政府のホーム・ページに侵入し，そのためにホーム・ページが混乱したことを伝えている。

5月12日「アメリカと中国のホット・ラインは危機の時に通じない」は，2年前に中国とアメリカ間に開設された，ホット・ラインを使ってクリントン大統領が謝罪しようとしても，中国側が出ようとしないことを書いている。

「WTO，中国に対してただ乗りはなし」では，中国大使館爆撃という事件があっても，中国はWTO加盟のためにはそれなりの対価を払わなければならないとする記事である。「北京の改革運動は危機に瀕す」では，中国の首相であり，江沢民国家主席の後継者でもある朱鎔基首相の改革運動は，中国の保守派から攻撃され，改革運動がとん挫しかねないと書いている。中国がこのように厳しい態度を取るのは，中国の西側諸国から搾取された経験から来ている。クリントン大統領とWTO加盟をめぐる交渉で，朱首相が譲歩に次ぐ譲歩をしたにも拘わらず，手ぶらで帰国せざるを得なかった。対面を重んずる国，中国のメンツは汚されたのである。国内の権力闘争に気を配って，このようなことをクリントン大統領は繰り返してはならないと，カルフォルニア大学のプレート (Tom Plate) 教授はコラムで書いている。

5月14日「クリントンは江に遺憾の念を表明」では，アメリカの謝罪を拒んでいた中国首脳が，クリントン大統領の謝罪を受け入れたことに触れている。この中で，クリントン (Hillary Clinton) 夫人がマケドニアの難民キャンプを訪れ，難民生活が快適なものになるように努力する旨の発言があったことを紹介している。「クリントンは爆撃による中国側の怒りを静めようと努める」では，中国の頑(かたく)なな姿勢について述べるとともに，反NATOデモは「中国政府によって後援されている」と書いている。

●アメリカのマス・メディアの方向

アメリカは3月23日の上院合同決議21号によって「合衆国大統領にユーゴスラビア連邦に対する軍事空爆作戦とミサイル攻撃を行う権限」を与えた。この決議案は4月28日に下院では否決された。にもかかわらず，ユーゴスラビア攻撃に踏み切った。アメリカのマス・メディアは，自己の行動を正当化し，国民を説得する政府の言説に寄りかかっている。また議会対策とも相まって，ミロシェビッチに対する攻撃，ミロシェビッチとヒトラーの同一視，また，中国大使館の誤爆の衝撃を緩和するために，中国の反応の事情，誤爆事件の政治的利用という側面が強調され，空爆には誤爆が付き物だと総括する。確かに，中国側のマス・メディアもフォローし，ユーゴスラビアやマケドニア，アルバニアからの情報も報告する。しかし，最終的には反撃がほとんどなされることがな

い空爆により，多数の市民に犠牲者が出て，セルビア人の市民生活に必要な施設が破壊されても，視点は犠牲者としてのアルバニア系難民に注がれる。また，同時に中国に対する警戒感も感じ取られる。アメリカのマス・メディアは，政府の方策を全体として肯定していることが窺える。

イギリス

　イギリスは，アメリカと並んで，いやそれ以上に，ユーゴスラビアに対して，強硬な姿勢を取っている。地上軍の投入すら辞さないという態度は，他のヨーロッパの国とは一線を画している。イギリスもアメリカと同様，ドイツとフランス主導のEU発言力が強くなりすぎることを警戒しており，NATOの枠組みでのコソボ紛争を梃子に，自国の発言力を確保する必要性があるものと思われる。また，冷戦構造以降のNATOの在り様を模索し，ヨーロッパ周辺の警察官としての役割を担わせたいとするブレアー首相は，人権を守るためには国家主権の侵害も辞さないという「新国際主義」を打ち出している。イギリスからは，高級紙の1つThe Guardian紙を選んだ。

●The Guardian

　1999年5月8日「**NATO，ベルグラードの中国大使館攻撃**」では，ユーゴスラビアの外務省の報告として，中国大使館が攻撃対象になり，民間人が死亡したことを伝えている。これに先立って，ニッシュ（Nis）市でも病院が攻撃され，15人が死亡，20人が負傷した。このように民間人の犠牲者が出ると，「西ヨーロッパや他の地域でも空爆を停止せよという声が高まり，ユーゴスラビアの平和協定を実現する努力が複雑なものになる」ことを伝えている。中国大使館爆撃は，外交的解決を主張し，もともとセルビア人側を支持している中国とロシアを怒らせたことを伝えている。「**大使館誤爆にも拘わらず，爆撃続行**」という記事において，外務大臣ロビン・クックは中国に対して，誤爆を陳謝し，同時に，このような空爆を招いたのはユーゴスラビアのミロシェビッチ大統領であり，誤爆事件にも拘わらず，空爆を続行する旨を発言した。

5月9日「NATOの中国に対する'血の負債'」では，香港駐在の特派員による中国側のマス・メディアの反応を伝えている。中国側は，誤爆であったとするアメリカの解釈を拒否しており，今回の大使館攻撃は，民間人を巻き添えにしてはならないと言うジュネーブ協定と，外交官特権を定めたウィーン協定に悖る行為であるという中国の主張を載せている。「4人がNATOによる'悲劇的な過ち'により死亡し中国人の抗議行動発生」では，西側の反ミロシェビッチ・キャンペーンは崩壊の寸前にあると書いている。苦労してNATO陣営に引き込んだロシアが反発していることも伝えている。「バルカンでは一歩引き下がれ」は，NATOの空爆は正当化できても，誤爆によって解決が困難になり，中国に対してはそれなりの代償を払わなければならないと書く。

5月10日「5月10日，中国の抗議にも拘わらず，NATO攻撃続行」。NATOのユーゴスラビアへの攻撃は，悪天候のために少なくなったのであって，政治的な理由からではないと，NATOはブリュッセルで表明した。クリントン大統領とシラク大統領が会談し，双方は，民間の犠牲者は避けられず，また，空爆を続行することが確認されたことをNATOの報道官は伝えている。アメリカは，中国大使館爆撃は全くの誤爆であって意図的なものでないことを強調した。上海や広東や北京ではアメリカ映画の上映が停止になったことも伝えている。NATOによる攻撃に加わっていないアイルランド大使館も中国デモの目標になった。たまたま，この大使館がアメリカ大使館の隣に立っているという理由からである。「中国危機」では，誤爆事件を学生たちが天安門事件や，国内問題に目を向けず，高揚するナショナリズムで，エネルギーを消費してしまうことを当局は望んでいるのだと書いている。「抗議デモ隊は大使館を取り囲む」では，デモが当局によって許可されたことは，前例がなく，また，石や火炎瓶を投げるのを警察が阻止しなかったことを報じている。デモ隊は，「アメリカ帝国主義打倒」，「アメリカ人を殺せ」，「NATO解体」などを叫んだ。星条旗の星はかぎ十字に置き換えられ，「クリントンは第2のヒトラーだ」などと書いたプラカードが持ち出された。CNNオフィスの北京支局長のマックキノン（Rebecca MacKinonn）が頭を殴られたことも報告している。「NATO，過ちを犯した。しかし爆撃は続行」では，NATOのメンバー国の慌ただしい動き，ロシアがボン協定を支持する見通しなどが報じられる。

5月11日「**NATOの古い地図が中国大使館誤爆の原因**」という記事は，CIAが1992年の古い地図を使ったのが誤爆の原因であると発表したことを述べている。この発表に対して，イギリスの国防大臣リフカインド（Malcolm Rifkind）は，NATO同盟の「全くの無能ぶり」を非難した。また，イギリスの外務省は自国民に対し，中国旅行は，情勢が安定するまで見合わせるように指示した。外務大臣のクックは，誤爆にも拘わらず，軍事介入は正しいことであり，攻撃を続行することを強調した。「**空爆の中止はない**」では，ミロシェビッチ大統領が軍隊の部分的撤退を表明したことに対して，アメリカやイギリスからは，「間に合わせの手段」であり，ドイツは「宣伝のやり口」だとして，空爆を続行した。ブリュッセルでNATOのシェイ報道官は，ユーゴスラビアが部分撤退を行うのは，弱さの証明であり，空爆が効いてきたことであると述べた。

　「**中国人の抗議，エスカレート**」という記事では，中国の江沢民国家主席が，激しい口調でアメリカの「砲艦外交」を非難したことを伝えている。この記事の中で「怒りの波は本物だが，それはこれまで見たことがないような週末のデモの報道によって引き起こされている」と書いている。「**ユーゴスラビアはNATOを大量殺戮の罪で告発**」では，ユーゴスラビアは，攻撃に参加しているNATO10カ国を，侵略と大量殺戮の不法行為を行っているとして，ハーグの国際法廷に訴えた。また，国連の決定によらない攻撃も違法だとしている。NATOの言い分では，コソボの戦争を終わらせる国連決議があり，それが攻撃の根拠ということであるとしている。

　5月12日「**ロシアと中国，空襲に反対の態度を硬化**」ではロシアと中国の態度硬化を伝えるとともに，NATOが空爆を続けていること，また，トルコがNATOの空爆のために飛行場使用の許可を与えたことも伝えている。さらに空爆の影響はインドにも及んでいることを示している。NATOの軍事介入に反対するインドは，NATOの空爆は，インドが核武装しなければならないことの正当性を示すものであるとの，ヴァージペーイー（Atal Behari Vajpayee）インド首相の談話を載せている。「**中国の態度硬化**」では，空爆を停止しなければ，中国は国連での平和交渉に対して拒否権を行使するであろうこと，また，平和案は，「ユーゴスラビアの賛同を取り付けなければならない」と中国の銭基深副首相が発言したことを伝えている。また，中国を訪問するドイツの宰相

の中国での滞在は短縮され，単に作業日程を解消するための滞在に格下げになったことを伝えている。これまで米中関係を支持してきた The Washington Post は，中国は政治的目的のために中国大使館誤爆問題を利用しているのを見て，反中国よりの姿勢を強め，中国を叱責したことを報道している。しかしそれと同時に中国のアメリカに対する態度は，憎愛の両面を持っており，アンビバレントであることにも言及している。大使館攻撃があっても，米中経済関係は変化なく，中国のアメリカに対する態度にも軟化の兆候が認められることも報じている。

5月13日「**復讐心が壺から溢れ出る**」という記事では，今回の反米デモがなぜかくも激しいものとなったかの理由は，貿易交渉，人権などアメリカから屈辱感を押しつけられていた中国人が，反発するきっかけを求めていたからであるとした。デモ隊が国籍はどこかという質問に対して，自分はスイス人だと偽ってこの記者は，難を逃れたことを陳述している。中国人は，これまで外国人に好奇心の目を向けていただけに，突然憎しみの目を向けたのでとてもショックを感じたということである。今回の事件が収まっても，反米感情は若い人の心の中に残り続けるであろうと書いている。

「**ブレアー，ユーゴスラビアの軍隊がコソボを去っても，一切の妥協拒否**」という記事の中で，ロビンソン（Mary Robinson）国連人権高等官によれば，NATO の空爆により，「1,200人以上が死亡し，5,000人が負傷した」らしい。「**シュレーダーにとっては危機的な日**」では，シュレーダー宰相が連日内閣を成立させて7カ月経ったが，連立小党の緑の党が NATO の空爆中止を要請して，最大の危機に立たされたことを伝えている。緑の党の一部が，ビーレフェルトの党大会で，NATO の空爆の即時の停止と，外交手段による解決を要求した。この要求が党大会で認められれば，緑の党は分裂し，連立内閣は維持できなくなる。それと同時に，経済界の一行を伴う4日間のシュレーダー宰相の中国訪問が，1日の作業訪問に変わったことも伝えている。

「**この戦争はアメリカの最後の万歳になる兆候**」という記事では，クリントンとブレアーの演説は共に感動的であるが，そこには差異があることを指摘している。アメリカは戦争遂行に当たって，自国の大統領選挙が頭にあるのに反して，ブレアーは人権を真剣に考えている。ヨーロッパは自国の力が十分でな

く，アメリカの軍事力を必要としているが，アメリカにとってコソボは遠くの戦争だという違いが現れているのだという。「中国の恐怖を踏みにじる」という記事では，中国の大使館爆撃に対する反米抗議に過激に反応し，中国を孤立させることに警鐘を鳴らす記事である。

　5月14日「NATO は攻撃で'100人の市民を殺した'」，NATO はまだ確認が取れていないとして否定しているが，ユーゴスラビアの国営放送によると市民に多数の犠牲者が出たことを報じている。また，この記事の中でヒラリー夫人が難民キャンプを訪問したことも伝えている。

　5月15日「戦略が誤爆の悲劇を生みだしたのか」では，戦争遂行ができなくなるように，道路や橋や発電所を攻撃して，セルビア人が殺害や，強姦や，アルバニア人の追放をできなくさせるという戦術は，また必然的に市民の犠牲者を生み出してしまうと書いている。「誤爆攻撃」では，過去の NATO 軍の誤爆一覧表を載せている。「難民を殺戮するという大失態を犯した NATO を非難」では，誤爆によって，アルバニア系難民が80人以上殺され，60人以上が負傷した。この記事の中で，NATO はセルビア人の攻撃の可能性を指摘した。ユーゴスラビアは西側の報道関係者を現地に向かわせた。この最大規模の市民に犠牲が出た誤爆は，ドイツで緑の党が真っ2つになった次の日に起こった。「'誤爆'は結束を危うくさせる」では，NATO は表向き市民の犠牲者が出たことに対して責任はないとしているが，内部の結束を維持するのが困難になっていることを書いている。ロビンソン国連人権高等官が「市民を攻撃目標にしないように要請」。それが「西側に一層の緊張をもたらした」。ドイツやイタリアでも疑問の声が高まっていることを報じている。

●イギリスのマス・メディアの方向

　イギリス政府の対ユーゴスラビアの立場は鮮明である。誤爆のシニカルな肯定，悪いのはミロシェビッチであるという立場はアメリカと共通である。それに対して，The Guardian 紙の報道姿勢は，相対的に客観的で，公正であり，ユーゴスラビア側，ロシア側，アメリカ側，中国側などの言い分も伝え，バランスの取れた報道となっている。とりわけ確認できる事実に依拠した報道となっており，できるだけ意見を差し控える姿勢が感じ取られる。また，アメリ

カと違って，ヨーロッパ大陸にあるイギリスでは，ヨーロッパの他の国の報道は，アメリカのそれより細やかである。また，本当に人権を考え，ヨーロッパの平和を考えているのは，アメリカではなくて，自分たちでという自負の念も感じ取られる。同じアングロ・サクソン系とはいえ，アメリカのそれとは一線を画しているとの印象を持った。

中国

●中国の国内事情

　NATO軍によるコソボ介入は，これまでの国連安保理事会での決定による紛争解決という枠組みを外れている。拒否権を有する中国やロシアの同意若しくは少なくとも棄権による暗黙の同意による，国連決議なしの解決である。国際政治の枠組みを決定するアクターとして，中国とロシア抜きのアメリカ戦略に，中国は最初から不快感を示してきた。中国の新聞を読んでいて，NATOのことをわざわざ「アメリカをはじめとするNATO」と書くところに，中国の関心が，もっぱらアメリカに向かっているのが分かる。中国の核疑惑がアメリカの議会で持ち出され，WTOの加盟を促進すべくアメリカに渡った朱首相とクリントン大統領の会談が，実りの少ないものとなり，中国はそれでなくてもアメリカに対して非常な不満を持っていた。このような時点に中国大使館"誤爆"が起こったのである。中国のマス・メディアは，いわゆるという意味で，誤爆を括弧に入れた形でしか報道しない。天安門広場事件の10年目である6月4日が近づく5月8日，デモ行動に神経をとがらせている中国が，「自然に発生した」デモを許可している。そこにはどのような事情があったのであろうか。「強い中国」を作らなければならないという方向に国民を統一させたい意志と，またそうする正当性を内外に示す動機が中国側にあることを強く感じさせる。中国が核開発を自前の技術で行ったことを示す映画「中国の原爆」が，1999年秋公開されるらしいが，これなども，いかに上層部が，アメリカに反発しているかを示すことになろう。

●北　京

　人民日報の海外版（中国語）と，同時にインターネット www.peopledaily. co.jp/j/ による人民日報の華東版の日本語訳の要旨および部分的な記事の全訳を参照した。インターネットの日本語訳の方は華東版からのもので，記事は海外版とは必ずしも一致しない。海外版の方が，時間が遅れているのか，記事がより正確になっていたりする。特に断りがない場合は，中国語の海外版の記事からのものである。日本語訳に関しては，この日本語版の訳で使えるものは，それをそのままあるいは一部変更して使用した。人民日報は，1948年6月15日創刊。1949年8月からは中国共産党中央委員会機関紙となっており，華東版・華南版・海外版を発行している。

　1999年5月9日付の人民日報特刊は，全ページがこの"誤爆"事件で埋め尽くされた。1面をほとんど覆い尽くす「**中国政府声明発表**」の記事の副見出しは「NATOのミサイルによるユーゴスラビア大使館攻撃に最大限の抗議を」となっている。「アメリカをはじめとするNATOはこれに対しすべての責任を負うべきであり，中国政府はさらなる措置を取る権利を持っている」と書いている。「アメリカをはじめとするNATOのユーゴスラビアに対する40日余りの狂気じみた無差別攻撃は，既に多数の罪なき一般住民の死傷をもたらしたが，現在中国大使館まで爆撃することに至ったのである。NATOのこの行動は中国主権に対する粗暴な侵犯で，ウィーン外交関係条約と国際関係基本原則をほしいままに踏みにじるものであり，外交史上において希なものである」と書く。

　同じく1面に掲載された記事「**アメリカをはじめとするNATOの血なまぐさい犯罪を強く非難**」と題する，人民日報論説員の記事では，この中で，アメリカが主張する「故意に中国大使館を狙ったわけでない」との弁解の受け入を拒否した。「巧みな詭弁で血の事実を覆い隠すことはできない」とした。「その野蛮な行為は残忍の限りを尽くすものである」。「中国の正義の立場は世界で広範な好評を獲得した。中国は一貫して独立自主の平和外交政策を採り，国際事務において正義を主張し，公平を堅持する。覇権主義に反対し，侵略を非難してきた」。「我々は国際社会に対して，アメリカをはじめとするNATOが，

ユーゴスラビアでの極めて野蛮な戦争行為を直ちに制止するために，協力して当たることを要請する」（犠牲者の記者2人とその妻の，合わせて3人の遺体，大破した大使館，爆破現場での中国大使とユーゴの外相の写真などがカラーで映し出される。遺体の写真の大写しなどは，他の国のメディアでは掲載されていないので，かなりショッキングな映像である）。

　「**NATOの駐ユーゴスラビア大使館爆撃に中国各地で極めて激しい学生抗議デモ**」と題する記事の中で，8日，北京，上海，広州，成都，香港などの各地に学生デモがあったことを報じている。北京では北京大学，清華大学，北京師範大学，北京航空航天大学など，数千の学生が，アメリカ駐中国大使館の前でデモ行進をした。また，上海では，上海市学生連合会の指導で，復旦大学，交通大学，同済大学など10以上の大学から数千人のデモ隊がアメリカの上海領事館前で抗議したこと，香港では，イギリスとアメリカの領事館の前で抗議デモがあったことを伝えている。

　第2面では，「**王英凡外交部副部長，中国駐在アメリカ大使を緊急に呼びつけ，アメリカをはじめとするNATOに最も強烈な抗議を申し入れ**」という記事の中で，「アメリカをはじめとするNATOの侵略と爆撃を即時に停止することを要求した」と書いている。第3面では，ロシア，オーストリア，イタリア，ペルー，フランス，日本など，国際社会の抗議の声や，遺憾の表明が紹介される。第4面では，全国政協外事委員会，全人代外事委員会など中国各界が，アメリカをはじめとするNATO侵略行為を強く批判していることを報じている。日頃人権侵害と言うことで，内政干渉してきたアメリカが自ら，人権を無視し，主権を侵しているのだという。

　5月10日には1面で「**中国人民への侮辱を許すな**」と題する人民日報論説員の記事が登場する。中国各地のデモ隊は，「中国への侮蔑を許すな！中華民族への侮蔑を許すな！」と叫んでいる。その中で「NATO軍の駐ユーゴスラビア中国大使館襲撃は中華人民共和国の主権と尊厳に対する公然たる侵犯であり，中国人民の民族感情をひどく傷つけ，12億の中国人民に対する公然たる挑発でもある」と書いている。「NATOの暴行は"ヒューマニズム"のベールを剥ぎ取り，侵略者としての残虐極まる実態を完全にさらけ出した」。「中華人民共和国の成立は，中国人民が立ち上がったことを示している。中国はここ100年以

来，いじめられる時代が既に過去のものとなった。国家主権と民族の尊厳を守るため，100年あまりの間，中国人民は流血と犠牲を恐れず，勇敢に闘ってきた。さらに50年にわたって奮闘し，中国は富強の道を歩むようになった。今日，武力で中国人民を脅し，屈服させることができると思うならば，それは計算違いである。中国大使館を襲撃する暴挙は，アメリカをはじめとするNATOが全責任を負わなければならない」と書く。NATOの暴行は，「中国人民の民族憂患意識と愛国心をかき立て」，人々は「侵略反対」「覇権反対」「主権擁護」を大きな声で叫ぶと同時に，「我が中華を愛する」「中華を振興しよう」という心の叫びを発しているのだ。人々は，「広範な青年学生と各界の大衆は次々と悲しみを原動力に変え，勉強に励み，仕事に精を出し，奮発して富強を図り，着実な努力で生産，科学技術を発展させ，工業，農業，科学技術，国防の近代化を実現し，祖国の総合国力を増強することを表明した。これは貴く，大いに発揚すべき愛国主義精神である」。「中国の主権と尊厳を犯すことは許さない。覇権を恐れない中国人民は虐められない。100年にもわたる中華民族の奮闘は，偉大な中国人民が永遠に負けることはないことを証明し，また引き続き証明している。アメリカをはじめとするNATOが中国人民の憤慨を無視するならば，必ず時代の過ちを犯し，歴史の懲罰から逃れられない」（この記事は，単にアメリカに対する抗議というに止まらず，中国の侵略と抑圧の歴史から中国人民が立ち上がり，外国の勢力に負けないように，努力しようという，中国ナショナリズムの高揚を目論んでいる。国家とマス・メディアが一丸となって，敵のイメージ造りと，ナショナリズムを掻き立てることは危険な兆候である）。

　5月10日の新聞も大使館"誤爆"事件で新聞が埋め尽くされた。10日付け1面の**「胡錦濤，テレビ演説を発表」**という記事では，中国各地のデモを，愛国の情熱を示すものであり，中国政府は合法的な抗議活動を支持すると，副主席はデモに対する政府の正式な許可を与えた（これらの抗議デモが，政府お墨付きのものであることをこの記事は示している）。1面の記事**「NATOの駐ユーゴスラビア中国大使館爆撃は絶対に"誤爆"ではない」**では，中国の一部の国防事務専門家の見解を載せている。この記事によれば，3発のミサイルが1つの建物に命中しているということから，この建物を意図的に狙ったことは明らかであり，"誤爆"というのはあり得ないと結論づけた。「専門家たちは，これは国

際関係史上，外交史上，そして戦争史上，唯一と言えるほどの野蛮な暴行であり，中華民族の尊厳に対する挑発であると認めている」。「交戦国が非交戦国の大使館に武力で攻撃しないことは国際慣行であるが，現在，アメリカをはじめとする NATO が公然と中国大使館に武力を加え」ており，「これは明らかに戦争犯罪である」としている。第2面に**「全国学生連合会，NATO の暴行を非難」**で中国の中華青年連合会と中華全国学生連合会が，アメリカをはじめとする NATO の攻撃を非難したことが伝えられる。各界からの非難の声についての多くの記事が掲載される。第4面では**「国際社会がアメリカをはじめとする NATO の侵略行為に激しく非難した」**ことを伝えている。2面の**「いわゆる"人権は主権に勝る"というのは全くの嘘」**という記事の中で，中国の有名な国際法学者劉文宋教授の談話を載せている。人権を梃子に他の国の主権を侵し，内政に干渉することは国際法に違反するという。

　5月11日1面**「人道の名目で人道を踏みにじる災害をもたらした元凶」**という記事の中で，「血のしたたる事実はアメリカが主導する NATO の人道主義の衛兵という仮面を剥ぎ取り，彼らの覇権的で人道を踏みにじるような正体をあますところなく曝露した。事実の示すとおり，人道主義に背く災難をもたらした元凶は，アメリカが主導する NATO 以外の何者でもない」と，アメリカの覇権主義を攻撃している。海外版の1面トップ記事には，江沢民主席とエリツィン大統領の電話会談が扱われている。ロシアが中国に接近しているのが分かる。**「江沢民主席，エリツィン大統領の電話」**と題する記事には，「アメリカをはじめとする NATO の我が大使館の爆撃を厳しく非難」という副題が付いている。「江沢民は次のことを指摘する。NATO の非常に野蛮な行為は，中国の主権に対する粗暴な侵犯である。外交史上希なことである。アメリカをはじめとする NATO は，この事件の全責任を負わねばならない。さもなければ中国人民は同意しないであろう。アメリカをはじめとする NATO は国連を無視し，主権国家ユーゴスラビアに対して軍事攻撃を行った。これは全くの砲艦政策である。これは一種の非常に危険な傾向を持っており，各国に政治的警戒心を起こしかねない。中ロは国連安全常任理事国として，また世界に重大な影響を持つ大国として，正義を守り，平和を維持する重要な責任を持っている」。国内版6面**「最後の別れ」**では「共和国の旗は血の色で染まり，あなたたちの

可愛い顔は永遠に私たちの目の前に浮かんでいる。明日あなたたちは12億の人民の待つ祖国に帰るのだ」とベオグラード市の新葬儀場メイン・ホールの棺の前に並ぶ参列者の写真と共に、中国の記者は叙情的な記事を書いている。

5月12日1面の**「世界平和に対する重大な脅威」**と題する人民日報論説員の記事の中で、江沢民主席の「アメリカをはじめとするNATOはこの事件に対し、全責任を負わなければならない。さもなければ、中国人民は認めない」との表明を受けて、「江沢民主席の談話と中国政府の措置は、12億の中国人民の共通した心からの声を反映し、国を挙げて一致した支持を受けた。"誤爆"、"意外な事件"という言い方でごまかすことはできない。アメリカをはじめとするNATOが中国大使館を襲撃したことは、中国の主権と民族尊厳に対する横暴な侵害であり、世界平和と安全に対する重大な挑戦でもある」と書く。この記事の最後のところで、「世界各国がアメリカをはじめとするNATOの攻撃的勢いをできるだけ早く食い止めなければ、今後も脅威と侵害を受けるだろう。もし彼らの目的を果たすならば、彼らは軍事力を2回、3回と乱用して、"言うことを聞かない者"と彼らが見なすいかなる主権国も攻撃することになる。われわれは、平和を愛する国々が共同で努力し、直ちにアメリカをはじめとするNATOのユーゴスラビア連邦での極めて野蛮な戦争行為を阻止し、世界平和を守るよう呼びかける」と、アメリカに対する対決姿勢を強めている。

6面の小さな扱いで**「クリントン等の公式謝罪」**と題する記事が載っている(マカオや香港や中国各地のアメリカに対する抗議の記事に比べて、アメリカ大統領や、オルブライト米国国務長官の謝罪の扱いが小さいのが目立つ)。華東版では、第4面に掲載された。「クリントン米大統領は5月10日ホワイト・ハウスで、アメリカをはじめとするNATOがミサイルで駐ユーゴスラビア中国大使館を襲撃した事件について、"私はすでに江沢民主席と中国人民に謝罪の意を表した。ここで、私は中国人民と中国の指導者に対し、罪と遺憾の意を再度と述べたい。それと同時に、私はわれれが米中両国関係の強化に力を注ぐことを重ねて言明する"と記者に公式に述べた」。

海外版1面の**「江沢民主席とロシアの特使会見」**という記事では、この江沢民とチェルノムイルジンとの会談で次のようなことが強調された。つまり「アメリカを初めとするNATOの駐ユーゴスラビアの中国大使館に対してミサイ

ル攻撃を行ったことは，中国主権に対する重大な侵犯であり，中国政府の全くの正当な要求に従って，中国人民に対して返答をしなければならない。中ロ両国は正義を保持し，平和を維持する歴史的責任を共に有している。コソボ危機を解決する前提は，先ずユーゴスラビアに対する空爆をNATOが即時に停止することである」としている（12日も人民日報のすべてが中国大使館"誤爆"事件でページが埋まる）。

　5月13日海外版の1面には**「邵雲環，許杏虎，朱穎3人の烈士に深い哀悼の意」**と題する記事で，江沢民国家主席自らが，3人の記者の勤めていた新聞社を訪問し，哀悼の辞を述べたことが写真付きで掲載された。「江沢民氏，李鵬氏，朱鎔基氏，胡錦濤氏，尉健行氏，李嵐清氏など党と国の指導者は5月12日午後，前後して新華通信社，光明日報社へ行って，米国をはじめとするNATOが中国駐ユーゴスラビア大使館襲撃で犠牲となった邵雲環氏，許杏虎氏，朱穎氏の3人の烈士に深い哀悼の意を表し，烈士の遺族を見舞い，弔問の意を表した。江沢民氏は3人の烈士は中華民族の英雄と誇りであるとほめたたえ，悲しみを力に変え，遺志を継ぎ，よく勉強し，懸命に働くように，と烈士の遺族を励ました」。2面には**「英霊，故郷に帰る」**という記事があって，3人の記者の遺骨と20数名の負傷者が特別機で戻った様子と，新華社と光明日報社の本社ビルで，礼拝所を設け，社員達が哀悼している写真が掲載された。1面の記事**「烈士の遺骨と負傷者が祖国へ帰る」**では写真付きで「5月12月午前，アメリカをはじめとするNATOによる駐ユーゴスラビア中国大使館を襲撃する事件で犠牲になった中国人民の優秀な子女――邵雲環，許杏虎，朱穎――の遺骨と負傷者と一部の職員は専用機によって北京へ迎えられた。胡錦濤・中国共産党中央政治局常務委員，国家副主席は党中央，国務院と江沢民主席を代表して空港へ迎えに行った」と書く。国内版の2面には**「クリントン大統領に宛てた強い怒りを示す手紙」**と題する記事で長女朱穎とその夫許杏虎を失った父親のクリントン大統領に宛てた長文の手紙が掲載された。その中で「中国人は侮辱を受けるために存在するのではないということを肝に銘じていただきたい」という言葉が載る。

　1面の**「江沢民主席，シュレーダードイツ首相と会見」**との記事では，釣魚国賓館での会見の模様を次のように伝えている。「近代史において，中国人民

は西側列強の侵略と侮辱にことごとくさらされても，侵略に抵抗して反撃し，国の主権と民族の尊厳を守ったという栄光の伝統がある。今日の新中国は，すでに貧しくて弱かったかつての中国ではない。誰かが中国を侮ったあの歴史をふたたび再現しようとして，どんなに巧妙な手段を使ったとしても，かえって悪い結果を引き起こすことになるであろう」（ここでも，ナショナリズム台頭が感じ取られる）。1面と4面に掲載された**「朱鎔基総理，訪中しているシュレーダー独首相と会談」**という記事の中で，シュレーダー宰相は「遺族と中国人民に対して無条件で謝罪を表明した」。さらに続けて，「アメリカをはじめとするNATOは国連安保理の授権を得ないままユーゴスラビア連邦に対し軍事的攻撃を行っており，これは国連憲章と国際法原則に対する重大な違反である。われわれは最初からこのやり方に賛成しておらず，非難を表明する」としている。さらに，「いわゆる"誤爆"は中国人民に信じられていないばかりでなく，諸外国の世論にも信じられていない。われわれは，ミサイルによる襲撃事件に対し徹底的な調査を行い，調査の結果を公表し，首謀者とその張本人を厳重に罰することを要求する」と書く。

　5月14日2面**「中国の軍事専門家，技術の角度から"誤爆"という大ウソを批判」**という記事は，「張召忠中国軍事専門家・国防大学教授は，軍事技術の角度から分析すると，いわゆる誤爆は大ウソであると批判」した。それによれば，「いわゆる"古い地図"という言い方もおかしい。米軍は，作戦においておそらく4日前の地図さえ使わないはずだから，4年前の地図を使うか使わないかは問うまでもない。というのは，米国はリアルタイムでデータと情報を必要としているから」としている。

　2面の記事**「西安市の児童，クリントン氏宛てに手紙を書く，あなたの行動は僕のあなたに対する美しい印象を叩きつぶした」**それによれば，「クリントン大統領，あなたはまだ西安の城壁を覚えていますか。あなたのために書を書いた男の子をまだ覚えていますか。あなたは僕が城壁の上で書いた"平和万歳"という書道作品を自らの手で受け取り，丁寧に収めました。しかし思いがけないことにそれから1年も経たないうちに，あなた方はユーゴスラビア連邦に対し無差別爆撃を行い，大勢の人々に家屋を消失させました。特に今年5月8日，あなた方はさらに駐ユーゴスラビア中国連邦大使館にミサイルを発射し，

許杏虎おじさん，邵雲環おばさんと朱穎おばさんを殺害したのです。これを聞き，僕の心は苦しくてたまりません。あなたの行動は僕のあなたに対する美しい印象を叩きつぶし，僕ら子供たちの心をも叩きつぶしました」（中国のマス・メディアは扇情的でここまでするのかと，印象に残る記事である）。

　華東版2面の「**米などNATO諸国の中国への観光客には安全保障**」という記事には各国の大使館へのデモ，外国人への暴行に対して，観光収入源を恐れた国家観光局の談話が掲載される。それによると「中国国内においてアメリカ観光客に傷害を加えるいかなる事件もなかった」とし，「アメリカとその他のNATO諸国を含む国民は中国に観光する場合，その人身安全は完全に保障ができる。正常な観光活動は全く影響を受けていない。胡錦涛国家副主席は5月9日発表したテレビ演説の中で，「われわれは改革・開放を堅持し，関連する国際法と国際関係原則と中国の関係法律に基づいて，駐中国外国外交機構と人員を保護し，外国人居留民と中国で経済貿易，教育，文化などの活動に従事する人員を保護する」と指摘した。中国への観光客の人身・財産安全は着実かつ有効な保護を得ることができるとしている（西側のメディアでは正反対のことが報じられている）。

　華東版4面では「**『侮辱できない中国人民』，発行**」という記事が，人民日報出版社がこのタイトルの本を13日に全国で発行したとの報道がされる。この本の主な内容は，中国政府の声明，江沢民主席とエリツィン大統領との電話会談，胡錦涛の談話，中国政府とアメリカ政府との交渉についての報道，人民日報が発表した評論員の文章，全国各地各民族の民衆集会，デモ行進，座談会，記者のインタビュー報道などが含まれている。その書物には，特別に人民日報社駐ユーゴスラビア記者である呂岩松が現場取材した長編特別報道，「目にした中国大使館の被爆」およびそれに関する目撃記録が収録され，また遭難した烈士を偲ぶ関係報道が収録されているという。この書物は計11万字で，約30枚の貴重な写真が収録されている。

　5月15日1面の記事「**李鵬，パストラナと会見**」という記事は，李鵬委員長が，パストラナ（Pastrana）コロンビア大統領と会見した記事である。この中で，李鵬委員長は「アメリカを始めとするNATOは公然と駐ユーゴスラビア連邦中華人民共和国大使館を襲撃し，横暴に中国の主権を侵害し，中国の尊厳

を傷つけた。これは国際関係史上まれに見る野蛮な暴行であり、赤裸々な覇権主義、強権政治の行為である」と述べた。さらに続けて、「事件発生後、中国人民は強い義憤により、全国各地ですさまじい勢いでデモ行進を行ってアメリカをはじめとするNATOの暴行を抗議、糾弾した。中国は法治国家であり、これらの抗議、デモ行進活動はいずれも合法的である。中国人民は従来から事件の当事者と画策者を広範なアメリカ人民と区別し、われわれはアメリカなど関連国の駐中国大使館に対しても国際法に基づいてしかるべき保護を与えている」。「この重大な事件は中国人民にとって極めて大きな災難であるが、これも中国人民にアメリカが標榜する民主、人権の偽善性をよりはっきりと認識させた」。しかし、中国は、WTO加盟の為にアメリカ批判をやっているのではないとして、「現在、いくつかの奇々怪々な論議が現われ、中国の真の目的は当事者の懲罰にあるわけではなく、アメリカに中国のWTO加盟を許可させることにあるのだという。これらの奇々怪々な論議をする者は、中国政府と人民を見くびるものである。中国は決して原理原則に関して取引することをしない」と発言した。

　同じく1面には**「クリントン大統領と江沢民主席が電話会談」**と題する記事がある。クリントン大統領の電話の内容は、「クリントン大統領は"ベオグラードで発生した悲劇について心から謝罪し、負傷者と遭難者の遺族に私個人の遺憾の意を表する"と述べ、事件の発生原因を調査し、できるだけ早く真相を中国人民に公表することを約束した。クリントン大統領はまた、米中両国関係が非常に重要であり、彼がこの"悲劇"の処理に最大の力を払って、両国関係を正常な発展に戻らせることを強調した」と（クリントン大統領の謝罪は数行で済ませ、江沢民主席の述べた内容が、3倍以上の長さで続く）。「当面の急務は、アメリカ政府がこの事件に対し全面的、徹底的、公正な調査を行い、速く調査の結果を公表し、中国政府と中国人民の打ち出したすべての要求を満たすことである」と締めくくる。

　4面では**「アメリカの世論、NATOの駐ユーゴスラビア中国大使館襲撃事件の徹底的な調査を要求」**という記事では、「このほど、アメリカを始めとするNATOがミサイルで駐ユーゴスラビア連邦中国大使館を襲撃したこと、さらにアメリカとNATOがこの重大な事件について行った弁解に対し、アメリ

カの一部の世論も不満と非難を表した」とするインターナショナル・ヘラルド・トリビューンの5月13日社説を引用している。4面の**「アメリカ民衆，NATOの暴行を糾弾」**と題する写真報道では，アメリカの反戦運動を伝えている。(写真は大写しになっていて，参加者数が確定できないアングルで撮影している)。4面の**「団結奮闘，不辱使命」**という記事は，駐ユーゴスラビア中国大使館一等書記官，王輔国が書いた長文の檄文である。他の国に侮辱されないように，国民が一致団結し，努力し，国力を高め，中国の新時代を開こうというのだ(これも，ナショナリズムの高揚を狙った記事である)。

5月19日華東版1面で，**「中国人民の自覚と力」**という人民日報論説員が書いた記事は(誤爆事件の中国側の反応をよく示している)，それによれば，アメリカの侵略の本質は歴然としており，人権，人道，民主，自由を標榜してもそれを覆い隠すことはできない。正義を主張しても，実力がなく，貧しくて立ち遅れていれば，受動的な立場に置かれる。物質文明と精神文明を結びつけ，道理，正義，力を持つことで，運命をを変えることが可能になると主張(これは，かつて日本で体験した，工業・軍事大国化のスローガンに酷似する)。中国駐アメリカ大使の李肇星が5月17日ワシントンで中国記者のインタビューに答えた6面に掲載された記事，**「アメリカは速やかに始末をつけるべき」**で，中国政府が抗議デモを煽動したという説を「抗議を"扇動"によるものと言いくるめるとは，まさに中国人民の正義感と愛国の情熱を低く見積もった行為である」と反論した。「あるアメリカ高官は，中国の学生はコソボ危機の真相を知らず，中国大使館襲撃に対するアメリカの説明を聞くこともできないので，抗議のデモ行進を行ったと語ったそうだが，それは本当なのか」という記者の質問に答えて，「多くの中国の大学生はアメリカのメディアを通して上記の高官のこの"高論"を知り，それから10数分と経たないうちに批判論文を貼り出した。中国の学生たちは世界を知っており，また善悪を見分けることができる」と答えている。

● 香　港

分析対象としたのは，香港の代表的英字紙，South China Morning Post（南華早報）である。

1999年5月10日「テレビによるプロパガンダが増加した」と題する記事では，中央と地方のテレビ局で，反アメリカ的な内容の映画が放映されたことを伝えている。また，「北京によって指揮される抗議」と題する記事では，「このような広範囲な抗議行動は，政府の許可と，細部にわたる協力がなければ不可能である」と書いている。学生を運ぶバスの手配から，現場で警備する警察官や機動隊の配備まで，このデモが政府主導であることを明確に書いている。このようなデモを許す理由として，次の3つを挙げた。第1の理由は，アメリカに対して軟弱な態度を取らないことを示すこと。第2の理由は，6月4日の天安門事件10周年記念で「沸き起こる感情のガス抜きのために，攻撃でスパークしたナショナリズムを利用する」ことであるとしている。第3の理由として，中国の指導者たちの中にある反アメリカ主義を挙げている。また，アメリカは中国大使館爆撃をわざと行ったとする中国の態度に疑問を呈している。アメリカにとって，常任理事国の中国を敵に回して何の得があろうか。コソボ問題の解決を困難にするだけではないかと冷静に分析している（この記事だけでも，人民日報との差を見せつける）。

5月11日「国連でNATOの攻撃を弾劾するのに失敗した」という記事で，中国大使館への攻撃は，国際法違反であるとする中国の要求が受け入れられなかったことを伝えている。「政治局は，危機でも貿易関係を損ねてはならない」という記事では，米中関係が悪化しても，WTO加盟を狙う中国にとって，政治と経済を分けて考えるのが，政治局の主流であることを書いている。むしろ今回の事件を，WTO加盟や貿易問題でアメリカに譲歩を要求するカードとして使おうとしていることを指摘する，ある筋の話を載せている。また，この反アメリカ・デモが，民主化を要求する活動家に乗っ取られないように，政府がコントロールしていることも指摘している（この記事も，先の人民日報の記事とは全く正反対の主張である）。「ヨーロッパ連合と中国のサミットは反古になった」という記事で，それに先立つドイツ宰相シュレーダーの中国訪問が，3日から1日に短縮されたこと，また，サンテール（Jacques Santer）EU議長の中国訪問も反古になったことを報道している。

5月14日「北京は"ソフトな"国に的を絞る」と題する記事で，中国が非NATO加盟国と，加盟国であってもソフトな路線を取り，空爆に懐疑的な国

に対して，中国との貿易の利益をちらつかせながら，ロビー活動を展開していることを報じている。同じく14日では「**最初の関係改善のサインとしてクリントンは江沢民に電話するつもり**」との記事で，中国側が，クリントンの謝罪を受け入れる用意があることを報じている。「**アルバニアの指導者が平和交渉のために中国を訪問する予定**」の記事の中で，中国大使館攻撃によって，中国が「コソボ紛争を外交的に解決する中心になった」と書いている。また，NATOと同盟関係にあるという理由から，アルバニア大使館もデモの攻撃の対象になったことも伝えている。

5月15日「**クリントンは江沢民に電話し，弔意の辞を述べた**」と題する記事で，江沢民国家主席が，アメリカの謝罪を受け入れたことを述べた。この中で，中央銀行総裁の戴相龍が，「北京は爆撃を，WTO加盟のための対米交渉の梃子として使うことを指摘している」が目に付く。

●中国のマス・メディアの方向

以上，駐ユーゴスラビア中国大使館爆撃に関する北京と香港の新聞を分析したのであるが，大陸中国での報道の偏りを強く感じた。劉志明は中国のマス・メディアの特性を，「権力との一体性である。新聞，ラジオ，テレビなどメディアはすべて共産党と国家独占的な支配下に置かれていて，党の管理，指導のもとで，宣伝活動を行っている」と書く。この論文の分析期間に限って言うと，新ユーゴスラビアの民族浄化，コソボの難民，セルビア側の人権侵害に対して抗議する視点，これは西側メディアの中心になるのだが，それが全く出てこないことである。出てくるのは加害者のアメリカ，被害者のユーゴスラビアと中国。人権を口実に，他国の内政を干渉し，国際法に違反する覇権主義のNATO，その中心的勢力としてのアメリカ。これが中国の立場である。中国に対する侮蔑を許すなとの合い言葉のもと，社会の様々な階層が，NATOの空爆反対を叫び，中国の正義を確信するのである。学生や学者，労働組合，政府，ジャーナリストなどの見解は，対アメリカ批判という点で一致している。まるで全世界がアメリカを弾劾しているかのような報道がなされる。実は外国での反アメリカデモは小規模にも拘わらず，参加者が実際には何人なのか言及がされない。また，新聞の主張は一貫している。つまり，マス・メディアが1

つのメガホンで話されており，多元的見方，複眼的見方，意見の多様性というものは存在しない。イギリスやアメリカやドイツや日本では，その強弱の差はあっても相手国の考えを伝え，またそれなりの理解を示す。それが全くない。社会主義国のマス・メディアはそのようなものだと言えば，それまでだが，そのようなマス・メディアの実態にも拘わらず，中国政府は，中国人は世界のマス・メディアに触れており，自分の頭で考えることができると主張するとき，そしてそれを信じて行動するとき，これは恐ろしいことだと言わざるを得ない。中国は自分に不正義が押しつけられたと感じ，国力をつけて，アメリカに対抗する力を持たなければ，まともな外交ができないとナショナリズムを煽る。80年代の外国開放政策によって生じた，外国コンプレックス，と2桁の経済成長を続け，自信をつけた中国では，張蔵蔵ほか著『ノーと言える中国』がベスト・セラーになった。中国は，中国大使館攻撃をナショナリズムの高揚と，国家建設，反対意見封じ込めの有効なカードとして使えると考えているようだ。国民操作のために，狭い民族主義を使い，愛国心とナショナリズムに訴えるという手法は，対外的に大きな摩擦を引き起こし，必然的に孤立し，周辺諸国に猜疑心を生じさせる。対米関係，対日関係がギクシャクするのも，そのような手法と無関係ではない。反対意見が封印され，孤立する国が，中国が言うように本当に軍事力，科学力を手にいれると，自制が働くかどうか疑問である。中国大使館誤爆事件後の中国の動きを見ていると，この間，中国は原水爆実験を行い，大陸間弾道弾の打ち上げ，中性子爆弾の製造技術を所有していることを内外に示した。中国はハイテク戦争の準備を着々と整えつつあることが分かる。もちろん，これらすべては，中国大使館誤爆以降に準備したことではなくて，何10年という長期の研究開発の末に出てきたものである。このように考えると，中国大使館誤爆事件は，そのような軍事開発，強い中国を正当化するのに利用価値があると，中国指導者が判断したのだろう。また，西側のメディアにあるように，国連での発言力増大，WTO加盟などにもこのカードを使おうとしたのであろう。6月16日にピカリング（Thomas Pickering）米大統領特使は北京で中国政府に対して，アメリカ政府の事件に対する調査結果を報告した。アメリカは古い地図を使ったために「悲劇的な誤爆」が生じたという説明を繰り返した。中国側はこの説明に納得しなかった。中国の当然のスタンスだろう。

同じ，中国でも，民主主義の伝統が残っている，1国2制度の香港のマス・メディアは，大陸とは違った報道姿勢を持っていることが窺える。中国政府が，中国大使館爆撃をカードとして使っていることを指摘しており，成都市では領事館が放火されたことを報道していることから分かるように，外交特権を持つ外国代表部は安全が保障されているとする中国の報道とは異なっている。中国政府が高揚するナショナリズムを政治的に利用しているとする見方は，西側のそれに近いものがある。香港の新聞は世界の出来事をバランス良く見ていることが分かる。

ドイツ

●ドイツの国内事情

　このコソボ紛争との関係で，日本にとってとりわけドイツが注目されるのは，やはり，敗戦国として周辺諸国に対して負の遺産を背負っているドイツが，かつて第2次大戦中に侵略したユーゴスラビアに対して，再び軍事介入を行ったという点である。日本が東チモールの独立をめぐる民族問題で，かつて軍事介入した，東チモールへ再び軍隊を送り，空爆に参加し，平和維持軍として駐留するとしたら，どれほど日本国内の議論が沸騰するかということを想像すれば，この問題の難しさが分かる。ドイツの平和維持軍派遣を報道するドイツの著名な雑誌シュテルンの記者2名が射殺されたのも，セルビア人がドイツに歴史的反感を持つことを示している。コソボへの軍事介入をめぐるドイツ国内の激しい議論は，緑の党を分裂寸前にまで追い込み，党大会において，現実派（Realos）を代表する外務大臣フィシャーと理想派（Spontis）の激しい対立を生んだ。ZDFドイツ第2国営放送は，党大会で，フィシャーが緑の党の原理派からペンキの入った玉を投げつけられ，洋服が真っ赤に染まり，鼓膜を損傷し，演説を30分間中止するという痛々しい光景を映し出した。

　過去を克服し，1990年10月3日のドイツ再統一後，普通の国になろうとしているドイツが，普通の国になって，NATO域外派兵，例えそれが人道主義的

平和維持軍の名前でなされても，それほど簡単に行くはずがないことを示唆している。強制労働の補償，ユダヤ人から奪った芸術品や財産などの補償，ドイツ宰相シュレーダーが時に口にする「普通性」(Der Spiegel 1998年11月30日49号表題記事「全く普通？」p.31) は実現しそうもないのである。ドイツは統一後も，幾度も過去と対峙させられた。ドイツを普通の国にするためには，過去も普通化することが必要だ。この営みがいかに困難で危険性を孕みうるかが分かる。この意味で，コソボ介入以前の数年のドイツの過去をめぐる問題を見てみるのも無駄ではあるまい。

　1つには国防軍展示 (Wehrmachtausstellung) をめぐる争いがある。ドイツ国軍は，ナチの軍隊と違っているという歴史認識がどうも誤っていて，ナチのような国家犯罪は，上から下まで，あらゆる階層での協力なしにはあり得ない。国防軍も加担者であるのだとする，例えばアメリカの歴史家ゴールドハーゲン (Daniel Goldhagen) が主張するような至極まともな考えが，ドイツではこれまでは否定されていた。悪いのは一部のナチであるという認識が誤っていて，いかに国防軍がナチに加担したかを示す国防軍展示では，旧国防軍人や保守派から，これを阻止する抵抗があった。靖国神社の問題もこれに通じるところがある。日本のように，総懺悔で済む問題でないことをこのことは示している。

　もう1つは，ヴァルザー＝ブビス論争 (Walser-Bubis-Streit) である。ドイツの作家ヴァルザーが，1998年10月11日にパウルス教会で，ドイツではビューヒナー文学賞と並んで権威のあるドイツ出版平和賞授賞式に臨んだ講演の中で，ドイツに対する戦争責任，ユダヤ人に対する責任を追求するインテリは，そのことで自己の責任を軽減するようなことになっていないかと発言した。「我々の恥を道具化」(Instrumentalisierung unserer Schande) し，アウシュヴッツの道具化としての「道徳の弾圧」(Moralkeule) をこれ以上続けないようにという内容を演説したときに，「ほとんど全員が総立ちで拍手喝采した」(Frankgurter Rundschau 紙 1998年10月19日)。ヴァルザーの過去との決別の要請は多くのドイツ国民の「思っていることを言ってくれた」(aus der Seele gesprochen) (die tageszeitung 1998年12月15日) なのである。これ以上過去に触れられたくないし，責任を負うのはご免だというのである。その授賞式には，ドイツのユダヤ人を代表する，今は亡きドイツ・ユダヤ中央評議会会長のブビ

ス（Ignatz Bubis）がいた。彼と彼の妻だけが立ち上がらなかった。ブビスは11月9日に行ったある演説の中で，ヴァルザーに反論し，ヴァルザーの行為は「精神の放火」（geistige Brandstiftung）となじり，ネオナチと同じような思想がそこにあると，論争を挑んだ。元ハンブルク市長で，ナチに反抗して殺害された父を持つドーナニー（Klaus von Dohnanyi）はヴァルザーを支持し，ブビスはヴァルザーを誤解しているのではないかと考え，この両者を取り持とうとした。ドイツ人＝ナチという道具化は否定しがたいのではないかと，ヴァルザーを弁護した。ベルリン在住の左翼作家シュナイダー（Peter Schneider）もヴァルザーの発言には妥当性があるとしてヴァルザーを支持した。ドイツ自由民主党党首のゲルハルト（Wolfgang Gerhardt）やティールゼ（Wolfgang Thierse）ドイツ衆議院議長が調停役を買って出た。この論争自体はドイツ社会に大きな影響を与え，イスラエルの駐ドイツ大使のプリモル（Avi Primor）はヴァルザーに釈明を求め，国際問題となる。プリモルは「歴史を抑圧することを勇気づけてはならない」（Frankfurter Rundschau 1998年12月7日）と警告した。1998年11月30日のヨーロッパ最大の情報誌 Der Spiegel の記事「われわれは皆傷つきやすい」の中で，Der Spiegel の生みの親アウクシュタイン（Rudolf Augstein）はヴァルザーの肩を持ち，「アウシュビッツは道具化されている」と書いた。ジャーナリズム界や学会，政界や広い国民層を巻き込んでの論争となった。また，このヴァルザー＝ブビス論争に先だって，ユダヤ人虐殺を警告する警告碑をベルリンのど真ん中に建立するかどうかの「警告碑論争」（Mahnmal-Streit）もドイツの過去を問う問題である。ドイツの作家，イェンス（Walter Jens）も最初はこの建設に賛成したが，後にはその見解から距離を置いた。ベルリンのど真ん中でサッカー場ぐらいの広さに，警告碑を建設することにどんな意味があるのかというのである。結局警告碑は建設されることになった。

　1998年9月27日の選挙で戦後初めて野党が政権党から権力を奪って（それまでは常に政権党の一部と連立政権を作った），政権交代が起こった。ドイツ社民党（SPD）とこれまで，徹底して平和路線を取ってきた緑の党とが連立協議を行った。緑の党は SPD の政策に押し切られる形で，コソボへの KFOR 軍隊の派遣を決めるという政策転換を強いられてきた。原子力発電からの撤退でも，

譲歩せざるを得なかった緑の党は，コソボ戦争が長引き，誤爆で市民に犠牲者が出たことが伝えられると，真っ2つに割れたのである。党大会では，現実派と理想派の激しい対立で分裂寸前まで行くが，かろうじて分裂を免れた。その火種は後にまで続いた。緑の党に比べれば，分裂の危険性はないにしても，SPDにおいても，戦争への介入に反対する勢力がある。ドイツのコソボ紛争介入が苦渋の決定であったことが窺える。アメリカやイギリスにおけるような，地上軍派遣のコンセンサスはドイツでは獲得できそうもない。年金の物価スライド問題と共に，軍事介入もSPD・緑の党の連立政権が支持を失う原因になった。1999年夏のブランデンブルク州，ザール州，チューリンゲン州，ノルトライン・ヴェストファーレン州の州選挙では，共に大きく議席を減らした。とりわけ緑の党は議席を全く失った州もある。

　対象として選んだのはリベラルな高級紙の1つDie Süddeutsche Zeitungと，緑の党に近い左翼的立場の同じく高級紙として人気の高いdie tageszeitungである。

●Die Süddeutsche Zeitung

　1999年5月10日「国民の怒りに命中」では，よりにもよって中国大使館を誤爆するとは，ロシア大使館を誤爆することを除いてはこれほどの誤爆はないと書いている。しかし，それと同時に中国人の反応は，単に怒りや，死者に対する悼みを越える「起爆力」を持っていることを指摘した。中国学生の反米デモの反応を報道している。中国当局はデモ隊の投石を止めないこと，アメリカやイギリスの大使館，さらにはアルバニアの大使館まで攻撃の対象となったこと，「アメリカ打倒」，「血には血を」というプラカードを持って行進するデモ隊，ドイツFrankfurter Rundschau紙の記者が腹蹴りされたこと，CNNの女性事務員の顔が殴られたこと，ドイツ人であると言わないのが賢明であることなどを伝えている。中国政府側に立つメディアは，最初からユーゴスラビアのプロパガンダをそのまま報道し，NATOの攻撃を「野蛮行為」として断罪していた。また，セルビア人のアルバニア系住民に対する民族殺害はまったく報道されないのに，毎日のように，「ユーゴスラビアの主権侵犯」が取り上げられるとしている。弱体化した共産主義のイデオロギーの代わりに，ナショナリズム

を浸透させようとしている。しかしそのような反応の中には，偉大な国中国が，列強によって抑圧され続けている歴史があるのだとしている。**「多くの市民の犠牲を伴う'誤爆'」**という記事は，誤爆の一覧表を載せている。

　5月11日**「ベルグラードはコソボからの部分撤退を通告」**では，ユーゴスラビアがUCK（KLA）の制圧は終了し，コソボからの軍隊部分撤退を通告したが，それは不十分であるとしてNATOは空爆を続行したことを伝えている。一週間前に，先進国7カ国とロシアは，空爆停止には，軍隊や警察や準軍隊のコソボからの撤退と，コソボでの暴力と抑圧を停止することを条件にした。この記事の中で，中国の江沢民国家主席は，アメリカの「砲艦外交」を非難したことと，誤爆の原因は古い地図の使用であるとの，ニューヨーク・タイムズ紙の発表を載せている。シュレーダー宰相によれば，誤爆について「これまでの説明では不十分である」と発言した。前夜のベルグラードは一度も空襲警報が鳴らなかったほど静かな夜だったことを伝えている。イタリアのスカルファロ（Oscar Luigi Scalfaro）大統領は，「軍事施設を攻撃目標とすることが段々と少なくなっているので，爆撃を止めるべきだ」と発言した（アメリカやイギリスとは違って，NATO内部の不協和音を伝えている）。

　「興奮した気分に相応しい言葉募集」という記事では，西側の最初の代表者として中国を訪問するシュレーダー宰相に関する記事である。北京では，ドイツと言えば，2つの言葉を思い出す。それは「バイエルン・ミュンヘン・サッカー・チーム」と「ヒトラー」である。街頭では後者の言葉の方が頻繁に聞かれた。中国がそれでもシュレーダー宰相と会おうとしたのは，西側との関係を切りたくない中国の意志の現れであるとしている。中国政府は学生たちの反米デモ隊の動員をかけたのではなく，マス・メディアによって反米感情を煽ったのが真相であるとしている。学生たちは，クリントン大統領やシュレーダー宰相が謝罪したことを知らされていないのである。**「カノッサの雰囲気」**は，（ドイツの皇帝ハインリヒ四世が，法王グレゴール七世に破門を解いてもらうためにカノッサで屈辱的な3日間の罪の償いをさせられた有名な話）のカノッサ詣りと，シュレーダー宰相の中国訪問をダブらせた記事である。このような情勢ではシュレーダー宰相は中国首脳陣との会談で，人権問題も，チベット問題も話題に出せる状況でないことを書いている。

「"ユーゴスラビアへの攻撃は民族大量殺戮だ"」という記事は，ユーゴスラビアが国際法廷に，NATO10カ国を訴えた記事である。この行動は「加害者が被害者の振りをしている」と，ドイツ外務省はコメントした。国連憲章は軍事力の使用を例外的に次の二点に限って認めている。1つは自衛のため，1つは国連安保理で武力行使が委託された場合である。「NATOは，空爆に際して，この2つの条件のいずれをも根拠にすることができない」。しかし，「民族大量殺戮」の場合は例外的に，武力行使の不文律の例外として許されるという考え方もあることを，ドイツの国際法学者に語らせている（ユーゴスラビアの言い分を括弧に入れていることで，この新聞のスタンスが分かる）。

「マンデラがミロシェビッチに亡命を提示」では，南アフリカのマンデラ（Nelson Mandela）大統領がミロシェビッチ大統領に亡命を提示した裏には，ミロシェビッチ大統領の息子のミロシェビッチ（Marko Milosevic）が裏ルートで財産を南アフリカに移転したことがあるという，ヨハネスブルクのSunday Timesの記事に依拠した情報を載せている。マンデラのこの話は，現地では非難の的にされているという。

「同盟の目標設定に怒り」では，誤爆のこれまで出された理由，古い地図であるとか，二重スパイなどの説明に，ドイツ政府が不満を持ち，納得していないことを書いている。それでも空爆は続けなければならないと，ドイツ外務大臣のフィシャーは言う。「今，空爆を止めたりすると，ミロシェビッチに誤ったシグナルを与えてしまうことになる」がその理由であるとしている（中国詣りをするドイツの立場，国内問題を抱えるドイツにしてみれば，真摯な謝罪の意志を示してくれと要請をせざるを得ないものと思われる）。**「緑の党指導部は党大会で攻撃の中止を要請するつもり」**では，緑の党が無条件かつ一方的な爆撃停止を，シュトレーブレ（Christian Ströble），デュッセルドルフの党首アッペル（Roland Appel），シュテフェンス（Barbara Steffens），ノルトライン＝ヴェストファーレン州の環境大臣へォーン（Bärbel Höhn）などの，指導的な緑の党党員が臨時党大会で提案することを伝えている。

5月12日「シュレーダーはモンテネグロに対して援助を約束」では，アルバニア人の流入で経済的に苦しいユーゴスラビアの部分共和国であるモンテネグロに対して，ドイツと西側諸国は経済援助することを，シュレーダー宰相はモ

ンテネグロのジュカノビッチ（Milo Djukanovic）大統領に対して約束した。また，ユーゴスラビアのジンジッチ（Zoran Djindjic，その後首相になり，2003年3月12日に暗殺される）野党党首の訪問を受け，ドイツと西側諸国は，民主化を目指すユーゴスラビアの人々との協力を求めていることを述べた。また，戦後の復興としてヨーロッパ版のマーシャル・プランを考えていることも明らかにした。モンテネグロがこれ以上戦争に引き込まれないように，NATOに対して「抑制」をシュレーダー宰相はNATOのソラナ事務局長に要請したことも伝えている（この記事も，ヨーロッパでの地位を確保しようとするドイツの立場が強く現れている）。

「"しかし"なしのシグナルはなし」という記事では，ようやくクリントン大統領の陳謝の言葉が新聞に載ったが，それは端の方に小さく載るだけで，中国マス・メディアで大きく取り上げられたのは，中国の軍事筋発表の誤爆は意図的だという記事の方であることを伝えている。中国の硬化した態度に軟化の兆しも見えるのだが，すべてしかしという条件が付いている。また，中国は今回の事件を，アメリカとのWTO加盟交渉において，有利なカードとして使おうとする意図があるのだとしている。**NATOはベルグラードの部分撤退の証拠を要求**」では，空爆が続行していることに言及している。この記事の中で，アメリカの発表によれば，「アルバニア系住民の90％以上が，セルビア人の軍隊や民間人によって，家を追い出された」としている。**「格下のパートナーは大人になりたい」**という記事は，アメリカの手助けなしに，28カ国加盟の西ヨーロッパ連合（WEU）がヨーロッパでの安全を自ら守ろうという意志で結成したWEUに関するものである。コソボ危機で分かったことは，WEUは，軍事的に見ると，「セルビア人に対抗するには，ハイテク武器の武器庫であるアメリカの手助けなしでは何もできない」，「格下のパートナーの役割しか演じられない」としている。これを2000年までに自らヨーロッパで軍事的なイニシアチブを取ろうというものである。しかし，これは経済的にも「遠い夢」なのである。「戦争には反対，しかしそれを遂行する者を支持する」という記事は，緑の党の理想派が，臨時党大会で提出する6頁の提案で言いたいのは，この新聞の表題にある通り，矛盾したものであることを指摘した記事である。コソボ戦争のドイツの参加と戦争遂行を直ちに停止することを主張する一方で，連立

政府は維持するというのである。

　5月14日「ヨーロッパがグローバルな責任負うことの意見表明」で，北アイルランドとの平和をもたらした功績によりブレアー首相は今年度のカール賞を受賞することになった。受賞のためにアーヘン（Achen）市に来た英国首相は演説の中で，統一ヨーロッパはグローバルに影響力を持つ大国としての役割を担うべきであると主張した。ただし，ブレアー首相の受賞に対しては，ドイツでは戦争遂行者になぜ平和賞受賞かと疑問を持つ人も多く，受賞反対デモがあったことも伝えている。ブレアー首相はそのようなデモに怯むことなく，ナチの過去を持つドイツとイギリスが共に正義のために戦うことが「ヨーロッパ発展のシンボルなのだ」とぶち上げた。

　「非のつけ所のない謝罪者」では，中国に赴いたシュレーダー宰相は，16時間の中国滞在中，抜け目なく仕事を果たしたことを報じている。シュレーダー宰相が北京に到着した2時間後に，ユーゴスラビアで死亡した記者の遺骨が到着することになっており，出迎える政府関係者や市民に混じってシュレーダー宰相も参列することになっていたが，中国政府の取り計らいでそれは中止になったことを指摘している。遺骨が到着すると，中国の朱鎔基首相はテレビで涙を流した。新華社通信は「アメリカは我が領土を爆撃した。立ち上がる時だ」と，殺害された女性記者の息子が述べた。国家による悲しみの演出はあるものの，飛行場へのデモは許可されなかったし，遺族や若い党員たちを乗せたバスは，前もって飛行場に到着していたが，シュレーダー宰相が市内に向かうまでは，下車することを許されなかったし，アメリカの中国大使館や領事館で半旗が掲げられているのを中国がテレビで報道することに見られるように，中国側の変化も伝えている。シュレーダー宰相は「無条件のお詫び」を表明しながらも，NATOの立場を明確に主張した。江沢民国家主席は「両国は努力家で賢明である」として両者は上手くやっていけると持ち上げた（単に，中国のマス・メディア演出だけではなく，中国側の外交上の配慮に言及した記事である）。

　「フィッシャーは一方的な爆撃停止を拒否」では，警官が会場を警備する中，行われた緑の党の臨時党大会の様子を伝えている。党大会を妨害するために，卵や，瓶，それに塗料の入った袋が投げつけられた。60人の逮捕者がでており，会場内でも，衝突があり，フィッシャー外相は染料の入った袋を投げつけられ，

治療を受けた。フィシャー外相の演説中も「人殺し，人殺し」や「偽善者」や「戦争煽動者」などのヤジが飛ばされた。頭に来たフィシャー外相は「ここにいますのは戦争煽動者でございます。直ぐにミロシェビッチ氏にノーベル平和賞を提案なさっては如何ですか」と発言。外相は，ユーゴスラビアは18回におよぶ停戦協定を悉く無視したことに触れ，ユーゴスラビアに対して「誤ったシグナルを与えてはならない」と述べ，会場で拍手喝采を得た。反対派のブンテンバッハ（Annelie Buntenbach），シュトレーブレ，ヘォーンの演説も多くの拍手があった。フィシャー外相を支持するフォルメー（Ludger Volmer）は，ミロシェビッチのやり方を「ファシズム」だとした。「ルゴバはドイツを亡命先に選ぶ」では，コソボ・アルバニアの穏健派の指導者，ルゴバ（Ibrahim Rugova）はドイツに亡命すること，そしてG7とロシアの協定を支持することを表明した。また，この記事はドイツには既に40万人のアルバニア人が住んでいることにも触れている。

「国際法学者は NATO 介入で意見不一致」という記事では，第50回ドイツ弁護士大会で，NATO の軍事介入の合法性をめぐって，「人権擁護対国家主権」で意見が分かれていることを伝えている。民族大量殺戮の場合，人権擁護でもって介入できると言う意見と，人権擁護が帝国主義となってはならないとする意見の対立である。「"戦争はあってはならないが，アウシュヴッツもあってはならない"」と題する記事は，フィシャー外相の臨時党大会の全演説文を収録したものである。

5月15日「道徳とは恣意と同義語だ」と題する記事は，Die Süddeusche Zeitung がオーストリーの作家，ハントケ（Peter Handke）をインタビューした記事である。ハントケはNATO の戦争に付いてコメントした。この中で，ハントケはNATO の言い分，「我々は新たなアウシュヴッツを阻止するつもりだ」と言って自ら作り出したのは，「新たなアウシュヴッツである」とした。ハントケは哲学者ユルゲン・ハーバーマスをも批判する。ハーバーマスは，NATO によるユーゴスラビア戦争を肯定した。なぜなら19カ国による「民主的な国家によって戦争が遂行されているからである」。ハントケは民主主義国家なら何をしても許されるのかと反論する。ハントケは誰もが道徳的正義を自己の方に取り入れることに懐疑の念を持っている。マス・メディアで大写

しで映し出されるのは，難民と難民の死者ばかりであることも批判した。「**泣き，食べ，寝る**」という記事は，難民となった人々の個々のケースに焦点を当てた長大な記事である。(単に総括的な記事よりも，ダイレクトにその苦悩と悲惨さが伝わってくる)。「**モンテネグロに内戦の危機**」という記事では，西側についたユーゴスラビアの部分共和国モンテネグロの大統領ジュカノビッチとユーゴスラビアの野党の党首ジンジッチがボンでシュレーダー宰相に迎えられたのを不快に思うユーゴスラビアのブラトビッチ（Momir Bulatovic）首相の反応を伝えている。ブラトビッチは，モンテネグロ大統領の官職剥奪を要請した。

「**セルビア人は言う，NATOの攻撃で市民に100人の犠牲者**」という記事は，NATOが原因かも知れないことを書いている。同時にロシア特使ヴィクトール・チェルノムイルジンとフインランドのアハティサリ（Martti Ahtisaari）大統領がベルグラードとの交渉に当たることも報じている。「**僅かな時間の一息**」では，緑の党の臨時党大会の結果を伝えている。代議員の帰る汽車の時間の都合と，討論の時間制限もあって，最終的には444対318で政府の方針を続行することが確認されたことを伝えている。しかし，緑の党を脱退する党員が多くなったことにも言及している。「**シュレーダーは外務大臣フィシャーの立場が強くなったと見ている**」では，緑の党党大会で空爆の無期限・無条件停止を要求する提案が拒否されたことで，連立の結束は強まったと，シュレーダー宰相は見ているが，野党のキリスト連合と自民党は，緑の党は分裂しており，連立の能力がないと判断していることを伝えている。

● die tageszeitung

1999年5月8日「**中国の指導層は再び発言したがっている**」では，コソボ紛争の解決を，拒否権を持つ国連で図ろうとする中国は，台湾問題や北朝鮮問題でアメリカと衝突することをも視野に入れているので，G7とロシアによる平和解決案に真っ正面から反対するのをためらっていることを報告する北京からのレポートである（このレポートは，まだ中国大使館誤爆が知らされていない時に書かれた記事であるが，中国大使館誤爆が起こる前の中国の姿勢を示すものとして，敢えて登場させた）。

5月10日「**やっぱり。レザー爆弾は目標に命中したのだった**」では，これ以

上のひどい失態はないと，ブリュッセルに集まったNATOの外務大臣の1人をして言わしめた，中国大使館誤爆を取り扱った記事である。NATOのソラナ事務局長は，空爆の続行を言明，また，「ユーゴスラビアのどの地区も最初から攻撃目標から外される所はない」と発言した。**中国は愛国主義者にデモ行進させた**」という記事では，アメリカ，イギリス，フランス，ドイツ，オランダの在中国代表部にデモ隊が押し掛けたことを伝えている。NATOの加盟国，なかんずくクリントン大統領とシュレーダー宰相は謝罪したことを書いている。中国のメディアはこの攻撃は意図的であったと伝えている。ロシア大統領エリツィンは，この攻撃を「野蛮で非人道的」と描写し，ロシア外務大臣イワノフ（Igor Iwanow）もロンドンの訪問を中止したが，ロシアは外交的努力を続けることを表明した。

「**まるで"第三帝国"のよう？ゴールドハーゲンのホロコースト比較**」は，ポツダムで行われた歴史学者によるホロコーストとコソボ戦争についての討論の模様を伝える記事である。ゴールドハーゲンははこの討論に先立つ1週間前にDie Süddeutsche Zeitungで，ドイツや日本に対してと同じように，「ユーゴスラビアに対しても，軍事的制圧と，占領，政治組織の再編を行うことは，道徳的で現実的な必然である」と発言して物議を醸していた。最初から険悪な討議が予想されていたので，コソボを持ち出さないように話し合われたのに，ベルリンのファシズムの研究者，ヴィパーマン（Wolfgang Wippermann）は上記のゴールドハーゲンの言説を取り上げ，「ユーゴスラビアとナチ・ドイツを，またミロシェビッチとヒトラーを比較する者は，自分が言っていることが分からない者である」と発言した。コソボの軍事介入は正当化できるかどうか，また，セルビア人のアルバニア系住民に対する蛮行は，ナチ・ドイツのユダヤ人に対する蛮行と比較できるのかどうかを巡って激しい議論が交わされた。結論は出なかったものの，この新聞記事を書いた記者は，ホロコーストとバルカン半島の殺戮の比較は簡単にはできないと記事を締めくくった。

「**数10万人がコソボでは餓死の危機**」という記事では，UCK（KLA）の報道官とアルバニアのメディアは，何10万の人がコソボ国内で難民となっている伝えている。ドイツの民間援助団体で緊急医師団のカップ・アナムール（Cap Anamur）の団長，ノイデック（Rupert Neudeck）はコソボの難民をこれ以上外

国で受け入れるのは，ミロシェビッチに利するだけだと，受入に反対なのに反し，キリスト教団体カリタス（Caritas）のマケドニアの責任者は，西側諸国にもっと多く難民を受け入れるように訴えた。「眠ることのない敵」と題する記事では，ユーゴスラビアでは，ミロシェビッチが戦争を引き込んだのはアメリカの差し金だという噂がまことしやかに囁かれていることを述べている。つまり，ヨーロッパをアメリカに結びつけるために，アメリカはミロシェビッチに金を支払って，戦争を招来させたのだという。これに似た様々な噂が流れるのも，ユーゴスラビアではマス・メディアが統制されているからだとしている。また中には，実はアメリカとセルビア人は共同して，イスラム教徒であるアルバニア系住民を追い出しているのだというものある。「州の党大会で緑の対立」では，ニーダー・ザクセン州とベルリンの緑の党党大会では期限付きのNATO爆撃中止の決議を行ったこと，また，ブランデンブルク州とメクレンブルク・フォアポンメルン州では即時の停止の決議を行ったことを伝えている。

　「セルビア人を悪者に仕立てるのは至る所で効果」では，コソボの戦争が始まってマス・メディアではセルビア人を悪者に仕立てていることを，政治学者ギースマン（Hans-Joachim Gießmann）は指摘した。彼によれば，セルビア人全体が，その指導者と同義語に扱われ，「セルビア人は和平を望まない」などと書く。ドイツの一流新聞でも，アメリカのマス・メディアでも同じ調子である。心理分析学者，リヒター（Horst-Eberhard Richter）によれば，「その主たる理由は，対ユーゴスラビア戦争は道徳的な理由で始めた」からだ，「従って敵は唯1つの者にしかならざるを得ない。すなわち悪者になるしかないのだ」と書いている。ドイツの大衆紙 Bild 紙では「セルビア人の戦慄の行為」とか，Der Spiegel 誌では「ミロシェビッチ・キラー」と書いている。ドイツのシャーピング（Rudorf Scharping）国防大臣は，「獣のような」犯罪を犯したのは「ミロシェビッチの殺人マシーン」であると発言。同じ様な言語使用は「冷戦時代にはソ連人に対して言われたし，湾岸戦争ではサダム・フセイン（Saddam Hussein）に対して言われた」とリヒターは言う。ドイツがナチの用語を使ってセルビア人を悪者に仕立てるのは，自己に対する「過去の償い」である。フランクフルト平和研究所の政治学者ミュラー（Harald Müller）によれば，「机に向かって紙の上で殺人を犯す人々の戦争熱にはぞっとするものがある」。

「"あらね，済みませんね"，ユーゴスラビア空襲が始まってから今までのNATOの誤爆のリスト」という記事は，誤爆のリストである。(タイトルに誤爆に対するこの記事の書き手の皮肉な態度が感じられる)。「西側に対する失望」と題する記事は，なぜ中国人がかくも腹を立てているのかを分析した記事である。その理由は「大国を志向する国が，国の誇りを傷つけられたからだ」としている。また，マス・メディアの統制もその理由であるとしている。中国市民は，「ミロシェビッチや彼のテロ体制についてはあまり知らされない。知らされるのはNATOの国際法違反の攻撃についてである」。「中国にはおよそ50の多民族がいるので」，「民族自決は独裁体制の国にとっては余りにも危険なのである」としている。「物議を醸す議論のごった混ぜ，平和運動ユーゴスラビア戦争反対デモ」という記事は，東ベルリンで土曜日の平和運動にはギジ(Gregor Gysi)が率いる旧共産系や東ドイツに郷愁を感じる人の反ユーゴスラビア戦争のデモがあり，西ベルリンでは，反戦主義者や徹底した平和主義者のデモがあったことを伝えている。

　5月11日「"老人と障害者は殺された"」と題する記事は，命辛々コソボから脱出できたアルバニア系住民の発言を記事にしたものである。一人一人が実際に見，体験した内容を読むと，どのような悲惨な状態であったのかを伝えている。「ヨシュカ・フィシャーの活動の余地」と題する記事は，緑の党の党首フィシャーが党の基盤から支持されなくなってきていることを伝えている。緑の外交ではなくて，ドイツの外交を行わなければならないフィシャーの苦悩を伝えている。「緑の党指導部はNATO爆撃停止を望む」では，党大会で党が分裂するのを避けるために，妥協案が提出される見通しを伝える。この妥協案とは，左派が要求するような，即時かつ無条件の爆撃停止ではなくて，コソボからの部分撤退が確認された段階で，爆撃の中断をするというものだ。「シャーピングは大げさな軍事報告をしている」では，ドイツ国防大臣のシャーピングは，コソボについて，メディアに語るときは，セルビア人のコソボ住民に対する人権侵害ばかりを強調しているが，国防省がシャーピングに回す報告書には，抵抗組織UCK (KLA)に対するセルビア人軍隊の掃討活動となっている。つまり，一般市民に向けた攻撃ではない。したがってシャーピングの報告は，かなり割り引いて読むべきだと書いている。「NATOがマケドニアにいる限り安

心」という記事では，マケドニアに逃げたコソボ・アルバニア系住民は，マケドニアの警察に嫌がらせを受けているのだという。そのために警備を，マケドニア人の警官から，NATOの兵隊に替えてほしいという要望が出された。その理由として，マケドニアでは住民の3分の1が既にアルバニア系住民でなく，民族の割合が変化することに危機意識を抱いているからだとしている。マケドニアには親西側勢力と国粋的な勢力，それにマケドニアの情勢を不安定にしようとするユーゴスラビアの諜報員などの活動もあり，舵取りが難しくなっているという。

「**爆撃の後に中国は拒否権を使うと脅迫**」という記事では，中国は，国連安保理の決定に際して，拒否権を行使したことは，台湾をマケドニアが承認したこと以外に過去8年間なく，大抵は棄権票を投じてきたことを指摘した。しかし，中国は，ユーゴスラビア爆撃は内政干渉であり，国際法違反ということで反対してきた。台湾問題におよぶのを恐れているからだと分析している。国連の外交筋によれば，アメリカに対してWTO交渉での譲歩を引き出すために拒否権行使の脅しを中国は行うかも知れないということである（この記事で注目すべきは，中国共産党の副党首李鵬が4月にイスラム諸国を訪問したときには，中国のメディアがコソボ・アルバニア系住民の難民問題を報道したという記述である。また，李鵬がタイを訪問したときは，アルバニア系住民の虐殺と国外追放を激しく非難したという記述である。このような指摘は，筆者がこの論文のために分析した他の国の記事には全く書かれいない）。

「**ベルグラードは部分撤退を命令。NATOはまだ不十分だとする**」では，NATOとロシアが協力して，大使館爆撃で中国が拒否権を行使しないように努力していると書いている。「**救いのないメカニズム，中国大使館爆撃はNATOの矛盾を示す**」では，NATOが世界に向かって，「軍事的にも道徳的で地球的規模で展開する指導的力であろうとすれば，世界で反西側のリサンチマンの感情を生み出す」と書いている。また，ベトナム戦争とコソボ戦争の相似点を指摘している。即ち，公式に戦争が布告されなかった点，直ぐに決着がつくと思われていたのに，その目標はますます遠ざかる点である。

「**シュレーダーのカノッサへの道**」では，中国政府の態度や，学生デモの様子が伝えられる。また，西側の首脳が謝罪しているのを中国のメディアが伝え

ないことも報道している。抗議行動を中国政府は制限していることを伝えている。「"アメリカ人なら何をしても良いわけではない"」では，元駐ドイツ中国大使梅兆栄とのインタビューを載せている。中国の最も影響力の強い知ドイツ政治家であるMeiは，この中で「力による政治を認めたら，国際法の規範はまもなく存在しなくなる」との発言をした。「中国はもはや昔のように外国の大国に好きなように無視され，指図されることを受け容れるような国ではない。中国は立ち上がったのだ」と言う。

5月12日「天国と地獄の差程ある緑の党」は，緑の党臨時大会で，最終的には執行部案と，クリスティアン・シュトレーブレの2案の対立になったことを伝える記事である。後者の案には，ノルトライン＝ヴェストファーレン州の環境大臣，ヘォーン，デュッセルドルフの党首アッペル，ヨーロッパ議員ヴォルフ（Frieder Otto Wolf）などの著名な党員が署名している。後者の意見では，「NATOの行動は国際法の基本を揺るがすものである。なぜなら，国連決議によらない空襲は，武力の禁止，これは今世紀の決定的な進歩と言えるものだが，に違反するからである」。両案での共通点は，地上軍派遣を拒否していることと，空爆では目的を達成できないとする点である。外交的解決の機会を強化するために　時爆撃を中断してみようというのが，前者の案である。

「北京は条件を出す」では，空爆の停止なしでは，国連安保理での話し合いはないというものである。同時に中国のデモの様子も伝えている。ベルリンでは中国人学生200人のデモ隊がアメリカ領事館に押し掛けたことも報じている。「中国のジレンマと西側」と題する記事では，中国社会科学アカデミーの哲学教授毛義宏の書いた文章を載せている。「"中国人の市民や学生"が何に賛成したり，何の反対デモをしても，また時にはそれで死んだりしても，そのことを様々に政治的に道具化しても，最早驚きはしない」と（西側のメディアに対して，ドイツの警告碑論争を当てこする「道具化」という言葉を使って皮肉っている記事である）。毛はさらに続けて，「西側の，中国のナショナリズムと愛国主義のうねりに対する評価は誤っている。"組織され，上から操作された"というレッテル貼りは，中国人学生の途方もない非理性と同様，私をイライラさせる」と書いている。普通の人が自発的にアメリカの行為に対して腹を立てていることを指摘すると共に，中国人のジレンマについて触れる。中国は帝国主義

によって弱体化され，西側の醜い側面を知らされた。そして次のような矛盾する歴史認識を持つに至ったのだ。1つは，啓蒙主義と新儒教主義の対立。2つには経済成長で引き起こされた近代化のプロセスと社会の崩壊，後者に関しては西側社会でも解答を見ないでいる。3つには中国の人権抑圧を非難する西側が自ら武力を行使して人権無視を行ったこと。さらに続けて近代化と西洋化が同義語なら，西洋でない中国では，「ノーと言える中国」という気分が蔓延するのは当然である。しかし，中国大使館誤爆によって，中国での自由主義的潮流は信頼性を失い，国粋主義の中で窒息死するかも知れないのであると結んでいる。

「**政策か道徳か**」という記事では，「NATOが戦争を始めたのは悪かった。しかし無条件に停止するのも同様に悪かろう。それゆえフィシャーの政策は正しい」と書いている。「**"戦争は緑の党の教師"**」という記事は，ドイツの政党研究者ラシュケ（Joachim Raschke）とのインタビューである。この中で，見出しにあるように，実際に戦争が起こったとき，外務大臣という重要なポストを占めて，政権党の一翼を担っている緑の党は，これまでの戦争絶対反対の平和主義から，民族大量殺戮のような場合，それが例え内戦でも，外国に軍隊を投入するということを学んだことは，党の伸張や衰退を越えた良い機会であったとしている。「**"宰相に重要なのは経済だ"**」という記事は，中国を訪問するドイツ宰相シュレーダーにとって，人権問題を言い出し難い状況が発生していることを外務省の人権担当官ポッペ（Gerd Poppe）が指摘している。ポッペは宰相の中国滞在日数が削減されなければ，随行して，その問題を中国に対して持ち出すことになっていた。「**軍事大国ヨーロッパという幻想，WEUでEUは軍備拡張が必要**」という記事では，WEUの外務大臣と国防大臣が集まってヨーロッパ軍の増強が話し合われた。アメリカが勝手に何もかも決めないように，ヨーロッパにも強い軍隊が要るというのである。しかし，忘れてはならないのは，コソボの問題でも，まずは政治と経済の問題であったし，コソボに対する戦闘もNATO16のメンバー国の同意がなければできないことになっていることを指摘している。「**セルビア人とその形容語**」という記事では，オーストリアの著名な作家ハントケのドイツ外交批判を載せている。彼は「爆弾大臣フィシャー」と言った。また，反セルビア主義は，反ユダヤ主義に通じること

を指摘して，フィシャーと，戦争を正当化した世界的なドイツの哲学者ハーバーマスを批判した。

5月14日「**建設的プラグマティズム，中国政府はシュレーダーを見せ物にするのを中止する**」では「西側によって義和団による北清事変が弾圧された後，1901年に中国皇太子 Chun がベルリンへ旅行した。ドイツ人は，事変の時に北京駐在のドイツ外交官が殺害されたことに対し，この中国の皇帝の一員が，個人的に謝罪することを要求した。ベルリンは若き皇太子の平身低頭を要求した。しかし後者はそれを拒否し，大騒ぎになった」との過去の，今回の逆のケースと言うべき事例を引き合いに出した。しかし，シュレーダー宰相が北京に行ってもそのような大騒ぎは起こらなかった。中国政府が，遺骨を出迎えに飛行場に来るデモ隊と合わないように配慮した結果だ。前日までは正統派に自由にさせていたが，今度は実務派が支配権を握ったのだと書いている。「犠牲者は無実であり，攻撃は許し難いものであり，NATOの説明はとても不作法である。シュレーダー宰相の謝罪は，中国ではビリー・クリントンの"Sorry"よりもずっと受け入れられた」と書く（この記事は，中国のドイツ宰相に対する態度が，フェアーなものであることを指摘している。また，西側が歴史的に見ていかに手前勝手であったかを示す点で，他の西側メディアにはない論点である）。「**シュレーダーは北京で謝罪**」では，シュレーダーがどれほど真摯に謝罪したかを書いている。「中国と西側の歴史において，西側の首脳が，シュレーダー宰相ほど，控えめで腰を低くして北京に現れた者は誰もいない」とまで書いている。このようにして「"カノッサの屈辱"」は終わったのである。

5月15日「**NATOは爆撃してコソボ解決を遠ざけた，人権の名目で100人の市民を殺害か**」では，コソボでの虐殺や婦女暴行を強調するドイツの国防大臣シャーピングはそれを語る声に変調が見られた。これは嘘を言っている人間の声である。シャーピングは「殺人大臣」であり，1945年以来ドイツでタブーを破った責任を負う。このようなことを続けていては，NATOは信頼を失い，戦争の遂行が困難になり，ミロシェビッチは権力の座に居座り続けることができると書いている（この記事は，緑の党の立場を鮮明に出したものである）。「**平和主義者は言う，緑の党は戦争党になったと**」という記事では，戦争に反対する緑の党員が，ドイツ全体の反戦組織を作り上げていることを報じている。

「フィシャーは"襲撃者"を告発する」と題する記事では，緑の党大会で，約500人の過激派が党大会を襲い，60人の逮捕者が出たこと，また，そのために党大会の開始が1時間遅れたことを報じている。"野党には行き場所がない"という記事では，ユーゴスラビアの「ミロシェビッチの弟子」とみられているコビッチ（Nebojsa Covic）元ベルグラード市長をインタビューした記事である（NATO攻撃が，結局の所ユーゴスラビアの民主的野党を窒息させてしまったし，セルビア人から見ればコソボ戦争がどのように見えるのかを分かりやすい形で示している。逆の立場からセルビア人を理解しようとする記事である）。

●ドイツのマス・メディアの方向

　過去の戦争責任を自覚しながらも，NATOの一員として，攻撃に加わったドイツでは，方向は全く逆であるが，アメリカや中国の報道とは違って，戦争に介入し，歴史的タブーを破ったことに対するわだかまりがあり，アメリカや一部のドイツの大衆的マス・メディアのように，一方的な敵のイメージを形成することにある種の抵抗があることが分かる。また，中国に民主主義が定着しておらず，国家がナショナリズムを煽るのにこの事件を利用しているとしながらも，中国を一方的に非難しておらず，抑制した報道となっている。その傾向は左翼的で緑の党に近い die tageszeitung に顕著に見られるが，Die Süddeutsche Zeitung というリベラルな新聞でも，ある程度同じ傾向は見られる。戦争報道とマス・メディアの関係を考えるとき，様々な利害，歴史などが絡んでおり，それらがマス・メディアに影響を与えていることを示している。またそのようなものを知らなくては，全体の理解ができないことが，ドイツの新聞の分析で分かる。このよう過去を引きずりながらも，ドイツのマス・メディアはドイツの政策に苦渋の支持を与えていることが理解できる。同じ敗戦国であり，過去の重荷を背負っているはずの，国連主義に隠れる日本の報道と比べるとき，ドイツの報道は刺激的である。

日本

日本の新聞はすべてオリジナルのものを参照した。

●朝日新聞

1999年5月9日**「中国大使館を誤爆」**では，兵器調達庁と間違って中国大使館を誤爆したことを伝えている。NATOのシェイ報道官は深くお詫びした。朝日新聞は「謝罪は最大級」とコメントしている。**「ハイテク兵器に限界」**では，今回の誤爆は，自国軍の犠牲を恐れるNATO軍は低空からの攻撃ではなく，高度からの攻撃で生じた可能性を指摘し，軍事アナリスト小川和久の談話を載せている。**「冷静な対応を米中に求める」**と題する記事は，小渕総理の談話を載せている。両国に対して「大人の解決」を呼びかけた。**「対米不信　渦巻く議場」**は，安保理の緊急協議会の模様を伝えている。この中で，中国側に立つ国々の発言も伝えている。イラク・キューバは「侵略・虐殺行為」だとしてアメリカを批判した。**「国連を軸に停止へ動け」**と題する社説では，「人々を殺させないために，別の人々を殺してしまう。いま大切なのは，この矛盾を一刻も早く解くための努力である。それには，国連を軸とした打開への動きを，着実なものにしていく以外ない」と，国連中心主義を主張する。**「NATO最悪の"標的"」**では，中国政府の発表を報じると共に，北京のデモについても報じている。朝日新聞は，殺害された中国人記者の顔写真を載せている（人民日報でも殺害された記者の顔写真を載せていたが，朝日新聞以外で調査した他紙では写真の掲載はなかった）。朝日新聞社の特派員は，このデモは当局が阻止しないので，「当局公認」であると推察している。

1999年5月10日**「中国で反米デモ激化」**では，中国各地にデモが広がり，過激化していることを伝えている。また，胡錦涛国家副主席が「法律に従って秩序を守るように」とデモの過激化に対して自制を求めたとしている。また，中国のマス・コミは，誤爆ではなく，故意に中国大使館を狙ったと，反米感情を高めていることにも触れている。**「NATO空爆続行」**では，NATOのシェイ報道官は，「早めに空爆を終わらせるためにも，作戦を強化，続行する」と発言

したことを伝えている。「"人道的空爆"の悲劇　国連軸の和平しかない」は，百瀬和元ヨーロッパ総局長の意見を載せた記事である。平和や人道主義を掲げた政党が軍事行動に走ると，「民主主義国の強みと確かさである"複眼性"は機能しなくなる」とし，コソボの破局は「"人道主義"の落とし穴」だとしている（"人道主義"を括弧に入れているところに，朝日新聞の考えが現れている）。

「公認デモ，見えぬ着陸点」では，「新ナチズム，米帝国主義反対」などの横断幕をもって行進。また，マグドナルド店に押し掛け，「米帝打倒，米貨排斥，米国制裁」の垂れ幕を持ったデモ隊が，中にいた客を追い払ったことを報じている。「ユーゴ空爆の賭けは失敗」は，ヨーロッパ総局の記者の主張である。「空爆の最大の罪は，多くの紛争をかろうじて押さえ込んできた国連や国際法という規範を破ったことだろう」として，「日本が国連安保理の常任理事国を目指すのであれば，国連軽視の軍事介入を追認してよいのだろうか」と結んでいる（日本は国連中心主義の立場を堅持せよという主張である）。

「中国"内政安定"に危機感」では，台頭する民主主義は，外交に陰を落とす可能性を示唆している。「対米感情悪化憂慮して声明」では，香港の中国人権民主化運動情報センターによる情報としながら，中国政府は「愛国主義」を利用し，民主化運動を弾圧する可能性があるので学生らに冷静になるように，中国国内の民主活動家たちが呼びかけたことを伝えている。同日夕刊「クリントン米大統領が謝罪の書簡　江沢民・中国主席に」。この中で，ホワイト・ハウス当局者によると，「大使館の誤爆は意図的な作戦ではなく，あくまで誤爆であることを強調し」，「ユーゴ空爆はミロシェビッチ政権の"民族浄化"作戦を阻止するために必要として，改めて理解を求めている」。

5月11日「天声人語」では，「爆弾の下には，無数のいのちがある。人道と正義の旗のもと，人の足を踏むのにも，限りがある」として，空爆の停止を呼びかけた。「船途絶え濁るドナウ」では，ユーゴスラビア戦争が始まって，国際河川ドナウの交通が途絶えたことを報じている。EU加盟を期待する東欧諸国は，ユーゴ制裁のために，船による密輸を阻止するのに協力していることを伝える。「社民党が弔問」では，在日中国大使館を訪れ，社民党が「爆撃は誤爆とは思えず，亡くなった人に心からお悔やみ申し上げると」発言したことを伝えている（誤爆でないという主張を，朝日新聞はそのまま掲載している。これも

朝日新聞の複眼的思考なのか)。「中国のデモ縮小」では，コントロールが利かなくなる恐れがあるので，過激な行動の自制を胡錦涛国家副主席が呼びかけた。一方マス・メディアは愛国心を煽る報道をしていることを指摘している。

5月12日「ユーゴ軍 "一部コソボ撤退" と発表」では，ユーゴ軍の発表にも拘わらず，NATOは「動き，形跡なし」として空爆を続行したことを伝えている。「中国主席とロシア特使 "空爆，即時停止を"」では，中国側が即時停止と引き替えに，主要8カ国がまとめた7項目を検討するとの態度を示したとしている。「NATO空爆，国際法上の根拠は "？" 米中はざまで政府苦慮」では，国連決議のない空爆を，「人道上の惨劇を防止するため，やむを得ず取られた措置」とする一方，「人道的介入」は「国際法上，確立されているとまでは言えない」とし，米国と中国の両方に外交的配慮をしなければならない苦しい立場にあることを報じている。「交渉にらみ和平攻勢」では，ユーゴスラビアが，軍隊を一部撤退したことを報じている。夕刊「在ユーゴ中国大使館誤爆での過激抗議デモ "政府支持せず" 中国反論」。北京の特派員が中国外務省の朱邦造報道局長の11日の発表を載せている。朱局長によれば「デモはすべて申請され，承認されたもので合法だ。中国政府は国際法や国内法に沿って外交官を保護している」。

5月13日「国際部隊，中国参加も」は，中国との会談を終えたチェルノムイルジン・ユーゴスラビア問題特使の記者会見を伝える記事である。「ドイツ首相が条件なし謝罪」，シュレーダー宰相が国連安全保障理事会での政治解決の必要性を訴えたとされる。「追悼，国家指導者なみ」では，中国人記者3人の遺骨が北京に到着した模様を伝えている。胡錦涛国家副主席が迎えに出たこと，また，追悼式では朱鎔基首相が「遺族の手を握りながら涙を流した」ことを伝えている。

5月14日「ユーゴ空爆 どう対応」と題する記事は，日本の主要5党の代議士の見解を書き記したものだ。自民党と自由党は空爆に理解を示し支持を示す一方，民主党，公明党，共産党は，空爆停止を要求し，国連による解決を要請した。「独緑の党大会 空爆めぐり紛糾」では「外相に塗料，分裂・大量離党も」と書く。

5月15日「空爆……すくむ平和の理念」では，ハーグ市民平和会議で，空爆

反対の意見が圧倒的な意見が出される中，アルバニア人難民の女子学生が「どうして空爆をやめろと言えるのか。アルバニア人を助ける方法がほかにあるのですか」と，叫ぶと会場が一瞬静まったことを報告している（この平和市民会議は，参照した新聞の期間中に，他の国のマス・メディアが全く報じていない記事である。この会議には社会党の土井たか子が参加していたようである。その後土井はあるテレビ番組の中で，その会議の様子から武力放棄，平和主義が世界で支持されているとの趣旨の発言を行ったが，朝日新聞の記者土井と異なる印象を持ったようだ）。

　5月16日「危ういNATO"人道論"」では，大国の利害で人道論が恣意的に使われた歴史を紹介し，人道を口実にした他国への介入は許されるものではないし，解釈が恣意的なので，危うい基礎の上にあると，社会部編集委員の意見を載せた意見報道である（ドイツの新聞では，国際法上様々な解釈を指摘した上で，人道的介入の危険性を指摘する声も載せているが，新聞社が自らこのような声を載せるところが，朝日新聞らしいところである。中国の論調と同じである）。

●読売新聞

　1999年5月8日夕刊「NATO中国大使館を誤爆」では事実をそのまま報道。また，「"野蛮な行為"中国非難」では，秦華孫中国国連大使が「野蛮な行為であり，国連憲章違反だ」と批判したことを伝えている。「中国，態度硬化は必至」では，「国連主導の今後の政治解決への行方にも重大な影響」という見通しを伝える

　5月9日「安保理が「遺憾」声明」，国連安保理の緊急協議会で，ロシア・中国と，英米仏が対立したことを報道している。ロシアや中国やアメリカの言い分を掲載している。「"正義の空爆"かすむ説得力」では，外交筋の「NATOの焦り」が原因として，標的拡大が原因であるとしている。この記事は「予防措置の見直しが進まなければ，空爆の正当性を問う声がさらに高まるだろう」との記者の見通しで締めくくる。「冷静な行動を米中に求める」では，小渕総理の「大人の解決をして根本的な解決が望ましい」との談話を載せている。「北京，学生ら抗議デモ」では，当局側が，公安要員を大量投入し，事態の沈静化に努めていると書く。学生たちは「米国覇権主義反対」，「クリントン

打倒」,「死者たちのあだを取れ」と叫んだことを報道している。「デモ隊を強制排除した場合,群衆の批判が政府の弱腰に向かいかねないため」,公安当局の介入に慎重になっていると書いている。「今回の誤爆による国民の反発に後押しされる形で,党指導部や軍部内で対米強硬派の発言力が増大」するという見通しを書いている。「**中国"コソボ"で発言力増す**」では,中国が誤爆をきっかけとして「独自の強い外交圧力を行使していくものと見られる」と書く。

5月10日「**反米デモ全土に**」では,北京,上海,成都,瀋陽,南京,広州などの主要都市で抗議行動があったことを伝えている。胡錦濤中国国家副主席が,「政府は,合法的な抗議活動を支持し,擁護する」との政府見解を発表した。「**米大統領が誤爆を謝罪**」では,クリントン大統領が中国の指導者と国民に謝罪したことを伝える。「**コソボ解決の道を混乱させるな**」と題する社説で,コソボ紛争の最大の責任はミロシェビッチ大統領にあることを認めながらも,「NATO軍事行動の目的の正当性が,結果の責任をすべて免除してくれるというものでもない」と書く。「NATOは誤爆防止のための真剣な取り組みを行うべきだ」と書く(この論調は朝日新聞のそれとは異なっており,アメリカへの支持を表明している)。「**独首相 中国説得へ**」では,シュレーダー宰相が,「反NATO感情を鎮めるとともに,空爆続行の正当性を主張しG8構想への中国の支持を取り付けるという,綱渡り的な任務を負っている」と書く。「**対米圧力強化狙う**」では,「米覇権主義反対」を叫ぶデモは「今のところ,政治・外交的に利用価値が極めて高く」,米国の野蛮行為を批判することで「欧米式の民主化・人権思想を排除」する狙いがあるとしている。「**"第二のヒトラー倒せ"公安も投石黙認**」では,学生の反米感情は本物であると書く。

5月11日「**"コソボ"安保理協議 空爆続行なら拒否**」では,中ソの首脳は空爆停止で意見が一致したとの新華社電を伝えている。「**米中関係悪化を懸念**」では,「米中関係の悪化は日本の安全保障にも好ましくない」とする日本外務省首脳の見解を載せている。また「中国が怒るのも無理はない」とする外務省幹部の意見を載せている。「**米中関係冷却化へ**」では,「今回の対米報復措置は冷静な国益分析に基づくもの」としている。「**反米運動"愛国主義"全面に**」では愛国主義を全面に押し進めて,政治的引き締めを図ろうとしている。「**官製デモの色彩濃く**」では,デモコースのあちらこちらに投石用にと,工事用石

材が放置されており，通常はデモが禁止されている市民の「発散の場」となっていると書く。「NATOに手詰まり感」では，外交的手段による解決の糸口がなく，「空爆だけに依存せざるを得ない」と書く。

5月12日「編集手帳」では，「相次ぐ誤爆を看過するわけにはいかないし，中国の憤激は分かるが，ただし"民族純化"とさえいわれる蛮行から目をそらすことも許されない」と書いている（歯切れの悪いコメントである。また，読売新聞は民族浄化という言葉を一貫して使わない）。「"続行"以外に策なし」では，NATOの報道官が空爆を続行すると表明したことを伝えている。「計算高い反米戦術」では中国のマス・メディアを分析している。「批判と警戒の裏に慎重姿勢」があるのだとしている。また，「現象面だけをとらえて米中関係の冷え込みを過大に予測するのは禁物だ」と書いている。「中国異質論が台頭」という記事は，アメリカのマス・メディアを分析した記事である。「米欧の理論に中露異議」で，チェルノムイルジン露特使と江沢民主席の間で，「ユーゴの同意」という点で一致したことを伝えている。「露　存在感誇示の"ご都合主義"」と題するする記事では，仲介役が一変，中国側にすり寄ったロシアを非難する記事である（日本のマス・メディアは中国には遠慮してもロシアには遠慮が要らないらしい。読売新聞にもこの傾向が顕著である）。

5月13日「独首相　誤爆，中国に直接謝罪」では，ドイツのシュレーダー宰相と朱鎔基首相，唐家王旋外相との会談で，中国に対して宰相は謝罪して，NATOの立場を述べたが，朱首相は「謝罪を聞いた」だけにとどまり，溝は埋まらなかったことを述べている。「コソボ一家，親族と再会」では，コソボから難民第1号となる1家5人が成田空港に到着したことを伝えている。日本に難民申請をする予定だという（他の国が何万，何10万単位でコソボ難民を受け入れているかを知っていれば，日本の難民受け入れが極端に少ないことを日本のマス・メディアが言及せず，たった1例を大々的に伝えているのは不気味である）。

5月14日「コソボ，依然戦闘続く」では，コソボ解放戦線KLAがユーゴ軍に対して劣勢であることを伝えている。

5月15日「独緑の党"期限付き停止"決議」では，ドイツ緑の党党大会で即時停止案を抑え，「連立政権崩壊は回避」されたことを報じている。緑の党の内部分裂についての情報を提供している。「燃える家　兵士の暴行」と題する

記事は，コソボ難民避難所からのレポートである。心の傷を写した子供たちが描いた絵についての記事である。心的外傷後，ストレスを感じる人々の心のケアまで手が回らない現状を報告している。

●毎日新聞

1999年5月9日「**NATO軍　中国大使館を誤爆**」は，安保理で緊急公式協議が開かれ，「衝撃と懸念」と言う声明が発表されたこと，また，中国が「中国の主権への粗暴な侵犯」との強い声明を出したことを伝えている。「**日本政府は当面静観**」では，日本政府の困惑と，無力を示す記事である。「**低空攻撃"悪循環"生む**」では，低空飛行するパイロットに恐怖心があって，誤爆する危険性が増大すると推察している。また，攻撃対象が拡大すると，民間施設と軍事施設の境界線は曖昧で，民間人に犠牲者が出るのも避けられないとしている。「**NATO批判　噴出**」では，ロシアや中国が非難し，NATOのロシアを自陣営に取り込み，中国を説得するという筋書きが大きく変化したことを伝える。「**中国　一転し当事者に**」では，国連の調整能力が低下していて，蚊帳の外に置かれた中国が一転して当事者になったこと，また中国が「国連で発言力確保へ」と動いていることを伝えている。「**空爆停止を決断する時だ**」とする社説において，空爆による解決の見通しが立たず，人道的理由の大義も崩れ去ったとして，空爆を停止するのが「結果的にコソボ紛争解決の近道だ」としている（この記事も朝日新聞と同様に，人道主義的軍事介入に懐疑の念を示している）。

5月10日「**反NATOデモ拡大**」では，「中国当局公認」デモが全国に拡大したことを伝える。成都では米領事公邸が放火された。「**米，対中外交に大きなツケ**」では，誤爆事件が，衛星技術流出やWTO加盟問題，核弾頭スパイ疑惑などに影響を与える可能性を示唆した。「**G8戦略，崩壊の危機**」では，安保理による解決を目指すドイツの根回しが効を奏するかに見えたロシアの組み込みと，中国の棄権というシナリオが崩れたことを書いている。

5月11日「**泥沼化の危険を直視せよ**」と題する社説において，アメリカは空爆を停止すべきであると説く。また，中国には経済の対米交渉で，譲歩させられたという反米的下地があるところに，今回の事件が起こり，「対米軟弱外交という批判の矛先」をかわすためにも，強硬な姿勢を取らざるを得ないのであ

る。国連主導型の解決を小渕総理が説くのなら，中国に対して「もっと共感を示してもいい」のではないかと主張する。「ロシア特使，中国へ」では，中国とロシアが共同歩調を取って，空爆反対，即時停止を要求するだろうとの見通しを書いている。

5月12日「中露両国　空爆停止要求で一致」では，ロシアが中国の姿勢に同調したので，G 8和平案協議の構想が暗礁に乗り上げるだろうとの見通しを書いている。「誤爆で一変　政治解決への意欲　政府，慎重姿勢に」では，G 8外相会議で，コソボ和平交渉に関与しようとしていた日本政府は，誤爆事件により，情勢を見守るしかなくなったことを書いている。「主導権確保狙う中国」では，国際的な地位の向上を目指す戦略に中国が出ると書いている。「ドイツ"緑の党"空爆中止，要求へ」では，連立解消の可能性について言及する。

5月13日「訪中の独首相　大使館誤爆を謝罪」では，ドイツの宰相は中国に対して一定の理解は示しながらも，NATOの立場を主張した旨が書かれている。「中国に自制呼びかけ」ではコーエン米国防長官は，中国に対して，アメリカの謝罪を受け入れ，クリントン大統領との電話会談に応じるべきだと発言したことを伝える。

5月14日「独"緑の党"臨時党大会　空爆めぐり大荒れ」では，党左派の即時停止が出され，党大会は大荒れであった。また，フィシャー外相に赤い液体の入った袋が投げつけられた写真も掲げた。「コソボ解放軍　上」では，コソボ解放軍に取材した記事である。NATOの示す和平案では，独立を勝ち取れず，それに反対するアルバニア系住民の意見が表れている。

5月15日「爆撃　女性子供ら50人死亡」は，避難民の車列に爆撃が加えられたことを報じている。「米中首脳電話会談へ」では，頑なにアメリカの謝罪を受け入れてこなかった中国が「軟化姿勢を」示したと書いている。「関係修復は流動的」では，クリントン大統領の謝罪を中国が受け入れたのは，アメリカの議会で，中国政府がデモ隊をアメリカ大使館に押し掛けさせ，サッサー大使を人質に取ったことで，「民衆扇動や人権感覚が逆に問題化する恐れもあった」としている。WTO加盟問題などもあって，アメリカとのこれ以上の対立は中国にとって得策でないという判断があったと解説している。「セルビア人避難民ルポ　"コソボに早く帰りたい"」というのは，アルバニア系難民だけで

はなく，セルビア人も難民になっていることをレポートしている（これは，視点を難民となったアルバニア系住民にばかり向けるのではなく，逆のケースもあることを指摘している）。「**コソボ解放軍　移民から資金援助**」では，欧州最貧国アルバニアに，世界に出稼ぎに出ているアルバニア人からの資金援助が流れ込み，解放軍もそれらの資金によって支えられていることをレポートした記事である。

5月16日「**アジア的価値への敬意を**」と言う社説では，アメリカの中国に対する態度はオリエンタリズムであったとしている。「中国の国内事情と，アジア的価値への一層の理解を求めたい」と書く（アメリカへの一方的な加担をしない日本のマス・メディアの姿勢が現れている）。

●日本のマス・メディアの方向

アメリカ側に反対するわけでもなく，また中国側に反対するわけでもない，歯切れの悪い記事が多い。それでいてアメリカや中国やヨーロッパの情報は細切れではあるが，割と正確で，良く言えば客観的である。コソボ難民に対する同情を煽るような形の記事も見られない。しかし日本のマス・メディアからは平和の希求の強い要請，血の痛みが伝わってこない。対岸の火事ということなのか。また，ロシアを西側陣営につなぎ止めるために努力しているヨーロッパは，ロシアに対して気を使っているが，日本のマス・メディアは，ロシアのご都合主義を非難する。対ロ認識の違いも窺える。しかし，その一方で中国に対しては言葉を選んでいるのが窺える。アメリカの一方的な中国の見方に組みしない。毎日新聞のいうように，アメリカにはオリエンタリズムがあるのだろう。中国に対する気の使い方は，記者の自己検閲があるのかも知れない。アメリカやヨーロッパのメディアにはそのような気の使い方は全く感じられない。また，中国とアメリカ両国に気を使うので，論旨が要領を得ない。この傾向は朝日新聞や毎日新聞では顕著である。読売新聞はやや，アメリカよりのスタンスを持っている。全体的に日本の新聞は中国に同情的であり，政府の優柔不断を批判し，国連主義に戻れと言う。国連では，解決できないという見通しを，NATOは持ったのであり，ドイツの例で見たように，NATOに参加する苦渋の決断をこのような論調で高踏的に切って捨てるのは，きれい事で済ませてい

るに過ぎないのではないか。きれい事で済ませる分，実行不可能な，机上の空論で終わっている。記者の「良心」はそれで慰撫され，自己満足ができるであろう。同時に読者の「良心」も。外界から孤立する中国での高揚するナショナリズムによる，国内の統制と対外不信。国力と軍事力増強の叫び。これらと同じ過去を日本は経験してこなかったか。これが，一歩間違えば，とんでもない方向に走るかも知れないという論調は出てこない。これが，過去の負債を持つ日本的な報道の結果であるが，日本の新聞は左目が盲目かもしれない。

　高踏的な立場から，日本の政治家を批判する政治家軽視の論調が，読者の政治離れを助長し，政治に無関心になってしまう。このような論調の記事ばかりを読まされた読者はどのような行動を取れるというのだろうか。行動しない物わかりの良い国民の形成に利するだけであろう。5月18日，民主党政策調査会で，民主党はNATOのユーゴスラビア空爆について，空爆に対しては一定の理解を示しながらも，国連安保理決議なしでの武力行使を遺憾とし，事態の推移に重大な懸念を表明した。国連による解決を望み，コソボ紛争解決のために，物的・人的支援の用意があることを述べた，これまで見てきた日本の新聞論調の延長線上にあることがわかる。

（この論文は拙稿，楠根重和「マス・メディアと国家フレーム，駐ユーゴ中国大使館"誤爆"をケース・スタディとして」金沢大学法学部第42巻第1号 pp.139-236 1999，を加筆したり一部削除したりしたものである。）

● 課題 ●●●●●●●●●

1　コソボ戦争以降の紛争の1つを取り上げてマス・メディアがどう伝えたか国際比較しなさい。
2　戦争報道に何故ナショナリズムが紛れ込むのか論述せよ。
3　紛争時の報道に対して読者はどうすべきかを論述せよ。

■文献
千田善（1999）1997：『ユーゴ紛争はなぜ長期化したか』勁草書房
Dunsmore, Barrie (1997): Live from the Battlefield. In: Norris, Pippa (edit.): Polltics and the Press, The News Media and Their Influences, Lynne Rienner Publishers, Boulder,

pp. 237-273.
藤田博司（1997）:「1990年代のテレビ」マス・コミュニケーション研究 No 51, 1997
原寿雄（1992）:『新しいジャーナリストたちへ』晩聲社
庵公平・神宮加壽美・友寄喜仁（1942）:『國家總動員法判例全集』法律新聞社
Kirschstein, Frank（1996）: Live-Berichterstattung im 'Feuerwehrstil' Auswirkungen neuer Technologie auf die Auslandsberichterstattung. In: Meckel, Miriam/Kreiner, Markus（Hrsg.）: Internationale Kommunikation, Westdeutscher Verlag.
Koller, Stephan（1996）: 'War of Annihilation' Der Tschetschenienkonflickt als Fallbeispiel der CNNI-Kriesenkommunikation. In: Meckel, Miriam/ Kreiner, Markus（Hrsg.）: Internationale Kommunikation, Westdeutscher Verlag.
Livingston, Steven（1997）: Beyond the "CNN Effect": The Media-Foreign Policy Dynamic（p. 291-318）In: Noriis, Rippa: Politics and the Press; The News Media and Their Influences, Lynne Rinner Publishers, London.
日本新聞学会春季研究会シンポジウム（1967）:「国際政治とマス・コミュニケーション」新聞学評論16巻1967 pp.68-84（日本）
坂井定雄（1996）:「国際紛争と戦争」In: シンポジウム「戦後日本のジャーナリズム」『マス・コミュニケーション研究』Vol. Num. 48 1996
鈴木健二（1997）:『ナショナリズムとメディア』岩波書店
東京社会科学研究所編（1976）:『マス・コミュニケーション読本』東洋経済新報社

第10章
政治とマス・メディア，経済とマス・メディア

政治とマス・メディア

●バイアス

　ニュース・メディアは政治制度である。ジャーナリストは政治的アクターである。その理由はまさにジャーナリズムが客観性と不偏性を持っているという信仰に負っている。マス・メディアが流す情報が政治に影響を与えている。しかしマス・メディアの情報には様々なバイアスがかかっている。マス・メディアの活動を考えれば分かることだが，マス・メディアは毎日ニュースを捜し，それを記事にしたり，放送したりしなければならない。そのために毎日確実にニュースが生み出される中央政府，地方官庁，警視庁，裁判所，経団連などにジャーナリストを配置している。このような巨大組織にはスポークス・パーソンがいて情報を提供している。これが発表ジャーナリズムと言われているものである。発表ジャーナリズムは公官庁などの巨大な組織によって操作されるジャーナリズムでもある。またそのようなニュースをジャーナリストが加工する場合，そこにも様々なバイアスがかかる。バイアスによって誰がそして何がどのようにニュースに登場するかが決まる。

　バイアスには，政治的バイアスや，状況的バイアスや，構造的バイアスがある。政治的なバイアスは「ジャーナリストの個人的ないし集団的嗜好」から出てくる。また状況的バイアスは「ニュース向きの話題を提供する政治家」から出てくる。構造的バイアスとは「マス・メディアの要求を政治家が満たすので，

取り上げられやすい」ということから出てくる[218]。このようなバイアスによって誰がニュースに登場するかが決まる。政府の代表，権威者，専門家が政治的アクターとしてマス・メディアに登場する。あるいはスポーツや映画のスターなどもマス・メディアによってよく登場する。一般市民は，災害や犯罪の犠牲者になって初めてメディアに注目してもらえる。あるいは，せいぜいのところ，地方の心温まる話として散発的に取り上げられるに過ぎない。

　一見バイアスがかかっていないように見えていても，様々なバイアスがかかっていることがある。マス・メディアの客観報道や事実報道について述べたように，政治的に中立的な立場を取り，できるだけ公平に情報を提供し，それを受けて，市民は自ら態度を決定すべきだという考え方そのものが，まさに政治的なのである。客観報道，事実報道に徹すれば，それは発表ジャーナリズムにほかならないし，情報は権力によって作られ，流布されるということは，操作されるジャーナリズムにほかならない。つまり権力を補完する機能をジャーナリズムが担うことで，まさに政治的なのである。ニュース・メディアそのものが政治制度である。情報源とマス・メディアの関係を考えると，権力のあるところから情報が流れるので，情報を流す側が，情報をコントロールしやすい。この意味で，マルクスとエンゲルス（Karl Marx/ Friedrich Engels）が言うように「支配階級の思想はいずれの時代に於ても支配的な思想である，即ち，社会の支配的な物質的な力であるところの階級が，どうじにその支配的な精神的な力なのである」[219]というのは今日でも当てはまる。マス・メディアが言うことと，政府が言うことは大きくかけ離れることはない。

　自由主義社会では，マス・メディアは政府にコントロールされず，可能な限り，主観的な見解を排除し，客観報道，中立報道に心がけているはずだという思い込みないし，盲信が送り手にも，受け手にもある。マス・メディアは多元的な情報を与えているとの神話がある[220]。そのために，マス・メディア，その中でも特に，新聞に対する信頼度は非常に高いし，新聞に書かれたものは，無批判的に受け入れられがちだ。

218　原（1997）p.88
219　マルクス・エンゲルス（1948）p.41
220　シラー（1979）

●ナショナリズム

　マス・メディアの報道と国の政策選択とは関係があるという報告をコーエン（B. C. Cohen）やラング夫妻（G. E. Lang & K. Lang）などが行っている[221]。選挙が行われる国では，国内政策であっても，対外政策であっても，数年おきに選挙という国民の審判を受けなければならないから，国家は国民の了解を取り付ける必要がある。政治や経済に関する国際紛争において，交渉がどのようなものであったか，自国の主張はどうで，相手国の主張はどうであったかが，マス・メディアを通して国民に知らされる。読者は，マス・メディアを通じて，自国と外国の立場を知り，回り回って世界の国に対するイメージを持つことになる。政府が自国民に対し説得するという役割を担うとき，自国と相手国の情報に，どうしても自国にのみに通用する国益が紛れ込む危険性が生じる。それを受けてマス・メディアは情報を国民に提供している。竹島（独島）や尖閣列島（釣魚諸島）の領有権問題を例に取ると分かるように，その呼称も所有権も，日韓と日中では全然異なり，双方の政治家も，市民も自分たちの主張の正しさを信じて止まないのである。

　マス・メディアはナショナリズムの台頭とともに発達してきた。マス・メディアがナショナリズムの共犯者を演じてきた。マス・メディアとナショナリズムの関係は権威主義国家や共産圏の国家では直接的に見える。冷戦構造の終結，民主主義の成熟によって，マス・メディアとナショナリズムの連動は弱まる方向にあるとはいえ，先進国でも国家とマス・メディアの関係はなくなったわけではない。この連動はますます巧妙に，そして見えにくくなっている。ジャーナリストは客観報道，中立報道という姿勢を貫いていると言うかも知れないが，隠れたナショナリズムはその中にも潜んでいる。

　読者にとってどの情報が客観的で，公正でバランスが取れているかの判断は困難である。ある国の人にとって自明のことのように思える解釈が，他の国に行けば全く異なったものに映る場合もある。第2次湾岸戦争で，「自爆テロ」を，「テロ」と受け取るか，「愛国的行動」と受け取るかは，それぞれの立場で

221　グレイバー（1996）pp.60-61

異なるという問題を考えてみよう。日本の特攻隊を考えれば分かる。特攻隊と言えば日本では美化されるが，アメリカ兵から見れば，"狂信的なテロリスト"と映ったであろう。イラクへの空爆，イスラエルのレバノンへの空爆で殺害されるのは，反政府テロリストや過激派であり，原理主義的熱狂者であり，市民ではないとされる。殺される側では市民だと言う。特攻隊は美化されるが，自爆テロは，テロリストとラベルが貼られ，日本でもおおむねそのように受け取られている。日中戦争でも，中国では中国市民が虐殺されたと言い，日本では市民ではなくて軍服を脱いだ便衣兵だと言う。どの国も自分たちの戦争こそ正しく，無抵抗の一般市民を殺害したという事実を回避したいものである。

　ユーゴスラビア戦争においてセルビア共和国では，コソボ・アルバニア系の住民の民族浄化，虐殺などは西側メディアのプロパガンダと信じられていた。中国では大使館爆撃は誤爆であると思う人は少数であった。中国のマス・メディアは反米色が強く，アメリカの攻撃にさらされる被害者としてのセルビア人という立場からの報道に偏る。アメリカやイギリスのメディアはミロシェビッチこそ，このような戦争を呼び込んだ張本人だという角度から報道する。クリントン大統領は，コソボのアルバニア系難民の大量虐殺や民族浄化を強調し，ユーゴスラビアのコソボ・アルバニア人に対する抑圧を，ドイツ人のユダヤ人迫害やホロコーストと同一視した。歴史的に反駁の余地のないトポスで，汚れたイメージを相手に押しつけ，国民を説得し，戦闘行為を正当化しようという意図が窺える。ブッシュ大統領がサダム・フセインを「ヒトラーの再来」となぞらえたのも同じ図式である。軍事的な意味があると考えれば，道路も，橋も，通信施設も，テレビなどのマス・メディア，発電所などのエネルギー供給施設，工場など，多くの民間施設も，軍事施設であるとの際限ない拡大解釈で攻撃の対象となった。そこに働く労働者は一般市民であることは言うまでもない。当然市民に犠牲が及ぶ。そのことは認めても，戦争に「付随的」（collateral）なものだと言う。

　「戦争時の宣伝の最も破壊的な機能の1つは，ある国の国民が別の国の国民を，罪悪感を感じることなしに破滅に追いやることを容易にすることである」と『プロパガンダ』[222]に書いてあるように，圧倒的な武力を誇るNATO軍の攻撃を正当化する役割を，アメリカの新聞は果たしている。第1次湾岸戦争でも

見られたように，市民の犠牲は極力メディアから遠ざけられ，テレビ・ゲームを見るような，人の痛みが伝わってこない戦争報道がなされた。「敵を非人間化することは，敵に残忍な行為を行うことによって生み出される不協和を解消するのに役立つ」[223]。コソボ紛争を考えると，湾岸戦争のように「最も正しく報じられなかった戦争」[224]と，後にアメリカのマス・メディアから言われたのであるが，アメリカのマス・メディアを見ていると，第2次湾岸戦争でも同じことを繰り返し，マス・メディアは失敗から学ぶことはできずに敗北したと言える。

　アメリカやイギリスやドイツのように，ミロシェビッチ大統領をヒトラーと比較する国もあれば，中国やユーゴスラビアのように，クリントン大統領をヒトラーと比較する国もある。星条旗はかぎ十字に置き換わる。アメリカも悪いし，ユーゴスラビアも悪い。中国の言い分も分かるし，アメリカの言い分も分かる。国連中心主義に戻れというのが日本の立場である。どこの国のマス・メディアを読むかで，読者は異なった認識を持つことになる。国家権力が直接的に検閲するか，間接的に検閲するかの違いはあっても，国家フレームがそこに見え隠れする。また，グローバルに展開する巨大な通信社や放送局でも，その会社が置かれている国のパースペクティブから主として報告されることが指摘されている[225]。

　メディアの国際系列下の時代になっても，国家フレームは消滅しない。渡辺武達が「アメリカ系メディアによる発信情報の寡占とそこからの当然の帰結である情報内容の親アメリカ化傾向」[226]と述べているように，報道にはナショナル・インタレストが入り込む。鶴木眞が論文「マスメディアの国際環境監視機能と報道枠組み」で言うところの「社会部的センセーショナリズム」や「イデオロギー的偏向」は，今日でもなくなったわけではない。アメリカのマス・メディアも，イギリスのマス・メディアも，中国のマス・メディアも，ドイツのマス・メディアも，日本のマス・メディアも自己が置かれている立場から世界

222　プラトカニス／アロンソン（1998）p. 43
223　ibid. p. 44
224　鈴木（1997）p. 255
225　Mahammadi（1997）p. 3
226　渡辺（1997）p. 105

を見ているに過ぎない。

●日本のメディアの関心

　何を話題にし，何を話題にしないかというメディアの枠組みも存在する。死者だけでも数万人の犠牲者がでたトルコ大震災報道の初期において，日本ではその少し前に生じた，中州にテントを張って取り残されたキャンパーが洪水で流され，テレビ・カメラの前で，水死するという事件が起こったために，欧米のマス・メディアが連日トップにこのトルコ大震災を持ってきて報道しているのに比べて，トルコ大震災では初期報道においてテレビでは，日本人には犠牲者は出ていないという，おきまりの言葉を聞かされるのである。被害の大きさが明らかになるにつれ，また日本政府が救助活動を送り出したこともあって，この震災がニュースに取り上げる回数が増えた。欧米のマス・メディアがトルコ地震に釘付けになっていたときに，日本は国内の事件に多くの関心が払われた。このことがいみじくも語っているのは，日本，もしくは日本人が関与しないニュースはニュース価値がないということである。ハリケーン・カトリーナはアメリカという先進国を襲ったので，日本のマス・メディアは注目したのであるが，中南米を襲ったハリケーン・ミッチュは，日本のマス・メディアは最初の段階で無視したし，報道してもその扱いが少ない[227]。そのようなニュースで知る世界観とは，日本を中心とした，偏向した世界観でしかない。災害やカタストロフィーが起こると，日本と関係がなければ，全く無視するか，あるいは過剰に報道する。「日本は一番安全なのだ」との再確認がなされる。これは「ニュースの送り手が伝統的なニュース価値基準にしばられている」[228]結果であり，そのような偏ったニュースばかりを取り上げられると，人々は国内でのみ通用する世界観を持つに至る。

　マス・メディアは世界の地域に対して平等の注目を払っているわけではない。犠牲者の数とマス・メディアの報道の量が比例しているわけではない。2003年2月にスーダン西部のダルフールで起こっている反政府勢力とスーダン政府軍が衝突したことに端を発したダルフール紛争でアラブ系民兵が黒人系住民を虐

---

[227]　楠根（1999）
[228]　武市（1994）「メディアと異文化ステレオ・タイプ」In: 本名（1994）p.39

殺していた。20年以上にも渡る民族紛争の犠牲者は200万人を超えるとも言われている。世界のマス・メディアも日本のメディアもここで行われているジェノサイドをほとんど黙殺した。戦争というものはすべて世界が均等に報道するわけではない。認識のプログラムとして第三世界は，先進国の人には自然災害と疫病と内乱と戦争の地域として考えられ，オリエンタリズム的認識のもと，センセーショナルな映像と刺激をもとめて，時折報道の対象となる。開発途上国の戦争は，ほとんど無視されることになる。「アフガニスタンとスーダンではボスニアよりも多くの人間が危険に曝されているにもかかわらず，前者を両方合わせても，後者の12％にしかならない」[229]。「タジキスタンでは100万人が危険にさらされているにもかかわらず，ボスニアの1％しかメディアに取り上げられなかった」[230]。

　このような指摘は人権問題についても同様に当てはまる。マス・メディアが伝えるイメージと実態とは乖離している。アメリカとその同盟国が攻撃を仕掛けているイラク戦争は克明に報道するのに，それとは比較にならないほど悲惨な状態のジェノサイドが無視され続けたのである。日本の特派員がこの地に入ったのは，2004年2月になってからだという[231]。そう語る共同通信の渕野新一記者によると，「サハラ砂漠以南のブラック・アフリカ諸国をカバーする日本のメディアの状況を説明する。対象国は40数か国にも上るが，日本の特派員はわずか5人。ケニアの首都ナイロビに朝日新聞と共同通信の2人，南アフリカのヨハネスブルグに読売新聞，毎日新聞，共同通信の3人。現在，恐らく国連の仕事の半分以上はアフリカに関する問題だと思う。エイズや貧困，飢饉などアフリカが抱える問題は世界で最後まで残る最大の難問と思われる中，日本メディアの態勢はちょっとさびしいものがある，と思っている」[232]という。いかに日本のメディアの関心が欧米と日本周辺の諸国に偏っているかの証拠でもある。「ちょっとさびしい」というレベルではない。報道の改善を図る必要がある。「記者個人の教育とか訓練への努力というレベルを越えた国民性にまで

229　ibid. p.305
230　ibid. p.305
231　新聞研究2004年12月号 p.48
232　ibid. p.51

251

触れざるを得ない大きな文化的コンテクスト」[233]まで問題にしなければならないと武市英雄が言うのも同じことである。ジャーナリストが，自らが持つ認識のフレームを厳しく問うと共に，読者も日本的認識のエスノセントリズムにどっぷりと浸かることの危険性を意識しなければならない。

経済とマス・メディア

　いまでこそ日本の失われた10年のお陰で日米関係は最良の状態だと言われているが，かつては日米間には様々な経済摩擦があった。日米電気通信摩擦，「不公正」あるいは「不合理」な貿易慣行に実行があがらないときは，報復措置通商法301条やスーパー301条や包括貿易法1377条をちらつかせた。そして日米の貿易が不均衡なのは，日本とアメリカの社会システムの違いに起因するとして，1989年開始された日米構造協議が行われたりした。経済摩擦は上層の摩擦であるが，深層には「文化」摩擦が絡んでいることが多い。その際にステレオ・タイプに寄りかかった報道が繰り返される。

　浅野雅巳は『日米情報摩擦，英語マスメディアに見る経済紛争』[234]の中で「半導体紛争を米国の報道はどう表現したか」について，1987年の Wall Street Journal と International Herald Tribune を調査した。この第1章において「公正」か「不公正」かに関して，日本はダンピングを行っており，アメリカは「公正な市場価値」を持っているとする。このように二者択一で想定する場合，どの国も自分は良い方を取る傾向がある。アメリカは自分の方が「公正」だと考え，日本は相手の言い分を不当なものと考える。同じ書物の中で五島幸一は「日米経済摩擦報道に見る米国新聞記事のアピールの仕方」においてアメリカの12新聞を分析している。この中で日本が主役として登場する場合，英雄扱いされるのは4編，悪役扱いされるのは4編，中立は8編に反して，アメリカが主役で登場する場合，アメリカが英雄扱いなのは，1編，悪役は8編，中立は4編である。一見，アメリカの新聞は，自己批判的であるが，アメリカが

233　武市（1993）p.295

悪役になる場合は，少し悪い程度であるが，日本が悪役になる場合は，徹底的な悪者として扱われる。同様のことを藪中三十二も指摘している。藪中によると「アメリカが独自の判断で相手国の貿易制度が公正か不公正かを決定し，相手が市場開放に応じない場合は一方的に対抗措置をとるというように，二重の意味で一方的，つまりユニラテラリズムである点である。これは強国だからできる話であり，また自らをつねに正しいと想定して成り立っている話である」[235]のだという。

客観報道と受け身の情報消費

　マス・メディアは情報を販売するのであるが，マス・メディアの情報を得て知るということと，知識を得て社会的問題を解決するように行動することとは必ずしも結びつかない。むしろ人は知ることで満足してしまい，知ることが行動することの代償行為となってしまい，あたかもそれで行動したような気になってしまう。このような心理をコロンビア大学の社会学者ラザーフェルド (Paul. F. Lazarsfeld) とメルトン (Robert King Merton) は「麻酔的機能不全」[236]と呼んでいる。マス・メディアは社会制度を補強し現状を肯定する機能を持ち，情報過多になった読者は情報に無感覚になり，行動しなくなる。情報社会の出現，情報娯楽産業の出現は無害ではない。それは思想の画一化と反インテリ主義であり，11歳の子供の精神にまで大人の精神を下げ[237]，そのあげくはファシズムの再来をもたらす危惧すらあると，フランクフルト学派のアドルノ (Thodor Adorno)[238]は考えた。ボードリヤール (Jean Baudrillard) は情報の過多が，人々を受け身にし，メディアそのものを破壊するとしている[239]。

234　日本時事英語学会（1988）
235　藪中（1991）p.105
236　Lazarsfeld/ Merton（1948）p.15
237　Giles（2003）p.15
238　Adorno（1991）
239　Giles p.17

クロス・チェック

　それでは読者はマス・メディアの日本的フレームやバイアスから自由になるためにはどうすればよいのか。外国についての教養的知識，関心を持つことは言うまでもない。一国のマス・メディアが，他の国から見れば理解困難な情報を送り出す。ジャーナリストの報道のあり方というよりも，国家の枠組みというものが先にあって，ジャーナリストがそれに囚われて，自国のみに都合の良い世界認識を再生産している。自国に都合の良い世界観は，相互に憎悪を生みだし，相互理解が困難になる。そのような自己中心主義的な報道の呪縛から逃れるために，読者はマス・メディアの国際比較をしなければならない。国家フレームを越えた多元的世界知を獲得し，国際理解を促進しなければならない。そしてマス・メディアの国際比較を始めるとよい。最近は，ホーム・ページ閲覧ソフトを起動して，海外のマス・メディアにリンクするホーム・ページ[240]にアクセスすることによって，海外の新聞を読み，テレビを見たりすることができる。そこには日本のフレームが支配しない，別の世界が広がっている。どの国の報道にもその国なりのフレームがかかっていることは言うまでもない。それでもある言説について，当該国の報道や第三者国の報道などを比較することで，多面的な角度から状況を判断するための情報を獲得できる。ニュース報道を多元的に捉えることを積極的にしない者はナショナリズムに絡め取られるのである。

　日本で通用する論理は，必ずしも世界に通用しない。昨今の官僚，政治家，金融，商社，メーカー，ゼネコンなどの公共性のなさを見るにつけ，多くの不正が行われても，内部告発がされない，公共性の欠如した日本的体質が現れている。同意への強制社会とぬるま湯的体質は，コインの両側である。日本のマス・メディアも，日本的体質の申し子なのである。日本中心主義，日本単一民族神話というイデオロギーに囚われずに，行動できる，ポテンシャルの高い市

---

[240] www.dds.nl/~kidon/media-link/papers.shtml などは世界の新聞を比較するために役に立つサーチ・エンジンである。アメリカのマス・メディアに限っては，www.totalnews.com も役に立つ。見出し語を幾つか入れて，検索すれば，それについての新聞を過去に遡って捜してくれる。

民になりたいものである。覚醒した市民の存在が，機能する民主主義の根幹である。世界にアンテナを張ることで，世界に通用する公共性を獲得することが，国際コミュニケーションにとって必要である。それと平行して，自国中心主義に対しても懐疑の念を向けなければならない。

● 課題 ●●●●●●●●

最近の国際間に横たわる政治や経済の紛争を取り上げて，双方の言い分を表にして，その言説がどの程度妥当性があるのか，あるいは国益のために自己中心的な報道に始終していないかどうか調べなさい。

■文献

Adorno, Theodor W. (1991): The Culture Industry: Selected Essays on Mass Culture; edited by J. M. Bernstein., London: Routledge.
Giles, David (2003): Media Psychology, Lawrence Erlbaum Associates, New Jersey.
グレイバー，ドリス・A編 (Graber, Doris A. (edit.)):『メディア仕掛けの政治』(Media Power in Politics 1994) 現代書館1996
原寿雄 (1997):『ジャーナリズムの思想』岩波書店
楠根重和 (1999):「ニュース報道の多元的な捉え方」大修館書店『言語』3月号。Vol.28 No.3 (pp.78-85)
Lazarsfeld & Merton (1948): Mass Communication, Popular Taste and Organized Social Action, 1948, In L; Bryson (Ed.): The Communication of Ideas (pp.95-118), New York: Harper & Bros.
Mahammadi, Ali (edit.) (1997): International Communication and Globalization, Sage Publications.
マルクス，カール／エンゲルス，フリードリヒ (Marx, Karl/ Engels, Friedrich) (1948):『ドイツ・イデオロギー』(Die deutsche Ideologie) ナウカ社
日本時事英語学会 (1988):『日米情報摩擦，英語マスメディアに見る経済紛争』大修館書店
プラトカニス，A.／アロンソン，E. 共著 (Pratkanis, Anthony R./ Aronson, Elliot) (1998):『プロパガンダ』(Age of Propagnda, W. H. Freeman and Company, New York 1992) 誠信書房
シラー (Schiller, Herbert I.) (1979):『世論操作』(The Mind Managers, Bacon Press 1976) 青木書店
新聞研究2004年12月号
鈴木健二 (1997):『ナショナリズムとメディア』岩波書店
武市英雄 (1998):「アメリカの新聞に見られる対日報道の特徴とその背景—1989年秋を中心に」In: 上智大学アメリカ・カナダ研究所編『アメリカと日本』彩流社1993竹市英雄

「異文化ジャーナリズム論の必要性」In: Newsletter: Intercultural Communicaton No.32 1998年11月
武市英雄（1994）：「メディアと異文化ステレオ・タイプ」In: 本名信行他編『異文化理解とコミュニケーション　－二』三修社
渡辺武達（1997）：『メディア・リテラシー』ダイヤモンド社
藪中三十二（1991）：『対米経済交渉　摩擦の実像』サイマル出版

第11章 日本論・日本人論，オリエンタリズム

　マス・メディアの持つ国家フレームによって，自国中心主義的な情報が集中する。知らず知らずのうちに自国のナショナル・エリートが発信する情報に含まれている国益やナショナリズムを含んだ言論が，共通の認識となり，世界をそのような角度で見てしまう。そのような世界観になんら疑問を持たずに世界を理解し続けては，国際コミュニケーションも国際理解もできない。自国の世界観，言論に含まれている，ナショナリズムは深く自己認識や自己理解と結びついている。したがって，自己認識・自己理解を糾すためにはどうしても自己の依って立つところの国家観，ナショナリズムというものに立ち返る必要がある。ナショナリズムは近代国家の成立という歴史的必然性を持ちながらも，過度な自己中心主義が，「国民」を形成し，「国民」を操作する。そのような操作によって，他国との経済摩擦も，相手はアンフェアーであると思い，領土問題も，相手は不法に占拠したり，要求したりしていると考える。戦争も自ら行うものは「聖戦」と受け取り，相手国への侵略も「防衛」ないし「平和創設」だと思い込まされる。自己中心主義的な認識は，戦争に至らないまでも，周辺諸国との摩擦を引き起こし，同時に「国民」の他者ないし他国の見方に影響を与えてきた。これは日本だけの現象ではない。すべての国が無反省的に「国民」を創造することで，想像上の他者を作り出す。自国中心主義は私たち人間存在の避けがたい心理でもある。それを運命的なものとして受け取るか，あるいはそれに対抗するために何らかの行動を取るかで結果は違ったものとなる。

　海外と自国から見た日本のイメージにほかならない，日本論・日本人論を，国際コミュニケーション論の枠組みで取り扱う理由は，日本論・日本人論はオリエンタリズムとオクシデンタリズムの創造の産物であり，日本人と外国人の

日本理解が，日本論・日本人論の枠組みに組み込まれており，市民もそれから脱却することが，日本と世界の理解に必要であると考えるからである。かつて日本人の精神的支柱であった国体論にメスを入れることも重要である。今日，国体論を口に出す人は少数派だとしても，近代ナショナリズムは「戦後50年を過ぎた今も潜在意識としてくすぶり続けている」[241]という指摘があるように，過去の問題では決してないからである。

　1998年夏にドイツで体験したことだが，日本についての固定したイメージが定着していた。現在も引きずっている経済不況に襲われていた日本はもうだめだという理解がかの国に定着していた。その当時のドイツは，失業者は半ば強制的に，会社に社会保険費用の負担を免除する上限の670マルク（当時のレートで4万5千円程度）という低賃金で働かされ，かつ失業者に職を与えるために，人工的に職場を作り，その結果ようやく失業率を10％前後に押さえ込んでいるような国である。そんな危機的状況にあるドイツの日本認識が，日本はもうだめだというのである。1990年代初頭までは，モデル日本，アジア的価値，アジア的資本主義，文明の衝突などと言われて，日本への恐怖と賞賛を書き立てていた。日本が経済不況に陥ると，ジャパン・バッシング（日本叩き）から，ジャパン・パッシング（日本素通り），つまり日本抜きで世界を決定できるから，ジャパン・ナッシング（日本は存在しない），つまり日本はなかったのだというわけである。存在しない国を考慮する必要はないというわけである。

　『日本はない』という韓国ジャーナリストが書いた書物が韓国でベスト・セラーになったことがあるが，あの女性ジャーナリストなどはさぞかし「先見性」があったと言うべきだろう。この書物には『日本はある』という書籍を書いた韓国の外交官がいたことも付け加えておきたい。世界最大の債権国，世界第2の経済大国日本が，国内の不動産投資によるバブル経済がはじけた結果としての国内不況で，世界からこのように叩かれる言説に何か不自然なものを感じる。世界最大の負債国アメリカの経済が素晴らしいと称えられるのも不自然である。それでも2000年を超えるあたりから，日本の経済の復活も見られ，面白いことにヨーロッパが相対的に経済的に行き詰まりを見せている。話はそれ

241　鈴木（1997）p.44

ほど簡単ではないが，ある国家の見方が180度転換すること自体，かなり危ない徴候であることだけは確かである。

日本論・日本人論の病理

　日本と日本人について書かれた書物は，普通，日本論・日本人論と呼ばれている。デール（Peter Dale）は，そのような日本論・日本人論を，『日本ユニークネスの神話』[242]という書物で分析している。彼によると，日本の特殊性神話には，次の3つがあると言う。1つ目は，日本は文化的にも社会的にも均一の民族であるという神話。2つ目は，日本人は他の民族とは全く異なっているという神話。3つ目は，日本人でない人が行ういかなる分析に対しても，内容やその手続きに関して，敵対的態度を取るという神話。要約すれば，日本論・日本人論とは，日本のユニークさを強調し，日本に関心を持つナショナリスティックな書物のことであるとしている。

　このような定義で，すべての日本論・日本人論の書物が網羅されるはずもないが，そのような傾向を持つ書籍が多いのも否定できない。後の方で詳しく述べるが，非常に元気の良い日本普遍化論とも言うべき日本論・日本人論もある。特殊性に逃げ込んでは，やはり，西洋の反対物でしかない。むしろ日本的なものの中に，西洋とは異なっているが，アジア的な普遍性があると考えたり，あるいは，西洋にもかつてあった普遍的なものを，日本がまだ維持しているのだとしたりする考えたりする。一方定番の日本特殊論や日本特異論は，西洋人による日本の発見前に，西洋人が日本について述べたものの中にすでにある。日本論・日本人論が必ずしも日本の産物とは言い切れない。日本論・日本人論の歴史は長くかつ根が深いのである。

● 文明の衝突

　日本論・日本人論は二重の意味で興味深い。それらの書物は，日本の姿を写

242　Dale（1990）

す鏡であるだけでなく，そのような日本像を必要とする国の姿を写す鏡となっている。仮に，そのような日本像に1つの真実があっても，まさにその1つだけを取り出すという行為によって，日本の姿を歪め，あるイメージを流布し，再生するという誤りを犯してしまう。その意図が，悪意に満ちていようと，善意に満ちていようと同じことなのである。

　他文化を解釈するとき，自文化と比べてどうなのか，どのように異なっているのか，どの程度同じなのか，どちらがより進んでいるのかなど，価値・解釈を含めて，自己文化を準拠にするのが常であり，またそうせざるを得ない側面を持つ。つまり，異文化理解には，自己文化中心主義が入り込むこと，自己文化による異文化誤解が避けられないのである。他者を見るときに，自己中心的な角度から他者を見ているという意識を持つことは少ない。西洋がオリエントを見るとき，それはオリエンタリズムになる[243]。中国から非中国を見るとき，それは中華思想になる。アメリカが中国を見るとき，そこにはアメリカ中心主義的なオリエンタリズムがある[244]。また，ヨーロッパや中国のような，世界の覇権国ないし世界の文明の中心から離れた，日本のような小国が，自己を規定したり，自己を理解したりする場合には，このような外部からの見方に影響される。

　この場合に2つの方向性がある。1つは，覇権国に，自己がどれだけ近づいているか，あるいは，どの程度，覇権国の正当な継承者になっているかで自己規定する，オリエンタリズムの内面化ないし小中華思想の方向である。青木保が「アジアは西欧を経過してアジアをとらえる」[245]と書いているのもこれである。しかし，それでは自己が準拠するものを常に外部に求めることとなり，ナショナリズムとの関係で齟齬をもたらす。そのために，2つ目は，覇権国のように，自己文化を準拠とし，それができない場合でも，他文化との比較によって，自己の特殊性の中に自己文化を規定しようとする。このような欲求は，強烈なナショナリズムを生み出し，覇権国を脅かし，逆オリエンタリズム，ないしオクシデンタリズムと言われ，文明の衝突を引き起こす原因となる。日本の

243　ザイード（1986）
244　コーエン（1988）
245　青木（1998）p.5

国体論や東南アジアの「アジア的価値」などがこの例である。

　このような西欧のアジア批判，アジアの西欧批判，そして自己規定の長い歴史から，私たちの異文化のまなざしは影響を受けている。このことへの意識，詳細なフォローなくして，口当たりの良い，文化相対主義やグロバリゼーションを持ち出しても，国際理解に役立ちはしない。文化相対主義は，文明の衝突論を含み得るし，グロバリゼーションといっても，それは，アメリカ化ないし西洋のスタンダードや価値の普遍化，ないし内面化であることを考えると，このような思想が新たな偏見，新たな覇権主義，新たなナショナリズムを生む危険性すらある。第1次湾岸戦争や第2次湾岸戦争のアラブの反応，NATO軍の国連決議によらないユーゴスラビア連邦への攻撃，西欧化に背を向けるロシアやスラブ諸国の反応，第2次湾岸戦争やイスラエルが行った周辺国への空爆やパレスチナ人への"反テロ"攻撃によって，アラブ諸国では根強い反アメリカ主義とナショナリズムの台頭が見られる。文明の衝突という「ハンチントンの陥穽」[246]に世界が落ち込んでいるかのようである。

●過去の分析

　日本論・日本人論の陥穽に落ち込まないために行わなければならない作業は，過去から現在までの，日本が自ら規定したことと，他の国が日本について言ってきたことをもう一度整理することである。遺伝子の中に生物の過去の記憶が刻まれているように，私たちの認識には，過去の認識パターンが刻まれている。私たちの世界認識，政治，経済，文化，宗教，民族の認識と理解に，すでに過去に蓄積されたフレームが存在している。それらを深く知ることなくして，白紙で世界を眺めたり理解したりすることなど最初からできない相談である。他者規定と自己規定の狭間で揺れ動く日本論・日本人論を分析し，その分析を通じて，自己と他者をより良く理解することができる。この章の日本論・日本人論で取り上げた自己認識と他者認識のメカニズムについて言えることの多くは，同時に他の国の自己理解に関しても有効な方法を提供するはずである。グローバル化したこの時代に，あえて日本論・日本人論を分析する意義はこのことに

246　蓮實・山内（1995）

ある。

　日本論・日本人論の研究は，非常なアクチャル問題をも視野に入れている。アジアが西洋列強によって植民地化された後に，新興の帝国主義国家としてアジアを植民地化しようとした日本は，西洋列強と経済的にも軍事的にも衝突し，またアジアからも不信の目で見られた。そのため戦後60年が経過しても，経済力に見合った国際的地位を与えられることなく，孤立している。経済力ではアメリカに次ぐ世界第2の大国となって，すでに40年以上も経過しているのに，国際的発言力も弱く，旧西ドイツの宰相シュミットによれば，日本は依然として，「友人を持たない大国」となっている。2003年のアセアン会議でも中国の台頭もあり，日本の存在感は乏しかった。日本の経済が順調に行く限り，世界最大の援助国の1つである日本はそれなりのアクターとして，少なくとも経済サミットでは発言力を持っていた。

　ところが，肝心の経済に危険信号が点滅しだしたのである。バブルがはじけ，停滞し，失われた10年間は大きい。日本の国内総生産は停滞ないし減少した。一方，アメリカやヨーロッパのそれはその間数10パーセントも増大し，アセアン諸国は1997年の経済危機を克服し，中国は経済大国，世界の工場へと大きく躍進した。2005年のドイツ，ブラジル，インドなどどともに提案した国連改革と国連の常任理事国入りは，様々な国の周辺諸国の反感と反対にあって挫折したことも記憶に新しい。

●日本ナッシング

　官・政・財の緊密な連携のもと，世界が注目する日本的経営も，高価格維持政策であり，非効率で時代遅れの経営であったとされる。官・政・財の癒着は経済構造の硬直化を招いた。グローバリゼーションの時代にあっては，日本だけが独特の経済システムを維持することはできない。日本の経済力の相対的な弱体化が明らかになり，企業は倒産ないし合併へと追い込まれた。世界的に著名な幾つかの日本企業は，外国からの資本注入，合併を余儀なくされた。「日はまた沈む」[247]という予言は当たったのである。日本経済力の低下は，2002年1

247　エモット（1990）

月1日に導入された統一ヨーロッパの通貨，ユーロが象徴的である。世界の基軸通貨ドルと，次の世紀に基軸通貨になろうとしているユーロの狭間に，日本円は埋没する恐れすらある。世界最大の外貨準備高と貿易黒字と債権国の1つである日本に対し，世界は不信の目を向ける。日本の銀行団は借り入れに際してジャパン・プレミアムすら要求されたことはまだ記憶に新しい。

かつて80年代には，日本に学べと，日本型経営を学びに，世界からマネージャーが日本に集まり，90年代初頭でも，ソ連邦崩壊後，アメリカの産業を脅かす日本が，アメリカにとって最大の脅威だと言われ，日本バッシングが話題になった。しかるに，統一ヨーロッパ出現とアメリカの復活，中国の台頭を背景に，日本パッシング，そして日本ナッシングとまで揶揄されるような時代に突入した。これが現在の日本の状態である。

日本は自信喪失し，世界は日本に疑いの目を向けている。日本人の自己アイデンティティが揺らいでいる。経済不況，金融破綻，総会屋，政治家や官僚の腐敗，構造汚職など，世界に誇れるような状態ではない。十分にグロバリゼーションの要請に答えていないという批判。日本が好景気の時は，日本は世界の秩序を乱す分子と見なされ，日本社会の閉鎖性，特殊性にその責任があるかのような論調が横行した。日本に対するダンピング批判と反ダンピング税，スーパー301条の復活，日本発の世界恐慌への言及などの陰に，伝統的な日本理解の枠組みを感じるのである。ある時は，日本は「最も重要な二国関係」と言われ，経済が好調だと，ソ連邦に代わって，仮想敵国ナンバー1になり，「日本封じ込め論」が展開される。日本経済の勢いがなくなり，脅威がなくなれば，アメリカの対日認識が好転する。経済力が弱まった現在，逆説的に日米の蜜月とも言える情況である。対米に従属する日本。日米間にはさしたる問題は存在しない。このことから得られる教訓は，時々のご都合主義的な対日イメージに，過剰な反応をする必要もないし，過度なペシミズムに陥る必要もないということである。経済活動には上り坂も下り坂もあり，「日はまた昇る」からである。

● 情念的フレーミング

このような時代に，また過去の日本論・日本人論が蠢きだし，オピニオン・リーダーと称する内外の学者や評論家，経済人や政治家のご神託が下されるの

である。黒船来襲や戦争時には，国体思想が強くなり，日本の方向は歪められる。日本の危機の時代に，日本論・日本人論という情念が持ち出され，日本人の世界認識や，世界の日本認識に枠をはめようとする。国体論や愛国心や（プチ）ナショナリズムがこのような文脈で議論される。ある種の情念をもった認識のフレーミングは，他の解釈の可能性を閉ざすが故に，病理的なのである。私たちが日本と世界を捉えるその見方の中に，既に病理が潜んでいる可能性を意識しなければならない。日本を総体として評価を下す言説が可能であるためには，日本人を1個のまとまった集団として捉え，日本人と他の国が異なった，それどころか対立する集団であると見なす必要がある。ここに，日本ユニーク論があり，日本民族単一神話がある。日本と外国をこのような対立概念で理解することを繰り返し説く，日本論・日本人論それ自体が，危険性を孕んでいる。杉本良夫とロス・マオア（Ross E. Mouer）は『日本人論の方程式』において，日本人論は本当に日本の理解に役立っているのかとの疑問を投げかけている。「「日本人論」のほとんどは，日本人がどんなに特殊独特であるかを強調するという点で，驚くほど似かよっている」[248]としている。この意味で，日本論・日本人論の研究にあっては，その言説にいかほどの真実があるのかを検討することも重要なのであるが，それと同時に，そのような日本論・日本人論の発生メカニズムの研究，何故ある時代にそのような日本論・日本人論を必要としているのかの分析も重要である。

日本論・日本人論発生のメカニズム

『日本人論の方程式』において，杉本とマオアは「自分たちの国民性の特殊さを強調する書籍が，何百冊も出版され，何冊ものベスト・セラーが登場するという社会は，日本を除いて，おそらく世界に類がない」[249]と書いている。そのような特殊論は，世界認識を歪なものにしてしまう。杉本とマオアはこの書物において，「日本が他の社会とどんなに異質であるかを誇張して論じること

---

[248] 杉本・マオア（1995）p.25
[249] ibid p.26

によって，日本人の世界観をゆがめてはいないか。いまや，日本人論そのものが，ひとつの社会的な力になり，日本人の自画像を形づくっている。その自画像が，実は国際理解や社会間コミュニケーションの大きな壁になっている」[250]と書くとき，筆者はその意見に全く賛成なのである。

　それにも拘わらず，日本特殊論，ユニーク論を，日本独特のものとする意見に，次に述べる3つの理由から，否定的である。第1の理由は，自国を特殊化したい衝動はどの国もある。日本論・日本人論が持つ認識のメカニズムは，異文化と接触したときの，人間の普遍的な対処の1つの形態と考えたい。日本論・日本人論の中で言われている世界認識の枠組み，つまり自己中心主義と他者中心主義の狭間で造られる認識の枠組みは，日本だけの特異な現象では決してない。大なり小なりどの国にも当てはまる。室町時代から，江戸時代にかけて，宣教師たちが日本を神話化し，西洋に好ましいキリスト教像を宣伝し，また，そのことによって，自己規定したように，西洋は他者である東洋を必要とした。同様に日本も自己を策定するために西洋を必要としたのである。ただし，日本論・日本人論が，とりわけ内外で問題になる原因として考えられるとしたら，日本は，近世において，非西洋で，最初に西洋に対抗する経済アクターになり，さらには軍事アクターになったことである。それでいて，日本は文化覇権国にもなれず，海外に文化や技術を求め，自己アイデンティティを脅かされ，自己アイデンティティの形成に苦しんできたのである。それ故欧米諸国やアジアの諸国から注目を浴び，日本は恰好の研究対象となり，したがって問題性と病理も際だつのである。第2の理由は，このことから出てくる当然の帰結として，他者をその対立概念として想起したい衝動は普遍的に存在するからである。第3の理由は，特殊性と普遍性とは相対的なのである。自己の特殊性を普遍性と言いくるめれば，相手には特殊性しか残らないからである。中華思想も，ヨーロッパ中心主義も言ってしまえば自己を準拠にするということである。自己を価値尺度の標準と定め，そこから周辺諸国がどれだけ離れているかを測定する考え方にほかならない。自らの特殊性の普遍化に過ぎないからである。

　日本は世界で希な単一民族であり，一大家族をなしており，思いやりがあり，

250　ibid p.28

他人の心を推し量り，議論も要らず以心伝心の国であるとする，日本ユニーク論は，人口に膾炙されている。このような言説は虚構の産物でしかないことは言うまでもない。網野は『日本論の視座』において，「日本島国論」の虚構性[251]と，日本の「均質性」と「閉鎖性」は表裏をなしていることを指摘した[252]。日本特殊論に寄りかかった，日本論・日本人論は時の権力を支えるイデオロギーである。それは大国に対するコンプレックスと大国意識の両面性を持っている。覇権国が，自己を価値尺度に据えるとき，周辺国は，その価値に近づけば近づくほど，先進国の仲間に入ったことになり，それから離れている国は，未開で野蛮な国というわけだ。日本がどれだけその時々の覇権国，例えば，どれだけ中国に近いか，どれだけ西洋に近いかを気にするのはこのためである。自らの中国，自らの西洋を自己の中に取り入れて，中国人のように振る舞ったり，鹿鳴館で燕尾服を着て西洋人のように踊ったりする日本人は，ビゴー（Georges Bigot）の「猿まね」であり，良くて物覚えの良い生徒，悪くて亜流の地位にしかつけないのである。かつてはドイツが，そして近年は日本が模倣の大国と言われた。独創性が否定されるのは，後発国の常である。これを打破するには，自らが覇権国になり，一流国家宣言してしまえば，亜流という汚名を着せられることもなく，非常に楽になるわけだ。

●朱子学

このように考えると，日本論・日本人論における特殊論から普遍化論への飛躍の必要性は，日本が大国としての道を歩むにつれて，登場してくるのも頷ける。かつて，奈良時代に対中国との関係で対等の関係に立とうとして，天皇を打ち立てた国体論が，江戸時代末期から明治にかけて，今度は，西洋と平等の関係に立とうと，持ち出されるのである。聖徳太子が遣隋使の国書において，「日出ずる処の天子，書を日没する処の天子に致す」というのはそのような強い意志の現れであった。中国から見て周辺国を倭の国と規定する見方から脱却すべく，日本は自らを大和の国であると宣言した情念がこれである[253]。日本を

251　網野（1993）p.32
252　ibid p.27
253　井上（1991）

中心軸と考える思想，国体論は，その後繰り返し登場する。建武の中興時代，そして徳川時代には天皇を中心とする国家観が強く打ち出された。

徳川幕府は朱子学を官学として昌平坂学問所で教えた。朱子学は正学とされた。朱子学は社会的秩序を受け入れ，君主と臣下の教えを説いている。江戸幕府の御用体制イデオロギーあったはずの朱子学から，天皇の正当性を主張する考えが出てくる。朱子学としては林羅山の弟子の山鹿素行（1622-1685）を取り上げてみる。1つは後に書くが，その分派としての水戸学である。

山鹿は20歳にして『兵法神武雄備集』20巻を著す。将軍家に出向の計画は，家光の突然の死でとん挫し，赤穂の浅野家の家臣になった。31歳で千石の高禄を受ける。これは，浅野家の全石高の53分の1であったという。9年間浅野家に仕えて，一生涯處士で終わった。牛込高田の塾には門弟が千余人いた。山鹿素行は，その後朱子学から離れて，『山鹿語類』という43巻の大著を著す。その要約として『聖教要録』の3巻を表した。『中朝事実』には「我が中國（日本）の國土は世界万國に特に立優つて居り，この國に現れた處の人物は，八紘の中で最も精秀である。それであるから，その昔神代に御出現あそばされた，神明の，御聖德の鴻大なることと，神代以来皇統の連綿たることと，我が丈物武勇の光が燦然として輝いていることは，実に天地とともに窮まりない處である」という言葉がある。この中の第2章は中国章となっているが，ここで言う中国とは世界の中心の国という意味で，日本のことを指している。中国が自らそう名乗っていること自体も面白い現象であるが，それはひとまず措くとする。中国章には「我が日本が中國である事は，天地自然の勢ひである。神々相継いで出現し給ひ，皇統は連綿として続き給ひ，文武事物の精秀なる事は実にその名に相応しい」と書いている。日本に漢字をもたらした王仁すら，つまらない人物と言い放ち，漢学を勉強する俗学腐儒と言う。日本が中国である根拠として，日本には中国のような下克上がなく，皇統が続いていることを挙げている。「高麗，新羅，百済は我が國の藩臣ではないか」と書いている。日本を中朝とか中国と呼ぶこと自体が中華主義，日本中心主義である。中国の上に日本を置こうとする山鹿の意志が強く表れている。

門弟4千人を持つ山鹿素行には，浪人の不穏な動き，例えば由井正雪の1651年の乱の再来を恐れる幕府からの疑いがかかり，折しも『聖教要録』の内容が

267

朱子学批判だと受け止められ，江戸幕府の最初の筆禍を招いた[254]。その背景には朱子学の林羅山一派からの圧力があった。山鹿素行は明治40年に，死後223年して正4位に叙せられた。このことは山鹿の精神が明治日本に繋がっていることの証左である。納富康之の『山鹿素行の国体観』[255]という書物の序に，兵学者としての山鹿素行の偉業をたたえる海軍大将安保清種の次のような言葉，「今ヤ大御稜威ノ下ニ飽ク迄敵米英撃滅ノ聖戦ヲ戦ヒ抜カン決意ニ燃エル時，先生ノ精神ニ接シ，其ノ遺著ヲ味読スル事ハ，実ニ裨益スル処甚大ナルモノガアル」[256]がある。ここで言う先生とは山鹿素行のことである。山鹿の思想は日本の軍国主義にも影響を与えていることが分かる。

　朱子学から別れた学派に水戸学がある。徳川光圀は『大日本史』の編纂を1657年に開始した。この書物の完成は1906年という長い年月を要した。水戸学に属する藤田幽谷（1774-1826）は『正名論』（1791）を書き，その中で尊王思想に通じる考え方を説いている。藤田幽谷の思想を受け継いで，門下生である会沢正志斎（1782-1863）は『新論』（1825）を書き，尊王攘夷論を説き，国体論を持ちだした。幽谷の息子，藤田東湖（1806-1855）は，9代藩主徳川斉昭が藩校の理念を示した『弘道館記』の解説書『弘道館記述義』を書き，君臣がともにその職務を遂行し，忠愛と道徳によって国家を支える国体論を展開した。天皇体制と幕藩体制の融和を目指したが，幕府に執政能力が失われていく過程で，水戸学が尊皇攘夷の精神的支柱となっていく。

●国学と国体論

　日本のイデオロギーを作ったもうひとつの流れに国学がある。国学と儒教はともに国粋理論である。北畠親房（1293-1354）は『神皇正統記』を著した。新井白石（1657-1725）は，日本天皇と清国の天子を同等と考え，徳川将軍は朝鮮国王に相当すると考えた。新井白石は徳川将軍の国書書式従来の大君をあらため，日本国王に変更した。大君というのは中国では，天皇に当たり，それは天皇家に対して僭越であるが，朝鮮では，大君とは，臣下のことであり，その言

254　伊藤（1954）
255　納富（1943）
256　ibid. p.2

葉は，朝鮮に対しては，不適当だから，日本国王とあらためるというのが新井白石の説である[257]。賀茂真淵（1697-1769）は『国意考』を著す。これは国体論で，外来の思想を排して古来の日本の思想に立ち帰れと主張した。その門下生に本居宣長（1730-1801）がいる。本居は『直毘霊』（1790）を著す。本居は国体論者で，日本優越論者である。彼は『玉くしげ』（1789）の中で，「天照大御神は，その天をしろしめす御神にてましませば，宇宙のあひだにならぶものなく」，「皇国のすぐれたるほどは，おのつからしるらむもの」と書いている。天皇家の日本統治を正当化した。日本の天皇家は当然の支配者と考えられた。この考え方は明治の政治家の天皇理論に繋がっていることは言うまでもない。

室町時代から江戸時代にヨーロッパ諸国は東洋に進出してきた。日本中心主義が江戸時代に生じたのは，中世の時代のような対中国に対する脅威ではなくて，西洋に対する脅威からだある。1739年に安房・陸奥沖にロシア船出没し，1791年には外国船取扱令が出される。林子平の『海国兵談』が出版されたのは1791年である。彼はその中で外国に対する兵備を主張，幕府から出版禁止になる。1792年にはロシアの使節アダム・ラクスマン（Adam Laksman）が根室に来て通商を求める。1808年，イギリス船がオランダの国旗を掲げて長崎に入国，オランダ商館員を脅かしたフェートン（Phaeton）号事件が起こる。1840-42年には阿片戦争が起こり，南京条約が結ばれ，清はイギリスに香港を割譲し，賠償金を支払った。列強は日本に開国を迫った。そのような中で下関戦争が1864年に起こった。4カ国は軍艦17隻，5千人の兵士を投入した。下関砲台は破壊され，外国船が自由に行き来できる条約が結ばれた。1862年には生麦事件。1863年には薩英戦争が起こる。このような西洋の武力による進出は，日本に激しい国体論を巻き起こした。

●吉田松陰

日本中心主義を唱えた江戸末期の代表者は吉田松陰（1830-1859）である。吉田松陰は明倫館を再興しそこの講師となった。吉田は国体論を唱え，明治の思想を方向付けた教育者である。かつては小学生が教科書で学ばなければならな

---

[257] 宮崎 pp.212-213

い人物であった。叔父の玉木文之進が1842年松下村塾を作る。松陰も13歳の時からそこで学ぶ。松下村塾は廃れ，久保五郎左衛門が松下村塾を再興し，吉田松陰がそれを引き継いだ。吉田松陰はそこでは1年しか教えなかったが，その塾から高杉晋作，桂小五郎（木戸孝允），伊藤博文，山県有朋，前原一誠，品川弥二郎などがでる。1838年，藩校の明倫館の教授見習い。1948年教授となった。1851年江戸の佐久間像山のもとで学ぶ。天皇中心主義，国体維持が彼の関心であった。そのような考え方は当時の幕藩体制から見れば，危険な思想であり，吉田松陰は何度も投獄，そして最後には死罪になる。

　世界の見聞を広めようとして長崎のアメリカの軍艦に乗ろうとしたことが発覚して江戸に投獄された獄中の論文である『幽囚録』には，世界の列強に国体の存続を脅かされるというのに正しい対応が出来ない幕府や藩の無能に対する苛立ちがある。その中で「朝鮮ごときは古くはわが国に臣属していたが，いまはやや高ぶったところがある。その現状を十分明らかにして，もとのようにもどす必要があろう」[258]と書いている。日本が列強に伍して，オーストラリアを植民地化することすら考えていた。『対策一道』(1858)では，アメリカの講和条約の要求は日本の国体を危うくするものである。日本が自ら望んで通商条約を求めるまで待たないのは，アメリカが日本を属国にしようとする下心があるからだ。ペリーに対して日本の開港を遅らせ，その間に軍艦を造り，世界の至る所に領事館を造り，周囲の実状を探り，貿易を行い，しかる後にアメリカに対して鎖国を解けばよいと説いている。

　『大義を議す』では「アメリカのはかりごとが，この神州の憂患であることは明白である。そのアメリカの使者たちの吐く言葉が，この神州をはずかしめていることも決定的なのである。ここにおいて天皇は激しく怒り，勅を下して米使を拒絶しようとされた。そこで幕府はいたく恐縮し，ひたすらこれが遵奉につとめなければならないはずなのに，現状はなんたることだ」[259]と書いている。ここに，松陰の尊皇攘夷の思想が明確に読み取ることができる。アメリカに撃って出よとする思想が見られる。当時の世界情勢をどれだけ松陰が把握していたのだろうか。それどころか，「朝廷に対しては傲慢にかまえ，アメリカ

258　松本（1973）pp.226-227
259　ibid. p.338

にはへつらうことが天下至上の策であるかのごとくなし，国家の憂患のなんたるかを思わず，国辱のなんたるかを顧みず，果ては天勅をも奉じようとさえしていないのだ。これはまさに征夷大将軍たる者の罪であって，天地も容れることができない。神も人もみな憤っているのである。とすれば，大義にもとづいてこれを討滅し，誅戮してもまた可なのであり，ゆるす必要は決してないのである」[260]と書く。

『時勢論』（1858）には，徳川家の外国の処し方は良くない。1858年日米修好条約で幕府は朝廷の勅命に反することを行った。朝廷の決断が必要である。さもなければ神州は滅びてしまうとの危機意識が現れいる。『要賀策主意』は，天皇を担いで，幕府を撃てという檄文である。「狂夫の言」[261]では，日米通商条約によって日本はアメリカに侵略される。領事のハリスごときになぜびくついているのだ。徳川14代を誰にするかで（家茂と慶喜）争っているが，病院や，孤児院などを建てて人民の歓心を買っているアメリカにつけ込まれる恐れがある。今は天下一大事の時である。能力のある者は重用し，能力のない者は退け，教育を施すことが必要である。良い人材なら農商人から採用すべきである。このようにすれば，長州のような小藩でも全国から人材が集まってくる。自由に批判ができるようにしておかなければならない。これまで上役の失態を見て見ぬ振りをしてきた。そして相手におべっかを使ってきた。これでは太平の世の中にならない。思い切って人材を抜擢しなければならないと書く。「囚室雑論」では，日本の各藩が乱れて争っていることを嘆いている。「吾が公の天子を敬し，幕府を諌め，士民を愛養し，夷狄を撻伐するの大志をして之れを其の藩に報ずるを得しめば，即ち其の心を結ぶの一端なり」と書く。財政が逼迫しているが，秀でた者に対する論功報償を行い，税を軽減し，若者の教育を行いことの重要性を説く。とりわけ優れた人材の育成は日本の急務だと説く。

「留魂録」（1859）は伝馬町で死刑になった松陰の遺書である。死刑日は安政6年10月27日。その中で「身はたとひ武蔵の野辺に朽ちぬとも留め置かまし大和魂」と辞世の句を書いている。吉田松陰の思想は天皇を中心として国家がまとまり，列強に負けない国力をつけるべく，教育制度，軍事制度，経済制度の

260　ibid. pp.338-339
261　吉田・藤田・西田（1978）

第11章　日本論・日本人論，オリエンタリズム

改革を急ぐことであり，幕府の力がまだ完全になくならないとき，朝廷に勢力が集まる前の，ある意味では不運な時代に生まれてきたのが，若くして人生を終わらせてしまうことになったのだろう。日本が当時置かれていた状況で，諸外国に翻弄される日本の姿が，松陰を通して窺うことができる。

　吉田松陰は徳川時代末に，日本が外国によって開港が迫られたとき，尊皇攘夷をかかげ，日本の精神的優位を主張する。松陰の思想は軍国主義の真っただ中に，文部省が出版した，『國体の本義』にも読み取ることができる。このような国家イデオロギーが，日本を軍国主義へと駆り立て，同時にアジアを支配しようとさせたのである。

●日本特殊論

　国体論はコンプレックスの裏返しである。日本が当時どれほど西洋列強に対してコンプレックスを抱いていたかは，高橋義雄は『日本人種改良論』の中で，西洋人との雑婚を勧めていることなどからも窺うことができる。福沢諭吉は『帝室論』の中で，日本の歴史において，鎌倉時代以降，天皇の権威が疑われたことがない。日本天皇は，日本精神のよりどころであるとし，日本の独自性ないし特殊性を強調する一方，文明国に入ろうと努力しない隣国，朝鮮を低く評価した。時事新報論集三に入っている論文，『朝鮮人民のために其国の滅亡を賀す』でも，皇国論者，福沢は，朝鮮について，ロシアやイギリスに国土を蹂躙されても，何も言えず，王室は無法であり，貴族跋扈，税法は乱れ，私権はない。そのような国は文明国の属国になった方が幸せだという趣旨を述べている。これはイギリスによる巨文島の占拠についての文章である[262]。福沢は，朝鮮停滞論を持ち出す。ここには帝国主義理論に対する懐疑の念は全く存在しない。この理論から朝鮮の合併や，「遅れた」アジア侵略に直接繋がるのである。国体論は膨張理論を引き受ける。小熊英二によると，そのような膨張理論には3つのものがあるのだという。第1のものは，あからさまな軍国主義ないし帝国主義である。日本を異民族の支配者と位置づけ，権力関係でアジアを支

---

[262] 時事新報論集三に入っている論文。慶應義塾編纂『福沢諭吉全集第10巻』岩波書店1960。この論文により，時事新報は発行停止を命じられる。次の論文はそのために出版できなく原稿のみ残っていた。

配するというものである[263]。しかし天皇支配は権力関係の支配ではないとするのが国体論者であるから、あからさまな帝国主義者になれなかった。第2のものは、国体を普遍的理論にすり替える考え方である。国体を民族の無差別理論、平和理論として普遍性を持つ理論として主張する方向である。しかし、大半の者は帝国主義者にもなれなかったし、また国体論を人類の普遍理論として押し進める極端な方向に向かわなかった。第3のものは「特殊でありながら擬似的に普遍である」、「家族国家」という理念を持ち出す方向である。異民族を養子として、家族理論の取り込めば、膨張理論と国体論とは矛盾しないわけである[264]。

　日本特殊論である天皇主義、日本中心主義、家族主義、国体論が、容易に普遍論に変わるのである。近衛文麿は『国士に現れたる日本精神』[265]の中で、日本精神の一番の核は天皇制であると説いている。天皇を中心として、臣民一体となって行動する日本ユニーク論、西洋列強に伍して戦えるのは日本だけだ。腐敗した中国、呻吟するアジアという世界認識が繰り返し提示される。荒木貞夫は『皇道の本義』[266]で、マルクス主義などの外来思想を排し、皇道に戻れと説く。日本人が日本精神に立ち返らなければ、世界の尊敬も受けず、孤立する。欧米の植民地主義に対抗して、東亜を解放しなければならないと説く。蘇峰、荒木、近衛、さらには山鹿素行や、吉田松陰の言説を見ると、天皇という擬制を必要としたのは、古くは、中国という覇権国に対して、自己確立を必要としたからである。本来は部族的信仰に過ぎなかった部族神を、国家神道に仕立てた。古代中国の影響にあって、日本という国を確立しなければならなかった。幕末から明治にかけて、かつての盟主国である中国の没落と、アジア諸国の植民地化を目の当たりにした日本は、アイデンティティの危機を感じ、国体論を持ち出した。世界経済恐慌、そして、中国への侵略、それに対する列強の非難、日本の孤立、日本精神への国民の動員、中国に代わるアジアの盟主国日本、大東亜共栄圏というナショナリズムが日本を破滅の道へと追い込んだ。

263　小熊（1995）p.142
264　ibid. pp.146-149
265　近衛（1935）
266　荒木（1934）

第11章 日本論・日本人論，オリエンタリズム

●戦後の日本普遍化論

　日本が戦争に負けると，天皇主義や国体論は，日本の思い上がりであるとされ，日本は非民主的で，遅れた国とされた。アメリカを模範として戦後を歩むことになる。これまでの社会は，封建的であり，家父長的であった。人々は従来の日本的なものを捨てて欧米を志向した。丸山真男，大塚久雄のように，西欧の価値尺度で日本を見るという態度は，当時のインテリのスタンスである。それでも，日本の保守陣営は，国体を守ろうとした。天皇制の保存の代償で払ったとされる，日米安保条約を結ばざるを得なかった吉田茂の選択も，国体の保持，つまり，日本人としてのアイデンティティの危機下における，先祖帰りであると見ることもできる。アメリカがアメリカ兵の日本における治外法権を要求した背景には，日本を野蛮な国とアメリカが考えたのではないかと，豊下楢彦は『安保条約の成立』[267]で書いている。地位協定における，日本の法制度に関するアメリカの不信感にもそのことが読み取れる。日本の経済力が強まるに連れて，日本はある程度自信を取り戻した。経済力がつくと，戦前の日本論・日本人論の焼き直しである積極的な日本ユニーク論や日本特異論が登場する。戦前のように普遍性を要求することなどはおこがましくてできない相談であった。したがってユニーク論や特殊論に逃げるのである。歴史は繰り返す。日本の経済・社会システムが，欧米のそれとは異なり，異なっていることが，必ずしもマイナスとは評価されなくなる。寧ろ日本のシステムの方が，資本主義的生産に向いていると考えた人々がいる。一丸となった社会というイメージは，日本株式会社論となる。日本の会社は，家族で，日本の社会には個人主義がなく集団主義であるという。この日本株式会社論というのは，戦前の天皇を中心とした大家族主義，国体論に通じる[268]。家族主義と言えば，有賀喜左衛門の『日本家族制度と小作制度』[269]を挙げなければならないだろう。有賀の家族制度の焼き直しと言われる中根千枝の「タテ社会」[270]という分析は内外で評価

---

[267] 豊下（1996）
[268] 文部省は，『國体の本義』の中で，個人主義を否定し（p.6），日本の国体を「一大家族国家として億兆一心聖旨を奉體して，克く忠孝の美徳を発揮する」（p.9）と書いている
[269] 有賀（1943）
[270] 中根（1967）

された。しかしこれは新たな異質論にほかならない。日本は異質だ，特殊だという考え方は不信感を生みだし，諸外国からも，日本の特殊性もつ危険性が指摘された。

　日本の家族主義に根ざした日本社会の分析は，本当に日本の社会に当てはまるのだろうか。日本のモデルと言っても，大会社の社員をモデルに想起しているものに過ぎず，中小企業に働く大半の日本人のモデルにはならないと反論することは容易である。昨今の一流企業の首切りや破綻を見ていると，会社において家族主義的会社経営がどれほど機能しているのか疑わしい。また，家族と言っても，従業員は家族の一員として情報を共有していたわけではない。自分の会社の倒産状態をほとんどの従業員が知らされていなかったのというのが実状である。

　日本文化の特殊論は，日本の経済が，順調に推移し，経済大国になると，普遍理論へと高められる。青木保は『「日本文化論」の変容』[271]の中で，日本文化論の基調が変わったのを1970年代以降としている。濱口恵俊は，1994年8月，コペンハーゲンのヨーロッパ日本研究学会（EAJS）や，同じ年の10月17日に開催された「日本研究・京都会議」（国際日本文化研究センターと国際交流基金の共催）の発表を下敷きにして，「「日本異質論」に変化の兆し」[272]という小論文を書いている。日本は異質であり，独自の文化があり，欧米のそれとは異なるというのが日本異質論である。このような考え方では，日本と欧米の相互理解はできなくなる。そのために，全く別の方法論的関係体主義という理論を導入した。個人か集団かという二分法では社会は把握できない。どの社会も「関係体」の方が根源的であり，日本研究はそのような角度から行えば，ヨーロッパから見ての欠如態ではなく現実態として描き出すことができる。「関係体」はかつてどの文化にもあって，もちろんヨーロッパにも。日本はそれを今も維持しているのだという。日本型社会を普遍的なものとしてとらえようとした。他にも日本論を普遍化論として再構築する試みを行った学者は多い。公文俊平や吉田和男らは個人主義と集団主義という二項対立で日本が説明できないことを主張する。山崎正和は日本のそれは，「柔らかい個人主義」[273]であるという。

271　青木（1990）
272　濱口（1995）

欧米の日本異質論に対する反論を榊原英資も行っている。欧米人の日本異質論は，「戦前からの日本の主流知識人あるいは主流派ジャーナリストたちの日本論のミラー・イメージなのである」[274]。進歩主義的日本人や欧米の日本異質論者は，歴史をヨーロッパ中心的に見ている。単線的歴史理解はマルクスが徹底した形で提出している。このような歴史理解からは，アジアは遅れており，停滞していることになると，榊原は，欧米の異質論に対する不快感を述べている。停滞論は，他国の植民地支配するときに持ち出され理論である。日本も大東亜共栄圏を掲げ，台湾・朝鮮半島・満州の植民地経営に乗り出したときに，このような停滞論を持ち出した。停滞論は相手を知的に侵略する場合の常套手段と考えられる。日本の特殊性を普遍化させるこのような分析は，日本を欧米に分からせようという点では説得力はあるが，欧米からは逆オリエンタリズムと非難される。また，自らがナショナリズムに絡め取られる危険性がある。

日本論・日本人論はそれぞれの国の産物

　日本論・日本人論を必要としているのは，大国論・島国論の間で揺れ動く日本だけではない。東アジアも東南アジアもそれらを必要としている。日本に支配された国や，日本に侵略された国や，西洋によって，植民地化された国，産業を興し，独立を目指す国は，自己の必要性に応じて，日本を必要とした。どのようにすれば，日本のようになれるのか。あるいは，日本のようにならずにすむのか。また日本を対立項に自己を確立していった。日本があまりにも対米追随型な態度しか取らないとき，日本はアジアなのか，非アジアなのかと問いかけられた。盟主国として欧米を目指す場合，日本と自分の国のどちらが欧米に近いのかなど，比較の対象にもなった。日本に対する尊敬と軽蔑，恐怖と懐疑のイメージが交差するのである。日本と直接的な利害関係がなくて，欧米に支配されたアラブ諸国では，反米，反ヨーロッパの気持ちが強く，アラブ民族主義が強いので，日本のイメージは良好である。また，日本に対しては，アメ

273　山崎（1990）
274　榊原（1994）

リカに比べると直接的な利害がなく，しかも日本人移民の多い中南米でも，日本に対しては好意的である。とりわけ，ペルーは，日本に対して良いイメージを抱いているようである。だからと言って，日本の方は，これらの国に良いイメージを抱いているわけではない。ここでも，それぞれの国が自ら必要なイメージを膨らませてきたことを指摘するにとどめておきたい。ヨーロッパはどうであったろうか。宣教師たちや出島の学者らが，自らの宗教的情熱と研究心とヨーロッパ中心主義で打ち立てた日本像が，日本開国後の日本イメージの創造，日本神話創造に影響を与えている。中世のイメージである黄禍論は，中国やモンゴルに対して言われたのであるが，日本が強力になってくると，日本に対して持ち出される。そして最近はまた中国に対して向けられている。このような流れから，経済摩擦にも，人種偏見やオリエンタリズムが入り込むのである。同様のことは，アメリカについても言える。第1次世界大戦に勝利した太平洋を挟む反対側の大国アメリカでは，対日オリエンタリズムや人種偏見が強くなる。日本人移民禁止や日本人のアメリカ合衆国における収容所送りなどを引き起こした。日本が敗戦し，アメリカは日本を支配し，自己陣営に取り込んだ。アメリカの監視のもと，戦後日本は民主化の道をたどるのであるが，日本が経済的に成功すると，日本はよく学ぶ生徒から，やはり日本は西側の一員ではなく，西欧の民主主義国ではなかったとされ，不信の目が日本に向けられる。とりわけ，ソ連の崩壊以後，ソ連に代わる脅威として日本が挙げられ，日本叩きが起こり，経済摩擦と文化摩擦が一緒になり，アラブとの連合する文明の衝突論すら持ち出される。

日本論・日本人論のつけ

明治には，盟主国である中国の没落と，アジア諸国の植民地化を目の当たりにした日本は，アイデンティティの危機を感じ，天皇を中心とする中央集権国家を打ち立てた。近衛文麿などの日本精神への国民の動員，中国に代わるアジアの盟主国日本，大東亜共栄圏という，ナショナリズムや，福沢諭吉が『脱亜論』[275]で行った西欧化と脱亜入欧の思想は，自己と相手を正しく評価するのを

困難にしている。福沢は，この書物で，ヨーロッパ文明という麻疹に対抗するのは無駄であると書き，さらに，「一切万事西洋近時の文明を採り，独り日本の旧套を脱したるのみならず，亜細亜全州の中に在りて新に一機軸を出し，主義とする所は唯脱亜の二字に在るのみ」と続けている。「我が日本の国土は亜細亜の東辺に在りと雖も，其国民の精神は既に亜細亜の固陋を脱して西洋の文明に移りたり」と書いている。したがって，「我国は隣国の開明を以て共に興すの猶予ある可らず，寧ろ其伍を脱して西洋の文明国と進退を供にし，其支那朝鮮に接するの法も隣国なるが故にとて特別の会釈に及ばず，正に西洋人が之に接するの風に従て処分す可きのみ。悪友を親しむ者は共に悪名を免かる可らず。我れは心に於いて亜細亜東方の悪友を謝絶するものなり」という有名な一文を残している。しかし，当時はどう贔屓目に見ても，物質では西洋に歯が立たないので，日本精神の優位を説く必要があった。これが，和魂洋才の思想である。1923年の『尋常小学国語読本巻12』には，「万世一系の皇室を中心として団結した国民は，かくていよいよ結束を固くし，熱烈な愛国心を養成した。其の上我が国の美しい風景や温和な気候は，自ら国民の性質を穏健ならしめ，自然美を愛好するやさしい性情を育成するのに与って力があった」と書いている。この延長上に，和辻哲郎は，南洋の未開の国の植民地化や，日本の傑出した地位を，自然から導き出し，太平洋戦争，植民地戦争を肯定することに繋がる日本風土学を説いた。戦後は，中根千枝や土井健郎などが，違った形で，日本文化を宣伝した。それが，先に述べたように，公文俊平，山崎正和，吉田和男，榊原英資などは，日本型社会を普遍的な形で提示するにまで至った。ナショナリズム形成のためには新聞や映画などのマス・メディアだけではなくて，絵画や茶の湯といった芸術活動すら使われた。日本論・日本人論形成のためにマス・メディアが動員された。

　ユニーク性を主張することで，この言説の呪縛に日本人は囚われる。そのために個としての確立が遅れ，ムラ社会的妥協が横行するのである。リーガル・マインドは育たず，法定外の解決，示談が一般的紛争解決となっている。市民の勇気の欠如，公共性の欠如した政治・経済風土もこのような言説が生みだし

275　福沢（1886）

た副産物である。日本のみに関心を持つ国民性，世界的視野の欠如など。個人としての活動が不活発なために，ボランティア活動にも勇気がいる国民になってしまう。また，言論による公の場でのディスクールに慣れていないから，政治家やジャーナリストは世界にコミットメントできないでいる。ウォルフレンの言うように，責任の所在が曖昧になる。一億総懺悔という言葉に見られるように，このような日本家族主義は，過去克服不徹底の1つの原因にもなっている。

　ザイード（Edward W. Said）によれば，オリエンタリズムとは「ヨーロッパの実体的な文明・文化の一構成部分をなす」ものであり，「この内なる構成部分としてのオリエントを，文化的にも，イデオロギー的にもひとつの様態をもった言説として，しかも諸制度，学識，形象，信条さらには植民地官僚制度と植民地的様式によって支えられたものとして，表現し，表象する」文化的ヘゲモニーの体系だとされる。同じように，日本論・日本人論も，逆オリエンタリズムとして，支配のイデオロギーとなっている。姜尚中が『オリエンタリズムの彼方へ』[276]で，知の発展と権力の行使は分かち難く結びついていると述べている。知は支配の道具なのである。自己と他者の区別をするために，他者が必要であり，他者を管理する監獄や精神病棟として，学問がある。姜は，日本論・日本人論の代わりに，日本文化論という言葉を使っている。「オリエンタリズムの日本的な再生産である」日本論・日本人論は，「否定的特殊性の認識」，「肯定的特殊性の認識」，「特殊から普遍へ」「『国際化』の中の『日本文化論』」へと変遷している。この流れで，日本は，世界の日本化を模索しているのだという。この日本化は，1930年代の「近代の超克」とか「日本精神論」との差異的反復をはらんでいるのだという。つまり，国体論の亡霊を，戦後の日本論・日本人論の中に感じ取っている。鋭い指摘である。

　アジアから見た，日本論・日本人論はどのようなマイナス面を持つのであろうか。自己に都合の良い対日認識を持つことで，誤った日本像を持つと共に，日本を鏡に，自己イメージを作り上げ，日本との正常な関係を持ち得ないでいる。また，欧米においては，キリスト教文明，植民地主義，人種偏見，ダー

---

[276] 姜（1996）

ウィニズム，欧米文化中心主義が，他の文化を正当に評価することを困難にしている。対日認識においても，オリエンタリズムに陥り，日本を対等のパートナーと見られず，日本異質論を克服できず，文明の衝突すら囁く始末である。

　日本を見る見方，外国を見る見方，異文化のまなざしに，私たちの日本認識，世界認識は翻弄される。また，世界の人々も，そのような日本論・日本人論に影響を受ける。日本の場合でも外国の場合でも。どれだけ西洋に近いか，どれだけ日本に近いか，どちらが西洋に近いか，自己がどれほど日本と異なっているかで，自己規定をする。自己文化中心主義，自己否定，オリエンタリズム，逆オリエンタリズム，ナショナリズムなどに囚われていては，自己理解も，異文化理解もできない。姜尚中の『オリエンタリズムの彼方へ』を読んでいると，私たちの考え，思想，学問，民族，文化，国家などというものが作られるメカニズムに，支配の構図が入り込んでいることに気付かされる。日本人論は時の権力を支えるイデオロギーの産物である。それにいかに対抗すればよいかという問題が残る。日本がオリエンタリズム，ないし逆オリエンタリズムによって，欧米に対抗し，アジアを見るまなざしは，西欧のアジアを見るまなざしと同じであることを知ることは重要である。自己文化中心主義，文化オリエンタリズムは，どの文化にも刷り込まれる。そのような言説は，国境を越えてマス・メディアを通じて，日々届けられる。これに対抗するためには，日本の言説と世界の言説とのクロス・チェックをし，日本論・日本人論のイデオロギー性を嗅ぎ取る力を高めなければならない。

　三島憲一は毎日新聞夕刊1993年1月4日の記事「自文化『神話』解体してこそ異文化理解が可能」と題するの中で，「想像の共同体の創出は，想像の他者の創出でもある。想像の他者は，想像の自己の反映であろう。あるいは――ここが重要なのだが――他者が自分自身に与えたがっている，他者の内部の神話の無批判的な継承であろう」と書いて，ドイツ神話や日本神話を批判している。そして，このような神話を解体して，文化を正当に理解するには，「想像の他者から解放されるために必要なのは，そうした異邦人に我々自身が自らの文化の中でもなることではないか」と提唱する。「いかなる文化とも最終的には同一化し得ない文化的無国籍者であることへの知的意志ではなかろうか」と書いている。亡命を求める難民に対して日本は先進国の中で最も抑制的な国の1つ

である。植民地政策，創始改名，日本語の強制から分かるように，日本は異文化共生の代わりに，文化同化主義を当然のように求めた。内なる外国人，自国に対して一定の距離を感じる市民，ノマド的生活者ができる"日本人の"出現は健全な現象であるはずである。

(この論文は楠根重和「日本論・日本人論のイデオロギー」[277]に手を加えたものである)。

● **課題** ● ● ● ● ● ● ●

> 自己を確立し日本人として日本を愛する気持ちの大切さは初等・中等教育の指導要領に書かれている。また自己を確立しなければ相手を理解できないとも言われている。最近愛国心論争も起っている。このこととこの章の日本論・日本人論で言われていることとを突き合わせて論ぜよ。

■**文献**

網野善彦(1993):『日本論の視座』小学館
青木保(1998):『逆行のオリエンタリズム』岩波書店
青木保(1990):『「日本文化論」の変容,戦後日本の文化とアイデンティティ』中央公論社
荒木貞夫(1934):『皇道の本義』日本精神講座3巻新潮社
有賀喜左衛門(1943):『日本家族制度と小作制度』河出書房
コーエン,ポール A.(Cohen, Paul A.)(1988):『知の帝国主義,オリエンタリズムと中国像』(Discovering History in China: American Historical Writing on the Recent Chinese Past New York: Columbia University Press, 1984) 平凡社
Dale, peter N. (1990): The Myth of Japanese Uniqueness, Routledge.
エモット,ビル(Emmott, Bill)(1990):『日はまた沈む:ジャパン・パワーの限界』(The Sun also sets) 草思社
福沢諭吉(1877):『朝鮮は退歩にあらずして停滞なるの説』時事新報論集3に入っている論文。慶應義塾編纂『福沢諭吉全集第10巻』岩波書店1960
福沢諭吉(1886):『脱亜論』(慶應義塾編纂『福沢諭吉全集第10巻』岩波書店1960
濱口恵俊(1995):『「日本異質論」に変化の兆し」「中央公論」1995年1月号
蓮實重彦・山内昌之編(1995):『文明の衝突か,共存か』東京大学出版会
井上秀雄(1991):『倭,倭人,倭国』人文書院
伊藤多三郎(1954):「江戸幕府出版取締と筆禍事件第一号」日本歴史68号1954年1月
姜尚中(1996):『オリエンタリズムの彼方へ』岩波書店
小熊英二(1995):『単一民族神話の起源』新曜社

---

[277] 楠根 (2000)

近衛文麿(1935):『国士に現れたる日本精神』日本精神講座12巻新潮社
楠根重和(2000):「日本論・日本人論のイデオロギー」In: 佐々木吉男先生追悼論集刊行委員会編集『佐々木吉男先生追悼論集　民事紛争の解決と手続』信山社
松本三之介編集(1973):『吉田松陰』日本の名著31中央公論社
宮崎道生(1989):『新井白石』吉川弘文館
文部省(1937):『國体の本義』
中根千枝(1967):『タテ社会の人間関係』講談社現代新書
納富康之(1943):『山鹿素行の国体観』鶴書房刊
ザイード, エドワード W. (Said, Edward W.)(1986):『オリエンタリズム』(Orientalism, New York: Georges Borchardt, 1978) 平凡社
榊原英資(1994):「歴史からの断絶―米国リビジョニストと戦後知識人」「発言者」1994年8月号
杉本良夫・マオア, ロス(1995):『日本人論の方程式』ちくま学芸文庫
鈴木健二(1997):『ナショナリズムとメディア』岩波書店
豊下楢彦(1996):『安保条約の成立』岩波書店
吉田常吉・藤田省三・西田太一郎(1978):『吉田松陰』日本思想体系54岩波書店
山崎正和(1990):『日本文化と個人主義』中央公論社

第12章

国際コミュニケーション論

国際コミュニケーション論の独自の領域

　それではいったい国際コミュニケーション論の独自の領域とは何なのか。異文化間コミュニケーションや比較文化コミュニケーションと区別する形での学問領域は何なのか。異文化間コミュニケーションでは，対人コミュニケーションに重点が置かれる。比較文化コミュニケーションでは，コミュニケーションに際しての比較文化的な視点が重視される。国際コミュニケーション論では，internationalという意味が持つ国家間のという意味に立ち返る。国境を越える，あるいは二国間の国境を越えた言説に焦点を当てる。ミクロ的に見れば国家間の言説も，究極的には個人が行っており，その限りにおいて国際コミュニケーションと異文化コミュニケーションとは同じではないかという反論も成り立つかも知れない。

　しかし国際コミュニケーション論においては，具体的な個人と個人がテーブルについて行われる対話を分析するのではなく，あくまで，国境を越えて飛び交う「国家」を代表する言説の生成，受容，影響，反発などを分析する。つまり国際コミュニケーション論は，国際政治ないし国際関係論に近接する学問である。「国家」を代表する言説とは，その国の言論を形成する力のある政治家や，国家官僚，そしてそれ以外のマス・メディアで取り上げられるオピニオン・リーダーの言説のことである。これら一握りのエリート集団の言説が国家の言説となり，それがマス・メディアによって増幅されることで，国家イデオロギーとなり，その国に住む人の「国民感情」となる。このような国民感情を

ジャーナリストが共有することで、マス・メディアに反映される。マス・メディアの増幅機能を考えると、マス・メディアが存在しなければ市民は国家の言説に絡め取られなかったであったろうし、その影響力も限定的なものにとどまっていたであろう。

　民主主義的な多くの国においては、ジャーナリストたちが日常、意識する以上の機能を持つマス・メディアは、国家から比較的独立しており、私企業であるがことが大半である。私企業だから、客観的、中立だから、国家フレームから独立しているとは言えないことはこれまで見てきたとおりである。マス・メディアそれ自体が国のシステムに組み込まれ、自己理解と他者理解の枠組みに規定されている。マス・メディアで伝達された言説を解読するには、発信元と、受信側の2つの社会・文化システムというフィルターを通過している。情報解読には、両者の社会・文化システムを知らねばならない。そのためには社会・文化・歴史・政治などの比較の観点が入らざるを得ない。

　この理由で、国際コミュニケーション論の研究対象の大きな柱として、マス・メディア研究が位置するのも当然の成り行きである。フレッド・ジャントは国際コミュニケーションを次のように書いている。「国際コミュニケーションはひとつの国ないし国々のマス・メディアの研究に関連づけられるのが常である。それはまたマス・コミュニケーション・システムの比較研究や国家間のコミュニケーション研究に関連づけられるのが常である」[278]。

　ジャントのこの定義はグローバル・コミュニケーション（Global Communication）の一部を含んでいる。グローバル・コミュニケーションとは何かという問題も新たに浮上するわけであるが、国際コミュニケーションとグローバル・コミュニケーションは共通する部分と、異なる部分を持っている。フレデリック（Howard H. Frederick）に依拠してジャントはグローバル・コミュニケーションの研究の範囲を次のように定めている。

　　(a)「グループや、組織や、政府による、情報、データ、意見、価値の国境を越える流れの研究」
　　(b)「この流れの技術」と

278　Jandt（1995）

(c)「この流れで生じる問題」。

(a)で書かれていることは国際コミュニケーション論と重なる。(b)の技術に関して言うと、国際コミュニケーションが可能になった背景には、技術の進歩があったことは否定できない。インターネットを考えると、国境を超えての情報の流れは、個人ですら行うことができる状況になっており、ブログを考えると、パーソナル・コミュニケーションを超えて、マス・コミュニケーションに極めて近いような現象すら生じており、国際コミュニケーションは一層複雑化したといえる。(c)の世界通信制度、規制、第三世界における欧米の情報支配などの問題はマス・メディアと国際世論との関係を考えるに当たって無視できない問題を孕んでいる。

フレデリックはグローバル・コミュニケーションとは何かに関して、「グローバル・コミュニケーションという学問の範囲は、国々や諸文化のなかで、もしくはその関わりのなかで、個人、グループ、国民、機構、政府、もしくは情報技術によって、価値、態度、意見、情報やデータが国境をこえて移動することを研究する学問が交差する領域をいう。これには、そのようなメッセージを促進したり、抑制したりする機関の構造から、当然、起こる論争領域を研究することも含まれる」という。フレデリックは、国際コミュニケーションは、主権国家の枠組みに囚われており、非政府組織や脱国家企業の出現により、そのような枠組みでは収まらない傾向が強まり、それゆえグローバル・コミュニケーションの方を好んで使うとしている。確かに、そのような傾向が強まっていることは否定できないが、現在なお国家や文化の枠組みが支配していることも否定できない。

この意味で、グローバル・コミュニケーションと比べると、国際コミュニケーションの方は、国家の枠組み強く意識するのである。フレデリックは、国際コミュニケーションを数行で片づけ、また、序に書いている通り、異文化コミュニケーションも比較文化コミュニケーションも、グローバル・コミュニケーションから排除してしまっている。彼の論理は、文化とか国家というものに関心があるにも拘わらず、そのような視点は多く出ていない。

国際コミュニケーションという言葉を使っていながら、実際にはグローバル・コミュニケーションの意味で使っているケースもある。アレイン（Mark

D Alleyne)[279]のケースがそれである。マハマディ（Ali Mahammadi）が意味する国際コミュニケーションも，おおむねグローバル・コミュニケーションを意味する[280]。グローバル・コミュニケーションでもマス・コミュニケーションでも，国家や文化や国際理解は付随的なテーマになっても，中心的なテーマにならない。グローバル・コミュニケーションでは国際的に展開する巨大メディアの問題とか，メディアの世界支配とか，思想操作などに焦点が向けられる。筆者が考える国際コミュニケーション論では，国家や文化にこだわり，国際政治の理解，国家間の言説理解を目標にしている。あくまで，国と国の関係に拘泥するのである。多国間のコミュニケーションも当然視野に入る。情報の寡占体制，経済格差，南北問題，多国籍企業，国際機関などをも視野に入れなければならない。なぜなら，それらの問題は当然国家や市民に跳ね返り，国家や市民の行動や決定に影響を及ぼすからである。

　鶴木眞は「東西冷戦崩壊後の「国際コミュニケーション研究」における方法論的展開」[281]において，政治コミュニケーション研究の理論的展開として，国際コミュニケーション論を使い，マス・メディア論と国際政治学を結びつけて，政治コミュニケーションを，イメージ・ポリティクスとして構築することを提唱している。つまり，マス・メディアが政治を変えていることを分析する。それによって，国際政治学や比較政治学とは違った領域を目指すとしている。アメリカは比較的廉価に，マス・メディアを支配することで軍事力以上の力を手に入れた。冷戦後の世界を国際コミュニケーション論は説明できる。したがって国際コミュニケーション論は自律性を獲得し得るというのが，マス・メディアと国際政治の関係を強く意識している鶴木の趣旨である。

　ジャントやフレデリック，それにジャントに依拠して国際コミュニケーション論を策定しようとした鶴木や伊藤陽一[282]らの試みが示すように，マス・コミュニケーション論を国際コミュニケーション論に取り組む考え方がある。筆者は国際コミュニケーション論という学問が，冷戦構造の崩壊後のマス・メ

279　Alleyne（1995）
280　Mahammadi（1997）
281　鶴木（1997）
282　伊藤（1997）

ディア独占によって，成立の条件が整ったとは必ずしも思わない。十字軍の戦いも第二次世界大戦も日韓関係なども，イメージ・ポリティクスとして構築することが可能だからである。国家間の言説がやりとりされる場合，国際コミュニケーションが行われている。伊藤は「国際コミュニケーション過程の理論と実証」の中で，国際コミュニケーション論という学問は，国境を越えての情報が，共有され，それによって受け手に影響を及ぼすことを研究する学問で，マス・コミュニケーションが中心になるとしている。伊藤は，国際コミュニケーション論は実証的な裏付けがなく，素朴な，文化相対主義，自文化中心主義，反植民地主義，反帝国主義の運動論などのマクロ理論になってしまっている。マクロ理論では一般的なことしか言えず，それに当てはまらないケースも多い。そのために，それを補完し，実証能力のあるミクロ理論との中間の理論で，文化の流れを説明しなければならないと主張している。

　この批判は妥当だと思う。マス・コミュニケーション論の多くがそうであるように，マス・コミュニケーションによって個人がどの程度影響を受けているか，個人はどの程度その操作から自由であるのかの研究をするだけなら，マス・コミュニケーション論もしくはメディア論の枠組みでの研究でも十分であろう。しかし，国際コミュニケーション論は個人と国家の関係，個人と世界の関係，国家と国家の関係を問題にするのである。

国際コミュニケーション論とは

　国際コミュニケーション論はメディアの国家による支配，国家の情報操作とパワー・ポリティクスなどを分析する以上の起爆力を持っている。国際コミュニケーション論によって，国際理解とマス・メディアの関係が明らかにされる。多くの国際紛争が実はイメージ・ポリティクスによってますます解決が困難なものになる。またその和解もマス・メディアによって可能になる。マス・メディアを通じて国家的言説を受け取る個人が，その言説を解読する力をつけることで，国家間の問題と個人とが結びつく。情報は，あらかじめ取捨選択されることで，どの問題に関心を向けなければならないか，それをどのように解釈

すべきかも含めて，受け手に送られる。それらの情報に基づいて，読者や国も反応している。その際そこにあるイデオロギーや思想操作に気付かないことも多い。

　国際的な視野に立つためには様々な国や機関の言説をチェックしなければならない。国際放送ではBBCとかCNNとかCCTV（中国）などもあるが，これらは当然それらの国のフレームがかかっている。したがってそれらを見て日本のフレームを突破できても，こんどはその国のフレームに絡み取られることになる。多元的かつ多様な情報を収集するのは途方もない時間を必要とするが，マス・メディアの国際比較という点では日本は世界に誇っても良い。NHKのBS放送で，世界のニュースを，それも日本語の翻訳付きで毎日のように流している。これは，世界でもまれな素晴らしい企画である。これを毎日見ているだけでも，放送というものが，それぞれの国の顔を持っていることが分かるし，関心が違えば，放送内容が変わり，同じ事件でも，その受取方は違うことが誰の目にも明らかになる。このような放送を比較すれば，生きた国際コミュニケーション論となる。このような放送番組を実現するには，大変な費用がかかり，多くの翻訳者や通訳者を雇わなければならない。これなどは公共性を使命とする公共放送だからできることであろう。公共放送の存在理由をここに見る思いがする。

　現在では，通信技術やインターネットの発展のお陰で，国境を越える情報は途方もない量になっている。自宅にいながらにして，紛争の当事者の国や，第三者的な国家の行政，マス・メディア，研究所，会社，団体，学者，個人かネット上で発信する情報を分析し，比較することができる。様々な国に入り込んで，相手側の情報，少数意見，ないし反対意見なども考慮できるようになって，マス・メディアから送られる国際的な情報の影響に受動的に曝される立場から，それに対抗できる情報を持つ可能性すら生まれつつある。国家イデオロギーに対抗することすら可能となる。

　日々，内外から様々な情報に曝される市民が，それらの情報を分析し，背景を見抜き，関連づけ，より的確な判断を下せ，適切に対処する能力（メディア・リテラシー）を高めることによって，覚醒した市民として，積極的に民主主義に参加することによって，民主主義が真の意味で実質化できる。また一国

ナショナリズムを突破することで，社会正義，国際的な公共性を身につけ，回り回っては，世界平和に貢献できる。行政やNGOで仕事をする立場にある人が，このような知見を持つとき，国際的な公共政策を決定したり，国際的なプロジェクトを遂行したりするにあたっても公平な決定を下すことができる。

　私たちは，様々なコミュニケーションレベルを通じて，コミュニケーションを行っている。個人的なコミュニケーションに始まって，政治コミュニケーション，政府間レベルのコミュニケーション，マス・コミュニケーションなどがある。しかし，これらは相互に関連しあっている。国内で，そして国境を越えて，様々な情報，言説が飛び交う情報化社会に生きており，マス・メディアはそれらを仲介する。それは一方では大きな恩恵を与えているが，同時に，パワー・ポリティクス，ナショナリズム，国力（情報発信力は，経済力，軍事力と並んで，いやそれ以上に，今日ではその国の力を計る物差しとなる）というものが，私たちの世界認識にフレームをかけるのである。イデオロギーの対立としての東西問題，経済格差としての南北問題，情報の発信格差などが私たちの世界認識に大きな影響を与えている。国際コミュニケーションの現場ではAP，UPI，Reuter，AFPというBig Fourが外国通信の80％を占めているという[283]。価値観は西洋中心主義的で，悪い知らせを中心として報道し，それ以外の地域の報道は「戦争，危機，衝突」によって特徴づけられる[284]。

　また，それぞれの国が発する情報は，戦争とマス・メディアのケース・スタディで述べたように，それぞれの国の利害，歴史，地政学，同盟関係，文化，言語などのフレームを脱することはできない。たとえ事実は1つでも，それをニュースにするのがどうかの取捨選択，どのように報道するかの決定に，自国のフレームに囚われ，そこから抜け出すことはできない。

　その事実が外国で起こっている場合，事情はもっと複雑になる。外国の報道官の発表や，外国の通信社の情報は，すでにそれらの国のフレームを通過しているのである。そのような枠組みの中でしかマス・メディアは存在しないということに気付かなければならない。そのような自国発のメディアにばかり影響されていると，自国でのみ通用する世界認識しか持ち得なくなる。マス・メ

283　Rullmann（1996）p.41
284　ibid. p.43

ディアも私企業である場合，商品が売れなければならないし，自国の関心の外にあるものに読者の目を向けさせるのは大変だろう。また，事柄をもっと掘り下げて，本質まで迫ることが必要だと分かっていても，日々の出来事を追いかけるメディアにあまり多くを期待できない。ましてや，事件が外国で生じている場合，その背景に深く迫るのはもっと困難を伴う。そのような場合は，日本のマス・メディアは当該の国のマス・メディアの情報に太刀打ちできない。

日本マス・メディアの自己変革が難しいのなら，私たち読者の立場として，取るべきことは，日本のマス・メディアの現状とフレームを知った上で，国内ジャーナリズムの枠組みを越えた，世界理解の存在に気付くことであろう。国境を越えてやりとりされる情報の流れ，それが，経済摩擦であったり，政治コミュニケーションであったり，相手国イメージであったり，ステレオ・タイプであったりするのかもしれないが，それらが国境を越えて到達する情報を正しく解析し，理解し，それに反応することが何よりも必要なのである。また，他国の情報を分析することで，自己の立場を客観的かつ相対的に見ることができるのである。

筆者はこれまで論じてきたことから，国際コミュニケーション論を次のように定義したい。「国際コミュニケーション論とは，異文化理解や異文化コミュニケーションや比較文化コミュニケーションやマス・コミュニケーション論の知見を下敷きに，公共性と正義の観点から，国際理解を促進し，国家フレームを超えた言説を獲得し，民主主義を実体化し，国際平和を実現するする目的のために，国際関係とマス・メディア研究の双方が交差する領域を研究する学問である」。

● 課題 ● ● ● ● ● ● ● ●

国際コミュニケーション論とはなにかを論述せよ。

■ 文献

Alleyne, Mark D. (1995): International Power and International Communication, Macmillan, London.
伊藤陽一（1997）:「国際コミュニケーション過程の理論と実証」マス・コミュニケーショ

ン研究51号1997
Jandt, Fred E.（1995）: Intercultural Communication, an Introduction, Sage Production Editor.
Mahammadi, Ali（edit.）（1997）: International Communication and Globalization, Sage Publications.
Rullmann, Anja（1996）: Modernisierung und Dependenz. Paradigmen internationaler Kommunikationsforschung. In: Meckel, Miriam/Kreiner, Markus（Hrsg.）: Internationale Kommunikation, Westdeutscher Verlag.
鶴木眞（1997）:「東西冷戦崩壊後の「国際コミュニケーション研究」における方法論的展開（〈特集Ⅰ〉ポスト冷戦時代の国際コミュニケーション論）マス・コミュニケーション研究, Vol. Num. 51 1997

第13章 メディア・リテラシー

●メディア・リテラシーの定義

　マス・メディアとの接触時間はアメリカの研究によると睡眠時間に次いで多い。子供が高校を卒業するまで学校で過ごす時間は11,000時間なのに反して，テレビが15,000時間，ポピュラー・ミュージックが10,500時間である[285]。これらの時間に新聞や雑誌など，その他のマス・メディアを付け加えると，途方もない時間をマス・メディアと過ごしていることになる。このように接触時間が多いにもかかわらず，マス・メディアとどのように接触すべきか学ばずに社会人になってしまう。社会人になっても事情はほとんど変わることがない。おびただしいマス・メディアとの接触にもかかわらず，マス・メディアの受け身の消費者にとどまる。

　メディアとの接触に関する能力はメディア・リテラシーと呼ばれている。鈴木みどりは『メディア・リテラシーを学ぶ人のために』[286]の中で，カナダ・オンタリオ州教育省編の『メディア・リテラシー』に依拠して，「メディア・リテラシーとは，市民がメディアを社会的文脈でクリティカルに分析し，評価し，メディアにアクセスし，多様な形態でコミュニケーションを創りだす力を指す。また，そのような力の獲得を目指す取り組みもメディア・リテラシーという」と，メディア・リテラシーの定義を行っている。

---

[285]　カナダ・オンタリオ州教育省偏（1989）p.5
[286]　鈴木（1997）

●メディア・リテラシーを身につける必要性

　マス・メディアが情報をどのように構成し，どのように発信し，そして伝達された記事をオーディエンスはどのように読めばよいのかを知ることは，今日，非常に大切な現代人の教養となっている。構成された現実に過ぎないニュースを，真実と受け取らないような訓練がなければ，読者は操作される大衆になってしまう。大衆は孤独であり，自ら発信する手段もなく，権力者に流される危険性に曝されているのである。それに対処するにはメディアを使いこなす能力，すなわちメディア・リテラシーを持たなければならない。これまで述べてきたことから分かるように，最終的に情報を解釈するのは読者の脳の中である。読者は最終的責任を負っている。読者が情報を正しく読み取る場合，メディアによる影響は少ない。私たちは同じメディアに接しても，受け取り方は様々であることが，まさに私たちのイメージ器官である脳の能動的な側面を示している。

　世界政治のイデオロギーとか，世界観というような大げさな仕掛けではなくても，マス・メディアは私企業である限り，利潤追求，商業主義的な観点からの情報の創出は避けがたい。民衆に迎合する形の過度の快楽主義と，民衆に奉仕するという形の受け身の情報消費主義が，読者を受け身の存在に追いやっているのも現状である。読者がそのような新聞を求め，聴衆がそのような番組を欲するというネガティブな発想から，新聞の大衆新聞化，イエロー・ペーパー化，テレビのバラエティー・ショー化が進行している。マス・メディアの質を高める鍵はオーディエンスが握っている。オーディエンスがどのようなマス・メディアを要求するかで，マス・メディアの質も変わる。

　筆者はさらに一歩進んで，メディア・リテラシーを市民の社会参加の観点から捉えたい。日本ではメディア・リテラシーという言葉を単に技術教育のように捉えているが，メディア・リテラシーは単なる技術に終わるものではない。社会に批判的に参加する能力，民主主義のプロセスに積極的に関わり，行動する世界市民の育成という側面も持っているからだ。

メディアの特徴

メディア・リテラシーを身につけるには，メディアの特徴を知らなければならない。鈴木はカナダのメディア・リテラシーの考え方を引用して，メディアの持つ特徴を列挙している[287]。

1　メディアはすべて構成されたものである
2　メディアは現実を構成する
3　オーディアンスがメディアから意味を読み取る
4　メディアは商業的意味をもつ
5　メディアはものの考え方（イデオロギー）と価値観を伝える
6　メディアは社会的・政治的意味をもつ
7　メディアの様式と内容は密接に関連している
8　メディアはそれぞれ独自の芸術様式をもっている

これまで述べてきた著者の問題意識からすれば，この8項目では物足りなさを感じざるを得ない。なぜならここで述べられている特徴には，比較文化，国際メディア，国家イデオロギー，メディア産業など，国際コミュニケーションにまつわる視点が十分意識されているようには思えないからである。文化フィルターの問題，ナショナリズムの問題，国際政治，パワー・ポリティクスなどは，私たちの認識に直接関わっている。そこで，国際コミュニケーション論の立場から，この特徴に，次のような点を付け加える。

9　新聞は，国の顔を持っている

ある国がある国について言及するときに，ある国がどのように映り，またその国をどのように見たいかは，たぶんに自己との関係からでてくる。つまり相

287　カナダ・オンタリオ州教育省偏（1989）

手のイメージの中に自己イメージが入り込んでいる。世界との不断のコミュニケーションから世界のイメージがでてきており，自己文化という国の形もそのような国際コミュニケーションからでてくる。ホール（E. T. Hall/ M. R. Hall）が言うようにコミュニケーションは文化なのである。異文化心理学で見てきたように，自己に対してはどうしても好意的，つまり甘く見る傾向が強い。メディアは究極的には国益を代表していると言わざるを得ない。それゆえ一国のマス・メディアを読んでいるだけでは，ナショナリズムに流される危険性がある。外国のメディアと比較することで，自国のナショナリズムにすくい取られないようにしなければならない。

　マス・メディアは国の顔を持っているというこの考え方に対しては，グローバル・コミュニケーションの立場から反対の意見があるかも知れない。マス・メディアの支配を見るとどれだけ国家という立場が正当なのか，あるいは，ポスト・モダンな時代には，国家が果たして単位となりえるかという2つの方向から反論もあろう。トムリンソン（John Tomlinson）は『文化帝国主義』[288]という書物の中で，メディアとしての文化帝国主義という立場に反対する。トムリンソンは文化帝国主義というような過去を引きずった考え方の代わりに，目標を失い，不確実で，道徳の正当性を欠いた，ポスト・モダンの時代に相応しい，グロバリゼーションを提案している。グロバリゼーションは一貫した「文化的目標を持たないプロセスであるという点で，帝国主義とは異なっている」だという。この考え方を筆者は支持しない。果たして，グロバリゼーションとか普遍性というイデオロギーは，完全に国家の顔を喪失しているのだろうかというのがその理由である。

　次に，もう1つ批判があると思う。それは一国を1つの文化で一纏めにするのは誤りではないかという批判である。たしかに，文化には，サブ・カルチャーもあり，カウンター・カルチャーもある。また，主流のカルチャーでも，様々な考え方があろうという，当然の批判である。この批判は本質的に正しい批判であるが，三島憲一が『文化とレイシズム』[289]で言うように，「ナショナル・エリートによるパブリック・メモリーの創出と操作」が問題なのである。

288　トムリンソン（1993）
289　三島（1996）

そのようなナショナル・エリートたちが持つ見解が国家の見解として、マス・メディアを通じて宣伝され、国を代表する見解になる。

10　メディアは自文化中心的である

マス・メディアが国の顔を持つことから、マス・メディアは自己文化に甘く、自己文化中心的である。グローバル・スタンダードとは、聞こえが良いが、アングロ・サクソン系の経済的、軍事的比較優位が生み出している自己文化中心の反映に過ぎないかも知れない。次の覇権国になるかもしれないヨーロッパ合衆国や中国が強くなると、現在グローバル・スタンダードと思われているアングロ・サクソン系の考え方も、必ずしも支配的な考え方ではなくなっているかも知れない。その時には今度はヨーロッパ的な考えや中国的な考え方が、グローバル・スタンダードとして登場するのであろうか。日米欧といっても、様々な文明（文化）を持っており、英米のグローバル・スタンダードはそのまま無制限に世界に通じるものではないことは、榊原英資が『日米欧の経済・社会システム』[290]の中で指摘する通りである。

私たちの世界認識が、いかに自己文化に囚われているかは、日本の社会を分析した様々な学者の書物を読めば分かる。ベネディクトの「恥」や、中根千枝の「タテ社会」、南博の「集団我」、土井健郎の「甘え」というキーワードで説明する仕方に、日本を「集団主義」、西洋を「個人主義」で括るヨーロッパ中心的な見方がある。西洋を逆転すると日本というわけだ。そのような日本人論のパラダイム・シフトを目指す日本人論、日本特殊論も、同じように自己文化中心主義に陥っている。間人主義の濱口恵俊、磁性体モデルの吉田和男、ホロン関係体論の清水博、ネットワーク・アプローチの公文俊平、日本文化システム論の榊原英資などの欧米に対する鋭い批評には耳を傾けなければならないものの、それ自体が、欧米と同じ誤りを犯している。

文化は、それを担う人間と共に変化するものであり、固定的な1つのパターンとして提示することにどれだけの正当性があるのだろうか。パターンとして提示するとき、切り捨てられた部分が、パターンとして提示されたものより、

290　榊原（1995）

本当に少ないのだろうか。また，パターンに依拠した認識が，新たな認識を阻害しないだろうか，あるいは，対話を損なうことになりはしないか。文化を固定的に捉えて，西洋と日本を対立軸において，世界を認識するその仕方に危険性を嗅ぎつけるのである。世界の文明は一点に収束するとか，文化の違いは存在しないとかを主張する気持ちは筆者にはない。文化差はなくなることはあるまい。他文化の犠牲の上に，自文化を築くこと，他文化を対立軸において，自文化を説明することに十分慎重であるべきである。私たちの世界認識は自己文化という磁石で引き寄せられた知識の集合体に過ぎない。

11　メディアは排他的である

10との裏返しの関係で，他国に対しては排他的である。例えば，貿易摩擦，繊維摩擦，テレビ，自動車，半導体，農産物に関する，日米欧間の報道合戦などについて調べてみればこのことは顕著に現れる。日本時事英語学会が編集した，『日米情報摩擦，英語マスメディアに見る経済紛争』[291]の中で，浅野雅巳は「半導体紛争を米国の報道はどう表現したか」という論文を書いている。浅野は1987年の Wall Street Journal と International Herald Tribune を調査して，フェアーかアンフェアーの定義に関して，相手を一方的に規定する場合，定義は自分に都合良いようになっていることを指摘している。逆に，日本は相手の言い分を不当なものと考えていることを指摘している。相手には負のイメージが押しつけられ，自己には善ないし犠牲者のイメージを引き受ける。日本の中国観，中国の日本観，韓国の日本観，日本の韓国観，日本のアメリカ観，アメリカの日本観，日本の北朝鮮観，北朝鮮の日本観などがまさにそのような事例である。自国中心的な認識は，相手方に歴史修正主義や愛国心，排他主義を増幅させるのである。

12　ステレオ・タイプ

ルーマン流に書くと，世界は途方もなく大きく，部分知しか持たない人間は，どのようにしてこの世界に生きていけば良いと言うのだろう。世界を認識する

---

[291]　日本時事英語学会（1988）

には，世界を矮小化し，知識の足らないところは，思い込みと類推と手に入れた知識に対する信頼に頼るしかない。私たちは慣れ親しんだ世界に住む。複雑な世界では生きられない。世界の複雑性を縮減する機能を担っているのがマス・メディアである。マス・メディアなしでは，世界は私たちには隠されたままである。だが，マス・メディアは世界の全てを垣間見せてくれるわけではない。取捨選択し，ごく僅かなものを見せてくれるに過ぎない。部分知しか持たない人間は，世界を認識するにあたって，ステレオ・タイプを必要とする。ステレオ・タイプをいったん持つと，今度は逆に選択知覚によって，そのイメージに合うものしか知覚できず，そのイメージは際限なく補強され続ける。

昨今，日中間の相互の眺め合いに，そのようなルーチン化した認識を感じる。他国は，類型化し，パターン化し，一元化し，体系化し，構造化することで初めて把握できる。日本は，アメリカは，中国はこれこれであるという言説は，そのような単純化がなければできない相談である。パターン化，ルーチン化，ステレオ・タイプ化は避けがたいとは言え，そこに大きな落とし穴がある。国際比較において差異にのみに目が行き，差異が文化の違いであると判断する。ところが私たちの行動様式，価値観，判断というものは，意外に制度，社会システムから来ていることが多い。杉本・マオアは例として日本の犯罪率の低さをあげている。日本人犯罪率の低さという統計的事実はある。それを果たして日本人の国民性や日本の文化に還元できるかという問いを投げかけている。交番制度が犯罪抑止力を持っているからかも知れない。制度と文化を取り違えている可能性を指摘している。

13　外国報道とセンセーショナリズム

外国報道での病理として，ジャーナリズムは，自己文化中心主義，ステレオ・タイプと並んで，センセーショナリズムの誤りに陥りやすい。人間がそのようなものを求める卑しい感情があると言えば，それまでだが，商業主義がそのような報道を要求するのである。マス・メディアが外国の報道に関しては特にセンセーショナリズムに陥りやすいのは，それが遠い外国のことであるだけに，何を書いても制裁を受けないという気楽があるのもひとつの理由であるが，外国との共通点を指摘するよりも，いかに異なっているかの方を記事にしやす

いという業をマス・メディアは持っているのもその理由である。センセーショナルな報道によって作られた外国のイメージは，現実からは乖離していることは言うまでもない。特派員が東京に集中し，東京のイメージが日本全体のイメージとして世界に伝えられる。公園も緑もなく，狭い空間に住み，空気も汚れ，人間性を無視した，日本株式会社というイメージができあがるのは，東京という異常空間ばかりを発信しているからである。

センセーショナリズムのもう1つの病理は，世界の事件の劇場化である。災害，カタストロフィー，犯罪，それらはこぞって新聞やテレビ報道の得意とする分野である。それらを自分とは無関係の出来事として上演する。かくして，戦争報道や，大災害，救出劇，犯罪報道が，見せ物として，茶の間に届けられる。視聴者はそのようなものを繰り返し消化することで，現実感覚を麻痺させてしまう。ドイツのテレビ放送を見ていて感心するのは，外国で戦争や，大災害の報道があれば，テレビ会社や，宗教団体が，マス・メディアを通じて必ずといってよいほど，募金活動を行う。今見ているのは，現実であり，同じ人間が苦しんでいるというわけである。外国で災害や事故が起きれば，どうしてそこに日本人が存在するかどうかに第1の関心が向けられるのだろうか。センセーショナリズムを欲する読者に阿ることが，どの程度まで正当化できるのだろうか。ジャーナリズムが市民の価値観，政治観に影響を及ぼすことを考えてみると，そこには普通の企業と違う倫理観，使命感が要求されるはずである。

14　自己欠如の投影性癖

自己文化中心主義の反対の記事もよく登場する。日本は西洋に学ぶために，西洋コンプレックスとも言えるほどの西洋文化とのすり込みを行った国である。マス・メディアが外国の文化を吸収せよとか，国際化というスローガンを掲げるときは，文字通りに受け取ってはいけない。現在の日本経済がマイナス成長時には，そのようなことを主張する見解は希になったが，日本型システム，日本型マネジメントを学ぼうと様々な書物が書かれたのはつい最近のことである。それが，数年の内に日本の評価が急低下するのである。自己の足らざるところを外国から学ぶというのは，それ自体結構なことであるが，自己にはなくて，相手国にはそれがあるという，自己欠如論は，歪曲した事実認識に基づいたり，

自己の夢の投影であったりすることも多い。

メディア・リテラシー獲得のために

　書物は毎年14％増大しており，8年間で倍になる。知識の構造がなければ，情報を構造付け，知識として取り入れることができない[292]。そのためには次の2つの機能を獲得していなければならない。1つは，方向づける機能である。情報が入ってきたときにそれを理解して処理する能力である。物事を理解するためには高い教養が要る。もう1つは，確認機能である。その情報が正しいかどうか，またバランスのとりた情報であるかどうかを知らなければならない。そのためには，情報源に直接アクセスし，様々な情報源を比較することが必要である。

　自分の持つ知識の構造を絶えず進歩させなければ，退化してしまう。森を見て木を見ないタイプでは困る。細かいことが見えても，ノイズばかりで本質を見抜けないことになる。また，新しい情報を受け取るキャパシティを広げておくことも必要となる。自分の理解に合わないメッセージも受け止める能力がいる。多くのカテゴリーに細分化できる能力も必要である。帰属グループによって受け取り方が違う。それから脱却しなければならない。自己の利益ではなくて公共性，公平性の原則で物事を判断する訓練をしておかなければならない。

　平均すれば，誰しもジャーナリズムとは何十年も付き合う。その中には国際報道も多い。その意味では，われわれ読者は誰もが国際コミュニケーションのプロと言うべき存在である。しかし，上で見てきたようなジャーナリズムの様々な特徴を見破るのは容易ではない。メディアは国の顔を持っており，ジャーナリストの流す情報は全て信頼してもよいとは限らないことは，普段は意識されることはない。自国のマス・メディアにのみ頼っていては，国のイデオロギーに影響される可能性が高い。これを避け，海外情報の事実関係やその解釈の正しさを確認するために，日本サイドだけの情報に頼るのではなく，世

292　Potter（1998）pp. 324-325

界の他の地域からの情報を仕入れることが必要である。その際インターネットは欠かすことのできない道具となる。世界の新聞や雑誌がある事件をどのように扱っているかを比較するだけでも，情報の確認に役立つのである。

● 課題 ●●●●●●●●

1　海外報道を取り上げて，この章で言われている角度から分析しなさい。
2　自国中心主義的と思われる記事を見つけて，論評しない。

■文献
カナダ・オンタリオ州教育省偏（1989）：『メディア・リテラシー』リベルタ出版
三島憲一（1996）：『文化とレイシズム』岩波書店
日本時事英語学会（1988）：『日米情報摩擦，英語マスメディアに見る経済紛争』大修館書店
Potter, W. James（1998）: Media Literacy, Sage Publications.
榊原英資編（1995）：『日米欧の経済・社会システム』東洋経済新報社
鈴木みどり編（1997）：『メディア・リテラシーを学ぶ人のために』世界思想社
トムリンソン，ジョン（Tomlinson, John）（1993）：『文化帝国主義』Cultural Imperialism 青土社

第14章

インターネットと民主主義

市民社会と民主主義

　世界と国内の情報はリンクする。日中関係などを考えると分かることだが，日本の対中国報道は，中国の対日報道に影響を与えるし，またその逆もしかりである。国内世論と国際世論は相互に影響しあう。マス・メディアが作り出すイメージによって，読者は自国消費用の世界観を持ちがちになる。国内消費用の意識のために問題の本質が見えなくなり，情報を正しい受け止められなくなる。私たちの判断が，回り回って，国の政治に影響を与え，国際政治にそれが反映される。この意味で情報を受け取り，情報を正しく理解することは，民主主義と国際平和に寄与することに繋がる。

　先進国中，日本のように政権交代が少ない国は珍しい。日本には民主主義が根付いていないとの指摘がある[293]。日本に政権交代がないひとつの理由は，日本のマス・メディアの状況が特殊であるからと筆者は考える。政治の交代がなく，特定の政党が短い期間の例外を除いて政権を持ち続け，野党は弱体化し，政権党を脅かすような強い野党が存在しない国では，官僚と政権政党，許可認可権を持つ官僚と民間の癒着が進行する。政権交代というチェックが入らないことから，税金の使い方が，つまり財の分配がかならずしも公共性という観点から行われない。官僚が天下り先を確保するために，様々な独立法人や関連企業に便宜を図ることが横行する。あるいは特定産業の保護政策のあまり，健康

---

[293] ウォルフレン（1996）pp.20-21

被害や国家に損害を引き起こすケースも跡を絶たない。

　そのような国では，マス・メディアは野党の無力を補い読者をくすぐる形で，政治に対してシニカルな立場を取る。同じようなことは保守党が圧倒的に強かったサッチャー政権のもとで労働党が弱かった時にイギリスでも見られた現象である。センセーショナリズムと商業主義が相まった報道により，政治に対するシニシズムが蔓延するのである。かくして，政治家，官僚というものを侮蔑の目で見る有権者は，投票行動に何の意味があるのかと言わんばかりに，棄権に走る。イデオロギーの対立の終焉により論争点が不鮮明になったことも，この傾向に拍車をかけている。もはや右とか左とか，保守とか，革新などというのは争点にはならない。市民がマス・メディアから情報を得るのは，この世界をシニカルに見るためではない。棄権行動は，社会の成熟の反映ではなくて，民主主義未成熟の反映である。政治をシニカルに見る有権者の態度ほど権力者にとって都合の良いものはない。ある国の首相が有権者は投票するよりも寝ていてくれた方が有り難いと言った話があるが，その通りである。

　民主主義はアプリオリに存在するものではない。努力なしで維持できない。歴史的に見れば民主主義の存続は何度も脅かされてきた。先進国においては，相対的な豊かさ，安全，年金制度，失業保険，健康保険のようなセフティ・ネットがあるために，政治に無関心でも別段困らない状況が見られる。また先ほど書いたシニシズムの蔓延と，自己世界への埋没とで，政治行動は困難になっている。資源の再分配と安全に影響を与えようとすれば，政治コミュニケーションが必要であることは言うまでもない。マス・メディアはそのようなコミュニケーションを行うためのプラット・フォームを提供しなければ，民主主義は形骸化する一方である。このように考えるとシニシズムは，マス・メディアが採るべき態度ではない。

　フェミニズムやポスト・モダニズムやカルチャル・スタディーズが現代に突きつけている問題は，どんな個人も，知識や価値観（文化）から逃れて存在できないというアポリアである。自己から切り離された，したがって文化から切り離された客観性というものは存在しない。どの言説にも価値観と党派性が入り込む。いったい何が真実で何が正しいか誰も分からない。そのようなアポリアはニヒリズム，客観主義，相対主義，文明の対立，オリエンタリズム，シニ

シズムを対置させて解決できない。グローバル化した社会にあって，提案しなければならないのは，多元主義の承認と持続的なコミュニケーションである。ここで言うコミュニケーションとは柔軟で，多くの人とのコンセンサスを真摯に追求し，当事者でもない人の立場も代弁する，公共性＝公益性に裏打ちされたコミュニケーションのことである。公共性を意識したコミュニケーションこそ民主主義の基本である。環境・資源問題，スマトラ沖津波のような自然災害を考えると，一部のグループの利害調整や商業主義や一国ナショナリズムの限界は明白である。

　情報の消費者としての市民がメディア・リテラシーを高めれば解決するかといえば，それほど生易しい問題ではない。マス・メディアで働く人の職業倫理を高めても解決できる問題でもない。国家という枠組が大きく知識や情報に絡みついている。国家を超える世界的ネットワークの構築が21世紀には必要である。政府とか国家，民族とか文化というこれまでの枠組みは，かならずしも人類に幸せをもたらすシステムではない。市民はいったい何ができるのか。一人一人は確かに，経済力も，権力もないかも知れない。知識も限られているかも知れない。だからといって無力感に打ちひしがれて，無作為で，自己充足と自己満足と消費主義という快楽原則に身を任せていては何も始まらない。

　民主主義は情報への自由なアクセスと情報の交換によって機能する。情報交換をコミュニケーションと捉えるならば，民主主義はコミュニケーションがうまく行われているか否かにかかっている。主体と主体が対等の関係でコミュニケーションできてこそ，民主主義は機能する。民主主義の基本は，独立した相互浸透的な主体が誠実にコミュニケーションを行うことにつきる。個人が社会の多様性と社会的責任の狭間の中で，公共性原理に基づいて，つまり私利を越えて，積極的に政治参加するということにつきる。行動する市民が世界の行動する市民とネットワークを構築し，世界の市民が積極的に動けば，政府の役割や国際機関の役割はこれまで以上に限定的なものになるに違いない。政府はすべてにわたって管理するビッグ・ブラザーではない。政府と企業は，政治の2大セクターであるが，NPOやNGOは国家の枠組みを越えて積極的な活動を行うことで，第3のセクターとなる。市民団体は国際舞台で紛争解決，自然保護，災害援助，南北問題，疾病，ジェンダー，貧困，失業などに大きな役割を

果たしている。

熟慮型世論調査 (Deliberative Opinion Poll)

　群衆が市民になるためには，マス・メディアから情報を受け取るだけでよいのかという問題がある。確かに一部のエリートは，前知識や知識集団の情報相互浸透，情報を積極的に集め，自分なりの見解を持ち，それを大衆に伝えることができる。しかし市民が例えば投票行動に出るとき，判断できるに十分な情報をマス・メディアから得ているのだろうか。意見の多様性と，ある判断のプラス面とマイナス面を十分に勘案することなく，選挙のときに，投票所に行っているというのが実態であろう。市民に十分な情報を与え，かつ判断の手助けをして，意見形成の手助けしなければ，民主主義は形骸化するという反省から，熟慮型世論調査というものが実験的に行われている。

　熟慮型世論調査のいくつかを紹介することで，実際にそれがどのように行われているか次に見てみよう。

　バンクーバーのアーリントン（Arlington）において2002年12月12日に行われた熟慮型世論調査（DOP）の実験は http://www.la.utexas.edu/research/delpol/nic/btpress.html によると，アトランダムに国民の中から選んだ325人のアメリカ人は三日間に渡り，フィラデルフィアに集まり，アメリカの世界における役割について討論することになった。世界の出来事にアメリカがいかに影響され，またそれに影響を与えているかについて参加者の見解を見るものである。テキサス大学のデリバレティブ・ポーリング・センター所長であるフィシュキン（James S. Fishkin）[294]が開発したDOPが使われた。政策決定者や政府のリーダーたちとの対話を重ねていくうちにどのように見解が変わるかを見た。つまり熟慮した投票者は，情報が十分でない時と比べると考え方や，価値観が変わるというものである。

---

[294] 彼は1988年に the Atlantic Monthly の8月号で世界最初にDOPを提案した。この考え方をさらに発展させて新しい提案を Democracy and Deliberation: New Directions for Democratic Reform（Yale University Press, 1991. の中で行っている

熟慮型世論調査（Deliberative Opinion Poll）

　上によく似た実験はオーストラリアで決定過程の特性を研究するために行われた，争点熟慮オーストラリア（Issues Deliberation Australia（IDA））がある[295]。DOPはイギリス，デンマーク，ブルガリアでも行われている。2002年10月9日から13日までブルガリアのソフィアで行われたDOPは，東ヨーロッパ最初のものである。テーマは死刑廃止と調査権を内務省に移管する問題と告発を巡るものである。DOPが行われる前は，死刑の存続を賛成する人は58％だったのに，DOPの後には45％とその差13ポイントも低下したというものである。国民からアトランダムに抽出された1,035人が参加した。調査権の問題はDOPの前には45％が賛成だったのにDOPの後には78％になり，実に33ポイントの上昇である。検事は国会に対してその責任を負うべきだとした人はDOPの前には30％だったのに，DOPの後には46％となり，16ポイント上昇した。

　この事実は何を物語るのだろうか。このことは間接民主主義の弱点を示していないだろうか。どの国にも選挙権があり，投票場に出向き，投票行動に出ているが，投票に十分な情報を得ていない。もし得られれば，異なった投票行動に出る可能性を示している。投票を単なるホースレースのように見なし，劇場型選挙のようにマス・メディアがはやし立てる行為は，DOPとは無関係の投票であることが分かる。近年マス・メディアは視聴率を上げ，分かり易さを訴えるために，タレントやパネルを使い，単純化，インフォテインメント（informationとentertainmentの合成語）化が著しい。そして有権者に形ばかりの投票権を与えれば事足りるというのでは，民主主義は形骸化する一方である。

　新聞や，テレビでは確かに時間や紙面の関係上，情報量は限られているかも知れない。また広告料でマス・メディアが経費をカバーしかつ利潤を追求するということなら，劇場型にならざるを得ない。しかしインターネットの時代には，比較的廉価で，情報量をほとんど無制限に提示するような，選挙ポータル・サイトの出現によって，このような欠点を補う可能性が生まれた。このようなサイトを中立的なNPO法人が行い，かつ行政がそれを支援することが必要である。

295　詳しくはhttp://www.i-d-a.com.au/

パブリック・アクセス

　マス・メディアで発信できるのは，そこに働くジャーナリストだけの特権でいいのだろうか。市民にもアクセス権をという考え方はアメリカにおいては「1984年ケーブル通信政策法」によって実現される。この法律は，ケーブル・テレビ事業者がケーブルをある地域の公道上空に張り巡らせたり，公道の地下に埋設させたりする特権，すなわち地域のフランチャイズ権を得るのと引き替えに，地域住民はパブリック・アクセス用に一定数のチャンネル（Public Access Channel＝PAC）を要求できると規定した。この規定の目的は，「番組の多様性（diversity of programming）を確保すること」[296]にある。テレビ・メディアを公共財として確保するためにケーブル・テレビについてはパブリック・アクセスを保証している。年間総収入の5パーセントまでを納付金として支払わせ，この納付金は市民のパブリック・アクセス番組の資金源となっている。

　アメリカでは少数民族のテレビも活発であり，多様な意見の発信が確保されている。アメリカでは「コミュニティ・メディア連合」（Alliance for Community Media＝ACM）によると100万人以上の人が毎週2万時間のパブリック・アクセスの番組を作っている[297]。パブリック・アクセス番組のセンターの事業主はケーブル事業者（35％），NPO（26％），自治体（20％），教育機関（12％）だという[298]。これらのセンターでは機材の貸し出し，教育，番組の作り方まで教える。義務づけるかどうかは別にしてパブリック・アクセス・チャンネルの試みは多くの国でなされている。韓国の2000年3月施行された放送法ではKBSは月100分以上視聴者が制作した番組を放送しなければならないという規定が入っている。『開かれたチャンネル』という番組がそれである。日本の例としては名古屋にある「アクセス」の動きを指摘しておきたい。「アクセス」は名古屋周辺のテレビ・ジャーナリストや学者が市民の協力を受けて創設された。アクセスはアメリカに調査団を送り，パブリック・アクセスを研究し，活発な

---

[296] 津田・平塚（1998）p.130
[297] 津田・平塚編（2002）p.32
[298] ibid p.59

行動を行っている。日本では全体としてパブリック・アクセスは活発ではない。ケーブル・テレビの普及率が少ない，マス・メディアが市民の教育に不熱心である，財政的な支援が少ない市民の参加意識が強くないことをその理由に挙げることができる。パブリック・アクセスという点ではインターネット時代には，インターネットで簡単にラジオや映像や動画を送ることができ，その利便さと簡便さという点で大幅な改善が見られ，コミュニティ・テレビへの参入が必ずしも必要とされない時代に突入しつつある。

インターネットと民主主義

　1948年12月10日第3回国際連合総会において採択された世界人権宣言の第19条には「すべて人は，意見及び表現の自由に対する権利を有する。この権利は，干渉を受けることなく自己の意見を持つ自由並びにあらゆる手段により，また，国境を越えると否とにかかわりなく，情報及び思想を求め，受け，及び伝える自由を含む」と書かれている。ここで重要なのは，単に情報の受領権だけではなくて，発信権を謳っていることである。発信権は実際問題として長い間一般人は持ち得なかった。ところがインターネットの出現によってこの夢が叶うことになる。

　インターネットはソ連が世界で最初にスプートニックを打ち上げたことで，弾道ミサイルを使った核攻撃に危機感を抱いたアメリカ国防総省高等研究計画局が，核弾頭による攻撃で電話回線が破壊されても，通信網を確保する目的で，ARPAnet（Advanced Research Projects Agency Netwerk）構築を計画したことに端を発している。共同研究に参画したアメリカの大学が，インターネットを軍事的目的から学術的目的に転用したことから，インターネットはアメリカ全土に，後には，アメリカの国境を越えて世界に広がっていった。インターネットに関して大学は軍隊の庇を借りて母屋を奪ったのである。学者の世界，研究の世界では知識の共有という側面が強く，インターネット・メディアはもともと開かれたメディアであった。インターネットには「草の根民主主義的」あるいは「反体制的な文化」があったと言われる[299]。インターネットの持つ反体制

的な雰囲気は，バーロー（John Perry Barlow）が，スイスのダボスにおいて1996年2月8日に公表した「サイバー・スペース独立宣言」（A Declaration of the Independence of Cyberspace）[300]の中に見いだされる。

「肉と鋼鉄に倦み疲れた巨人である産業社会の諸政府よ，私は精神の新たな故郷，サイバー・スペースから来た。過去のものである諸君に，我々を未来のためにそっとしておくように要求する。諸君は歓迎されていない。我々が集まるところには，諸君の主権はない。我々は選挙された政府を持たないし，今後も持つつもりはない。自由そのものが語るときに常に持つ権威だけで，私は諸君に語りかける。私はグローバルな社会的スペースを宣言する。それは諸君が我々に課したいと思っている専制から自由であるべく構成されるのは当然である。諸君は我々を支配する道徳的権利もなければ，我々が真に恐れるような強制力をもつ一切の手段もないのだ。政府とは公正な諸権力を統治されるものの同意から得るものだ。諸君は我々の同意を求めたこともないし，受けたこともない。我々は諸君を招待したこともない。諸君は我々を知らないし，我々の世界も知らない。サイバー・スペースは諸君の国境の内部にとどまらない。あたかも公共事業のように諸君がそれを作れると思うな。諸君にはできないのだ。それは自然発生的で，我々の集団的行動によって成長するのだ。諸君は我々の大きくかつ集合的会話に参加することはないし，我々の市場の富を作り出すこともない。諸君は我々の文化も倫理も不文のコードも知らない。（省略）諸君は我々の間には，諸君が解決すべき問題があるのだと主張する。諸君はその主張を口実にして，我々の世界に侵入してくる。そのような問題の多くは存在していないのだ。真の問題や不都合がある時，我々は我々の手段でそれを確定し対処する。（省略）我々の世界はどこにも存在し，かつどこにも存在しない世界であり，肉体が生きづくところではない。我々は世界を作った。そこへは誰もが人種や，経済力や，軍事力や，生まれた場所によって付随する特権や偏見なしに参入することができる。我々は世界を作った。そこでは誰もがどこからでも自己の信念を，沈黙や同意へと強制される恐れなしに表現することが許される。（省略）我々の世界では，人間の心が作り出すものは何でも再生産され，

299　木村・土屋（1998）p.33

300　http://homes.eff.org/~barlow/Declaration-Final.html, 2005年8月17日現在

限りなく無料で配布される。思想の地球的運送のためには，もはや諸君の工場が稼働する必要性がない。(省略)たとえ肉体を諸君が支配することに同意し続けるとしても，我々は諸君の主権に束縛されないバーチャルな自己を宣言する必要がある。我々は自己をこの天体に拡散させ，誰も我々の思想を捕まえることができなくする。我々はサイバー・スペースにおいて，マインドの文明を創るつもりだ。それは諸君の政府が以前に創ったものよりもずっと人間的で公平なものでありたい」。

　インターネットへの接続は当初非常に高価であり，コンピュータ本体も高額で，大学の研究機関や政府機関や企業でなければ買えなかった。当初はコンピュータ言語を学ばねば使えず，先進国の限られたエリートの道具であった。それが1995年のWindows95というソフトの登場で，誰もが少しの知識でインターネットという技術を使えるようになった。コンピュータという道具そのものが安価になったとはいえ，相対的に高価な道具であり，そのために生じる経済格差，女性や老人が電子機器にたいして感じる抵抗感に見られる性格差や世代格差，いわゆるデジタル・デバイドが存在する。学校でIT教育が行われ，また携帯電話でもインターネットに接続可能となり，手軽な道具としてインターネットは普及している。インターネットに繋がったコンピュータの数が世界的に急増していることを考えると，デジタル・デバイドは急速に改善されていくものと想定される。

　インターネットの出現によって，個人対個人，個人対多，多対多というように様々な組み合わせが可能となり，しかもそれらの情報は双方向性かつ，同時的かつ蓄積的で，時間と空間を飛び越え，国境すら越えて，直接，世界の人と情報を送受することが安価にできるようになった。従来のテレビや電話というメディアと比較すれば分かることだが，きわめてマス・メディアに近い形になっている。これは途方もないことである。マス・メディアに支配され，情報の受け身の消費者としての市民は，アトム化され，共同体を作ることが困難になっていた。現代人は孤立や無力という従来の古典的なイメージでは捉えられなくなっている。インターネットを公共圏の議論と結びつけて考えたらどのようになるであろうか。インターネットはこれまでのメディアと違い，双方向性を持つ情報の受信・発信道具であり，市民は情報の消費者ではなく，情報の発

信者となる。それも一対一の双方向性とは限らない。一対多数，ないし多数対多数の情報送受も可能となる。インターネットは「行動を可能とするエンジン」[301]となる。インターネットの利用時間は情報通信白書によれば2004年には新聞の31分を上回って37分になってますます新聞離れが起こっている状況である[302]。

　双方向性を持つインターネットと政治の関係を考えてみると，インターネットは公共圏の議論に新たな可能性を投じているのが分かる。マス・メディアに集中化，商業主義によって，公共圏がますます狭まり，市民はそこから締め出されてきた。市民の間で絶望感や無力感やシニシズムが蔓延し，市民は政治を自分たちとは関係のない営みだと考えるようになっている。それが日本に見られる棄権率の増加である。これを克服する可能性をインターネットは持っている。とりわけ若年層にとっては政治参加を促す契機になるかもしれない。若い人の投票率は低いが，インターネットの普及率はまさにこれに反比例して若い人の方が高いのである。インターネットは市民運動を支える重要な道具となりつつある。意見を同じくする人に連絡を回せば，その人たちが，その内容を貼り付けてくれるのである。インターネットにおける議論は，個人攻撃やむき出しの人種偏見，「荒らし」というように，これまで必ずしも手放しで喜べる状態ではない。匿名性の陰に隠れて何でもできると思うの一部のインターネット利用者は心得違いをしている。インターネットでの発言や情報の発信は，個人情報保護に反する行為や名誉毀損を起こした場合など，法を犯せば，コンピュータの使用者を特定することもできる。法制度の整備，ネチケット向上により，徐々に落ち着いたメディアになると想像できる。しかしインターネットを正しく意識的に使えば革命的な直接民主主義の道具となる。例えば市民に選挙の情報を与えるポータル・サイトが続々と登場している。その一例としてもアメリカのWeb White & Blue（www.webwhiteblue.org）を取り上げてみよう。これはアメリカ合衆国最初の大統領選挙に関するオンライン・ディベートのサイトである。インターネットの政治機能は増加している。有名なポータル・サイトに飛び込めばマス・メディアにない良質の情報，現地からの第一級の情報

301　Davis/ Elin/ Reeher（2002）p.115
302　新聞協会「新聞研究」2006年1月号 p.31

をも得ることができる。マス・メディアすらも逆に個人や団体，研究所，NPOなどが発信する情報を無視できなくなっている。あるいはAPC（Association for Progressive Communication＝進歩的コミュニケーション協会）というようなネットワークがある。この組織のホーム・ページには次のような説明がある。「進歩的コミュニケーション協会（APC）は非政府組織（NGO）や市民活動家のために作られたインターネットプロバイダによって構成される世界で最も広範なネットワークである。APCに加盟するプロバイダーは1987年から，高速で信頼性の高い，使いやすい通信道具（ツール）を提供してきました。現在では25以上のメンバーネットワークからなる非営利の連動体となっており，これらのメンバーは協同して，市民団体がオンラインで組織化や共同作業を行うためのツールや技術を開発・提供しています。またAPCはハード・ソフトのみならず，世界規模で，社会的，環境的，経済的正義を求めて共に働いている人や組織を支援しています」[303]。このサイトは国境を越えて市民団体，NGO，国連を結びつける仕事をしている。

　同時に憂慮する事態も存在している。インターネットの世界が急速に企業によって取り込まれている。市民の道具という形の利用ができるという保証はない。企業によるインターネットの取り込みに対抗して，インターネットを市民の道具として維持しようとする取り組もある。例えば国際組織ICANN（the Internet Corporation for Assigned Names and Numbers）もAPCのもとに活動している。国際組織ICANNが2000年7月12日横浜で行った宣言には，「市民社会は，国家と市場に次ぐ，社会の第三のセクターである。市民社会が基礎を置く価値は，結社の自由，表現の自由，参加的民主制，多様性の尊重などである。力強い市民社会の確立は政府や企業に対する重要な対抗力となる。地球規模で進められている市場の統合や政府間の調整には，それに対応できる地球規模の市民社会が必要となる。」[304]と謳っている。

　インターネット・メディアの特殊性，市民社会形成，市民型民主主義の道具としての必要性と重要性を考えると，このような組織が世界的に，そして国家

---

[303] http://www.jca.apc.org/jca-net/apc/japanese/about.html 2005年1月12日現在
[304] http://www.jca.apc.org/jca-net/activity/internet/icann/ykhm-statement-draft.html 2005年1月12日現在

の枠組みを越えた活動が展開されていることが，従来のマス・メディアの枠組みを越えるものであることを示している。APC は1992年の国連環境開発会議，いわゆる地球サミットでその存在を世界にアピールした。ブラジルのポルト・アレグレで2003年1月22日から28日に開催された APC 世界社会フォーラム（APC AT THE WORLD SOCIAL FORUM）では121カ国から5,000の団体と10万人の参加者が集まったとされる。このフォーラムではインターネット，IT，メディア，ジェンダーの問題などが取り扱われた。このポータル・サイトに行けば，世界でどのような NPO がどんな活動をしているかの情報を受け取ることができる。APC は日本にも支部がある。

　既成のメディアであるテレビやラジオも国家や商業資本に握られており，権力のある人の意見が反映される仕組みになっている。現代社会では，メディアによる支配，すなわちメディアクラシーが実現しているように思える。インターネットの世界でも商業主義が進行している。インターネットを民主主義実現の道具として維持できるかどうかは，インターネットを使う市民の意識にかかっている。ニューヨークで1997年5月2日に世界プレス自由デーに演説したアナン国連事務局長は「自由で，独立しており，多様なプレスがなければどんな民主主義社会も存在し得ないことを我々は再確認する」と演説しているが，インターネットが市民のマス・メディアとしての機能すら持つことを考えると，インターネットを過度の商業主義に対抗する形で市民メディアとして確保する必要がある。

市民発信型インターネット新聞と民主主義

　全国紙やブロック紙，地方紙と呼ばれているマス・メディアは情報を独占し，読者はマス・メディアが提供する情報の消費者でしかない。アジェンダ設定もフレームもマス・メディアが決定している。巨大なマス・メディアで働くジャーナリストは世論形成，世界認識の枠組み，アジェンダ設定に圧倒的な影響を行使してきたエリートである。国民主権とはいうものの，市民は権力の主権者だという実感を持てないでいる。権利の行使のためにはそれに相応しい情

報提供が不可欠である。国民に世論を喚起させるためには多元的な情報が欠かせない。しかるにマス・メディアは公権力の広報機関になり、市民の意識からかけ離れている。物言わぬ選挙民を作るという意味で、マス・メディアは大衆支配の道具となっている。

　市民が本当に必要な情報、多元的な情報を互いに発信し、共有する営みは、民主主義を取り戻すことを意味する。治安維持法によって獄死した戸坂潤は「ジャーナリスト論」のなかで「元来から云うと、一切の人間が、その人間的資格に於てジャーナリストでなくてはならぬ」[305]と書いている。市民一人一人がジャーナリストでなければならぬと主張した。さらに続けて「人間が社会的動物だということは、この意味に於ては、人間がジャーナリスト的存在であるということである」と言う。このような理想主義的な要請がインターネット時代には可能となる。インターネットにより、ネティズン（Net citizens＝netizens）が登場し、情報を発信することで、市民がジャーナリストになれるような状況が生まれている。「人間的資格に於てジャーナリストでなくてはならぬ」という要請の実現例としてまず韓国の OhmyNews を取り上げてみたい。

● OhmyNews

　韓国では朝鮮日報、中央日報、東亜日報というビッグ・スリーによって韓国メディアの70-80パーセントが支配されている。韓国ではこれに代替となるオールタナティブ・メディアが存在しない。言論の多様性が存在しないということは、市民の声が表に現れないことを意味する。それに対抗すべく呉連鎬 (Oh Yeon-ho) がインターネット新聞 OhmyNews を創刊した。2000年2月22日午後2時22分に創刊された OhmyNews は世界最大のオンライン新聞であり、最も成功した例である。人口4,000万人の韓国で一日最大2,000万のページ・ビューがあるというのは驚きである。スローガンは「市民皆レポーター」である。市民記者から毎日150本から200本の記事が投稿される。市民記者の掲載率は7割程度であるという。OhmyNews の2004年12月6日の記事によると、市民記者と OhmyNews プロの記者（2004年で35名）が混在する。しかし Ohm-

---

305　戸坂（1966）p.156

yNews プロの記者も市民記者からリクルートされている。プロの記者は最初，OhmyNews の20パーセントの記事を書いていた。727人の市民記者から初めて，現在では市民記者の数は40,000人に上るという。

　2002年の韓国大統領選挙で OhmyNews は若者を動かし廬武鉉大統領の当選を成功させた。廬が大統領になって，独占インタビューを OhmyNews に対して行ったことで，この新聞はますます認知されるようになった。批判精神を忘れない OhmyNews は新大統領にも噛みつき，その関係はかなり冷ややかなものになった。韓国でこのようなインターネット新聞が成功した理由としては，民主化されても政治風土が旧態依然としていて，改革の必要性があったこと，既成のマス・メディアが市民の言論を封じていたこと，オールタナティブ・メディアが未発達であったこと，若者達と反企業，反政府，反アメリカ的感情を受け止めるメディアがなかったこと，ブロード・バンドの普及が世界で一番進んでいたことなどを挙げることができる。OhmyNews の記事の内容は政治が中心である。気に入った記事に対して読者はチップを投げ銭する。しかし投稿者が記事を書く動機はお金ではなくて，社会への影響だという。オーマイニュースは2006年7月より日本版を立ち上げた。

● JANJAN

　韓国の OhmyNews のノウ・ハウを受けて日本で作られたのが JANJAN である。設立は2002年7月9日である。前鎌倉市長で元朝日新聞編集委員の竹内謙が代表取締役である。NPO 型株式会社である。新聞のレイアウトその他プログラムはソフト会社が担っている。JANJAN とはこの会社のホーム・ページによると"Japan Alternative News for Justices and New Cultures"（さまざまな正義と新しい文化のために日本から発信するもう1つのニュース）の略称で，社会に警鐘を鳴らす半鐘のジャンジャンという音を表しているのだと竹内は言う。韓国の OhmyNews からも記事の提供を受けている。お互いに顔の見えない市民記者を顔の見える形にするために市民記者の集まりの会も開催している。イラク人質問題では，既存のマス・メディアも JANJAN の記事に注目したほどである。

　投稿した記事に対しては，読者がそれに様々なコメントをつけ，議論がそこ

から沸騰する。いわゆる「荒らし」もこのような議論のなかで撃退される。新聞の記事を読んでいると，体制に対する批判精神というものが根底にあるようである。また既存のメディアでは拾わないような，市民サイドのニュースにも出くわす。JANJANについては，JANJANに関与している武蔵大学の松本恭幸が編集している『市民メディアのフィールドワーク』に詳しい。

●日刊ベリタ

　こちらの方も電子新聞であるが，プロのジャーナリストが発行している新聞という点で上の2つの例とは異なっているが，バック・グラウンドのある市民を募集している点で，例として取り上げた。この新聞は見出し語と数行は無料であるがそれ以上読もうとすると，ほとんどの記事は1つ1つが有料であった。1つのニュースを読むのが数十円と言うことは，既成の新聞に比べてかなり割高であり，他のインターネット上にあるマス・メディアのニュースがほとんどの場合無料で読めることを考えると，経営的に厳しいものがあったと想定される。最近は方針が変わったようで，1月千円で最低2カ月以上の購読申し込みすれば，全ての記事が読めるというように改められた。日刊ベリタは2002年2月に結成された団体で設立日は2003年8月である。ホーム・ページによると「日刊ベリタは国際報道，特にアジア太平洋地域に焦点を当てた日本初のインターネット新聞です。既存のマス・メディアに対する批判的な検証を経て生まれた新しいメディアであり，これまでにない視点からのニュースをできるだけ多くリアルタイムで伝えることを目指します」とのことである。元毎日新聞編集委員の永井浩が代表者・編集長で記者・編集者が約20人ということである[306]。

●ブログ

　インターネットによる市民の政治行動の可能性としてはブログも存在する。ブログとは日記であるが，個人の意見と想いが，インターネットを通じて世界に発信される。そのブログの反応を蓄積する大きなポータル・サイトが現れたことで，政治的な力すら持ち得る状態になった。その例としてはテクノラティ

306　http://www.nikkanberita.com/docs/corporateprofile.html　2005年8月5日現在

を取り上げてみたい。テクノラティというアメリカのポータル・サイトを創設したのはシフリー（David Sifry）である。2004年の大統領選挙において，CNNと組んで選挙の情報を提供した。この会社の目的については米国テクノラティのホーム・ページ[307]に英文で詳しく書かれているが，この英文の正確な訳が日本テクノラティのホーム・ページに書かれているので，そちらの方を引用する。
「テクノラティは，ブログ界で何が起きているかを確認することができるリアルタイム検索エンジンです。数年前，ウェブ検索は単純ながら奥深い考えのもと（原文では元となっている）大革命を起こされました。従来，サイトの妥当性はリンクされているサイトの数で判別され，それゆえそれが"重要"とされてきました。ブログ界ではブロガーが頻繁に他のブログにリンクを貼ったりコメントをつけることにより会話でもつようなスピード感とつながり感が醸成され，ハイパーリンクが更に重要となります。そのため，テクノラティはリンクの数，ブログの妥当性，ブログの瞬時性をトラッキングするのです。テクノラティはブログが更新されると，瞬時に，また自動的に通知を受け取るため，ブログ界で行われている何千もの更新情報をトラッキングすることがで，そしてこれらの会話の下地となるコミュニティ（誰が誰にリンクを貼っているのか）をモニターできるのです。今日テクノラティでは800万件のブログをトラッキングしており，2年前の10万件から大きく増加しております。Pew Internet studyは11％もしくは5,000万人のインターネット利用者が定期的にブログを読んでいると発表しています。新しいブログは7.4秒に1つ誕生しています。これは一日に12,000個のブログが誕生しているということに匹敵します。ブロガー（ブログを書く人）は自分のブログを定期的に更新しており，1日に275,000個の記事が書かれています。つまり1時間に10,800個の記事が更新されているということです。テクノラティはブログ界の中で何が重要なのかをお見せします。どのブロガーが注目を集めていて，どのようなアイデアが有名になっていて，どのようなスピードでこのような会話が交わされているのか。テクノラティはインターネットの中であなたやあなたの勤め先，商品，競合会社，政治，その他あらゆる関心事について人が何と言っているかを自分でリアルタイムに見つけ

---

[307] http://www.technorati.com/about/ 2005年8月5日現在

ることを可能にします。すべての記事は書かれた数分後には発見され，テクノラティのインデックスに載ります。テクノラティはウェブ上のグローバルな会話のライブな見え方を提供します」[308]。

日本テクノラティは2005年8月8日に衆議院の選挙に関する「生の声」を集める「選挙特集コーナー」を http://www.technorati.jp のトップページに開設した。「選挙特集コーナー」は「衆議院解散」「小泉総理大臣」「郵政民営化法案」「参議院否決」「亀井派／堀内派」「衆議院議員選挙」のキーワードを含むブログ記事を件数（重要性）として表している。2005年8月29日のこのホーム・ページによると，「29日午前10時現在で「郵政民営化」の検索ヒット数は52,158件（前日比1,197件増）。「年金」は40,587件（同685件増）。「消費税」は14,988件（同305件増）。消費税を取り上げたブログは絶対数こそ多くはないものの，26日から27日の間の増加数が109件，27日から28日の増加数が115件だったのと比較すると言及数が急増しており，消費税が選挙の争点として持ち上がっている実態をうかがわせます」と書いているが，このような動きから，有権者の関心の移り変わりなどを読み取ることができる。また8月26日には自民党がブロガーと懇談会を持ったということは，ブログが政治的な力を持ちつつあることを示している。

別の例としてはファン・コミュニケーションズとアイビィ・コミュニケーションズが2005年8月10日，両社の運営するブログ情報ポータル・サイト，BlogPeople[309]において「2005総選挙」を特集している。これらのブログでは日々議論が増大しており，選挙における情報源，意見の交換のプラット・フォームとして一定の役割を演じている。

ブログの方は個人が運営し継続性があるので，「2ちゃんねる」や「スラッシュドット」のような誹謗中傷が横行するのではないようである。このようなブログとインターネット新聞がドッキングすることで，従来の新聞と違って，記事と読者の見解が交互に重なり合って進んでいくという，これまでの一方的なマス・メディアからすると革命的な現象も見られる。また従来の新聞もインターネットとドッキングする形で，ブログを介して読者との議論を行う神奈川

---

308 http://www.technorati.jp/about/ 2005年8月11日現在
309 http://www.blogpeople.net/ 2005年8月10日現在

新聞[310]などもある。また，従来の枠組みの中で，ジャーナリストも本来書きたいことを書けているわけではない。そのようなプロの記者がブログに進出したりしている。新聞の弔鐘が聞こえてくるような状況になりつつある。生き残りをかけて，今後はますます新聞やテレビやラジオとインターネットの統合が進んでいくものと思われる。

知識の蓄積としては世界各国の言葉で運用し市民が互いに書き換えたりして深化し続ける「ウィキペディア」として電子百科事典は重宝でありとても優れている。ネットが進化して，知識もそれにつれて改善され進化されるという現象が見られる。市民や研究者がそれぞれの知識を持ち寄り，知識を精緻化させるというような現象はインターネット時代だから可能となる。知識の共有というこの現象は，インターネットが知の民主主義の道具だということを示している。

インターネット・メディアの問題点としては，信頼性の低さや，2ちゃんねるで見られるように，個人攻撃や，名誉毀損などがあるが，ポータル・サイト自身が設ける規則や，インターネット関連法など整備によって，将来的にはこれまで以上に落ち着いたメディアとなるであろうと予測がつくし，インターネットは必ずしも匿名ではなく，発信者を特定することも可能なのである。

電子民主主義（e-Democracy）

情報化時代の民主主義はこれまでの形と違わなければならない。市民が政治に参加しているという確信が代表民主主義ではなかなか持ち得ない。選挙民である市民が代議士を送り出すのはイベント化した選挙時だけで，選挙が終われば，議員はフリーハンドを得たかのような振る舞いをする。選挙が行われる時に，争点になっていなかったことや，選挙以降に新たに争点になったことなどに対して，国民は自分たちの意見を述べるチャンスはゼロに等しい。選挙民はいわば白紙委任状を手渡したのと同じである。仮にある政党に投票した場合で

---

[310]　https://www.kanaloco.jp/　2006年1月28日

も，その政党の行うとしている事柄すべてに賛成であることは希である。例えば自衛隊の海外派遣に関しては，その政党に近い考えを持っていても，年金制度では他の政党の政策を支持したいというねじれが起こっても不思議ではない。むしろねじれが全くないと考えることが不自然である。選挙後に国際紛争が生じて，軍隊を派遣するという決定をしたとき，そのことは選挙の当時生じていなかったので，同意を与えるチャンスすらない。国民投票という手段がないではないが，即効性に欠けており，ハードルが高い。現行の選挙制度では，このようなねじれを受け止めることはできない。

　ある問題に対する市民の真意がどこにあるかを探ることは，非常に困難を伴い，費用もかかる。しかしインターネット時代では，行政にその意志さえあれば，容易に具体的かつ直接的に意見を聞くことができる。湾岸工事，海上空港建設，ダム建設など，途方もない費用や環境破壊，得られる利便さと利益を勘案し，公正なアセスメントに基づいて，市民と行政と政治家がきめ細かく政策プロセスを修正することも可能である。そのようなインターネットを利用した形態に電子民主主義（e-Democracy）というものがある。e-Democracy という造語は，ミネソタ州において1994年にインターネットを使って，民主主義をさらに推し進めようとしてできた組織が自らを E-Democracy と名付けたのが最初である。電子民主主義とは市民と行政が電子情報技術を使って，政策の決定プロセスに参加し，監視し，フィード・バックするような参加型民主主義を意味する。そのために行政は情報を公開するとともに，行動する市民がインターネット技術と情報公開によって，政治を監視する必要がある。市民，マス・メディア，政治家，行政が結びつけられる。

　まず行政は市民に判断材料を提供すべく，情報を提供しなければならない。情報公開を積極的に始め，市民の意見を受け付けることが必要である。インターネット上に情報を公開するような，開かれた政府は電子政府（e-Government）と呼ばれている。これは政府に止まらず，政党や，省庁，地方自治体，研究所，また政策評価や検証を行う第三者機関，NPO や NGO など，様々な機関が積極的に情報を提供しなければならない。電子政府は情報の公開，市民サービス程度であるが，実はそれがすでに電子民主主義への途上である。電子民主主義は電子政府をもっと進めて，双方向性に道を開いた形である。ミネア

ポリスで二日間に渡って行われた「ローカル電子民主主義に関する国際シンポジウム」の席上で，メリーランド大学で公共政策を担当しているノリス（Donald Norris）教授が行った定義によると，電子民主主義とは政府への参加と電子的な手段で，政府の政策に恒常的にその賛否を投票することであるという[311]。電子政府が提供する情報にアクセスし，それに対する意見を述べ，行政と公共政策に積極的に関わる。かくして市民は直接的に政治に参加することが可能となる。市民の行動で，政治や行政が変わるという体験が，逆に市民の政治意識を高めることになる。近年政治離れや有権者の棄権というものが問題になるが，有権者の政治意識の低さだけを非難することだけでは済まされない。行政も積極的に情報を公開して市民を行政に参加させることが必要である。代表制民主主義の欠陥を補い，直接民主主義に近い形が電子民主主義である。

　そのような動きの最初に世界から注目されたケースとしてミネソタ州の例を紹介してみたい。ミネソタ州のミネアポリスに住むインターネットの活動家で，かつオンライン戦略家であり，世界の指導的な電子民主主義の専門家であり，インターネットによる民主主義の改善と市民参加を目指しているクリフト（Stiven Clift）を取り上げてみたい。前に述べた世界最初のインターネットによる選挙サイトであるアメリカの大統領選のポータル・サイト Web White & Blue をオーガナイズしたのも彼である。彼は世界で電子民主主義元祖とされるミネソタ州の非営利団体，E-Democracy 代表取締役をし，かつミネソタ州政府の電子政府化に関与し，ミネソタ州情報アクセス評議会代表となっている。彼は2001年と2003年，インターネットと政策の世界を変える25人の1人に選ばれた。2002年にはミネアポリス賞を受賞した。このクリフトによると[312]，双方向性の電子政府を行うに当たっての重要な観点として次のものを挙げている。

1　反応的効果的なガバナンス
2　行政における市民の信頼と満足の増大
3　行政の透明さ，公開性，責任を増進し，行政の正当さと行政の行動について公衆の理解の増加
4　インターネットによる行政の情報アクセスの増大

---

[311] このシンポジウムは2005年7月26日に行われた。
[312] http://www.publicus.net/e-government/ 2005年8月22日現在

5 議会とその行政のオンラインによるサポート
6 議員の公的な仕事のオンライン・ツール構築
7 電子政府のサービスの提供による完全な双方向性のパブリック・フィードバックの確保

ミネソタ州はミネソタ政府情報アクセス評議会 GIAC（The Minesota Government Information Access Council）を1994年に設立し、市民の声を政策に生かす努力をしている。この評議会が発行した論文「デジタル民主主義」（Digital Democracy, 1997）によると、「情報のアクセスを促進する第一の目的は開かれた政府である」と書いている。また、「政府の情報へのアクセスは民主主義における全市民の権利」であり、「政府の情報はできるだけ市民に委ねられねばならない」と書いている。

アメリカ政府の動きも見てみよう。アメリカは国家情報インフラ NII（National Information Infrastructure）という行動計画（Action Agenda）[313]を策定した。NII は副大統領のゴア（Al Gore）と商務省の事務局ロン・ブラウン（Ron Brown）が1991年に提案した法案、高速コンピュータ化法（the High Performance Computing Act（HPCA））に基づいて作られた。1993年4月に施行し、1993年9月に示された行動計画のことである。その行動計画の9章「政府の情報アクセスの提供と政府調達の改善」に次のように書いている。

「トーマス・ジェファーソン（Thomas Jefferson）は情報こそ民主主義の通貨であると言う。連邦機関は市民やビジネスにとって有益で価値のある情報の最大の収集家であり、創造者である。国の情報インフラ整備は政府の情報を収集するために支払う納税者に情報提供を改善する大きな機会を与える。それも公平に安価で、できる限り効果的に提供する機会を与える」。さらに続けて次のような5つの行動を提案している。「政府の情報へのアクセス改善」、「政府の情報を提供するインフラ改善」、「市民の政府情報へのアクセスを高めること」、「e-mail を使って省庁内の連携を強化すること」、「政府調達のプロセスを改善して政府が最先端の技術の採用者になること」。インターネットで検索した限りであるが、電子政府が進んでいる国としてはカナダ、オーストラリア[314]、イ

---

[313] http://www.ibiblio.org/nii/NII-Agenda-for-Action.html 2005年8月10日現在
[314] http://www.australia.gov.au/ 2005年8月30日現在

ギリス[315]，ニュージランドなども挙げることができよう。特にイギリスの動きには著しいものがある。電子政府から，電子民主主義へとさらに突き進んでいる。

日本の総務省は全国の地方公共団体に対して2000年8月に，「IT革命に対応した地方公共団体における情報化施策等の推進に関する指針」を定めた。その指針[316]は以下のものである。

1　行政におけるネット・ワーク化の推進
　(1)　庁内LAN，1人1台のパソコンの整備
　(2)　総合行政ネット・ワークの整備
2　申請，届出等手続のオンライン化の推進
　(1)　地方公共団体における組織認証基盤の構築
　(2)　地方公共団体における個人認証基盤の構築
　(3)　事務手続のオンライン化にともなう法令等及び事務作業の見直し
3　住民基本台帳ネット・ワーク・システムの整備促進等
4　消防防災分野における情報通信の高度化等
5　統合型地理情報システムの整備
6　デジタル・ミュージアム構想の推進
7　歳入・歳出手続，税の申告手続等の電子化の検討
8　電子機器利用による選挙システムの検討
9　情報化施策を推進するための体制の整備等
　(1)　全庁的な推進体制の確立
　(2)　人材の育成
　(3)　全国的な支援体制，財政上の支援措置

このことから分かるように，日本での電子政府とは住民へのサービス向上，行政の簡素化と合理化のことである。前に述べた，市民サービスのレベルしか認識がないと分かる。住民票を駅でも受け取れるとか，IT化ということで汎用コンピュータを導入し，ITゼネコンと言われる巨大なメーカーと入札によらない随意契約を行い，途方もない税金が投入される。公共事業と同じ発想法

315　http://e-government.cabinetoffice.gov.uk/Homepage/fs/en 2005年8月30日現在
316　http://www.avcc.or.jp/e-community/plan/kihon.html 2005年8月30日現在

である。情報公開を積極的に行って，市民を真の意味で民主主義の主人公にするという発想が欠如していることが，ミネソタ州のそれやNIIと比べて言える。

　日本政府は首相官邸の主導による電子日本（e-Japan）重点計画−2004（平成16年6月15日）[317]を策定した。ここでもITのインフラ整備などに力を入れているに過ぎない。「世界最高水準の高度情報通信ネットワークの形成」とか「電子政府」などについては言及がされているが，市民参加とか，民主主義という言葉は見当たらない。アメリカやイギリスやカナダなどではもう90年代からそのような方向に突き進もうとしているのに[318]。

情報公開

　市民も公官庁も企業もマス・メディアもインターネットで繋がっている。公官庁や企業もマス・メディアもインターネットで自らが持っている情報を公開している。公官庁でどのような議論がなされ，どのような結論に至ったか，企業の今年度の業績，将来の見通し，プロジェクト。マス・メディアにあっては，ある事柄に対して，今日の記事だけではなく，過去のそれに関連する記事，そしてリンクを張って，それに関連する例えば国連の発表などを載せている。インターネット・メディアは現時点を共時的にリンクするだけでなく，過去と現代を通時的に繋いでいる。時間だけではなく，空間も飛び越えて，世界がリンクされる。情報公開法によって，もしも公官庁などが個人情報保護に抵触しない限りにおいて，公共性のある情報を積極的に公開し，電子媒体として誰でも無料もしくは限りなく無料でダウンロードできるようになれば，飛躍的に民主主義度は高まる。情報受領権，情報収集権は民主主義の根幹である。情報アクセスの権利をこれまではマス・メディアに対してのみ独占的に認めてきたのであるが，インターネットの時代には，アクセス権を特定の職業集団に限らなけ

317　http://www.kantei.go.jp/jp/singi/it2/kettei/ejapan2004/040615honbun.html 2005年8月30日現在

318　The Crossing Boundaries Politial Advisory Committee: Finding our Digital Voice: Governing in the Information Age, Center for Collaborative Government, Volume 11, Otawa 4. 2003

ればならない意味は存在しない。市民一人ひとりが行政をチェックすることができて初めて，政治は透明なものになる。問題は政府を始めとする地方政府にそのような姿勢があるかどうかである。

アメリカの情報自由法 FOIA（Freedom of Information Act）は1966年に施行され，1996に電子情報自由法として改正された。この法律を受けてアメリカでは政府が自ら情報を公開することになった。原則的に情報は公開するもので，非公開は外交や国防，プライバシーなどの例外にのみ限っている。また，公開請求に対して拒否する場合は，その詳細な根拠を提示することになる。例えば http://foia.state.gov/AboutFOIA.asp を覗いてみよう。ここは国務省の FOIA に関するホーム・ページである。これは電子化されたので EFOIA とも呼ばれている。この詳しい条文は http://foia.state.gov/foia.asp に記載されている。積極的な情報の開示を謳っている。

日本は先進国で情報公開法を持たない数少ない国の1つであったが1999年5月14日に施行され，最終的な改正が2004年6月9日に行われた。その条文によると「政府の有するその諸活動を国民に説明する責務」を果たすために情報公開すると謳われている。不開示情報を除き，あるいは，その部分だけを除き開示しなければならないとしている。不開示情報とは個人情報や外交上の問題になったり，捜査上問題となったりするような情報を指している。開示するかどうかの決定は30日以内に行うとしている。公開請求が却下された場合でも，情報公開審査会に不服の申し立ができる（第18条）。審査手続きは非公開である（第32条）。

ここでも日米間差異が見られる。アメリカの方では，電子読書室（Electronic Reading Room）を設けて，探しやすくしており，たびたび公開の請求のあるようなものは，最初から公開して，誰でも見られるようにしている。これによって誰でもコンピュータで検索とアクセスが可能となっている。もっとも公開しても良い全ての情報が電子読書室に置かれているわけではないので，それらは別途に公開手続きをしなければならない。何れにしろ非常に使いやすくなっている。

ここで問題が立ちはだかる。それはプライバシー保護，個人情報保護と，情報の自由の対立である。日本の個人情報保護法（個人情報の保護に関する法律）

は2001年に国会提出も一度は廃案となり，ようやく2003年5月30日に施行された。1995年10月「個人情報データ処理に関する個人情報保護と自由な流通に関するヨーロッパ議会及び理事会の指令（EU指令）」によって日本に対して外圧が起こり，マス・メディアを巻き込む大きな論争の後に個人情報保護法は成立した。日本が法整備を急いだのは，EU指令第25条によれば，ヨーロッパは個人情報を守る法律がない国への個人情報のデータ輸出を禁止しているからである。つまり，合弁会社やジョイント・ベェンチャーを行う際して，法律の整備がなされていないと支障が生じるのである。プライバシーの保護と情報公開は競合するが，公共の利益を勘案して情報はできるだけ公開されるべきである。

●電子ガバナンス（e-Governance）

「社会における民主主義の程度を測る基準は，制度や権利を再定義する能力である」[319]とメルッチ（Alberto Melucci）は書いている。既得権を守ることに必死になるのではなくて，それを越える努力を絶えずしないと，その社会は停滞する。行政の公開が電子政府であり，その双方向性が電子民主主義とすると，行政と市民と政治家がさらに密接に連関しあったのが電子ガバナンスである。政治家は覚醒した市民によって鍛えられ，民主主義がさらに成熟したものになる。そのような時代を到来させる動きが世界のいたるところ始まっている。インターネットは世界の見方を変える。インターネットの時代には民主主義のあり方そのものにクーン（Thomas Kuhn）が言うようなパラダイム・シフトが起こっている。

(この章は拙稿「インターネット民主主義による市民社会の実現」[320]に手を加えたものである)。

319　メルッチ1997 p.xxiv
320　楠根（2005）

● 課題 ●●●●●●●●●

1　日本のインターネット新聞に投稿してみよう，また普通の新聞と記事にどのような違いがあるか論ぜよ。

2　日本でもいくつかの都市や県では電子政府，電子民主主義が進んでいる。それらの例を調べてそのレベルについて論じなさい。

■文献

Davis, Steve/ Elin, Larry/ Reeher, Grant（2002）: Click on Democracy: the Internet's Power to change Political Apathy into Civic Action, Westview Press.

木村忠正・土屋大洋（1998）:『ネットワーク時代の合意形成』NTT出版

楠根重和（2005）:「インターネット民主主義による市民社会の実現」金沢法学第48巻第1号 pp.171-198

松本恭幸編（2003）:『市民メディアのフィールドワーク』2003年度武蔵大学社会部「社会調査1」報告書

メルッチ，アルベルト（Melucci, Alberto）（1997）:『現在に生きる遊牧民（ノマド）: 新しい公共空間の創出に向けて』（Nomads of the Present: Social Movements and Individual Needs in Contemporary Society）岩波書店

新聞協会（2006）「新聞研究」2006年1月号

津田正夫，平塚千尋編（2002）:『パブリック・アクセスを学ぶ人のために』世界思想社

津田正夫・平塚千尋（1998）:『パブリック・アクセス，市民が作るメディア』リベルタ出版

戸坂潤（1966）:『戸坂潤全集』勁草書房

ウォルフレン，カレル・ヴァン（Wolferen, Karel van）（1996）:『支配者を支配せよ』（How to control Japanese Power Holders: the Election and what comes after it）毎日新聞社

第15章

抑止的ジャーナリズム
(preventive journalism)

　マス・メディアの読者に与える効果は直接的であれ，間接的であれ，巨大であることは疑いがない。紛争時に政府はマス・メディアを利用してきた。プロパガンダの歴史は長くかつ深い。1997年5月2日，世界プレスの自由の日に，アナン国連総長は，「民主社会は自由で独立し，多元的にプレスがなければ存在し得ない」と演説した。その演説の中で，国連は「抑止的外交」(preventive policy) を行っているが，ジャーナリストはそのことを知っているかどうかは別にして，抑止的ジャーナリズムと呼んでいるものをすでに行っていると発言した。「抑止的ジャーナリズム」とはジャーナリズムの活動を通して紛争を予防したり，あるいはそれ以上悪くならないように紛争を抑止したり，あるいは紛争後の再発を防止したりすることである。紛争が起きる前なら，それはジャーナリズムの紛争予防的投入を意味するし，また紛争中や紛争後に紛争当事者間の和解を促進するようにジャーナリズムを投入するなら，それは平和創造的ジャーナリズムを意味する。何れにしろジャーナリズムは紛争を抑止しているので，紛争のどの時期にも当てはまる抑止的ジャーナリズムと解釈できる。予防的ジャーナリズムと訳せなかったのはそのためであり，事後的な平和回復のジャーナリズムも，含まれるので，筆者は preventive という英語を，両方の意味でも使える抑止的という言葉に訳した。

　マス・メディアは，これまで影響論やメディア心理学で見てきたように，受け手に影響力を与えていることは間違いない。したがってマス・メディアのそのような力を戦争の道具として，戦争のひとつの手段として使うとそれはプロパガンダになる。人種偏見を植えつける憎悪メディア（Hate media）もプロパガンダの一種であり，そのようなプロパガンダによりジェノサイドを引き起こ

すこともある。1994年のルワンダでRadio Mille Collinesや1990年代のセルビアやボスニアのセルビア人のマス・メディアが紛争を激化するような報道を行った[321]。マス・メディアに力があることを考えれば，マイナスの作用だけではなくてプラスの作用もあるので，使い方によっては紛争の解決にもなる。紛争解決の方向でマス・メディアを投入するときそれは抑止的ジャーナリズムということになる。

　マス・メディアは「起こったこと，発表されたことを伝え，それについての意見は読者に任せる」。この客観報道の要請それ自体，何も問題がないように思える。しかしこの何ら問題のない要請にも，多くの問題点が潜む。これまで見てきたように，何を伝える必要があり，何を伝える必要がないか，伝える必要があるとしても，それをどのように伝えるか，その解釈も含めてマス・メディアが鍵を握っている。情報源の取捨選択は，国家フレームと国益によって影響を受けている。さらに問題なのは，ニュース・ソースの入手経路と情報流布の意図である。また独自に情報収集能力が備わっているのかどうかも問わなければならない。マス・メディアは紛争や戦争に関して，その背景，文化，歴史などを含めて，読者が理解できるように情報を提供しているのだろうか。またそのようなニュースを流布するときの影響と責任についても十分意識してきたのだろうか。企業として利潤を追求しなければならないマス・メディアは，売らんかなの立場から，国家にすり寄ったり，センセーショナリズム，ポピリズムに陥ったりはしていないだろうか。マス・メディアのもつ自国中心主義的フレーム，先進国に偏った報道姿勢，開発途上国は災害か戦争が起こったときに初めて報道される価値があるような報道，このようなことを考えると，「起こったこと，発表されたことを伝え，それについての意見は読者に任せる」という，一見なにごとも問題がないように思えるマス・メディアに対する要請それ自体が，多くの問題を孕んでいることが分かる。

　発展途上国は，災害か戦争が起こったときに初めてマス・メディアに注目してもらえが，マス・メディアは災害や紛争を正確に報道しているわけでもない。例えば次のような紛争による犠牲者の数字がある。この数字と紛争の場所を見

321　Howard（2003）p.13

ていただきたい。そして胸に手を置いて考えていただきたい。私たちはそれらの紛争すべてを意識していたであろうか，またそれらの紛争によりかくも多くの犠牲者が出ていたことの知識があったであろうか。

主な紛争の死者の累計（1995－1997）

国名	開始年	死亡者数
カンボディア	1975	2 million
アフガニスタン	1978	1-2 million
スーダン	1983	1.5 million
ルワンダ	1990	800,000
アンゴラ	1975/1992	500,000
イラク	1980	500,000
ソマリア	1991	400,000

出典：Hugh Miall et al: Contemporary Conflict Resolution
Polity Press: Cambridge, UK 1999 pp.25-27

　この中には，これほどの死者がでていることを知識として知っている紛争もあれば，何時の間にそんなに死者が出たのかと訝しがるような紛争もある。その理由は紛争報道の量と，死者の数とは比例するとは限らないからである。地域紛争や内乱や部族間抗争のような場合，様々な理由で必ずしも私たちがその紛争の悲惨さを十分に認識できるほど，情報を受け取っていない。アメリカの外交官で，ワシントンにある多元外交研究所（the Institute for Multi-Track Diplomacy）所長のマクドナルド（John McDonald）によると今日世界では35の内紛があり，無数の罪のない人々が殺害されているのだという[322]。このうちメディアはどれほどの内紛を伝えているのだろうか。アナン国連事務局長によればアフガニスタンやイラクに世界のマス・メディアが集中する陰で，忘れ去られている危機が21もあるのだという。それらの危機で4,500万人の人が危険にさらされ，そのうち17はアフリカ大陸にあるのだと言う[323]。1例を挙げれば，上の図の中ではスーダンの内紛は世界のマス・メディアが「無視」したケース

322　http://www.dwcw.org/e-symposium_1/session_1.htm#Presentation%20E
323　http://www.infoplease.com/ipa/A0920809.html, retrieved on 17.1.2006

第15章　抑止的ジャーナリズム（preventive journalism）

である。

また同様のことは災害についても言える。次の統計[324]は世界で多くの死者を出した自然災害の死者数順に並べたものである。死者の数の順番に表示された統計には何カ月も何年にも渡る干ばつとか洪水の被害は入っていない。例えば1907年に中国では2,400万人の餓死者がでたことなどは含まれていない[325]。この統計にはまだ記載されていないが，スマトラ沖の地震は第3位にくることが分かる。

- 1556　**Jan. 23, Shaanxi (Shensi) province, China:** Most deadly earthquake in history; **830,000** killed.
- 1976　**Jul. 28, Tangshan China:** Twenty sq mi of the city was devastated by an earthquake that measured 7.5 in magnitude. The *New China News Agency* released figures following the inaugural Congress of the Chinese Seismological Society in Nov. 1979 which claimed 242,000 dead and 164,000 injured. The USGS (US Geological Survey) estimates the real death toll at **655,000**. This is the 20th century's worst earthquake.
- 1970　**Nov. 13, East Pakistan:** Some **200,000** killed by cyclone-driven tidal wave from Bay of Bengal. Over **100,000** missing.
- 1138　**Aug. 9, Aleppo, Syria:** Deadly earthquake claimed lives of **230,000** people.
- 856　**Dec. 22, Damghan, Iran:** About **200,000** were killed in one of the deadliest earthquakes on record.
- 1920　**Dec. 16, Jiangsu (Gansu) Province, China:** An earthquake measuring an estimated 8.6 in magnitude caused major fractures and landslides and killed **200,000** people.
- 1927　**May 22, Kansu, China:** Magnitude-7.9 earthquake claimed approximately **200,000** victims in the Xining area.
- 893　**May 23, Ardabil, Iran:** An earthquake killed about **150,000** people.
- 1923　**Sep. 1, Kwanto, Japan:** The Great Kanto Earthquake estimated at 7.9 magnitude destroyed one third of Tokyo and most of Yokohama, leaving 2.5 million people homeless. The quake resulted in the Great Tokyo Fire. Floods followed as the rivers Fukuro Chiyo and Takimi burst their banks. At least **143,000** people

---

324　http://www.geocities.com/freepagesfree/disasters.htm を修正したものである。

325　In general, this page does not include season-long or years-long disasters such as droughts, famines or wars (c.f., the Chinese Famine of 1907, where over 24 million perished from starvation). Some of the information in this table is adapted from the Disasters pages (http://www.infoplease.com/ipa/A0001437.html) at the Learning Network's infoplease online encyclopedia.

第15章　抑止的ジャーナリズム（preventive journalism）

	were killed, although unofficial estimates say as many as 300,000 may have died.
1991	**Apr. 30, southeast Bangladesh:** A cyclone killed over **131,000** and left as many as 9 million homeless. Thousands of survivors died from hunger and water-borne disease.
1948	**Oct. 5, Ashgabat, Turkmenistan:** An earthquake measuring 7.3 magnitude killed **110,000** people.
1228	**Holland:** Some **100,000** people reputedly drowned by sea flood in Friesland.
1290	**Sept., Chihli, China:** Earthquake killed about **100,000** people.
1908	**Dec. 28, Messina, Sicily:** City totally destroyed by earthquake. Death toll 70,000 to **100,000** in Sicily and southern Italy. A tidal wave followed, causing more devastation to the town of Reggio across the straits.
1667	**Nov., Shemakha, Caucasia:** Earthquake killed about **80,000** people.
1727	**Nov. 18, Tabriz, Iran:** About **77,000** victims killed in deadly earthquake.
1932	**Dec. 25, Gansu, China:** Magnitude-7.6 earthquake rattled China, killing approximately **70,000**.
1755	**Nov. 1, Portugal:** An earthquake leveled Lisbon and was felt as far away as southern France and North Africa; **70,000** killed.
1864	**Oct. 5, Calcutta, India:** About **70,000** killed in cyclone that nearly destroyed city.
1970	**May 31, Callejon de Huaylas, Peru:** An earthquake measuring 7.8 magnitude destroyed the Northern Peru towns of Casma, Huaraz and Chimbote. A quake-induced rock and snow avalanche on Mt. Huascaran buried the towns of Yungay and Ranrahirca. This entire event resulted in **66,794** dead and 400,000 left homeless.
1935	**May 30-31, Quetta, India (now Pakistan):** An earthquake killed 30,000 to **60,000** people in the hill station in British-ruled Baluchistan (Balochistan).
1990	**Jun. 21, northwest Iran:** A 7.7-magnitude quake left **50,000** dead, 100,000 injured. The worst recorded disaster in Iran devastated Gilan and Zanjan in Caspian Sea area. Some 500,000 were made homeless.
1965	**May 11-12 and Jun. 1-2, East Pakistan:** Cyclones killed about **47,000**.
2003	**Dec. 26, Bam, Iran:** An earthquake measuring 6.3 left 41,000 confirmed dead as entire ancient city made of mud brick collapsed; death toll may reach **45,000**.
1902	**May 8, Martinique, West Indies:** Mt. Pelée erupted and wiped out city of St. Pierre; **40,000** dead.
1942	**Oct. 16, Bengal, India:** Cyclone in Bay of Bengal, south of Calcutta India, took about **40,000** lives.
1883	**Aug. 26-28, Netherlands Indies:** Eruption of Krakatau; violent explosions destroyed two-thirds of island, leaving an estimated **36,000** dead. Sea waves occurred as far away as Cape Horn and possibly England.
1939	**Jan. 24, Concepcion, Chile:** Magnitude-8.3 earthquake razed 50,000 sq mi; about **0,000** killed when quake destroyed the town. About 10,000 of the casualties

第15章 抑止的ジャーナリズム（preventive journalism）

came from the nearby town of Chillan
- **1939** **Dec. 26-27, Erzincan, northern Turkey:** Severe 7.8-magnitude quake destroyed city of Erzingan, resulting in an estimated 100,000 fatalities -- though the USGS reports only **30,000** deaths.
- **1950** **Aug. 15, Assam, India:** Earthquake affected 30,000 sq mi; 20,000 to **30,000** killed.
- **1915** **Jan. 13, Avezzano, Italy:** Central Italy was struck by an earthquake killing **29,980** people.
- **1896** **Jun. 15, Sanriku, Japan:** Earthquake and tidal wave killed **27,000**.
- **1978** **Sep. 16, Tabas, Iran:** Earthquake measuring between 7.5 and 7.9 destroyed a city and many villages in eastern Iran, leaving **25,000** dead.
- **1976** **Nov. 14-16, Colombia:** Eruption of Nevada del Ruiz, 85 mi northwest of Bogotá. Mudslides buried most of the town of Armero and devastated Chinchiná; estimated **25,000** killed.
- **1985** **Sep. 19-20, Mexico City, Mexico:** Earthquake registering 8.1 on Richter scale struck central and southwest regions, devastating part of the city and three coastal states; estimated 12,000 to **25,000** killed, 40,000 injured.
- **1988** **Dec. 7, northwest Armenia:** A 6.9-magnitude earthquake killed about **25,000**, injured 15,000 to 18,000, and left at least 400,000 homeless. The town of Spitak almost totally destroyed and Leninakan half-destroyed.
- **1976** **Feb. 4, Guatemala:** A 7.5-magnitude quake and resulting mudslides caused much destruction just north of Guatemala City, leaving over **23,000** dead, 80,000 people injured and 1.5 million homeless.
- **1963** **May 28-29, East Pakistan:** Cyclone killed about **22,000** along coast.
- **1993** **Sep. 30, India:** Up to **22,000** people were killed in 36 villages destroyed after a series of powerful earthquakes which rocked western and southern India. The first of the five tremors measured 6.4 magnitude. The epicenter was in the region where the states of Maharashtra, Andhra Pradesh and Karnataka meet near Latur. Two weeks after the earthquake the number of bodies recovered was just under 10,000 and officials said the true death toll may never be known.
- **1780** **Oct. 10-16, Barbados, West Indies:** "The Great Hurricane of 1780" killed 20,000 to **22,000** persons and completely flattened the islands of Barbados, Martinique, and St. Eustatius; it was the deadliest western hemisphere hurricane on record.
- **1977** **Nov. 19, Andhra Pradesh, India:** A cyclone and tidal wave claimed lives of **20,000**.
- **1999** **Dec. 15-16, northern Venezuela:** Heavy rains caused catastrophic flooding and mudslides, killing an estimated 5,000 to **20,000** people, in country's worst modern-day natural disaster.
- **1905** **Apr. 4, India:** About **19,000** people were killed in an earthquake that struck the province of Lahore. The earthquake, which measured 8.6 magnitude, demolished the towns of Kangra and Dharmsala.

第15章　抑止的ジャーナリズム（preventive journalism）

2001　**Jan. 26, Bhuj, India:** Magnitude-7.7 earthquake rocked western Indian state of Gujarat, killing nearly **19,000** people and leaving 600,000 homeless. Total cost was estimated at $1.3 billion.

1999　**Aug. 17, Kocaeli, northwest Turkey:** A magnitude-7.6 tembler centered near Izmit killed over **17,000** and injured about 44,000. Damage estimated at $8.5 billion.

1970　**Jan. 5, Yunnan province, China:** Magnitude-7.7 quake killed **15,621**.

1960　**Feb. 29, Agadir, Morocco:** Estimated 10,000 to **15,000**, out of a population of 40,000, dead as earthquake set off tidal wave and fire, destroying most of city.

1968　**Aug. 31, Iran:** More than **12,000** people were killed in the northeastern province of Khurasan.

1998　**Oct. 26-Nov. 4, Central America (notably Honduras and Nicaragua):** "Mitch" killed more than **11,000** people, becoming the deadliest Atlantic storm in 200 years. Winds reached as high as 180 mph. Two to three million people were left homeless; damages were more than $5 billion in Honduras, Nicaragua, and Guatemala.

1960　**May 21, Chile:** An earthquake struck Santiago and Concepcion, the after effect of which was tidal waves (tsunamis) and volcanic eruptions. The Chilean death toll was more than **10,000** dead and missing.

1962　**Sep. 1, Northwestern Iran:** Some **10,000** died in an earthquake near Ghazvin. The quake destroyed more than 300 surrounding villages.

1906　**Sep. 18, Hong Kong:** A typhoon and tsunami killed an estimated **10,000** persons.

1965　**Dec. 15, Karachi, Pakistan:** A cyclone killed about **10,000**.

1971　**Sep. 29, Orissa state, India:** A cyclone and tidal wave off the Bay of Bengal killed as many as **10,000**.

1999　**Oct. 29, Orissa state, India:** A supercyclone swept in from the Bay of Bengal, killing at least **9,573** and leaving over 10 million homeless.

1930　**Sep. 3, Santo Domingo:** A hurricane killed about **8,000** people.

1976　**Aug. 16-17, Mindanao, Philippines:** An earthquake followed by an 18-foot tidal wave swamped the islands of Mindanao, Sulu, Basilan and Tawi Tawi, leaving some **8,000** dead or missing and 150,000 people homeless.

1974　**Sep. 14-19, Honduras:** "Fifi" struck northern part of country, leaving **8,000** dead and 100,000 homeless.

1900　**Sep. 8, Galveston, Tex.:** An estimated 6,000 to **8,000** died in hurricane and tidal surge. The "Galveston Hurricane" is considered the deadliest in U.S. history.

1963　**Oct. 2-7, Caribbean:** Hurricane Flora killed about **7,200** in Haiti and Cuba.

1972　**Dec. 22-23, Managua, Nicaragua:** Earthquake measuring 6.5 magnitude devastated city, leaving between 5,000 and **7,000** dead.

1972　**Apr. 10, Iran:** An earthquake over a 250-mile radius struck southern Iran around Ghir Karzin. **5,374** people were killed.

第15章 抑止的ジャーナリズム（preventive journalism）

1976　Nov. 24, Turkey: In Van Province **5,291** confirmed dead with more than 5,000 injured. 50,000 people left homeless with the destruction of the town of Muradiye and hundreds of villages.

1974　Dec. 28, Pakistan: A quake measuring 5.5 magnitude destroyed villages over 100 square miles in the Karakom mountains leaving **5,200** dead and more than 16,000 injured.

1995　Jan. 17, Osaka, Kyoto, and Kobe, Japan: More than **5,100** killed in 7.2-magnitude earthquake and 26,800 injured; estimated damage $100 billion.

1944　Jan. 15, Argentina: About **5,000** people were killed in an earthquake that struck San Juan.

1998　May 30, northern Afghanistan: Magnitude-7.1 earthquake and aftershocks killed an estimated **5,000** and injured at least 1,500. A quake on Feb. 4 in same area had killed about **2,300**.

　上で述べたマス・メディアへの要請はモラルの点でも問題を含む。ある場合は情報の過多であり，またある場合は情報の過小である。過多も過小もともに問題を含む。情報の過多の場合，それは不必要なパニックを引き起こしたり，あるいは繰り返される同一情報による感覚麻痺を呼び起こしたりするかも知れない。情報の過小は，世界の危機を知らされないまま，現状の追認や，現状の肯定，行動しない情報の受け身の消費者を生み出すのに利するかも知れない。従来型のマス・メディア報道では，事柄の後追いはできても，それを防止したり，予見したりする報道はまれである。世界で重大な出来事が起きても，矮小化され，歪曲化されたり，あるいは情報の洪水になったりして，その意味が正しく報道されなかったりする。マス・メディアは紛争を強調しそれを利用して娯楽に仕立てる。「紛争は興味深いが協定はつまらない」[326]と言うわけである。世界で起きている紛争や自然災害について情報を提供することは，抑止的ジャーナリズムの立場からすれば，それはジャーナリズムの崇高な使命の1つとなる。マス・メディアの公共性的性格からして，このような要請は妥当である。けれどもマス・メディアは意図的にそのような姿勢を貫いてきたかどうか疑問である。

　カナダの国際開発庁CIDA（The Canadian International Development Agen-

326　Howard p. 15

cy）はメディア・政策・市民社会研究所 IMPACS（The Institute for Media, Plolicy and Civil Society）[327]という組織に対して平和創設の道具としてメディアを考えるたたき台を画くように要請した。これがこの分野の最初のものである。この動きがヨーロッパの紛争防止センター ECCP（European Centre for Coflict Prevention）という NGO 団体の事務局長トンヒェレン（Paul van Tongeren）の注目するところとなり IMPACS の事務局長シルベスター（Shauna Sylverster）と会談を持ち，その動きをヨーロッパに展開することとなった。ヨーロッパ共通基礎センター（European Center for Common Ground）もこれに参加した[328]。後者も NGO である。

直接的抑止的ジャーナリズム

「抑止的ジャーナリズム」は大きく大別すると 2 つに分かれる。間接的抑止的ジャーナリズムと直接的抑止的ジャーナリズムである。間接的抑止ジャーナリズムいうのは，紛争が現在起こっている，あるいは起こる恐れがあることを，マス・メディアが報道し，世界にその問題の存在が知れ渡ること自体が，既に紛争に対して抑止効果があるとするものである。民族間の紛争で多くの人が殺害されたり，巨大な自然災害で多くの犠牲者が出たりしても，そのことが知られなければ，救助活動や，国連もしくは多国籍軍などの介入は起こらない。そしてそれが報道されることで，世界の関心がそのことに集まり，国際機関の介入が起こるかも知れないということから，抑止力になるという考え方がこれである。国境なき記者団の活動もこれに似たところがあり，ある記者が不法逮捕されたり投獄されたり，虐待されたりするとき，それをこの機関が世界の世論に対して公表することで，そのことによってジャーナリストの解放に繋がったりする。ところがマス・メディアは地域紛争や，自然災害が発生しても，それに見合う報道をしてきたわけではない。そのことを次に検証してみたい。

『The Power of the Media』という書物の中で，直接的抑止的ジャーナリズ

---

327 www.impacs.org
328 Howard p. 11

第15章　抑止的ジャーナリズム（preventive journalism）

ムの例として次の2つのケースが紹介されている。1977年CBSのアンカーであり，アメリカの良心とも呼ばれたクロンカイト（Walter Cronkite）がエジプトの大統領サダト（Anwar Sadat）とイスラエルの首相ベギン（Menachem Begin）と話し合うお膳立てをして，それがキャンプ・ディビッドの会談に繋がり1979年の平和条約締結をもたらした[329]。1982年カルフォルニアのビッグ・サー（Big Sur）にあるエサレン研究所（Esalen Institute）がライブで双方向性のサテライト・テレビを使ってアメリカとソ連の直接対話（peacebrigdes）を行った。考えてみれば，マス・メディアによるプロパガンダの歴史も平和創設の歴史も同様に長い可能性もある。しかし意図的にマス・メディアを紛争の軽減，平和創設として利用することは「比較的新しくて実験的な営みである」[330]。これらはマス・メディアの間接的関与と言うよりも，マス・メディアという手段を使って直接紛争の解決や，緊張緩和を図ろうとしているで，直接的抑止的ジャーナリズムと呼ぶことができる。

　マス・メディアは平和や民主主義の維持と促進に重要な役割を果たすだけでなくて，間違えばそれを悪化させることもある。また紛争中に自分の方に有利なように積極的にマス・メディアを使うこともある。マス・メディアは戦争のもう1つの手段として使われる。アメリカが戦争を行うとき，軍部はメディアの専門家を雇う。それは湾岸戦争でもしかりである。けれどもマス・メディアは紛争が起こる前に，そのような紛争が生じることに対して警戒警報をいち早くだし，世界の世論に訴えることで，紛争を抑制したり，あるいは紛争中や紛争後にも，対立感情を和らげたり，緊張緩和を促進したりして，平和創設に貢献をすることもできる。なによりの抑止的ジャーナリズム醍醐味は紛争が本格的に始まる前にそれを防止することにある。紛争が起こってからでは，すでに多大の人的・物的損害が出た後では，その被害は甚大であるし，また相互の憎しみのスパイラルに陥った当事者を和解させることは困難であるが，紛争前はそうするのがずっと安上がりで，容易であるからである。

　しかし実際にジャーナリズムを使って，紛争を解決したり，これ以上悪化させたりしないような情報を発信させたり，対立を対話へと誘導するのは簡単で

---

[329]　ibid. p.13
[330]　ibid. p.49

はない。それは一歩間違えば，紛争当事者の一方に肩入れしたことになりかねないし，あるいは，介入する側の価値観を押しつけたりすることになる。そのために細心の注意深さ，バランス，自己反省などが要る。また長期間の観察，その社会への深い洞察が不可欠であることは言うまでもない。これまでの紛争地域や罹災地域に，その国の事情も歴史も言語も分からないジャーナリストを，センセーショナルなニュースを売るために，送り込む手法は，パラシュート・ジャーナリズムと呼ばれる。パラシュート・ジャーナリズムのような手法では解決できない。ジャーナリズムによる紛争防止ないし解決のためには，様々な専門家，当事者国の人的協力，インサイダー情報，知的物質的援助が必要なのは言うまでもない。またジャーナリストそのものの資質も問題となる。ジャーナリスト自らが国家の枠組みにとらわれていては，まともな認識を集めることもできないであろうし，世界的な公共性，正義というものを持っていなければ，自らがある種の勢力のプロパガンダをすることになる。多元的かつ公正に世界を見る見方をジャーナリストが持っていなければならない。先進国と開発途上国の間に横たわる様々な問題に対してセンシィビリティを持っていなければならない。ジャーナリストは自らが持つ特権的地位とその責任を自覚する必要がある。直接的抑止的ジャーナリズムを行うに当たって，そのアプローチとしては『The Power of the Media』という書物ではでは次のものを挙げている[331]。

1 「異なった解答が出てくるように，異なった質問をせよ」。紛争の不一致ばかりを報道するのではなくて，一致点を報道するという姿勢で記事を書けば違った記事になるという趣旨である。つまりジャーナリストが最初からセンセーショナルなものを追い求めている姿勢が問われるのである。紛争は記事になるが，解決は記事にならないというのがこれである。

2 「相違点を理解し，共通点に基づき行動せよ」
　　上と重なるが，相違点にばかり目に行くのではなくて，それを理解した上で，共通点に基づいて記事を書かないといけないというのである。

3 「外部のイニシアティブが事柄を上手く運ぶことがある」
　　紛争当事者のメディアは行き詰まりに入り込んでいる。またそのような問題

---

[331] ibid. pp. 15-17

第15章　抑止的ジャーナリズム（preventive journalism）

を解決できるジャーナリストたちには情報を発信する手段がない。そのような場合外部からの援助は有効的だというのである。

4　「記者と経営陣の態度が重要で，それらの態度が変更をもたらすこともある」

既成のマス・メディアで働く記者と編集者は，もしも彼等の態度が変わって，違った記事を書けば，そのインパクトは計り知れない。したがって，現存するジャーナリストの教育が必要となる。

5　「どのメディアもどの形式も平和創設の番組を作るために利用することができる」

チャトでも，討論でも，ドキュメンタリーでも，ソープ・オペラでも，児童劇でも，スポーツ番組でも平和創設が可能である。例えばアジア最終予選での日本での対北朝鮮のサッカー報道に政治がからんでいると思うのは筆者だけではあるまい。

6　「番組は面白く，情報を含み，説得的であるべきだ」

7　「番組はその紛争に即したものでなければならない」。

ある国で成功したからと言って同じ手法が他の国に成功するとは限らない。この意味ではマニュアルはない。したがってそれぞれの国の違いに思いを馳せ，謙虚さを持って，深い比較文化的適合を行う必要がある。

8　「メディア状況を知っておくこと」。

介入する国のマス・メディア状況を知った上で，どのような機材を持ち込めばいいか，どのようなメディアを使って介入するかを決める。そのためには当該の国で協力するジャーナリストが必要となってくる。

9　「調査と評価はプロセスを高める」

介入する前に，紛争の性質について入念に調査し，相手国の視聴者の趣味とか習慣を知り，目標とした結果が達成されたかどうか介入中も絶えず評価・点検することが重要である。そのことが介入の効果を高めるのである。

10　「希望を掲げよ」

マス・メディアは公衆に対して暴力的紛争は避けられるということ，そして平和的解決は達成可能だと言うことを知らせる重要な役割を持っている。アメリカのミッチェル（George Mitchell）元上院議員は北アイルランドの紛争の仲

介者であるが，次のように言っている。「解決できないような紛争はない。暴力的紛争は人間の手で作られ維持される。従って人間の手で終わらせることも可能だ」[332]。

　つまり相手国の事情は国によって異なっており，どの場合でも当てはまるようなマニュアルは存在しないと言うことである。そのためには紛争相手国の事情，言語，民族，歴史などを良く知っていなければならない。またそれらの国の協力者を得ることも必要である。また，そのような仕事はマス・メディアだけで可能ではない。国際的なレジュームや当該国の協力が必要である。それなくしては，マス・メディアによる平和創設や紛争軽減はできない相談である。紛争のレベルと経過によって，介入の仕方も変わるのである。

　冷戦終結後の紛争の大半は国内紛争，民族間の対立である。そのような国のメディア状況はさまざまである。それでも直接的抑止的ジャーナリズムの例としては，コンゴやマケドニアでは様々な民族の子供が出演する番組などによって実際に国際機関が平和創設のためのメディア介入を行い成果を収めている。

　メディア介入による平和創設は戦争の遂行と比べれば飛躍的に安価であり，人的，物質損害も最小限で済むのである。ジャーナリズムは戦争と災害を報道することに力を注いできた。人の不幸を商売の種にするセンセーショナリズムという病理に気付き，紛争をいかに軽減し，人種や宗教の対立を和らげるかに力点をシフトすることも必要である。上に書いたように当事者国で直接メディア介入しなくても，間接的介入なら普段の活動からこのことに寄与できるのである。世界への関心を普段から向けていないのに，イラク戦争やスマトラ沖津波のように日本人が関係する戦争や大災害が起きると，ジャーナリストは競ったように報道する。日頃からとりわけ開発途上国に対する情報，紛争の原因などにも注意を払うべきである。つまり私たちの関心はいつも世界に公平に開かれるべきである。そしてそのような情報を受け取ることで，読者の意識はバランスの取れるものとなる。そのような意識と知識を市民が持つことで，いち早く紛争の芽を嗅ぎつけ，行動するフット・ワークの良い市民が生まれる。このためには世界の情報収集を少数の商業マス・メディアに勤める海外特派員に任

332　ibid. p.17

せておけるものではない。マス・メディアは政府の意向や，政治家の圧力を感じて行動することも多いだろう。ジャーナリストが意図しようとすまいと，そのような圧力は，ジャーナリスト自らが内面化し，無意識に行動することで，それを圧力とすら感じず，また自らが国家フレームの虜になっていることすら気付かないのが普通である。この意味で前回述べたように，NPOやNGOの発信する情報は貴重である。

世界市民

　地球的規模での世界市民ということを想定できないだろうか。現在はこのような概念の世界市民と，国家という枠組みでの国民とが対立している。筆者はいかに国民から市民社会を作るか，そして市民社会が地球的な規模で発展していくためにはどうすべきかということを念頭に，ここまで論を進めた。国家という枠組みを越えたところで，言論を獲得する運動は，世界的な公共圏で発言することにほかならない。植民地主義，東西の対立，脱植民地主義，共産圏国家での言論の自由を求める運動，ベルリンの壁崩壊，ワルシャワ条約機構国のソ連からの独立，民族紛争，南北問題，西洋市民社会における新保守の出現，ネオナチ，ネオコン，メディアの寡占独占体制，巨大メディアの言論の操作，環境問題，これが現代の状況である。どれも国家の枠組みで捉えきれる問題ではない。

　民主主義体制，自由主義的体制に代わる体制は見えてこない。けれども民主主義体制，自由主義的体制それ自体が管理体制となって，公共圏が狭まっているのが現状である。そのような時代に生きる市民はいかに言論を取り戻し，民主主義を担保するかと言うことは，どの国にとっても重大な問題になりつつある。イデオロギーの終焉は必ずしも，民主主義の謳歌を意味しない。脱工業化，ポスト・モダニズムの社会で，大衆は，様々な組織に，アトム化して同時に所属し，また同時に逸脱している。その中で世界はますます見えなくなり，狭い自己の空間に閉じこもっている。社会に対する無関心，福祉国家体制による比較的な安定，消費主義，シニシズム，ヘドニズムが蔓延している。しかしそれ

でも無定見に，斜に世の中を見つめていられるような状況にはない。利害の対立，民族の対立，貧富の差の拡大，エイズやサーズといった病気，地球温暖化，老齢化，年金，失業者，外国人労働者，難民など。どれひとつ取っても，どの社会でも対立する問題が渦巻いている。問題の多くは，一国の中で解決できない。超国家企業，多国籍企業，スーパー・パワーの存在を考えると，これまでの国家の枠組みで考えてくる手法に限界を感じる。個人は無力かもしれない。またバラバラになった市民に，行動原理があり得るかという問題と自分は何ができるかという問題とが結びつくのである。

　それでも敢えて強調したいのは，世界的公共圏を形成することができなければ，不幸は続くということである。それには行動する市民が要ることは言うまでもない。そのような問題を考えるにあたって，市民は地球的規模で物事を考えることができなければならない。自国の利益とか，利己の利益だけ考えていてはいけない。自国愛だけを考えていてはいけない。自己の満足を追求するだけでは不十分である。時としては自国や自国民に痛みを伴う決定すら必要となってくる。そして自国中心主義的な決定は，他国に不利益をもたらし，不必要に緊張を高めたりする。他国への憎しみを植え付けることによる，愛国主義の鼓舞などは，抑止的ジャーナリズムの立場からしてももっての他である。ある種の決定は一時的に自国の不利益をもたらすかも知れない。それでも世界的な公共性，公益性の立場に立てば，そのような決定は正しいかもしれないのである。ナショナリズムを克服する市民が行動して，世界市民が行動することで，民主主義は実質化されるのである。このためにはNGOやNPOやジャーナリズムや国際機関との連携が必要である。

　国家という制度のもとで，私たちは保護と引き替えに他の国と分断されている。そして文化アイデンティティ，国家アイデンティティを形成し，管理された制度の網の目をくぐり抜けてくる人々を，難民や不法就労者として取締り，外国人や外国を自国民と対置させることで，国家アイデンティティを強めてきた。そのために国際コミュニケーションが難しくなっているのが現状である。このような中で，いかに国家の枠組みを突き崩し，国民ではなくて市民として，国と世界に同時に関われるようなスタンスをコミュニケーションを通して維持できるかが，脱工業社会，グローバル化した今日，地球村に生きる村民の共通

の姿勢とならなければならない。世界の国々は，一国ナショナリズムにとらわれずに，また他国に憎しみや侮蔑を向けるような政策を取ることの愚を認識すべきである。読者や視聴者も国家によるナショナリズムの取組に抵抗力を持つ市民になるべきである。マス・メディアの自由とマス・メディアの勇気，そして政治への監視がなければ発展はない。そのことは開発途上国では一層多く当てはまるが，先進国でもその限りではない。日本のように政権交代がないような国では，マス・メディアは番犬ではなくて，愛玩犬になっている。国家の枠組みを超えて行動する市民がいないところで，国際交流とか，国際コミュニケーションと言っても，それは単なる権力者のお題目ないしアリバイでしかない。きっかけさえあれば醜いナショナリズムに転化する。メルッチは「権力は言語とコードに宿る」[333]と書いている。市民が言語とコードを獲得できなければならない。市民は言論を取り戻さなければならない。「世界では報道の自由それ自体がまだ十分に守られていない」[334]のが実態である。

● 課題 ● ● ● ● ● ● ● ●

1　過去数年において日本のマス・メディアが無視もしくは十分に報道しなかった世界の出来事を挙げ，それはどうしてか論述せよ。
2　抑止的ジャーナリズムは，十分に認知されていない。それは何故かについて論述せよ。

■文献

メナール，ローベル（Ménqrd; Robert）(2004):『闘うジャーナリストたち』岩波書店
Howard, Ross/ Rolt, Francis, von de Veen, Hans/ Verhoeven, Juliette (edit.) (2003): The Power of the Media, Amsterdam.
メルッチ，アルベルト（Melucci, Alberto）(1997):『現在に生きる遊牧民（ノマド）：新しい公共空間の創出に向けて』(Nomads of the Present: Social Movements and Individual Needs in Contemporary Society) 岩波書店

333　メルッチ p. xvi
334　メナール（2004）p. 44

あとがき

　国際コミュニケーション論という講座を金沢大学法学部にて1996年4月に引き受けることになり，教養部から移籍した筆者は，この新しい学問をどのように教え，また何を研究対象にし，それを学ぶ学生が，この学問の知見を持って，社会にどのような形で寄与できるのかについて，今日まで試行錯誤を続けてきた。4半世紀前から，国家イメージ，新聞研究，日本論・日本人論研究を行っていた筆者には，自己文化中心主義，西欧文化中心主義などから生み出される誤解や偏見の問題，経済摩擦の形で表面化した文化摩擦，国際紛争などの問題は，外国語教育や異文化理解や文化人類学などの学問では対処できる問題ではないと考えていた。もっと広い枠組みを考えるにあたって，その鍵はマス・メディアにあることに気付いたのである。

　システムとシステムの対立，「文明の衝突」が叫ばれ，周辺諸国や宗教対立で，他者に対して敵対イメージを持ってしまう状況下で，偏見をいかに持たないように生きていけるか，また偏見を持っている人間にどのように対処すればよいのか，そしてこれからの世代の担い手を国際舞台にどのように送り出せばよいのか。そして外国語教育や，コミュニケーション論や異文化コミュニケーションを越える，国際政治や世界認識に枠組みを構成するマス・メディアをも含めた国際コミュニケーション論を構築しなければならないと考えるに至ったのである。マス・コミュニケーション論と国際関係が交差する学問として，国際コミュニケーション論の講義を開始したのが8年前である。その後も，国際政治，公共圏議論，日本論・日本人論，マス・メディアと民主主義，インターネットと市民メディア，人権，国際紛争とマス・メディア，電子民主主義など様々な問題を研究する過程で，この学問の精緻化を行ってきた。現在もその過程の途中であろうと思うが，一度区切りをつけて，このような形で発表してみることにする。

　一方においては，マス・メディア側を厳しく問い糾し，ジャーナリストの意識変革を求めると共に，他方においては，市民には国際民主主義の共同参加を

あとがき

求めるのである。インターネットを使って一国の枠組みを越えて国際的に飛び交う情報を分析し，解釈することで，世界と自らの国のあり様をチェックし，国際的スタンダードとスタンスをもって，積極的に世界形成プロセスに関与することで，世界市民となる手助けができればと思ってこのような書物を著したのである。この書物が国際政治や国際関係論やマス・コミュニケーション論を超えた国際コミュニケーション論という学問を構築することにどの程度成功したかは読者の判断にゆだねたいと思う。またここまで付き合ってくれた読者に対して「批判的に考え，そしてリスクを背負うこと」[335]の手助けになれば幸いである。

---

335 アフマド，イクバール／バーサミアン，デイヴィッド（Ahmad, Eqbal/ Barsamian, David）（2003）:『帝国との対決』（Confronting Empire; Terrorism: Theirs and Ours）太田出版，p.169

索　引

あ

IRE ……………………………………… 78
IFOR …………………………………… 179
愛国心 ………………………………… 264
ICANN ………………………………… 313
アイビィ・コミュニケーションズ …… 319
アクセス権 …………………………… 308
朝日新聞「報道と人権委員会」……… 161
アジア的価値 ………………………… 103

い

EFOIA ………………………………… 326
閾　値 …………………………………… 68
イエロー・ペーパー ……………… 79, 94
１億総懺悔 ……………………………… 4
一国ナショナリズム …………………… 41
異文化間コミュニケーション …… viii, 283
異文化共生 …………………………… 35
異文化コミュニケーション ……… viii, 30
異文化心理 ………………………… v, 62
異文化接触 ……………………… v, 30, 54
異文化理解 ……………………… v, 33, 53
異文化理解教育 …………………… v, 53
イメージ …………………………… v, 10
イメージ形成 ………………………… vi
イメージ・ポリティクス ………… viii, 286
インターネット …………………… iii, 309
インフォテェインメント …………… 307

う

ヴァルザー＝ブビス論争 …………… 217
ウィキペディア …………………… v, 320

Web White & Blue …………………… 312
受け手論 ……………………………… 68
『宴のあと』判決 ……………………… 115
内集団 ………………………………… 62
内なる外国人 ………………………… 59
内なる差異 …………………………… 59

え

影響理論 ……………………………… 24
ASNE ………………………………… 156
APC …………………………………… 313
APC 世界社会フォーラム …………… 314
エサレン研究所 ……………………… 338
エスノセントリズム ……………… vi, 96
FOIA ………………………………… 326
エンベッド取材 ……………………… 172

お

欧州安保協力機構 …………………… 179
OhmyNews …………………………… 315
オーディエンス ………………… 24, 294
オートポイエーシス ………………… 28
オクシデンタリズム ………………… 257
オリエンタリズム ……………… 21, 279

か

海外特派員 …………………………… 90
外務省秘密漏洩事件 ………………… 110
快楽主義 …………………………… 123
覚醒した市民 ……………………… vii, 9
家族主義理論 ……………………… 103
カルチャー・ショック …………… 17, 33
カルチュラル・スタディ（ーズ）… 56, 68, 125

347

間接的抑止的ジャーナリズム ………335
涵養理論………………………………67

き

記者クラブ…………………………92
議題設定力 ………………………175
議題設定論…………………………66
逆オリエンタリズム ………………280
客観的………………………………11
客観報道……………………82, 176
教科書論争…………………………18
共同幻想…………………………8, 61
共同国家観幻想……………………8
共同通信社…………………………11

く

クリフト……………………………322
グロバリゼーション ………………261
グローバル・コミュニケーション…11, 69, 284

け

警告碑論争………………………218
劇場化…………………………123, 298
限定的効果論………………………66

こ

高級大衆紙…………………………94
公共空間 …………………………123
公共圏………………………………15
公共性………………………16, 121
公共政策 …………………………289
広告新聞……………………………80
構造主義……………………………27
構造的バイアス……………………245
高速コンピュータ化法……………323
行動計画……………………………323
高文脈文化…………………………43
効用と満足理論……………………67

国際化 ……………………iii, viii, 39, 41
国際開発庁 CIDA ………………336
国際コミュニケーション …………10, 17
国際コミュニケーション論 ……vii, 9, 283
国際摩擦……………………………9, 55
国際理解……………………………vi, 9
国　体……………………………270
国体論……………………………264, 274
国防軍展示 ………………………217
国　民……………………………126
個人主義……………………………58
個人情報保護法案…………………127
コソボ解放軍 ……………………179
コソボ紛争………………………174, 177
国家アイデンティティ ……………343
国家イデオロギー………………15, 35
国家情報インフラ NII ……………323
国家的言説 ………………………287
国家フレーム ………………………9
国境なき記者団……………………73
固定観念……………………………9
コミュニケーションの二段の流れ仮説……66
コミュニティ・テレビ ……………309
コミュニティ・メディア連合………308

さ

薩英戦争…………………………269
サテライト・ニューズ収集装置……174
サブ・カルチャー…………………19

し

GIAC ……………………………323
CNN 効果…………………………172
JANJAN …………………………316
ジェノサイド………………………251
自己イメージ………………………5
自国観……………………………vii
自己決定…………………………viii

自己成就予言 …………………………… 61
自己判断 ………………………………… viii
自己文化中心主義 …………………… 96, 279
自己変容 ………………………………… 35
自己理解 …………………………… v, 5, 57
事前差し止め請求事件 ………………… 115
シニシズム …………………………… 95, 304
自文化中心主義 ……………………… vi, 294
自文化中心主義的 ……………………… vii
市　民 …………………………………… 126
市民の勇気 ……………………………… 5, 104
下関戦争 ………………………………… 269
社会化 …………………………………… 17
社会システム ………………………… 10, 47
社会の番犬 ……………………………… 100
ジャポニズム …………………………… 60
集団主義 ………………………………… 58
主観的 …………………………………… 11
熟慮型世論調査 ………………………… 306
受容理論 ………………………………… 68
商業主義 ……………………………… 15, 124
状況的属性 ……………………………… 62
状況的バイアス ………………………… 245
小中華思想 ……………………………… 260
消費主義 ………………………………… 123
情報アクセス …………………………… 9
情報源 …………………………………… 15
情報公開 ………………………………… 327
情報公開法 …………………………… 119, 325
情報収集権 …………………………… 85, 325
情報自由法 FOIA ……………………… 326
情報受領権 …………………………… 85, 325
情報操作 ………………………………… 14
情報発信力 ……………………………… 11
知る権利 ………………………………… 85
人権意識 ………………………………… 84
人権救済機関 …………………………… 154
人権救済機関設立案 …………………… 127

人権救済推進審議会 …………………… 154
新国際主義 ……………………………… 197
新ナショナリズム ……………………… 41

す

推定無罪の原則 ………………………… 84
ステレオ・タイプ …………… v, 32, 57, 298
スラッシュドット ……………………… 319

せ

性格的属性 ……………………………… 62
政治的バイアス ………………………… 245
政治の社会化 …………………………… 96
政治摩擦 ………………………………… 10
青少年有害社会環境対策基本法案 … 127, 154
西洋中心主義 …………………………… 91
世界像 …………………………………… 7
世界的公共圏 …………………………… 341
世界認識 ……………………………… v, 3
積極的情報収集権 ……………………… 85
センセーショナリズム ……………… 124, 299
選択的知覚 ……………………………… 7

そ

双方向性 ………………………………… 7
外集団 …………………………………… 62

た

対抗文化 ………………………………… 19
対人コミュニケーション ……………… 10
大新聞 …………………………………… 3
第4の権力 ……………………………… 100
多元外交研究所 ………………………… 331
多国籍化 ………………………………… iii
多国籍軍 ………………………………… 18
他者イメージ …………………………… 5
他者性 …………………………………… 25
他者理解 …………………………… vii, 57

多発テロ……………………………18	ナショナル・エリート……………5
タブロイド紙……………………79	NATO…………………………182
タブロイド紙化…………………94	南北問題………………………289

ち

地下鉄サリン事件 ……………117
中華思想 ………………………260
中国大使館誤爆事件 ……176, 181
超国家的公共圏 ………………126
調査報道 ……………………78, 88
直接的抑止的ジャーナリズム……337

つ

通信社………………………………14

て

DOP ……………………………306
停滞論 …………………………276
低投票率…………………………95
デイトン協定 …………………179
低文脈文化………………………43
テクノラティ …………………317
電子ガバナンス ………………327
電子政府 ………………………321
電子読書室 ……………………326
電子日本重点計画-2004 ………325
電子民主主義 …………………321

と

道具化 …………………………217
東西問題 ………………………289
動作記号体系 ……………………45
特異論 …………………………274
特派員 ………………………14, 90
ドレンチ仮説 ……………………67

な

ナショナリズム……………………6

に

日米構造協議……………………48, 252
２ちゃんねる …………………319
日　韓……………………………18
日刊ベリタ ……………………317
日　中……………………………18
日本異質論………………………60
日本新聞協会新聞倫理綱領……81
日本像……………………………13
日本叩き…………………………60
日本特異論 ……………………274
日本特殊論 ………………274, 297
日本マス・コミュニケーション学会……79
日本民族単一神話 ……………264
日本ユニーク論 ………………274
日本論・日本人論 …………vii, 257
ニュース・ソース選択……………8

ね

ネオナチ…………………………6
ネガティブ・フィードバック……60

は

バーチャル・リアリティ………28
バイアス……………………13, 245
覇権主義…………………………56
パタナリズム …………………124
バダンテール …………………178
ハッチンス委員会 ………………3
発表ジャーナリズム……………83
パブリック・アクセス…………308
パラシュート・ジャーナリズム……92, 339
パワー・ポリティクス………viii, 287
番犬機能…………………………87

犯罪視報道……………………84
反ユダヤ主義……………………6

ひ

BRO…………………………138
比較文化コミュニケーション……viii, 31, 283
皮下注射モデル……………………65
非関税障壁……………………48
非言語コミュニケーション……………45

ふ

ファシズム……………………6
ファン・コミュニケーションズ………319
フィルター……………………13
フェートン（Phaeton）号事件………269
普遍主義……………………56
プライミング……………………66
プラット・フォーム………………126
フレーム……………………vi, 66
プレス・コード…………………109
ブログ……………………285, 317
ブロック紙……………………80
プロパガンダ……………………7
文化……………………18
　──のパターン………………viii
文化アイデンティティ…………35, 343
文化相対主義……………………56, 261
文化帝国主義……………………20
文化ヘゲモニー……………………21
文化変容……………………15
文化摩擦……………………10, 35
文明の衝突……………………260

へ

ベトナム・シンドローム……………172
ヘドニズム……………………342
偏見……………………v, 54, 59

ほ

妨害電波……………………175
報道総評議会……………………131
報道評議会……………………120, 130, 156
報道評議会特別プロジェクト事務局長…166
ポジティブ・フィードバック…………60
ポスト・モダニズム………………304
北方ジャーナル事件………………113
ボディ・ランゲージ………………45

ま

毎日新聞「開かれた新聞」委員会……159
前知識……………………54
麻酔的機能不全……………………253
マス・メディア…vi, 3, 65, 73, 98, 121, 153, 171
　──の影響論……………………65
マス・メディア研究………………vii
松本サリン事件……………………117
魔法の弾丸理論……………………65

み

民主主義……………………3, 104, 303, 309, 314

む

無署名記事……………………96

め

命題……………………83
名誉毀損事件……………………112
メディア・スクラム………………84
メディア・政策・市民社会研究所 IMPACS
　……………………337
メディア法……………………15, 108
メディア・リテラシー……viii, 291, 301

も

モダリティ……………………83

351

ゆ

US Today 化 …………………………79, 94
ユーゴスラビア紛争 ……………………174

よ

ヨーロッパ共通基礎センター ……………337
ヨーロッパの紛争防止センター ECCP …337
抑止的外交 ………………………………329
抑止的ジャーナリズム …………………329
予断のワナ …………………………………60

り

リエントリー・ショック…………………17

れ

歴史論争 ……………………………………5

ろ

ロス疑惑事件 ……………………………116

わ

ワイド・ショー化 ………………………123
話　法………………………………………83
ワルシャワ条約機構 ……………………182
湾岸戦争 …………………………………172

〈著者紹介〉

楠根重和（くすね　しげかず）

1946年　香川県小豆島生まれ。京都府立大学文家政学部卒業，大阪外国語大学大学院修士課程修了。
コンスタンツ大学客員研究員を経て金沢大学教授，現在にいたる。
レーゲンスブルグ大学客員講師，マレーシア科学大学（USM）客員教授。

【共著書】
『ドイツ人の日本像，ドイツの新聞に現れた日本の姿』三修社，1987
「日本論・日本人論のイデオロギー」『佐々木吉男先生追悼論集　民事紛争の解決と手続』信山社，2000
Japan in der Krise? — Fremdbilder und Selbstwahrnehmung, In: Clemens Kauffmann (Hrsg.)『Risutora — Japans Weg in die globale Gesellschaft』Universitatsverlag Regensburg, 2001, (Schriftenreihe der Universitat Regensburg; Band 27), 2001

【論文】
(2002)：行政とマス・メディアと市民の政治コミュニケーション—狂牛病をケース・スタディとして，立命館大学言語文化研究第14巻1号，pp. 105-118
(2004)：権威主義国家マレーシアにおけるマス・メディア事情，金沢法学第46巻第2号 pp. 97-122
(2005)：「インターネット民主主義による市民社会の実現」金沢法学第48巻第1号 pp. 171-198
(2006)：Development of the Self and the Other in Japanese and German society, In: Hede Helfrich, Melanie Zillekens, Erich Holter: Culture and Development in Japan and Germany, Daedalus Verlag, Munster Germany 2006, pp. 3-13，その他

国際コミュニケーション論

2007年2月28日　第1版第1刷発行
8538-P368:012:D10-02　￥3200

©著　者　楠　根　重　和
発行者　今　井　　貴
発行所　株式会社信山社
〒113-0033　東京都文京区本郷6-2-9-102
Tel　03-3818-1019
Fax　03-3818-0344
制作　編集工房 INABA

Printed in Japan, 2007　　印刷・製本／松澤印刷

ISBN978-4-7972-8538-9

禁コピー　信山社　2007

◆既刊・新刊のご案内◆

gender law books
ジェンダーと法
辻村みよ子 著（東北大学教授）　■本体 3,400円（税別）

導入対話による
ジェンダー法学【第2版】
監修：浅倉むつ子（早稲田大学教授）／阿部浩己／林瑞枝／相澤美智子
山﨑久民／戒能民江／武田万里子／宮園久栄／堀口悦子　■本体 2,400円（税別）

比較判例ジェンダー法
浅倉むつ子・角田由紀子 編著
相澤美智子／小竹聡／今井雅子／松本克巳／齋藤笑美子／谷田川知恵／
岡田久美子／中里見博／申ヘボン／糠塚康江／大西祥世　［近刊］

パリテの論理
男女共同参画へのフランスの挑戦
糠塚康江 著（関東学院大学教授）
待望の1作　■本体 3,200円（税別）

ドメスティック・バイオレンス
戒能民江 著（お茶の水女子大学教授）　A5変判・上製　■本体 3,200円（税別）

キャサリン・マッキノンと語る
ポルノグラフィと買売春
角田由紀子（弁護士）
ポルノ・買売春問題研究会
9064-1　四六判　■本体 1,500円（税別）

法と心理の協働
二宮周平・村本邦子 編著
松本克美／段林和江／立石直子／桑田道子／杉山暁子／松村歌子　■本体 2,600円（税別）

オリヴィエ・ブラン 著・辻村みよ子 監訳
オランプ・ドゥ・グージュ
——フランス革命と女性の権利宣言——

フランス革命期を
毅然と生き
ギロチンの露と消えた
女流作家の生涯

【共訳／解説】辻村みよ子／太原孝英／高瀬智子　（協力：木村玉絵）
「女性の権利宣言」を書き、黒人奴隷制を批判したヒューマニスト　■本体 3,500円（税別）

発行：不磨書房　TEL 03(3813)7199／FAX 03(3813)7104　Email：hensyu@apricot.ocn.ne.jp
発売：信山社　TEL 03(3818)1019　FAX 03(3818)0344　Email:order@shinzansha.co.jp